翻轉資治通鑑

歐陽翰，劉燁 著

崧燁文化

目錄

目錄

目錄

目錄

序言

《資治通鑑》是中國歷史著作中一顆璀璨的明珠。它是中國第一部編年體通史，由北宋著名政治家、史學家司馬光主編，劉恕、范祖禹、劉攽分撰，共花了十九年的時間編寫而成。全書分為二百九十四卷，上起周威烈王二十三年（西元前四〇三年），下迄五代後周世宗顯德六年（西元九五九年），前後跨越一千三百六十二年。宋神宗聽司馬光講讀了該書部分內容之後，認為它「鑒於往事，有資於治道」，欣然改書名為《資治通鑑》。《資治通鑑》向來被視為輔佐統治、提供政治智慧的「帝王之學」，是中國自宋代以來歷代皇帝的必學科目，也是今日許多從政者案頭必備的歷史參考書。

為人君而不知《資治通鑑》，則欲治而不知自治之源，惡亂而不知防亂之術；為人臣而不知《資治通鑑》，則上無以事君，下無以治民；為人子而不知《資治通鑑》，則謀身必至於辱先，作事不足以垂後。《資治通鑑》流傳至今，雖過千年，仍經久不衰，它為什麼有這麼大的魔力呢？晚清著名思想家龔自珍曾經說過：「欲知大道，必先為史。」一部《資治通鑑》，既包括社會的進退得失之道、政治的興衰治亂之道，又包括個人品德的善惡美醜之道。參照這面歷史的鏡子，可以練就看破成敗的眼光，養成敏銳的世情嗅覺，讓我們跳出人性的盲點，不再重蹈歷史的覆轍。歷史是最不該被忽視的智力資源。關於今人面臨的競爭、成敗、取捨、抉擇等生存問題，過去的時空中早就有過相關的案例。破解爾虞我詐的政治權謀，領略對抗性的精英思維，悠悠青史無疑是最寶貴的閱歷。但對於今天的讀者來說，想要順暢地通讀《資治通鑑》，仍存在著一定的困難。因為司馬光是按歷史編年的寫法將其撰寫成書的，許多歷史事件被分割成瑣碎的條塊散落在不同的章節中，同時原著又是文言文，更使廣大讀者無法一親其芳澤，領略其神韻。

有鑒於此，我們在忠實於原著的基礎上，以「鑒於往事，有資於治道」為宗旨，從原著瑣碎的敘述中擷取百餘個完整的故事，用白話文予以敘述。然後，再逐一配以生動絢麗的歷史畫面，用具有當代氣息的新觀念加以審視，從有利於形成讀者大智慧格局的角度加以評論。在評論中，力求能夠使數千年前成功者所運用的智慧、失敗者所提供的教訓一一躍然紙上，力求使我們從浸潤著司馬光十九載心血的《資治通鑑》中聽到、看到那些震撼千古的歷史聲響和畫面，能夠給讀者朋友有益的影響和啟迪。

第一章 識人用人之術

中華文明五千年，歷朝歷代，英才輩出。如何發現利用這些人才為己所用，成就霸業；如何駕馭約束這些人才，使其團結在自己身邊，免於成為自己的對手，這是統治者施政面對的嚴峻挑戰。中國古代明君的識人用人之道，體現了傳統文化的最高智慧，對今天的各級管理者也能提供借鑑。

魏文侯施仁政而獨霸諸侯

魏文侯姓魏名斯，是戰國時期魏國的創立者，於西元前四四五年至西元前四〇三年在位，是一位勵精圖治、銳意進取、重視人才的政治家和改革家。魏文侯在位期間，魏國成為戰國時代的首強，一度稱雄於中原。

在戰國時代，魏文侯是一位很有名的君主。他拜卜子夏、田子方為相，每次經過名士段干木的家門口時，都要在車上俯首行禮。有一次，魏文侯與群臣飲酒，興致正濃時，天下起了大雨，魏文侯下令備車前往郊外。左右侍臣問他：「現在飲酒正在興頭上，外面又下著大雨，國君打算到哪裡去呢？」魏文侯說：「三天前我曾與管理獵場的官員約定今天要前去圍獵，雖然眼前是宴樂美酒，外面大雨滂沱，但我也不能因此而不守約定。」說罷，他親自駕車前往，告訴那位管理獵場的官員，今天因為下雨就不準備圍獵了。四方賢士聽說後，前來歸附的更多了。

有一次，韓國邀請魏國出兵，協助攻打趙國。魏文侯拒絕說：「我與趙國是兄弟之邦，實不敢從命。」趙國也來向魏國借兵討伐韓國，魏文侯仍然用同樣的理由拒絕了。後來兩國得知魏文侯對自己的和睦態度，十分佩服，都前來朝拜。魏國於是開始成為魏、趙、韓三國之首，各諸侯國都不能與它相爭。

魏文侯還能聞過則喜。魏文侯派大將樂羊攻打中山國，一舉攻克，然後把中山國封給自己的兒子魏擊。魏文侯問群臣：「我這個君主怎麼樣？」大家異口同聲地說：「您是仁德的君主！」只有任座直言說：「您得了中山國，不用來封您的弟弟，卻封給自己的兒子，這算什麼仁德君主！」魏文侯勃然大怒，任座見勢不妙，起身快步離開。接著，魏文侯又問翟璜，翟璜回答說：「您是仁德君主。」魏文侯問：「何以見得？」回答說：「我聽說國君仁德，臣子就敢直言。剛才任座的話很耿直，於是我知道您是仁德君主。」魏文侯轉怒為喜，有所領悟，立刻派翟璜去請任座回來，還親自下殿去迎接，把他奉為上賓。又有一次，魏文侯與田子方一起飲酒，文侯側耳說：「編鐘的樂聲好像有些不協調，左邊偏高。」田子方聞言微微一笑，魏文侯十分詫異：「你笑什麼？」田子方侃侃而談：「臣聽說，國君懂得任用樂官，不必懂得樂音。現在國君您精通樂音，我擔心您會疏忽了任用官員的職責。」魏文侯點頭說：「您說得太好了。」魏文侯的好學、禮賢、善納良言是許多人尤其是國君很難做到的，這些美德使他成為當時有名的賢君。

魏文侯對李克說：「先生曾經說過：『家貧思良妻，國亂思良相。』現在國相這個位置不是魏成就是翟璜，你認為這兩人怎麼樣呢？」李克回答說：「下屬不參與尊長的事，外人也不過問親戚間的事。臣是朝外之人，不敢為君主參謀。」魏文侯說：「先生遇到事情請不要推辭。」李克說：「君主沒有好好觀察啊！要想知道一個人的品質能力，平時看他所親近的，富貴時看他所交往的，權達時看他所舉薦的，窮困時看他所不為的，貧賤時看他所不取的。看這五方面就可以決定了，怎麼還要我來判斷呢？」魏文侯說：「先生請回府吧，我國相的人選定了。」李克出來，看見了翟璜。翟璜說：「今天聽說君主召見先生商議國相的人選，結果是選誰呢？」李克說：「魏成。」翟璜憤怒的樣子完全顯露出來，說：「西河的守將吳起是我推薦的；君主為國內的鄴縣擔憂，我推薦了西門豹；君主要討伐中山，我推薦了樂羊；中山攻克後，找不到可以守衛的人，我推薦樂先生；君主的兒子沒有老師，我推薦了屈侯鮒。這些都是有目共睹的，我什麼地方會輸給魏成呢？」李克說：「我之所以知道君主會任命魏成為國相的原因是，魏成的俸祿有千鐘，十分之九用在了外面，只有十分之一是用在家裡，所以在東方得到了卜子夏、田子方、段干木。這三個人，君主都以他們為師；你所舉薦的五個人，君主把他們作為自己的臣子。你不要再跟魏成比了。」翟璜羞愧地施禮說：「翟璜是個粗鄙的人，失禮了。我願意從此做您的弟子。」

魏文侯是一個集儒家思想和法家思想於一身的較為複雜的歷史人物。他講求實事求是的精神，根據自己治理國家的需要，根據當時社會發展的需要，對儒、法兩家思想，擇善而從。他禮賢下士、知人善任，聞過則喜，所以能成為一代名君。

雞鳴小技助孟嘗

戰國四公子是指戰國時魏國的信陵君、趙國的平原君、齊國的孟嘗君和楚國的春申君，他們揮金如土，養了上千門客。這些門客各有一技之長，盡其所能輔佐四大公子。齊孟嘗君出使秦國被昭王扣留，孟嘗君一食客裝狗鑽入秦營偷出狐白裘獻給昭王妾以說情放孟嘗君。孟嘗君逃至函谷關時昭王又令追捕，另一食客裝雞叫引雞齊鳴騙開城門，孟嘗君得以逃回齊國。

秦王聽說孟嘗君田文賢明，便派涇陽君到齊國當人質，邀請孟嘗君來秦國。西元前二九九年，孟嘗君帶著一些門客，到了秦國都城咸陽。秦昭襄王親自出宮迎接孟嘗君，見孟嘗君的門客前呼後擁，不由得更加仰慕。孟嘗君向秦王獻上一件純白的狐狸皮袍作為見面禮，秦昭襄王知道這是用名貴的銀狐皮做的，十分得意，在宮中美人面前誇耀了半天。然後，他把袍子脫下來交給太監，讓他們收起來。秦昭襄王想選個吉日，拜孟嘗君為丞相。大臣們擔心秦王重用孟嘗君，便私下商量怎樣排擠他。他們紛紛對秦王說：「田文是齊國人，手下的人又多。現在，他當了丞相，一定會替齊國打算的。要是他利用丞相的權力暗中對我國不利，我國不就危險了嗎？」秦昭襄王說：「你們說得也是。看來，還是把他送回齊國去吧。」大臣們說：「他在我國已經住了不少日子，我國的情況他差不多全都知道了，哪能輕易放他回去呢？」秦昭襄王聽了，深覺有理，就把孟嘗君軟禁起來。

涇陽君為了形成自己的勢力，在齊國時就跟孟嘗君交上了朋友。如今，聽說秦王把孟嘗君軟禁了，忙替他想辦法。涇陽君帶了兩對玉璧，送給秦王最寵愛的燕姬，請她幫忙。燕姬說：「我跟大王說句話倒可以，只是別的謝禮我都不要，我只要一件銀狐皮袍子。」涇陽君把她的話告訴孟嘗君，孟嘗君為難地說：「我只有一件銀狐皮袍，已經送給秦王了，哪還能要回來啊？」有個門客聽了，對孟嘗君說：「這事不難，我有辦法。」這個門客立刻去跟宮中管衣庫的人聊天，先摸準了門路。當天晚上，這個門客從狗洞爬進宮中，到衣庫去偷那件皮袍。他正在開門的時候，看庫的人驚醒了，那個門客忙裝狗叫，「汪汪汪」地叫了幾聲，看衣庫的人便又放心地睡著了。門客進了衣庫，打開箱子，拿出那件銀狐皮袍，又從狗洞鑽了出來。孟嘗君將這件皮袍送給燕姬，燕姬十分高興，她甜言蜜語地勸秦王把孟嘗君放回去。秦王為其所動，便發下過關文書，讓孟嘗君回齊國去。孟嘗君得到過關文書，帶著門客急匆匆地往函谷關跑。他們到了函谷關，正是半夜時分。按照秦國的規定，每天早晨雞叫頭遍時才許開關放人，他們只好在關裡等著天亮。孟嘗君十分著急，怕秦王派人追上來。正當孟嘗君一籌莫展時，有個門客捏著鼻子，學著公雞叫了起來。他這一叫，有好幾隻公雞都應和打鳴。緊跟著，關裡的公雞全都叫起來了。守關的人聽見公雞叫了，便打開城門，驗過孟嘗君的過關文書，就讓孟嘗君一行出關了。

孟嘗君以「得士」聞名，而王安石卻將孟嘗君「得士」的美譽予以斷然否定。他說：「孟嘗君特雞鳴狗盜之雄耳，豈足以言得士?」並說：「雞鳴狗盜之出其門，此士所以不至也。」其實，雞鳴小技，確顯其長，也能取長補短，為人所用。

趙高李斯輔佐，少子胡亥篡位

秦二世胡亥（西元前二三〇年至前二〇七年，在位時間西元前二〇九年至前二〇七年），也稱二世皇帝，是秦始皇第二十六子（最小的兒子）、太子扶蘇的弟弟。始皇出巡死於沙丘，宦官趙高和丞相李斯篡改遺詔，立胡亥為帝，賜扶蘇死。

西元前二一〇年七月二十日，始皇帝在沙丘宮平台去世。因為始皇帝很厭惡談論「死」，因此，群臣中沒有人敢提關於死的事。待到他病危時，才命中車府令、兼掌符璽事務的趙高寫詔書給長子扶蘇說：「參加喪事處理，靈柩到咸陽後安葬。」詔書已封好，但卻擱置在趙高處，沒有交給使者送出。因皇帝在都城外病逝，丞相李斯唯恐各位皇子及天下發生變故，於是就祕不發喪，將靈柩停放在能調節冷暖的涼車中，由始皇帝生前最寵信的宦官在車的右邊陪乘。所到之地，上呈餐飯、百官奏報事務與過去一樣，宦官即從車中接受並批覆奏事，只有胡亥、趙高及受寵幸的宦官五六個人知道內情。

當初，始皇帝倚重寵愛蒙氏兄弟，頗信任他們。蒙恬在外擔任大將，蒙毅則在朝中參與商議國事，稱為忠信大臣，即便是高級將領或丞相也沒有敢與他們一爭高低的。趙高一生下來就被閹割了，始皇帝聽說他辦事能力很強，且通曉刑法，便提拔他擔任了中車府令，並讓他教小兒子胡亥學習審理判決訴訟案，胡亥非常寵信他。趙高曾經犯下大罪，始皇帝派蒙毅懲治他。蒙毅認為趙高依法應被處死，但始皇帝因趙高辦事靈活而赦免了他，並恢復了他的官職。官復原職的趙高對蒙氏懷恨在心，便勸說胡亥，讓他詐稱始皇帝遺詔命扶蘇自殺，立胡亥為太子。胡亥同意了趙高的計策。趙高又說：「這件事如果不與丞相合謀進行，恐怕不能成功。」隨即，趙高會見丞相李斯，說：「皇上賜給扶蘇的詔書及符璽都在胡亥那裡，定立太子之事只在您我口中的一句話罷了。這件事該怎麼辦呢？」李斯說：「怎麼能夠說這種亡國的話呀！此事不是我們這些為人臣子的人所應當議論的啊！」趙高道：「您的才能、謀略、功勛、人緣以及獲扶蘇的信任，這五點全部拿來與蒙恬相比，哪一點比得上他呢？」李斯回答：「都比不上他。」趙高說：「既然如此，那麼只要扶蘇即位，就必定任用蒙恬為丞相，您最終不能帶著通侯的印信返歸故鄉的結局已經是顯而易見的了！而胡亥仁慈忠厚，是可以擔當皇位繼承人的。希望您慎重考慮一下！」李斯認為趙高說得有理，便與他共同謀劃，詐稱接到了始皇帝的遺詔，立胡亥為太子。又篡改始皇帝給扶蘇的詔書，指斥他多年來不能開闢疆土、創立功業，卻使士卒大量傷亡，並且數次上書，直言誹謗父皇，不斷抱怨不能獲准解除監軍職務，返歸咸陽當太子；而將軍蒙恬不糾正扶蘇的過失，並參與扶蘇的圖謀。因此令他們自殺，將兵權移交給副將王離。

扶蘇接到詔書，哭泣著想要自殺。蒙恬說：「陛下在外地，並未確立誰是太子。他派我率領三十萬軍隊鎮守邊陲，令您擔任監軍，這乃是天下的重任啊！現在僅僅一個使者前來傳書，我們就自殺，又怎麼能知道其中不是有詐呢？我們再奏請證實一下，然後去死也不晚呀！」使者見此，多次催促他們自行了斷，扶蘇對蒙恬說：「父親賜兒子死，哪裡還需要再請示查實呢！」隨即自殺。蒙恬不從，使者便將他交給官吏治罪，囚禁在陽周；改置李斯的舍人擔任護軍，然後回報李斯、趙高。胡亥這時已聽說扶蘇死了，便想釋放蒙恬。恰逢蒙毅代替始皇帝外出祈禱山川神靈求福後返回，趙高即對胡亥說：「始皇帝很早就想立你為太子了，可是蒙毅一直規勸他，認為不可如此。現在不如就把蒙毅殺掉算了！」胡亥於是下令逮捕了蒙毅，將他囚禁到代郡。皇室車隊從井陘抵達九原。當時正值酷暑，裝載始皇帝遺體的涼車散發出惡臭，胡亥等便指示隨從官員在車上裝載鮑魚，借魚的臭味混淆腐屍的氣味。從直道抵達咸陽後，趙高發布治喪的公告，太子胡亥繼承了皇位。

君臣關係是中國古代最重要的政治關係之一。這種關係處理得妥善與否，常常關係到整個國家的安危興亡。實際運作中的馭臣之術，或者可以造成「潤滑劑」的作用，調節斡旋君臣之間的關係，維繫統治集團內部的團結；或者可以造成「催化劑」的作用，激化君臣之間的矛盾和對立，造成政局的動盪不安。秦始皇在世的時候，靠著他的雄才大略和鐵腕政治，完全可以駕馭趙高、李斯，使國家安然無恙，但是秦二世與秦始皇相比就大為遜色，難以駕馭權臣，終致身首異處。

用長棄短，陳平歸漢

漢高祖劉邦之所以能打敗項羽一統天下，除了有張良、蕭何、韓信「漢初三傑」的輔佐外，還得力於總在關鍵時刻屢出奇計的開國功臣陳平。陳平曾先後跟隨過魏王和西楚霸王項羽，但因不受重用與信任而離開。後來陳平經魏無知引薦才投靠了劉邦，成為劉邦不可或缺的謀臣。

陽武人陳平家境貧寒，喜好讀書。鄉里祭祀土地神，陳平擔當主持分配祭肉的人，將祭肉分得非常均勻，鄉鄰們稱讚不已。陳平道：「如果我能夠主持天下，也會像分配這祭肉一樣公平合理的！」

後來，諸侯國反叛秦朝，陳平在臨濟事奉魏王魏咎，任太僕。他曾向魏王獻策，但是魏王不從。有的人就在魏王面前惡語中傷他，陳平於是逃離魏王。之後，陳平又投到項羽帳下，項羽賜封給他卿一級的爵位。殷王司馬卬反楚時，項羽即派陳平去攻打並降服了殷王。陳平領兵返回，項羽授任他都尉之職，賞賜給他黃金二十鎰。過了不久，漢王攻占了殷地。項羽為此怒不可遏，準備殺掉那些參與平定殷地的將領和官吏。陳平很害怕，便把他所得的黃金和官印封裹好，派人送還給項羽；隨即逃亡，渡過黃河，投奔了漢王。

陳平透過魏無知求見漢王，漢王於是召陳平晉見，賜給他酒食，然後就打發他到客舍中去歇息。陳平說：「我是為要事來求見您的，所要說的不能夠延遲過今日。」漢王即與他交談，頗喜歡他的議論，便問道：「你在楚軍中擔任的是什麼官職呀？」陳平說：「都尉。」劉邦當天就授陳平都尉之職，讓他做自己的陪乘官，負責監督各部將領。將領們因不服氣都喧譁鼓噪起來，說：「大王您得到一名楚軍的逃兵才一天，還不了解他本領的高低，就與他同乘一輛車子，且還反倒讓他來監護我們這些有資歷的老將！」漢王聽到這種種非議後，卻更加寵愛陳平了。

周勃、灌嬰等人對漢王說：「陳平雖然外表俊美，像裝飾帽子的秀玉，但腹中卻未必有真才實學。我們聽說陳平在家時曾與他的嫂子私通，為魏王做事時因不能被納而逃走去投奔楚國，在楚國仍然得不到重用，就又逃奔來降漢。現在大王卻如此器重他，授給他這麼高的官職，命他來監督各部將領。我們聽說陳平接受將領們的金錢，金錢送得多的人就能得到禮遇，金錢送得少的人就會遭到冷落。如此看來，陳平是個反覆無常的亂臣賊子，望大王明察！」漢王於是開始對陳平產生了懷疑，隨即召陳平來見，責問他說：「你事奉魏王意不相投，去事奉楚王而又匆忙離開，如今又來與我交往，守信義的人原本都是這樣三心二意的嗎？」陳平說：「我事奉魏王，魏王不能採納我的主張，所以我才離開他去事奉項羽。項羽不能信任使用人才，他所任用寵愛的人不是項姓本家，就是他妻子的兄弟，即便是有奇謀的人他也不重用。我聽說漢王善於用人，因此才來歸附。但我赤條條空手而來，不接受金錢就無法應付日常開銷。倘若我的計策確有值得採納的地方，便望大王您採用它；假如毫無價值，不能採用，那麼金錢還都在這裡，請讓我封存好送到官府中，並請求辭去官職。」漢王於是向陳平道歉，並重重地賞賜他，升任他為護軍中尉，監督全軍所有的將領，眾將領們便再也不敢對陳平說三道四了。

尺有所短，寸有所長。劉邦用人的祕訣之一就是舍其短而用其長，這從劉邦任用陳平的例子中即可發現此言不謬。人無完人，任用人才的首要問題在於，要肯定被用的人確有真才實學，並且那些真才實學又確實是自己所需要的，然後再看他的毛病缺點對事業是否致命，是否積習難改，是否是不可救藥的惡習。比如：有吃喝嫖賭惡習的人，是絕不能用作政府官員的；有偷摸劣跡的人，絕不可用來看守財物；極端自私的人，絕不可用來從事慈善活動。劉邦用陳平，是為了出謀劃策、將兵打仗。他是否勾搭過嫂子，是否收受過將士的財物，大概無礙大業。況且事已過去，並非年深日久的惡習，況且這些也是傳聞，並非鐵證如山的事實。利用別人的才能為自己所用是最主要的準則，把握住這個準則，用它去衡量被用的人，就比較好掌握了。

梁王受寵思非分

梁孝王劉武是文帝次子，與景帝為同母兄弟，很受竇太后的寵愛。文帝去世後景帝即位，起初尚未立太子，景帝甚至想傳位於梁孝王。由於有著與景帝及太后的這層親密關係，梁孝王日益驕橫。隨著權勢的不斷擴大，梁孝王引起了世人的注目，同時也為皇帝所忌憚，因此「僭越」的罪名也就落到了他的頭上。

梁孝王因為與景帝是一母所生，與景帝關係最為親密，又有平定吳、楚叛亂的大功，被賜予天子使用的旌旗，有成千上萬的車輛馬匹及隨從，出稱「蹕」，入稱「警」，都要清道戒嚴。梁孝王寵信羊勝、公孫詭，任命公孫詭為中尉。羊勝和公孫詭有許多奇詭不正的計謀，想慫恿梁孝王爭取成為漢景帝的繼承人。當栗太子被廢的時候，竇太后也想讓梁王為帝位繼承人，並曾在宴飲的時候對景帝說：「你出入乘坐大駕和安車，要讓梁王在你身旁。」景帝跪坐在席上，挺直了身回答說：「好。」喝完了酒，景帝就此徵詢大臣們的意見，大臣袁盎等人說：「不可。過去宋宣公不傳位給兒子而傳位給弟弟，因此產生了禍亂，禍亂持續了五代人。小處不忍心，會傷害大義，所以《春秋》贊成大義為主宰。」因此，太后的意見被阻止，她也就不再提讓梁王繼承帝位了。後來，梁王又上書給景帝：「希望賜給我能容得下車輛透過的地方，直達太后居住的長樂宮，我自己派梁國的士兵修築一條甬道，以便朝見太后。」袁盎等大臣都建議不要批准梁王的請求。梁王因此怨恨袁盎和參與議論的大臣，就和羊勝、公孫詭商量，暗中派人刺殺了袁盎及其他參與議論的大臣十多人。景帝得知後，估計與梁王有關；追查刺客，果然是梁王派來的。景帝派人去調查梁王一案，捕拿公孫詭、羊勝，梁王知道事情敗露，便令羊勝和公孫詭自殺，把屍體交出。景帝從此就對梁王有了怨恨之心。梁王惶恐，去求皇后的哥哥王信幫自己求情，王信答應了，找機會入宮向景帝進言，景帝的怒氣稍稍化解了一點。

這時，太后擔心梁王的事情，不進飲食，日夜哭泣不止，景帝也很憂慮。正好田叔等人查辦完梁王的事，返回長安，到達霸昌廄，田叔等將在梁國辦案取得的證詞全部燒毀，空著手來見景帝。景帝問：「梁王有罪嗎？」田叔回答說：「犯死罪的事是有的。」景帝問：「他的罪證在哪裡？」田叔說：「陛下不要過問梁王的罪證了。」景帝問：「為什麼？」田叔說：「有了罪證，如果不殺梁王，就廢棄了漢朝的法律；如果處死梁王，太后吃東西會沒有滋味，覺也睡不好，這樣就會給陛下帶來憂愁。」景帝非常贊成他所說的話，讓田叔等人謁見太后，並且說：「梁王不知情，主持這件事的只有梁王的寵臣羊勝、公孫詭之流，這些人都已經按國法處死，梁王沒有受到傷害。」太后聽到這些話，立即起來吃飯，情緒也穩定了。

西元前一四四年，梁王上書想留在京師，景帝沒同意，梁王回國後鬱鬱不樂。次年四月，梁孝王亡。竇太后得知，哭得很傷心，不思飲食，說：「皇上果然殺了我兒。」景帝不知該怎麼辦，後與長公主商量，把梁分為五國，梁孝王的五個兒子全部封為王，五個女兒全都封給食邑，享有其封邑的賦稅收入。此情奏報給太后，太后的情緒才有所好轉。梁孝王死後，景帝還是很厚待這個親弟弟的。

受驕寵劉長自取滅亡

淮南王劉長出身低賤，不受高祖寵愛，他因此心生怨恨。文帝時，高祖的兒子大都已不在人世，只剩下文帝和劉長。劉長自恃與文帝最親，經常驕縱犯法。漢文帝念及兄弟之情，不忍將他處死，只是多次下詔斥責。可劉長對文帝的教誨不但置之不理，不思悔過，反而變本加厲。西元前一七四年，劉長陰謀勾結匈奴與閩越，公開發動叛亂，與朝廷對抗。事情敗露後，大臣皆曰可殺，文帝不忍，只廢了他的王位，遷到蜀國。劉長死於途中，文帝追謚他為厲王。

當初，趙王張敖向高祖獻上一位美人，美人得寵幸而懷孕。後來，趙相貫高謀殺高祖的計畫敗露，美人也受株連被囚禁於河內。美人的弟弟趙兼請辟陽侯審食其向呂后求情，呂后嫉妒美人，不肯為她說話。美人這時已經生子，感到憤恨，便自殺身亡。官吏將其所生之子送給高祖，高祖也有後悔之意，遂為嬰兒取名劉長，令呂后收養，並葬其生母於真定。後來，高祖封劉長為淮南王。

淮南王劉長自幼喪母，一直親附呂后，所以在孝惠帝和呂后臨朝時，沒有受到呂后的迫害；但他心中卻常常怨恨辟陽侯審食其，認為審食其沒有向呂后力爭，才使他的生母含恨而死。及至文帝即位，淮南王劉長自認為與文帝最親近，驕縱蠻橫，屢違法紀；文帝經常從寬處置，不予追究。淮南王入朝，跟隨文帝去苑囿打獵，與文帝同乘一車，經常稱文帝為「大哥」。劉長有勇力，能舉起大鼎。一次，他去見辟陽侯審食其時，用袖中所藏鐵椎將他擊倒，並令隨從魏敬將他殺死。然後，劉長疾馳到皇宮門前，袒露上身，向文帝請罪。文帝感念他的為母親復仇之心，所以沒有治他的罪。當時，薄太后及太子和大臣們都懼怕淮南王。因此，淮南王歸國以後，更加驕橫恣肆，出入稱警蹕，自稱皇帝，上比於天子。袁盎進諫說：「諸侯過於驕傲，必生禍患。」文帝不聽。

西元前一七四年，淮南王劉長自設法令，推行於封國境內，驅逐了漢朝廷所任命的官員，請求允許他自己任命相和二千石官員。漢文帝再次同意了他的請求。劉長又擅自刑殺無罪的人，擅自給人封爵，最高到關內侯，多次給朝廷上書也都有不遜之語。文帝不忍親自嚴厲地責備他，就讓薄昭致書淮南王，委婉地規勸他，並徵引周初管叔、蔡叔以及本朝代頃王劉仲、濟北王劉興居驕橫不法，最終被廢被殺之事，請淮南王引以為戒。淮南王劉長接到薄昭書信，很不高興，指派大夫但、士伍開章等七十餘人與棘蒲侯柴武的太子柴奇合謀，準備用四十輛輂車在谷口發動叛亂；劉長還派出使者，去與閩越、匈奴聯絡。但事情很快便敗露了。文帝派使臣召淮南王進京。淮南王劉長來到長安，丞相張蒼、代行御史大夫職責的典客馮敬，及宗正、廷尉等大臣啟奏：「劉長應被處以死刑。」文帝命令說：「赦免劉長的死罪，廢去王號，把他遣送安置在蜀郡嚴道縣的邛郵。」與劉長通謀造反的人，都被處死。劉長被安置在密封的囚車中，文帝下令沿途所過各縣依次傳送。

袁盎進諫說：「皇上一直驕寵淮南王，不為他配設嚴厲的太傅和相，所以才發展到這般田地。淮南王秉性剛烈，我擔心他突然遭受風露生病而死於途中，陛下將有殺害弟弟的惡名，可如何是好？」文帝說：「我的本意只不過是讓劉長受點困苦罷了，現在就派人召他回來。」使者未到，淮南王劉長果然憤恨絕食而死。囚車依次傳送到雍縣，雍縣的縣令打開了封閉的囚車，向朝廷報告了劉長的死訊。文帝哭得很傷心，對袁盎說：「我沒聽你的話，終於害死了淮南王！現在該怎麼辦？」袁盎說：「只有斬殺那些不開啟封門送食物的官員以向天下謝罪才行。」文帝立即命令丞相、御史大夫逮捕拷問傳送淮南王的沿途各縣不開啟封門送食物的官員，把他們全都處死，用列侯的禮儀把淮南王安葬在雍縣，配置了三十戶百姓專職看護墳墓。

跋扈將軍梁冀

梁冀是東漢時期的大將軍，他的兩個妹妹為順帝、桓帝皇后，又同其妹先後立了沖帝、質帝和桓帝，專斷朝政近二十年。梁冀靠權術把持朝政，飛揚跋扈，可又怎麼在其權力處於頂峰時突然重重摔下，以致於丟了性命，這顆外戚專政之星是怎麼隕落的呢？

西元一二五年，東漢第七個皇帝漢順帝即位，但朝廷大權被外戚梁家掌握。梁皇后的父親梁商、兄弟梁冀先後做了大將軍。梁冀平素異常驕橫，他胡作非為，公開勒索，全然不把皇帝放在眼裡。漢順帝去世的時候，繼位的沖帝是個兩歲的娃娃，過了半年也死了。梁冀又在皇族中找了一個八歲的孩子繼位，這就是漢質帝。質帝年幼，但聰明機智，曾在一次早朝時，眨眼看著梁冀，說：「這是跋扈將軍！」梁冀聽到以後，對質帝深惡痛絕。西元一四六年六月，梁冀讓質帝身邊的侍從把毒藥放在湯餅裡，給質帝進上。質帝進食不久，藥性發作，非常難受，派人急速傳召太尉李固。李固進宮，走到質帝榻前，詢問質帝得病的來由。質帝還能講話，說：「我吃過湯餅，現在覺得腹中堵悶，給我水喝，我還能活。」梁冀這時也站在旁邊，阻止說：「恐怕嘔吐，不能喝水。」話還沒有說完，質帝已經駕崩。李固伏到質帝的屍體上號哭並彈劾侍候質帝的御醫，梁冀擔心會泄露下毒的真相，對李固非常痛恨。後來，梁冀尋機誣陷李固，將他囚禁。李固最後屈死獄中。

西元一五〇年，梁太后下葬，漢桓帝給大將軍梁冀增加一萬封戶，加上以前的合計三萬戶。封梁冀的妻子孫壽為襄城君，兼食陽翟縣的租稅，每年收入五千萬錢，又特別賜予赤紱，地位同於長公主。

梁冀接受孫壽的建議，免除許多梁氏宗族子弟的官職，表面上是向外界顯示謙讓，實際上是為了推崇孫氏族人。孫氏宗族中冒名任侍中、卿、校、郡守、長吏的有十多人，全都貪婪、凶狠、荒淫。梁冀、孫壽分別派私客調查記錄各縣富人，隨意加個什麼罪，下獄拷打審問，讓他們出錢贖罪。家財不足的，因為出不起那麼多錢，甚至被活活打死。

梁冀把持朝政將近二十年，權傾天下，桓帝只好拱手，什麼事都不能親自參與。對於梁冀專權，桓帝意欲剷除。西元一五九年，桓帝將單超、左悺叫進內室，對他們說：「梁將軍兄弟在朝廷專權，脅迫內外，三公、九卿以下，都得按著他們的旨意行事，現在，我想要誅殺他們，你們二位的意思如何？」單超等回答說：「梁冀兄弟的確是國家的奸賊，早就應該誅殺；只是我們的力量太弱小，不知聖意如何罷了。」桓帝又說：「確實如你們所說，那麼，請你們祕密謀劃。」單超等回答說：「謀劃並不困難，只怕陛下心中狐疑不決。」桓帝說：「奸臣威脅國家，應當定罪伏法，為什麼狐疑不決呢！」於是，又把徐璜、具瑗叫來。桓帝和五個宦官共同定計，桓帝將單超的手臂咬破出血，作為盟誓。梁冀心中懷疑單超等人，八月派中黃門張惲到宮中住宿，防止單超等人有變。桓帝令人收捕張惲，罪名是「擅自入宮，欲圖謀不軌」。桓帝來到前殿，召尚書們入殿，發動事變，派尚書令尹勳手持符節，率丞、郎以下官吏都手持武器守衛尚書官署，把全部符節送入宮中，派人把左右御廄的騎士、虎賁、羽林衛士、都候所屬的劍戟士，共計一千餘人，和司隸校尉張彪一同包圍梁冀的府第。派光祿勳持節，向梁冀收繳了他的大將軍印信，將他改封為比景都鄉侯。梁冀自知難逃此劫，遂和妻子孫壽雙雙自殺。梁氏、孫氏的全部宗族親戚不論老少皆斬首示眾。梁冀的故吏、賓客被罷官的有三百多人，一時朝中幾乎空蕩無人。梁氏倒台，老百姓歡欣雀躍。漢桓帝沒收了梁冀家產，價值三十多億，相當於當時全國一年租稅的半數。被梁家占用作花園、兔苑的民田，仍舊給農民耕種。漢桓帝論功行賞，把單超等五個宦官都封為侯，稱做「五侯」。從那時候起，東漢政權又從外戚手裡轉到宦官手裡了。

東漢王朝從漢和帝起，即位的皇帝大多是小孩子，最小的是只生下一百多天的嬰孩。皇帝年幼，照例由太后臨朝執政，太后又把政權交給她的娘家人，這樣就形成了一個外戚專權的局面。到了皇帝長大，漸漸懂事，就不甘心長期當傀儡。而要想擺脫外戚的控制，就只好依靠宦官的力量，消滅外戚的勢力。這樣，外戚的權力又轉到宦官手裡。無論是外戚也好，宦官也罷，都是豪強地主最腐朽勢力的代表。外戚和宦官兩大集團互相爭奪，輪流把持朝政，東漢的政治越來越腐敗了。

董卓入京為亂

董卓早年為漢將，在西方平定少數民族叛亂，後來又參加討伐黃巾起義，數次兵敗，卻依然升為前將軍，掌管重兵。董卓擁兵自重，駐兵於河東，不肯接受朝廷的徵召而放棄兵權。後逢京都大亂，何進被殺，董卓趁機進京，控制了中央政權。之後，董卓廢漢少帝，立漢獻帝，關東諸侯聯盟討伐董卓，董卓放棄洛陽，移都長安。董卓生性殘虐，當權後橫徵暴斂，激起了民憤，最後被王允和呂布謀殺。

西元一八九年八月，大將軍何進被宦官殺死，他的部下攻入皇宮，誅殺宦官，中常侍張讓等人被困宮中，無計可施，只好帶著少帝劉辯、陳留王劉協等數十人步行出宮。沒有公卿跟隨，只有尚書盧植、河南中部掾閔貢，入夜到達黃河岸邊。閔貢扶著少帝與陳留王劉協，在夜裡徒步向南走，想回到宮中。走了幾里地，得到百姓家一輛板車，大家一齊上車，到達洛舍歇息。之後，陳留王劉協和閔貢合騎一匹，從洛舍向南走，這時才逐漸有公卿趕來。董卓率軍到顯陽苑，遠遠望見起火，知道發生變故，便統軍急速前進。天還沒亮，董卓來到城西，聽說少帝在北邊，就與大臣們一齊到北芒阪下奉迎少帝。少帝見董卓突然率大軍前來，嚇得哭泣起來。大臣們對董卓說：「皇帝下詔，要軍隊後撤。」董卓說：「你們這些人身為國家大臣，不能輔佐王室，致使皇帝在外流亡，為什麼要軍隊後撤！」董卓上前參見少帝，少帝說起話來語無倫次。於是，董卓又與陳留王劉協交談問起事變經過，劉協一一回答，從始至終，毫無遺漏。董卓十分高興，覺得劉協賢能，而且又是由董太后養大的，他認為自己與董太后同族，於是心裡有了廢黜少帝，改立劉協為皇帝的念頭。

董卓到洛陽，手下只有步、騎兵三千人，由於擔心兵力單薄，不能使遠近懾服，於是，每隔四五天，他就派軍隊夜裡悄悄出發到軍營附近處，第二天早上，再嚴整軍容，大張旗鼓地返回，讓人以為西方涼州又派來了援軍，而洛陽城中沒有人知道他的底細。不久，何進與何苗的部下都投靠董卓，董卓又暗中指使丁原部下的司馬、五原人呂布殺死丁原而吞併了他的部隊，從此，董卓兵力大增。接著，他暗示朝廷，以雨久下不止為理由，讓皇帝頒策罷免司空劉弘的職務，由自己接任。

董卓對袁紹說：「天下的君主，應由賢明的人來擔任，每每想到靈帝，便令人憤恨！陳留王似乎更好，現在我打算擁立他。」袁紹說：「漢朝統治天下近四百年，恩德深厚，萬民擁戴。如今皇上年齡尚幼，沒有什麼過失，您想廢嫡立庶，恐怕眾人不會贊同您的提議！」董卓手按劍柄，呵叱袁紹說：「你膽敢這樣放肆！天下大事，難道不由我決定！我要想這樣做，誰敢不服從？你以為我董卓的刀不鋒利嗎！」袁紹也勃然大怒，說：「天下的英雄豪傑，難道只有你董公一個人！」袁紹把佩刀橫過來，向眾人作了一個揖，徑直而出。董卓因新到洛陽，見袁紹是累代高官的大家，所以沒敢害他。袁紹把司隸校尉的符節懸掛在東門，離開洛陽逃奔冀州。

九月，董卓召集文武百官，蠻橫地說：「皇帝沒有能力，不可以奉承宗廟，做統治天下的君主。如今，我想依照伊尹、霍光的前例，改立陳留王為皇帝，你們覺得怎樣？」公卿及以下官員都十分惶恐，沒有人敢回答。董卓又高聲說：「從前，霍光定下廢立的大計後，田延年手握劍柄，準備誅殺反對的人。現在有誰膽敢反對這項計畫，都以軍法處置！」在座的人無不震駭，只有尚書盧植反對。董卓大怒，離座而去。

他準備殺盧植，蔡邕等人為盧植求情，董卓這才作罷，只是免去盧植的官職。於是，盧植逃到上谷郡隱居起來。

董卓派人把廢立皇帝的計畫送給太傅袁隗看，袁隗回報同意。於是，董卓在崇德前殿召集百官，威脅何太后下詔廢黜少帝劉辯。袁隗把少帝劉辯身上佩帶的璽綬解下來，進奉給陳留王劉協。然後扶弘農王劉辯下殿，向坐在北面的劉協稱臣。何太后哽咽流涕，群臣心中無不悲憤，但沒有一個人敢說話。接著，董卓遷何太后到永安宮。這一天又下令大赦，改年號「昭寧」為「永漢」。不久，董卓又用酒毒死了何太后。

失街亭孔明斬馬謖

馬謖是馬良之弟，素有才名，得到諸葛亮賞識。劉備臨終前叮囑諸葛亮，馬謖「言過其實，不可大用」，但諸葛亮並未聽取。北伐時期，諸葛亮力排眾議，任命馬謖為先鋒，結果蜀軍在街亭慘敗於魏將張郃，諸葛亮退軍漢中，馬謖被軍法處死，終年三十九歲。

西元二二八年春，諸葛亮欲伐魏，與群臣商議這次軍事行動。丞相司馬魏延說：「聽說夏侯楙是魏帝的女婿，此人膽怯而沒有智謀。現請給我五千人的精銳部隊，帶著五千人口糧，直接從褒中出發，沿著秦嶺向東，到子午道後折向北方，不日便可抵達長安。夏侯楙聽到我突然來到，一定棄城逃走，長安城中就只有御史、京兆太守了。橫門糧倉的存糧以及百姓逃散剩下的糧食，足以供給軍糧。等到魏國在東方集結起軍隊，還要二十多天時間，而您從斜谷出來接應，也完全可以到達。這樣，就可以一舉而平定咸陽以西的地區了。」諸葛亮認為這是危而不妥的計策，不如安全地從平坦的路上出去，可以穩穩當當地取得隴右地區，有百分之百的把握取勝而不會有失，所以不用魏延之計。

諸葛亮揚言從斜谷取郿城，命令鎮東將軍趙雲、揚武將軍鄧芝充當疑兵，據守箕谷；明帝派遣曹真都督關右地區各軍駐紮在郿城。諸葛亮親自統率大軍進攻祁山，軍陣整齊，號令嚴明。起初，魏認為蜀漢昭烈帝劉備已經去世，幾年來沒有什麼動靜，因此放鬆了防備，此時突然聽到諸葛亮出兵，朝廷和民眾都很懼怕。於是，天水、南安、安定等郡都背叛魏而響應諸葛亮，關中如雷轟頂，受到震動。明帝派遣步兵和騎兵五萬大軍，命右將軍張郃監管軍務，向西抵禦諸葛亮。諸葛亮不用舊將魏延、吳懿等為先鋒，而是讓馬謖統領各軍在前，同張郃在街亭交戰。

馬謖違背諸葛亮的指揮調度，軍事行動混亂無章，放棄水源上山駐紮，不在山下據守城邑。張郃斷絕馬謖取水的道路，發動進攻並大敗馬謖，蜀軍潰散。諸葛亮前進沒有據點，就攻取西縣一千多人家回到漢中，不久，即以軍法處死馬謖。在馬謖的葬禮上，諸葛亮親自弔喪，為他痛哭流涕，安撫他的子女，如同平素一樣恩待他們。蔣琬對諸葛亮說：「古時候晉國同楚國交戰，楚國殺了領兵的重臣，晉文公喜形於色。現在天下沒有平定，而殺了智謀之士，難道不惋惜嗎？」諸葛亮流著眼淚說：「孫武能夠制敵而取勝於天下的原因，是用法嚴明；晉悼公的弟弟楊幹犯法，魏絳就殺了為他駕車的人。現在天下分裂，交戰剛剛開始，如果又廢棄軍法，怎麼能夠討伐敵人呢？」

當初，馬謖安營紮寨時，副將王平一再規勸馬謖，馬謖不採納；等到失敗時，馬謖部眾四散而逃，只有王平率領的一千人擂響戰鼓，把守營地，張郃懷疑有伏兵不敢往前逼近，於是王平緩緩地收攏各部散餘的士兵，率領人馬返回。諸葛亮既殺了馬謖和將軍李盛，還收回了將軍黃襲等的兵權，王平的名聲地位就特別提高和顯示出來，便提拔他為參軍，最後升遷到討寇將軍，封為亭侯。諸葛亮上書請求自己貶降三級，漢後主任命諸葛亮為右將軍，兼理丞相的職務。

孔明揮淚斬馬謖，的確是歷史上貫徹執行「賞罰分明」政策的典範。給獎容易罰人難。尤其以自己所愛的人、親人或難得之人才為對象而「忍痛割愛」、斷然論處，進而毅然執行，這更是難中之難事。而恰恰在這一點上，孔明做到了。這正是他的過人之處，也是值得我們學習的地方。

司馬氏專權弒帝

魏國在三國中是最強大的，但到魏主曹芳當政時，司馬氏實際上已經操縱了大權。司馬師帶劍入殿，一切政事都由他決斷，根本不把曹芳放在眼裡。司馬師死了以後，司馬昭做了大將軍。司馬氏父子三人，一個比一個專橫。那麼，對於司馬氏的專權，魏帝是怎麼處理的呢？

西元二五四年九月，司馬昭領兵入京晉見魏帝曹芳，魏帝到平樂觀檢閱他的軍隊。左右親信勸魏帝借司馬昭覲見辭行的機會殺掉他，再帶領軍隊擊退大將軍司馬師。需要的詔書都已寫好放在面前，魏帝卻突然害怕了，不敢實施這一計畫。後來司馬昭領兵入城，大將軍司馬師就陰謀廢掉魏帝。他假傳皇太后的命令召集群臣商議，以魏帝荒淫無度寵幸親近歌舞藝人為由，認為他不能再承擔帝王的重任了。群臣都不敢反對。於是，司馬師上奏章要沒收魏帝的玉璽，將其貶為齊王。又讓郭芝入宮告訴太后。太后正在與魏帝對坐閒談，郭芝就對魏帝說：「大將軍想要廢掉陛下！」魏帝站起來就走了。太后很不高興。郭芝說：「太后有兒子卻不能教育，現在大將軍主意已定，又領兵在外以防備非常事變，只能順著他的旨意，還有什麼可說的！」太后說：「我要見大將軍，對他有話說。」郭芝說：「有什麼可見的！現在只應該快點取來玉璽！」太后無奈，就讓身邊的侍從取來玉璽放在座位旁。數日之後，司馬師召集群臣，決定到元城迎立高貴鄉公曹髦。曹髦是東海定王曹霖之子，當時年僅十四歲。十月初五，曹髦進入洛陽，在太極前殿即皇帝位。

西元二六〇年，魏帝見自己的權力威勢日漸削弱，感到不勝忿恨。五月初七，曹髦召見侍中王沈、尚書王經、散騎常侍王業，對他們說：「司馬昭的野心，連路上的行人都知道。我不能坐等被廢黜的恥辱，今日我將親自與你們一起出去討伐他。」王經說：「古時魯昭公因不能忍受季氏的專權，討伐失敗而出走，丟掉了國家，被天下人所恥笑。如今權力掌握在司馬昭之手已經很久了，朝廷內以及四方之臣都為他效命而不顧逆順之理，也不是一天了。而且宮中宿衛空缺，兵力十分弱小，陛下憑藉什麼？而您一旦這樣做，不是想要除去疾病卻反而使病更厲害了嗎？禍患恐怕難以預測，應該重新加以詳細研究。」魏帝這時就從懷中拿出黃絹詔書扔在地上說：「我已經決定這樣做了！縱使死了又有什麼可怕的，何況不一定會死呢！」說完就進內宮稟告太后。魏帝隨即拔劍登輦，率領殿中宿衛和奴僕們呼喊著出了宮。司馬昭的弟弟在東止車門遇到魏帝，魏帝左右之人怒聲喝斥他們，兵士被嚇得逃走了。中護軍賈充從外而入，迎面與魏帝戰於南面宮闕之下，魏帝親自用劍拚殺。眾人想要退卻，騎督成之弟太子舍人成濟問賈充說：「事情緊急了，你說怎麼辦？」賈充說：「司馬公養你們這些人，正是為了今日。今日之事，沒什麼可問的！」於是，趁機抽出長戈上前刺殺魏帝，把他殺死於車下。司馬昭聞訊大驚，自己跪倒在地上。太傅司馬孚奔跑過去，痛哭道：「陛下被殺，是我的罪過啊！」

司馬昭進入殿中，召集群臣議論。尚書左僕射陳泰不應，但家人都逼著陳泰去，這才不得已而入宮。見到司馬昭，陳泰悲痛欲絕，司馬昭也對著他流淚，說：「玄伯，你將怎樣對待我呢？」陳泰說：「只有殺掉賈充，才能稍稍謝罪於天下。」司馬昭考慮了很久才說：「你再想想其他辦法。」陳泰說：「我能說的只有這些，不知其他。」司馬昭就不再說話了。後來太后下令，列舉高貴鄉公的罪狀，把他廢為庶人，以百姓的喪禮安葬。另外從曹操的後代中找了一個十五歲的曹奐接替皇位，這就是魏元帝。

司馬氏身為人臣，權傾天下，威逼魏主，發生交戰，結果以司馬氏篡國，魏主身亡失國而結局。這段歷史告訴世人，在矛盾雙方力量差距懸殊時，較弱的一方一定不要輕舉妄動，以卵擊石，而應靈活應變，等待和創造時機，審勢以後動。

王敦陰謀奪位

西元三一八年，琅琅王司馬睿在王導、王敦兄弟的支持和擁護下，建立東晉政權。王敦也因此而升任大將軍、荊州牧。後來，由於晉元帝司馬睿抑制王氏勢力，王敦打算起兵反抗朝廷。東晉明帝剛剛繼位三個多月，一直體虛多病的王敦也有日暮途窮之感，便加緊了篡位的準備步伐。

西元三二三年，王敦陰謀篡奪皇位，暗示朝廷徵召自己。晉明帝司馬紹親手寫詔書徵召他。四月，明帝加授王敦黃鉞和班劍，允許他奏事可以不通報姓名，入朝可以不趨行，還可以佩劍著履上殿。王敦遷移駐鎮姑孰，屯兵於湖。讓司空王導任司徒，王敦自任揚州牧。王敦想叛逆篡位，王彬極力苦諫。王敦發怒變臉，用目光示意左右侍從，欲逮捕王彬。王彬正氣凜然地說：「您過去殺害兄長，現在又要殺害兄弟嗎？」王敦這才罷手，讓王彬出任豫章太守。

王敦的姪子王允之正當童年，王敦因他聰明機警，異常寵愛，經常讓他跟隨自己。王敦有次在夜晚飲酒，王允之以醉酒為由告辭先睡，王敦便和錢鳳一起商討叛亂之事，被王允之原原本本聽到。王允之隨即在睡臥的地方大吐，衣物、臉上都沾上了汙穢。錢鳳走後，王敦果然持燈前來察看，見王允之睡臥在嘔吐的汙物中，便不再有疑心。不久，適逢王允之的父親王舒升任廷尉，王允之請求歸省父親，隨後便將王敦、錢鳳密謀的內容全部告訴了王舒。王舒與王導一同稟報皇帝，私下為應付突變做準備。

王敦讓錢鳳和冠軍將軍鄧岳、前將軍周撫等人率領軍隊向京師進發。王敦之兄王含對王敦說：「這本是我們王家的事，我應當親自前往。」王敦於是任命王含為元帥。錢鳳等人問他說：「事成之日，天子該怎麼處置？」王敦說：「還沒有去南郊祭天，怎麼能稱天子？出動你們的全部兵力，保護東海王和裴妃就是了。」於是，王敦以誅殺奸臣溫嶠等人為理由，向司馬紹上書。

七月初，王含等人率領水軍、步兵共五萬人，到達江寧秦淮河南岸，京城的人都惶恐不安。溫嶠把部隊轉移到屯河北岸駐紮，燒掉朱雀橋來挫傷敵方的銳氣，使王含等人無法渡河。司馬紹還想親自率領軍隊出擊，聽說橋已經被燒斷，勃然大怒。溫嶠說：「現在宿衛的士兵人少體弱，徵召的援軍還沒到，如果讓敵人衝進來，就會危及朝廷，連祖先的宗廟恐怕都保不住，何必吝惜一座橋呢？」

司馬紹統領各軍出城屯駐南皇堂。當夜，司馬紹招募勇士，派將軍段秀、中軍司馬曹渾等率領甲士千人渡秦淮河，攻其不備。清晨，在越城與敵交戰，大勝，斬殺其前鋒將領何康。王敦聽說王含戰敗，勃然大怒說：「我這個兄長只是個老奴婢，門戶衰落，大事完了！」回頭對參軍呂寶說：「我要盡力起行。」隨即用力起來，卻因氣力睏乏，只好又躺下。於是，對自己的舅父、少府羊鑒和王應說：「我死後王應立即即帝位，先設立朝廷百官，然後再安排葬事。」王敦不久即死，王應隱瞞死訊，只用蓆子包裹屍身，外面塗蠟，埋在議事廳中，然後日夜縱酒淫樂。

王敦死後，叛軍如同一盤散沙，很快就被打敗了。王含、王應父子投奔荊州的王舒。王舒帶著軍隊前來迎接，把他們二人沉入長江淹死。錢鳳逃到闔廬洲，被先前投奔王敦的尋陽太守周光斬殺。

魏徵直言勸諫

唐太宗是中國歷史上以善於納諫著稱的皇帝，他與魏徵的納諫與勸諫，成為中國歷史上的一段佳話。

唐高祖的時候，魏徵擔任太子洗馬，經常勸說太子李建成趁早除去秦王李世民。等到李建成事敗被殺，李世民召見魏徵說：「你為什麼離間我們兄弟呢？」大家都為他擔心，魏徵卻從容地回答說：「如果太子早聽我的話，一定不會有今天的下場。」

李世民一向器重魏徵的才能，雖然魏徵曾侍奉太子李建成，但李世民仍對他以禮相待，讓他擔任詹事主簿，後來又任命為諫議大夫。李世民即位以後，勵精圖治，多次讓魏徵進入臥室內，詢問政治得失。魏徵知無不言，太宗均高興地採納。不久，太宗又任命魏徵為右丞。

魏徵貌不驚人，但很有膽識謀略，常常冒犯龍顏堅持勸諫。太宗曾得到一隻很好的鷂鷹，把牠放在手臂上賞玩，遠遠地看見魏徵過來，就把牠藏在懷裡。魏徵向太宗奏事，說個沒完，鷂鷹最後竟死在了太宗懷裡。有一天，魏徵入宮覲見，對太宗說：「我有幸侍奉陛下，希望陛下讓我做良臣，不要讓我做忠臣。」太宗問：「忠臣、良臣有什麼區別？」魏徵回答說：「稷、契、皋陶，君臣齊心協力，共享尊貴榮耀，這是所謂良臣。關龍逄、比干，朝上當面諍諫，身死國亡，這就是所謂的忠臣。」

在太宗君臣的共同努力下，到貞觀四年，初唐便出現了「昇平」景象。這之後，又連年豐收，所以天下太平，盜賊不作。早在西元六二三年，許多大臣就上書請求李世民封禪。封禪是古代帝王祭告天地的慶功大典，祭祀地點在泰山頂上。李世民也認為開國有功，事業有成，便接受了大臣們的意見，同意赴泰山封禪。此時，魏徵卻力排眾議，認為不可。太宗說：「你不想讓朕去封禪，認為朕的功勞不夠高嗎？」魏徵回答說：「夠高了！」問：「德行不夠厚嗎？」答：「很厚了！」問：「大唐還沒安定嗎？」答：「安定了！」問：「四方的夷族還沒歸服嗎？」答：「歸服了！」問：「年成還不豐嗎？」答：「夠豐了！」問：「符瑞沒有出現嗎？」答：「出現了！」問：「那為什麼不可以封禪？」答：「陛下雖然擁有這六個條件，但自從隋朝滅亡，天下大亂之後，戶口沒有恢復，糧倉還很空虛，而陛下的車駕東巡，隨從如雲，路上的供給耗費不是很容易承擔的。而且陛下封禪，那麼各國君主都要聚集，遠方夷族首領，都要當作隨從。現在從伊水、洛水東到大海、泰山，人煙稀少，滿眼都是草莽，這是引戎狄進入我們的腹地，向他們展示我們的虛弱。何況即便賞賜無數，也不能滿足這些人的慾望。封禪一次，就算免除幾年徭役，也不能補償老百姓的勞苦，崇尚虛名而損害實際，陛下怎麼能這樣做呢？」太宗點頭稱是。又恰逢黃河南北幾個州縣正發大水，封禪之事就被擱置下來。

西元六四三年正月，魏徵臥病不起，太宗派遣使者去問候，賜給他藥餌，後來又派中郎將李安儼住在魏徵家裡，一有動靜立刻報告。十七日，魏徵去世，太宗命九品以上文武百官都去奔喪，賜給儀仗和鼓吹，陪葬在昭陵。魏徵的妻子說：「魏徵一向生活簡樸，現在用一品官的禮儀安葬他，不是死者的願望。」遂全部推辭不接受，只用布罩在車上，載著棺材安葬。太宗登上禁苑西樓，瞻望哭泣，十分悲哀，親自撰寫碑文，並且親自寫到碑石上。

魏徵去世後，太宗非常懷念他。他常對身邊的大臣說：「一個人用銅作鏡子，可以照見衣帽是不是穿戴得端正；用歷史作鏡子，可以看到國家興亡的原因；用人作鏡子，可以發現自己做得對不對。魏徵一死，我就少了一面好鏡子。」唐太宗把魏徵看作是了解自己得失的一面鏡子，這既是對他們君臣關係的生動概括，也是對魏徵的公正評價。

密告酷刑苦臣民

自從徐敬業造反之後，武則天懷疑天下的人都想謀害她。為了清楚地了解臣下的情況，武則天大開告密之風，她命令特製四個銅匭，放在朝堂的東、西、南、北四角。公開鼓勵百官上書言事，反映下情以及告密。武則天還親自召見告密之人，並授予不同等級的官職。由此，一些奸詐小人便利用告密而得到了武則天的信任。為了防止唐室舊臣繼續反抗，武則天任用索元禮、周興、來俊臣等酷吏來處理告密事宜，專辦謀反案件。

武則天主宰朝政後，深知自己長期專權，在宮內行為不端，宗室大臣們心存怨恨，便想以大肆誅殺來威懾他們，於是大開告密的渠道。

西元六八六年三月，太后武則天命令鑄造銅匭。銅匭分四格，東邊的叫「延恩」，進獻賦頌、請求做官的，可以把表疏投進去；南邊的叫「招諫」，議論朝政得失的可以投進去；西邊的叫「申冤」，有冤枉委屈的可以投進去；北邊的叫「通玄」，議論天象災變和軍機祕計的可以投進去。每格上面各有一孔，表疏從孔裡投進去，只能進，不能出。有告密的人，官吏不得詢問，都給他們提供驛馬，供應五品官標準的飲食，使他們能去武則天所在的地方。即使是農夫或者打柴的人，都能得到召見，並由客館供給食宿。所說的如果符合旨意，就能被破格授予官職；與事實不符的，也不問罪。於是，四方告密的人蜂擁而起，人們小心翼翼，唯恐哪裡做得不對，被人抓住把柄。

有一個叫索元禮的胡人，透過告密，獲武則天召見，被提升為游擊將軍，負責審查監獄裡的案件。索元禮性情殘忍，審訊一個人，一定會牽連出幾十人甚至上百人。武則天多次召見，聽信其一面之辭，多次予以賞賜。尚書都事周興、來俊臣之流見此，紛紛效仿。周興接連升官，做到秋官侍郎，來俊臣升遷到御史中丞。他們勾結在一起，私下蓄養無賴幾百人，專門從事告密。想誣陷一個人，就讓他們幾處同時告發，內容都一樣。武則天接到告密，就派索元禮等人審訊。他們爭相發明刑訊用的殘酷辦法。有用椽子串聯人的手腳，再朝一個方向旋轉，叫做「鳳凰晒翅」；有用東西固定人的腰部，將脖子上的枷向前拉，叫做「驢駒拔橛」；或讓人跪在地上捧枷，在枷上壘瓦，叫做「仙人獻果」；或讓人立在高木台上，從後面拉住脖子的枷，叫「玉女登梯」；或將人倒吊，在腦袋掛石頭；或用醋灌鼻孔；或用鐵圈套住腦袋，在腦袋與鐵圈之間釘楔子，直到腦袋裂開，腦漿迸流。每次有囚犯來，就先陳列刑具讓他們看。囚犯們看了，都兩腿發抖，冷汗直冒，即使是清白的人，也馬上就認罪了。每次有赦令來，來俊臣總是命令獄卒先殺死重犯，然後宣布赦令。而武則天卻認為他們忠心耿耿，更加寵信。上至文武百官，下至黎民百姓，對他們無不畏懼。

西元六九一年，當時武則天已經稱帝，有人告發周興謀反，武則天派來俊臣審訊他。來俊臣對周興說：「囚犯多數不肯認罪，應當用什麼辦法呢？」周興說：「這太容易了！拿一口大甕，用炭火在四周烤，逼囚犯進去，還有什麼事情不肯承認？」於是，來俊臣要了一口大甕，按周興說的辦法，在四周堆上火烤，然後站起來對周興說：「有宮裡的文書，要審問老兄，請君入甕！」周興惶恐萬分，馬上叩頭認罪。西元六九七年六月，來俊臣誣告監察御史李昭德。而此時，來俊臣因為得罪武氏諸王和太平公主，被關進監獄，判處死刑。於是，李昭德、來俊臣一起被斬首。當時的人都痛惜李昭德，而對處死來俊臣更是拍手稱快。不論士人百姓在路上相見時，都互相慶賀，說：「從今以後，睡覺可以安心，背脊可以貼在蓆子上了。」

人們在評價武則天時，往往都要涉及酷吏的問題，有些學者甚至把酷吏問題作為武則天「殘忍」的依據，從而得出武周社會「黑暗」的結論。其實，武則天並非始終器重酷吏，酷吏不過是武則天打擊政敵，鞏固統治的工具。她重用酷吏，獎勵告密，使不少酷吏橫行一時，雖然對武周政權的鞏固起過一些作用，但同時也致使統治集團內部矛盾激化，人人自危，嚴重影響到國家的治理和生產的發展。

王叔文結黨弄權

唐德宗時，王叔文是皇太子的老師，常常和皇太子李誦討論國家大事，深得皇太子的賞識和信任。西元八〇五年，德宗去世，李誦即位，是為唐順宗。順宗任命王叔文為翰林學士，參與朝政的決策。

當初，翰林待詔王伾擅長書法，山陰人王叔文擅長下棋，都在東宮出入，侍奉太子，陪太子娛樂。王叔文狡猾詭譎，多計謀，說自己讀過很多書，懂得治國之道，經常找機會跟太子述說百姓的疾苦，贏得太子的寵信。王叔文趁機對太子進言，對他說誰可以擔任宰相，誰可以擔任將領，希望太子將來任用他們。王叔文暗中結交翰林學士韋執誼等人，定為生死之交，每天都與他們交遊相處，行蹤十分詭譎。有些藩鎮也暗中進獻財禮，與他們相互勾結。

西元八〇五年正月，德宗駕崩，太子繼位，是為順宗。順宗任命吏部郎中韋執誼為尚書左丞、同平章事，王伾為左散騎常侍，王叔文為起居舍人、翰林學士。王伾相貌醜陋，操一口吳地方言，被順宗親近寵信。而王叔文頗以能辦大事自許，略懂一些文章義理，喜歡談論事務，順宗因此對他稍顯敬畏，也像王伾那樣，能在內宮裡自由出入。

王叔文進入翰林院，而王伾進入柿林院，每當遇到事情，首先下達翰林院，讓王叔文決斷，然後向中書省宣布，由韋執誼承行。他們謀劃商議，相互應和，日夜不休。榮耀恥辱、升官貶職，往往輕易就決定下來，只要他們想做的，就不受任何規矩約束。士大夫們都很畏懼他們。平時與他們有交往的人，接連被提拔升官，甚至一天之中就封拜了好幾個人。他們的黨羽中有人說「某人可以擔任某官」，過不了一兩天，那個人就會得到所說的官職。因此，王叔文與其黨羽的門前，晝夜車馬往來，門庭若市。等候謁見王伾、王叔文的賓客，甚至想在他們所住街坊的餅鋪酒店住宿，每個人要交一千錢，才能留下來過夜。王伾尤其貪婪，專門以收受賄賂為能事，他讓人製作了一個大櫃子，用來收藏金錢絲帛，夫婦二人就在大櫃子上睡覺。

順宗久病不癒，群臣希望及早冊立太子。而王叔文一黨想要獨攬大權，因而對此事非常忌諱，但終究也無力阻止。四月初六，順宗駕臨宣政殿，冊封太子。官員們看到太子的儀表，退朝以後，都互相慶賀，朝廷內外都十分高興。只有王叔文神色憂慮，又不敢說什麼，吟誦著「出師未捷身先死，長使英雄淚滿襟」。聽到的人都嘲笑他。後來，王叔文與韋執誼之間出現矛盾，結下了仇怨。六月，王叔文因為母親去世而暫時離職，韋執誼更加不願意採納他的意見。王叔文非常生氣，與他的同黨日夜謀劃，要重新掌權，且一定要先把韋執誼抓起來殺了，再除去不肯附和自己的人。聽到的人都很害怕。二十二日，順宗任命陳諫為河中少尹，王伾、王叔文的黨羽開始從朝中被排斥出去。八月初四，順宗頒布制書，稱：「命令太子即帝位，朕稱太上皇。」初六，貶王伾為開州司馬，貶王叔文為渝州司戶。不久，王伾病死。第二年，憲宗賜王叔文自殺。

劉季述政變廢昭宗

劉季述是唐昭宗時宦官，西元九〇〇年十一月，他聯合左軍中尉王仲先、樞密使王彥範、薛齊偓等人挾宰相召百官署狀同意，以「廢昏立明」為由，發動宮廷政變。他們將昭宗及皇后軟禁，迎皇太子監國，擁立李裕繼位，以昭宗為太上皇。西元九〇一年正月，孫德昭發兵打敗了劉季述，誅其黨二十餘人，昭宗重新復位，詔令太子重回東宮。

西元九〇〇年，左軍中尉劉季述、右軍中尉王仲先、樞密使王彥範、薛齊偓等人一起暗中謀劃，想要廢黜昭宗，另立太子李裕為帝。

十一月初，昭宗在禁苑打獵，設宴飲酒，直到半夜，才酩酊大醉地回到宮裡，又殺了幾個宦官和侍女。第二天，快到中午時宮門還沒有打開。劉季述到中書省告訴宰相崔胤說：「宮中一定有變故，我是內臣，能夠根據情況自行處理，請求進宮察看。」於是，劉季述率領禁軍一千人破門而入，經過訊問審查，了解了具體情況。劉季述出來，對崔胤說：「主上如此行為，怎麼能管理國家？廢黜昏君，擁立明主，自古就有這樣的先例。這是為了國家大計，並不是叛逆。」崔胤害怕被殺，不敢違抗。初六，劉季述召集文武百官，在殿前陳列軍隊，草擬了崔胤等人請求太子代理朝政的聯名狀，拿給文武官員看，讓他們簽名。崔胤與文武百官不得已而從之。

昭宗在乞巧樓，劉季述、王仲先在門外埋伏了一千甲兵，與幾位大臣進去請求奏事。劉季述、王仲先剛剛登上大殿，將士們就衝到殿內，遇到宮人就殺。昭宗看見有士兵進來，嚇得掉到御床下，爬起來想要逃走。劉季述、王仲先架著他，讓他坐下。宮人跑去稟報皇后，何皇后趕來對劉季述等人行禮，請求說：「軍容使不要驚嚇皇上，有事儘管請軍容使商量。」劉季述等人就拿出文武百官的聯名狀，稟告昭宗，說：「陛下厭倦帝位，文武百官都希望太子代理國政，請陛下在東宮頤養天年。」昭宗說：「昨天與大家遊樂飲酒，不覺喝多了點，何至於這樣呢？」劉季述等人回答說：「聯名狀不是我們寫的，是朝廷百官的心意，難以遏止！請陛下暫且移駕東宮，等到事情稍稍安定，再迎接陛下回歸大內。」何皇后說：「皇上趕快答應軍容使！」隨即取出傳國璽印交給劉季述。宦官扶著昭宗與何皇后同乘一輛車，與嬪妃侍從十幾人前往少陽院。

劉季述親手鎖上少陽院的門，熔化鐵水將鎖封死，並派遣左軍副使李師虔率領士兵包圍少陽院，昭宗有什麼動靜都向劉季述報告。他們還在牆上鑿出孔洞，遞送飲食，兵器針刀等其他物品都不准遞送進去。當時天氣十分寒冷，嬪妃公主沒有多的衣服，號哭的聲音外面都能聽到。劉季述等人假傳昭宗的詔令，命令太子代理國事，迎接太子入宮。初七，劉季述等人又假傳昭宗詔令，讓太子繼承皇位，改名為李縝。以昭宗為太上皇，何皇后為太上皇后。初十，太子即皇帝位，把少陽院改名為問安宮。

這次政變維持的時間很短，到次年正月初一，對政變不滿的左神策指揮使孫德昭受崔胤鼓動，在宮中發動事變，誅殺王仲先，救出昭宗，又與崔胤等一起誅殺了劉季述及其黨羽。昭宗復位，將太子廢黜為德王，並恢復本名李裕，任孫德昭為宰相。

宦官專權，是封建專制主義惡性發展的必然結果。唐朝宦官擅權從玄宗時的高力士開始，但這時還只是假借皇帝權勢作威作福，並不掌握軍權。宦官掌握軍權是從肅宗時李輔國開始，到德宗時宦官掌握禁軍成為定製。宦官有了軍權，地位越加鞏固，就統攬一切大權，朝廷的賞罰，宰相的任免，甚至皇帝的廢立生殺，都由他們決定。唐朝後期，朝廷已成為宦官集團控制軍政大權的工具，皇帝僅是宦官手中的傀儡。這樣，唐後期就出現了宦官專權的局面。

張氏兄弟恃寵亂內廷

張氏兄弟即張易之和張昌宗，都是中山安國即現在的河北安國人，祖上曾在貞觀末年做過宰相，也是名門出身。張昌宗是太平公主推薦給武則天的，張昌宗又引薦其兄張易之，則天一見甚悅，於是二人同入宮中侍奉武氏。此二人先被任為中郎將和少卿，後屢屢加官，因武氏年事已高，政事多委易之兄弟。二人權傾朝中，連武則天的姪兒武承嗣、武三思等人都爭著為二人執鞭牽馬。

西元七〇〇年六月，朝廷改控鶴監為奉宸府，任張易之為奉宸令。武則天每次在內宮宴飲，經常召來武姓親貴和張氏兄弟，一起飲酒作樂。武則天讓張昌宗穿著羽毛做的衣服，吹著笙，在內宮廷院裡乘坐木鶴，文士們都賦詩讚美他。

張易之、張昌宗以豪華奢侈相互攀比，他們的弟弟張昌儀任洛陽縣令，賄賂他們辦事情，沒有不答應的。一次早上入朝，有一名姓薛的候補官員攔住張昌儀的馬行賄，將五十兩金子連同簡歷一起給他，張昌儀都收下了。到朝廷上，他把簡歷交給天官侍郎張錫。過了幾天，張錫把簡歷弄丟了，就去問張昌儀，張昌儀罵他說：「沒用的東西！我也記不得了，只要是姓薛的就授給他官職。」張錫找出姓薛的候選官員六十多人，全都留下授予官職。當初，魏元忠擔任洛州長史的職務，洛陽令張昌儀倚仗著幾個兄長的權勢，每次到州府辦事，都徑直走入長史廳。魏元忠到任以後，叱令他退下去。張易之的家奴在城中街市上橫行滋事，魏元忠把他們用杖刑處死。在魏元忠入朝擔任宰相以後，武則天召見張易之的弟弟峽州刺史張昌期，打算讓他擔任雍州長史。朝廷議事時，武則天向諸位宰相問道：「張昌期任雍州長史怎麼樣？」眾宰相紛紛回答道：「陛下可算是真正找到合適的人選了。」唯獨魏元忠據理力爭，認為張昌期不能勝任這個職務。武則天默不作聲，便不再談及此事了。魏元忠還曾當面向武則天奏道：「從先帝在位之時直到現在，臣蒙受朝廷厚恩，現在朝廷缺乏人才，臣得以充數列宰相之位，不能竭忠效死，致使奸邪小人在您左右弄權，這是我的罪過呀！」武則天聽了很不高興，張易之兄弟也因此而對魏元忠記恨在心。時值武則天染病，張昌宗擔心武則天去世後魏元忠會對他下手，就在武則天面前誣陷魏元忠。西元七〇三年，武則天把魏元忠貶為高要縣尉。

西元七〇四年七月，武則天任命神都副留守楊再思為內史（也相當於宰相）。楊再思專以阿諛奉承取悅於人，當時有人稱讚張昌宗「面如蓮花」，只有楊再思說：「不對。」張昌宗問他為什麼，楊再思回答：

「應該說蓮花長得像六郎才對。」張昌宗兄弟作威作福，貪贓枉法，群臣紛紛上奏，有人認為張昌宗依法應該免官，張昌宗上奏說：「我有功於國家，所犯的罪過，應該還不至於免官。」武則天向幾個宰相詢問，說：「張昌宗對國家有功嗎？」楊再思說：「張昌宗調配神丹，陛下服下之後，確實有效，沒有比這更大的功勞了。」武則天聽了很高興，就赦免張昌宗，恢復了他的官職。當時的左補闕專門寫了《兩腳野狐賦》，來諷刺楊再思。西元七〇四年年末，武則天病倒在床上，幾個月也不召見宰相，只有張氏兄弟二人侍奉左右，主持朝政大事，這使大臣們六神無主。宰相張柬之經過周密部署，於西元七〇五年正月發動了兵變，把張氏兄弟殺死，迫使病中的武則天讓位，由中宗復位，重建唐朝。

李唐王朝二百九十年的歷史，有近半個世紀是由武則天這位女性皇帝導演的。她一生的功過，一代又一代人的評說，褒貶參半。可能對她貶斥最多的是，她曾擁有幾個男寵，這便成為她千古難泯的醜聞，成為文人墨客顛來倒去的話題，以至於連同她創造的卓著政治業績也隨之淹沒了。

第二章 統率全局之法

在驚心動魄的政治風雲中，任何不求進取、因循守舊、優柔寡斷、模稜兩可，都會錯失良機；任何心中無數、粗枝大葉、考慮欠周、倉促決斷，都會招致慘重損失。可以說，舉手投足之間，決定榮辱成敗，關係著身家性命。因此，胸懷全局，目光遠大，能夠從全局上、長遠上思考問題，善於處理大的方面的關係，能夠在變動中把握局勢發展的大方向，爭取策略上的主動和優勢，就能從小到大，從弱到強，做成一番轟轟烈烈的事業。

趙武靈王胡服騎射

趙武靈王「胡服騎射」是中國古代軍事史上的一次大變革，被歷代史學家傳為佳話。特別是趙武靈王以敢為天下先的進取精神，在中原王朝把少數民族看作「異類」的政治背景下，在一片「攘夷」的聲浪中，力排眾議，衝破守舊勢力的阻撓，堅決實行向夷狄學習的國策，體現了作為古代社會改革家的魄力和膽識。

西元前三〇七年，趙武靈王向北進攻中山國，大軍到達代地後，繼續向北進軍到無窮，向西到達黃河，登上了黃華山。趙武靈王與大臣肥義謀劃，準備讓百姓改穿胡人服裝，訓練騎馬射箭的本領。肥義極為贊同趙武靈王胡服騎射的主張，可是又有些擔心會被人笑話。趙武靈王說：「傻子笑話的地方聰明人卻會另有發現。就算世上所有的人都笑話我，我也要占領胡地和中山國！」

由於胡服騎射不單是一個軍事改革措施，同時也是一個國家移風易俗的改革，是一次對傳統觀念的更新，因此，在實行之初，除了百姓接受有困難外，百官的牴觸情緒也比較大。以公子成為代表的貴族官僚，遵奉傳統觀念，拒絕胡服騎射，他們或公開反對，或稱疾不朝。群臣也都不願穿戴胡服，怨言四起。在這樣巨大的阻力面前，趙武靈王沒有灰心。他數次拜訪叔父公子成，對公子成說：「我國東面有齊、中山，北面有燕、東胡，西南有樓煩、秦、韓，如今若沒有騎射的本領，那我們靠什麼來守衛國家？以前，中山那樣的小國依靠齊國強大軍隊的支持，侵擾我們的領土，擄掠我們的百姓，引水圍困我們的鄗城，使鄗城幾乎失守。先王因為此事，一直感到深深的恥辱。所以我要改換胡服教人騎射，是想用它們來防備四方邊境的入侵者，向中山國報往日之仇。而您卻為了沿襲傳統，厭惡換裝的名頭，而忘記鄗城受攻的恥辱，這實在令我失望！」最後，公子成被說服，和武靈王一起穿上胡服上朝，眾大臣見狀，也紛紛效行。趙武靈王遂向全國下達「胡服令」，自上而下地改易服裝，教民騎射，推行尚武之風。西元前二九五年，趙武靈王親率身著胡服的騎兵部隊，與齊國、燕國的軍隊共同滅了中山國。

胡服騎射的影響不僅侷限於當時，它對以後中國社會的發展也產生了十分積極的影響。武靈王改變胡服是出於騎射的客觀要求，但事實上，胡服不僅適應於作戰的需要，它比中原原來的衣冠更便於人們進行生產勞動與其他社會活動，從而在歷史上產生了深遠影響。胡服的優越性日益被中原人民所接受。武靈王倡導的胡服騎射對此後中國的戰爭與交通也有很大的影響。春秋以前，中原地區的戰爭與交通皆用馬車。武靈王推行的騎射，推動了整個中原騎兵的發展，標誌著古代戰爭從戰車時代進入了騎兵時代，這在中國軍事史上有著劃時代的意義。

項羽兵敗垓下

西元前二〇二年十二月，楚漢兩軍在垓下進行了一場策略決戰。垓下之戰，是楚漢相爭中決定性的戰役，它既是楚漢相爭的終結點，又是漢王朝繁榮強盛的起點，更是中國歷史上具有里程碑意義的轉折點，它結束了秦末混戰的局面，實現了統一，奠定了漢王朝四百年基業。

西元前二〇二年十二月，漢王與諸侯會師追擊項羽，項羽到了垓下，軍隊士卒極少，糧食斷絕，與漢軍交戰失敗，便退入營壘中。漢軍會同諸侯軍隊重重加以包圍。項羽在晚上聽到漢軍四面都唱起楚歌，大驚道：「漢軍已經全部得到楚國的土地了嗎？是什麼原因使楚人這麼多呀！」便連夜起身，在帳中飲酒，慷慨悲歌，淚下數行，侍從人員見狀也都紛紛哭泣，全不忍心抬頭觀看。項羽於是騎上他的名叫烏騅的駿馬，部下的壯士騎馬相隨的有八百多人，當夜即突圍往南奔馳。天大亮時，漢軍才發覺，便命令騎將灌嬰率五千名騎士追趕。項羽渡過淮河，相隨的騎兵能跟得上他的才一百多人。到達陰陵後，項羽一行人迷了路，就向一個農夫問路，農夫騙他們往左。項羽等往左走，陷進了大沼澤地中。漢軍因此便追上了他們。

項羽於是又領兵向東奔走，到達東城，相隨的只有二十八個騎兵了。而這時漢軍騎兵追上前來的有好幾千人。項羽料想已無法脫身，便對他的騎兵們說：「我從起兵到現在，已經八年了，身經七十多次戰鬥，不曾失敗過。但是今天終於被困在這裡，這是上天要滅亡我啊，並不是我用兵有什麼過錯！今天定要一決生死，願為你們痛快地打一仗，一定突破重圍，斬殺敵將、砍倒漢旗，接連三次取勝，讓你們知道是天要亡我，而不是我用兵的過錯。」隨即把他的人馬分為四隊，向四個方向衝殺。但漢軍已將他們重重包圍，項羽便對他的騎兵們說：「看我為你們斬殺漢軍一員將領！」就命令騎士們從四面奔馳而下，約定在山的東邊分三處會合。接著項羽便大聲呼喝著策馬飛奔而下，漢軍隨即都潰敗散亂，項羽就斬殺了一員漢將。這時，郎中騎楊喜追擊項羽，項羽瞪著雙眼厲聲呵叱他，楊喜人馬都受到驚嚇，退避了好幾里地。項羽便與他的騎兵們分三處相會合，漢軍不知道項羽究竟在哪裡，於是分兵三路，又把他們包圍起來。項羽隨即奔馳衝殺，又斬殺了漢軍的一名都尉，殺掉了漢軍百十來人。項羽重新聚攏了他的騎兵，至此僅損失了兩名騎兵。項羽就對他的騎兵們說：「怎麼樣啊？」騎兵們都敬服地說：「正像大王您所說的一樣！」

後來項羽撤退到烏江，烏江亭長把船停泊在岸邊等著他，並對項羽說：「江東雖然狹小，土地方圓千里，民眾幾十萬人，卻也足夠用以稱王的了。望大王您火速渡江！現在只有我有船，漢軍到來，無船渡江。」項羽笑著說：「上天要滅亡我，我還要渡江做什麼啊！況且我與江東子弟八千人渡江西征，而今沒有一個人歸還，縱使江東父老憐愛我，仍然以我為王，我又有什麼臉面去見他們啊！即便他們不說什麼，難道我就不感到心中有愧嗎？」於是，就把自己所騎的駿馬烏騅送給了亭長，命令他的騎兵都下馬步行，手持短兵器與漢軍交戰。僅項羽一人就殺死了漢軍幾百人，項羽自己也身受十多處傷。這時，項羽回頭看見了漢軍騎司馬呂馬童，就說：「你不是我的老朋友嗎？」呂馬童背過臉，指給中郎騎王翳說：「這就是項王！」項羽便說道：「我聽說漢王懸賞千金買我的頭顱，分給萬戶的封地，我就留給你一些恩德吧！」即自刎而死。王翳隨即取下項羽的頭顱。其餘的騎兵便相互踐踏著爭搶項羽的軀體，互為殘殺的有幾十個人。到了最後，楊喜、呂馬童和郎中呂勝、楊武各奪得項羽的一部分肢體。五個人把項羽的肢體會合拼湊到一起，都對得上，因此便分割原來懸賞的萬戶封地，將五人都封為列侯。

李清照十分讚賞項羽的豪爽、霸氣，以及他寧死不屈的精神，作五言詩《烏江》：「生當作人傑，死亦為鬼雄。至今思項羽，不肯過江東。」杜牧為項羽自刎而惋惜，作《題烏江亭》一詩：「勝敗兵家事不期，包羞忍恥是男兒。江東子弟多才俊，捲土重來未可知。」

項羽兵敗，雖然慘重卻也在情理之中。兵書上說：「勝敗乃兵家常事」，項羽一直所向披靡，戰敗一次又能怎樣？俗話說，留得青山在，不怕沒柴燒。然而在有幸逃脫之後，項羽卻自刎於烏江之邊，自毀希望、自斷前程。而劉邦在此戰之前據說是十戰九敗，如果戰敗即自刎的話，那劉邦該有多少條性命呢？由此看來，項羽並非真正的英雄，不過是匹夫之勇，小人之見，懦夫之死。

叔孫通制禮儀

劉邦立國伊始，群臣自恃功高，公然在朝廷上爭功邀寵，醉後喧譁，全無君臣禮儀。叔孫通見此，建議漢高祖制訂禮儀法度，以明體統。劉邦採納了他的意見，並讓他負責制禮工作。於是，叔孫通采古禮，參秦儀，制定了漢初的朝儀，為漢代的禮儀奠定了基礎，他也由此被司馬遷稱為「漢家儒宗」。

漢高祖劉邦當初廢除了秦朝繁苛的禮儀，儀製法令都很簡易。臣子們一起喝酒爭功，喝醉後有的人就胡言亂語，甚至拔出劍來砍宮殿裡的柱子。高祖對此十分厭惡。叔孫通於是勸高祖說：「那班儒生，很難和他們一起攻打天下，但可以與他們一起保守成業坐天下。我願意去徵召魯地的眾儒生，來跟我的弟子一起制定臣子朝見君主的禮儀規則。」高祖說：「該不會很煩難吧？」叔孫通道：「五帝的樂制不一樣，三王的禮制不相同。禮制，是根據時代、人情的變化對人們的言行所確定的節制規範。我想稍微採用一些古代禮制，與秦朝的儀法攙糅到一起制定出來。」高祖說：「可以試著做做，但要使這禮儀容易被人們了解，估計我所能做得到的，據此去制定它。」

於是，叔孫通就奉命作為使者，去魯地徵召了儒生三十多人。魯地有兩個儒生不肯前往，說道：「您所事奉的將近有十個君主了，都是依靠當面阿諛逢迎來贏得親近、尊貴。如今天下剛剛平定，死亡的人尚未安葬，傷殘的人還不能行動，又想要制禮作樂。而禮樂的產生，是累積德政上百年之後才能製作興起的。我們不能忍心去做您所要做的事情。您回去吧，不要玷汙了我們！」叔孫通笑著說：「你們真是淺陋迂腐的儒生啊，不懂得時勢的發展變化！」隨即偕同他所徵召的三十人西行入關，又邀請高祖身邊有學術修養的近臣和自己的弟子，共一百多人，用繩索圈出演習場所，插立茅草表示出尊卑位次，在野外演習禮儀。一個多月後，叔孫通告訴高祖說：「可以試看了。」高祖於是讓他們舉行禮儀演練，看完演練後說道：「我能夠做這些。」就命令群臣們進行練習。

西元前二〇〇年十月，長樂宮落成，諸侯、群臣都前來參加朝賀典禮。儀式在天亮之前舉行，謁者主持典禮，按次序將所有人員引導進入大殿門，排列在東、西兩方，侍衛官員有的在殿下台階兩旁站立，有的排列在廷中，都持握兵器，豎立旗幟。這時，高祖乘坐輦車出房，眾官員舉旗傳呼警戒，引導諸侯王以下至六百石級的官員依次序朝拜皇帝，無不震恐肅敬。到典禮儀式完畢，又置備正式酒宴。眾侍臣官員陪坐在殿上的，都俯伏垂首，按官位的高低次序起身給皇上敬酒祝福。斟酒連敬九次，謁者宣告「結束宴飲」。御史執行禮儀規則，凡遇不遵照儀式規則舉手投足的人就將他領出去。由此從朝賀典禮和酒宴開始直到結束，沒有出現敢大聲喧譁、不合禮節的人。這時高祖便說：「我今天才知道身為皇帝的尊貴啊！」便授任叔孫通為太常，賞賜黃金五百斤。

匈奴和親

秦漢之際，居住在北方的匈奴族在冒頓單于的統治下，勢力空前強大，擁有「控弦之士三十餘萬」。西漢政府感到自己實力不足，乃採用婁敬建議，與匈奴結「和親之約」，漢把宗室女作為公主嫁給單于為閼氏，每年奉送給匈奴大量的絮、繒、酒、米等物品，並與匈奴進行貿易。呂后時，單于曾寫信侮辱呂后，呂后因國力不足，繼續實行和親政策。西漢初實行和親，使雙方關係暫得和緩。在邊境通關市、貿易往來，對漢匈的經濟發展都有一定的促進作用。

漢朝建立初期，匈奴冒頓單于屢次侵擾北疆。高祖為此十分憂慮，問謀士劉敬。劉敬說：「天下剛剛安定，士兵們因兵事還很疲勞，不宜用武力去征服冒頓。但冒頓殺父奪位，把父親的群妃占為妻子，以暴力建立權威，我們也不能用仁義去說服他。唯獨可以用計策，使他的子孫長久做漢的臣屬，然而我擔心陛下做不到。」高祖問：「如何做呢？」回答說：「陛下如果能把嫡女大公主嫁給他為妻，再贈送豐厚俸祿，他一定仰慕漢朝，以公主為匈奴的閼氏，生下兒子，肯定是太子。陛下每年用漢朝多餘而匈奴缺乏的東西，頻繁地慰問贈送他們，乘機派能言善辯之士前去奉勸和講解禮節。這樣，冒頓在世時，他本是漢朝的女婿輩；他死後，您的外孫便即位為匈奴單于。難道曾聽說過外孫敢和外祖父分庭抗禮的嗎？我們可以不經一戰而讓匈奴漸漸臣服。如果陛下不忍讓大公主去，而令宗室及後宮女子假稱公主，他們知道了，不肯尊敬親近，還是沒有用。」高祖說：「好！」便想讓大公主去。但呂后日日夜夜哭泣著說：「我只有太子和一個女兒，為什麼把她嫁給匈奴！」無奈，西元前一九八年冬，高祖在庶民家找來一名女子，稱之為大公主，把她嫁給匈奴單于作妻子，同時派劉敬前往締結和親盟約。

西元前一九二年，惠帝以宗室女子作為公主，嫁給匈奴冒頓單于。當時，冒頓正強大，寫信派人送給呂太后，措詞極為褻汙傲慢。呂太后大為憤怒，召集將相大臣，商議要殺掉匈奴來使，發兵攻打匈奴。樊噲說：「我願意率領十萬軍隊去橫掃匈奴！」中郎將季布卻說：「樊噲真該殺！從前匈奴在平城圍困高祖，那時漢兵有三十二萬，樊噲身為上將軍，而不能解圍。如今四方百姓哀苦之聲尚未斷絕，受傷兵士剛能起身，而樊噲卻想禍亂天下，妄稱以十萬軍隊橫掃匈奴，可笑至極！況且，匈奴好比禽獸一般，聽了他們的好話不必高興，聽了他們的謾罵也不值得生氣。」呂太后說：「說得對。」便派大謁者張釋送去回信，十分謙遜地致以歉意，並送給匈奴二乘車、八匹馬。冒頓接信後又派使臣前來道歉，說：「我們從不知道中國的禮儀，感謝陛下的寬恕。」於是獻上馬匹，與漢朝和親為好。

對於漢匈和親政策，歷來史學界主要有三種觀點。第一，肯定說。這種政策，不論是當時統治者的主觀願望，還是一種策略手段，其結果都導致了漢朝和匈奴間、漢民族與匈奴間的和好關係，有利於兩地間的經濟、文化交流和民族融合。也有人說，當時中原農業和草原牧業兩種經濟交往確以戰爭與和親的方式進行；與戰爭政策相比，和親政策更有利於兩種經濟的交流和發展。第二，否定說。這種說法認為，和親政策企圖換取邊境暫時的安靜，使匈奴日益驕橫，連年入侵邊郡，兩漢完全處於被動挨打的地位。也有人說，這是一種應急、權宜、妥協的消極政策。第三，具體分析說。兩漢和親的效果和作用，主要是取決於兩漢國力的強弱，因此要具體問題具體分析。

七國之亂

西漢初年，漢高祖劉邦大封同姓諸侯王，並賦予他們很大的權力，諸侯王在他們的封地可以擁有軍隊、任免官吏、鑄造錢幣、收取租稅，形成了對中央的半獨立狀態。後來，諸侯王國與中央的矛盾越來越尖銳起來。漢景帝時，御史大夫晁錯建議景帝「削藩」，削弱王國勢力，保證中央集權的統治。西元前一五四年，吳王劉濞聯絡楚、趙、濟南、菑川、膠西、膠東六個王國，以「誅晁錯，清君側」為由，發動叛亂，史稱「七國之亂」。

漢文帝在位時，吳國太子進京朝見文帝，得以陪伴皇太子飲酒、博戲。吳太子在博戲過程中與太子爭棋路，態度不恭，皇太子就拿起棋盤猛擊吳太子，致其死亡。朝廷送他的靈柩回去安葬，靈柩到達吳國，吳王惱怒地說：「天下都是劉氏一家的天下，死在長安就葬在長安，何必送回來安葬呢！」吳王又把太子的靈柩送回長安安葬。吳王從此漸漸失去藩臣的禮節，聲稱身體有病，不來朝見皇帝。京城知道吳王是為了兒子的緣故，就拘留和審問吳國的使者，吳王恐懼，開始產生了謀反的念頭。文帝為了安撫吳王，賞賜給吳王几案和拐杖，表示照顧他年事已高，不必前來朝見。吳王見朝廷不再追究他的罪名，謀反之心也就漸漸消除了。

吳國國內有冶銅、製鹽的財源，便不向百姓徵收賦稅；百姓應該為官府服役時，總是由吳王發給代役金，另外僱人應役；每到年節時，吳王都去慰問有賢才的士人，賞賜平民百姓；其他郡國的官吏要來吳國捕捉流亡的人，吳國公然阻止，不把罪犯交出去。這樣，前後持續了四十多年。晁錯多次上書奏說吳王的罪過，認為應削減其封地；漢文帝寬厚，不忍心懲罰，所以吳王日益驕橫。等到漢景帝即位，晁錯又勸說景帝削減吳王的封地，因為他遲早會叛亂。後來等到楚王劉戊來京朝見，晁錯藉機說：「劉戊去年為薄太后服喪期間，在服喪的居室裡私下姦淫，請求處死他。」景帝下詔，免去劉戊的死罪，但把原楚國封地東海郡收歸朝廷。另外，在前一年，趙王有罪，朝廷削奪了他的常山郡；膠西王因在賣爵之事上有不法行為，朝廷削奪了他封地中的六縣之地。

吳王劉濞害怕削奪沒有止境，就打算舉兵叛亂，想到其他諸侯王沒有足以共商大事的，聽說膠西王勇武，喜歡兵法，諸侯都畏懼他，於是，吳王派中大夫應高去遊說膠西王，說：「現在天子任用奸臣，聽信讒言，削奪諸侯封地，對諸侯的處罰很重，而且日甚一日。吳王自認為與大王面臨著共同的憂患，希望順應時勢，遵循情理，犧牲生命去為天下消除禍患，我想您也同意吧？」膠西王大吃一驚，說：「我怎麼敢做這樣的事！天子待諸侯雖然很嚴苛，我只有一死了事，怎能起兵反叛呢？」應高繼續勸說膠西王，並說吳王答應與膠西王分割治理天下。膠西王說：「好。」應高返歸吳國，向吳王匯報，吳王擔心膠西王不履行諾言，又親自前往，到膠西國與劉卬當面約定。膠西國群臣得知膠西王的圖謀，都諫阻膠西王，但膠西王不聽，還派使者與齊王、川王、膠東王、濟南王約定共同舉事，這些諸侯王都答應了。

西元前一五四年，朝廷削奪吳國會稽郡、豫章郡的文書到達，吳王劉濞就率先起兵，殺死朝廷任命的二千石以下的官員；膠西王、膠東王、川王、濟南王、楚王、趙王也都舉兵叛亂。

七國叛亂的文書到達朝廷，景帝當即任命中尉周亞夫為太尉，統帥三十六位將軍及其部隊，前去迎擊吳、楚叛軍；派遣曲周侯酈寄攻打趙國，派將軍欒布攻打齊境叛軍；景帝又召回竇嬰，任命他為大將軍，讓他率軍駐守滎陽，監督用兵於齊國和趙國境內的漢軍。為平七國之亂，景帝聽取袁盎的建議，斬殺了晁錯。

吳兵向西進攻，但梁兵堅守城池，使得吳兵不敢向西進發，轉而奔向周亞夫的部隊，兩軍在下邑相遇。吳兵急於求戰，但周亞夫堅守不出。吳軍糧絕士卒饑餓，數次挑戰，周亞夫始終不出。漢軍軍營中夜間突然驚亂，自相攻擊，騷亂到了周亞夫的帳幕附近，但周亞夫還是高臥不起，騷亂一會兒又平靜下來了。吳軍攻擊東南陣地，周亞夫下令西北陣地加強戒備。不久，吳、楚的精兵果然攻向西北，但不能攻入。吳、楚的士卒有很多餓死或反叛離散，只好撤退。二月，周亞夫出動精兵追擊，吳、楚聯軍大敗。吳王劉濞丟下他的軍隊，帶領數千精兵趁夜逃走，楚王劉戊自殺。吳王棄軍逃走後，軍隊就崩潰瓦解了，有些士卒則投降了太尉周亞夫和梁軍。吳王渡過淮河，逃到丹徒縣，士卒有一萬餘人，又收集逃散的士卒，想依附東越自保。漢朝派人以金錢利祿收買東越，東越就騙吳王出來慰勞軍隊，然後派刺客用短矛殺了吳王。吳國太子劉駒逃到閩越。吳、楚叛亂，共三個月，全部平定。其他諸侯見大勢已去，有的投降，有的自殺。七國之亂從吳王起兵，當年就被朝廷平定。

七國之亂是一個重大轉折點，如果七國勝利，中國勢必回到戰國時代的割據局面，互相吞併，戰爭不休。七國失敗，使西漢王朝順利地透過瓶頸，統一形勢更加堅固。漢景帝劉啟乘機收回各封國的行政權和軍權，在封國掌握大權的不再是「封王」，而是「國相」（封國的宰相），國相由中央政府派遣。中央政府遂成為真正的大一統政府。

吳楚七國之亂僅三個月就被平息，也說明地方造反的勢力根本不足以動搖國本。既然如此，諸侯王為什麼明知不可為而為之，一而再，再而三地以卵擊石，犯相同錯誤呢？封建統治者缺乏權力分享意識，不善於將一個權力分解為若干部分，以強化權力的有效性，始終沒有建立起有關地方與朝廷關係的規則，朝廷與地方總是互相覬覦對方的利益。七國之亂的平定和諸侯王權力的削弱，沉重地打擊了分裂割據勢力，在制度上，基本解決了劉邦實行諸侯王制度時所產生的弊病，進一步加強了中央集權制度。

為社稷霍光廢帝

霍光是驃騎將軍霍去病的異母弟，深得武帝信任。武帝崩，霍光受遺詔輔少主昭帝即位。昭帝年幼，一切軍政決策全出自霍光，昭帝待他如父，權威震服海內。昭帝崩，霍光迎立昌邑王劉賀，因荒淫無道，不久被廢。霍光又迎立武帝曾孫病已即位，是為宣帝。中國歷史上以輔政而得名的人不多，以廢立而得名的就更少了，但是霍光卻是個例外，他雖然輔政多年，參與廢立，但卻始終保持著一個正面形象。

西元前七四年，昭帝死後，朝中許多大臣主張立他的同父異母的哥哥廣陵王劉胥為帝。但是霍光知道劉胥因品行不端，所以漢武帝才不選立他。現在由自己輔政，反而選立一個失德的皇帝，怎麼對得起死去的漢武帝呢？霍光不惜得罪諸多大臣，決定另選立繼承人。他和皇太后商量，迎立漢武帝之孫昌邑王劉賀為帝。劉賀是昌邑王劉亥的兒子，他在封國內一向驕橫跋扈，放蕩不羈。在漢武帝喪期中，劉賀依舊外出巡遊狩獵不止。接到上官皇后頒布的詔書，劉賀就往京城趕。劉賀行至濟陽，派人索求長鳴雞，並在途中購買用竹子合制而成的積竹杖。經過弘農時，劉賀派一名叫做善的大奴用有簾幕遮閉的車運載隨行的美女。

劉賀抵達霸上，朝廷派大鴻臚到郊外迎接，侍奉劉賀換乘皇帝乘坐的御車。劉賀命昌邑國太僕壽成駕車，郎中令龔遂相陪。即將到達廣明、東都門時，龔遂說道：「按照禮儀，奔喪的人看到國都，便應痛哭。前面就是長安外郭的東門了。」劉賀說：「我咽喉疼痛，不能哭。」來到城門之前，龔遂再次提醒他。劉賀說：「城門與郭門一樣。」將至未央宮東闕，龔遂說：「昌邑國弔喪的帳幕在闕外御用大道的北邊，帳前有一條南北通道，馬匹走不了幾步，大王應當下車，朝著門闕，面向西方，伏地痛哭，極盡哀痛之情，方才停止。」劉賀答應道：「好吧。」於是步行上前，依照禮儀哭拜。六月初一，劉賀接受皇帝玉璽，承襲帝位，尊上官皇后為皇太后。

昌邑王劉賀繼位後，驕橫放蕩毫無收斂。原昌邑國官吏全都被徵召到長安，很多人得到破格提升。大將軍霍光見此情景，憂愁煩惱，便向大司農田延年詢問對策。田延年說：「將軍身為國家柱石，既然認為此人不行，何不稟告太后，改選賢明的人來擁立呢？」霍光說：「我如今正想如此，古代曾否有人這樣做過嗎？」田延年說：「當年伊尹在商朝為相，為了國家的安定將太甲廢黜，後人因此稱頌伊尹忠心為國。如今將軍若能這樣做，也就成為漢朝的伊尹。」於是，霍光命田延年兼任給事中，與車騎將軍張安世祕密謀劃廢黜劉賀。後來，霍光在未央宮召集丞相、御史、將軍、列侯、大夫、博士，商定為國家社稷廢黜劉賀。霍光同群臣一同面見太后，向太后稟告陳述昌邑王劉賀不能繼承皇位的緣故。於是太后召見劉賀，下詔廢黜。霍光抓住劉賀的手，將他身上佩戴的玉璽綬帶解下，呈獻給皇太后，然後扶著劉賀下殿，從金馬門走出皇宮，群臣跟隨相送。劉賀出宮後，面向西方叩拜道：「我太愚蠢，不能承擔漢家大事！」然後起身，登上御駕的副車，由大將軍霍光送到長安昌邑王官邸。霍光滿懷歉意地說：「大王的行為是自絕於上天，我寧願對不起大王，也不敢對不起社稷。希望大王自愛，我不能再經常侍奉於大王的左右了。」說完揮淚離去。

朝廷不可一日無君，現在昌邑王被廢掉了，又怎麼才能選到一位賢明的君主呢？忠心輔政的霍光日夜為此焦慮不安。光祿大夫丙吉上書給霍光，推薦寄存在民間的漢武帝的曾孫劉病已，說這位皇曾孫有德有才，可接回宮中繼承皇位。霍光和大臣們商量後，稟報皇太后，就把劉病已接回宮中，擁立為皇帝，他就是有名的賢君漢宣帝。宣帝即位後對霍光又進行了嘉獎。霍光依然忠心耿耿地輔佐年輕的宣帝，教他如何才能做一個賢明的君主。漢宣帝在他的輔佐下，繼續遵照「與民休息」的方針來制定政策，處理國事，使西漢王朝再次興盛，史稱「昭宣中興」。西元前六八年，三朝元老霍光病逝。漢宣帝和皇太后親自為霍光主持喪禮，並用極其隆重的禮儀，把這位忠心輔政安定社稷的重臣，埋葬在茂陵漢武帝陵墓的旁邊，以示對他的尊寵。

霍光秉持漢朝政權前後達二十年，他忠於漢室，老成持重，果敢善斷，知人善任，實為具有深謀遠慮的政治家。他廢劉賀，立漢宣帝，使漢室轉危為安，其政治膽略可與蕭何相比。他改變武帝末年橫徵暴斂、賦稅無度的政策，不斷調整階級關係，休養生息，使漢代的經濟出現了又一個發展時期，這也說明他以國家為重、以民生為重的治國思想。當然，不能否認，這些成就的取得，都與漢武帝所創立的業績分不開，如果沒有漢武帝時期奠定的基礎，霍光在政治經濟上都很難成功。但儘管如此，也不能否認他的才略和功績。

拓跋宏易俗改姓推漢制

拓跋宏是北魏王朝的第六個皇帝，即魏孝文帝。他是個開明君主，在促進民族融合、互學先進經驗、推動歷史發展方面做出了很大貢獻，從而推動了北魏王朝政治和經濟的快速發展，促進了鮮卑族同漢族的融合，使鮮卑族進一步漢化。

北魏孝文帝拓跋宏遷都洛陽後，想改變北方舊的風俗，於是下詔禁止臣民穿胡服，但遭到絕大多數人的抵制。北魏皇太子在太廟舉行加冠之禮時，孝文帝召見文武群臣，問他們：「你們希望朕遠追商、周呢？還是想讓朕連漢、晉都比不上呢？」咸陽王拓跋禧回答說：「群臣們都盼望陛下能超過前王。」孝文帝接著又問道：「那麼應當改變風俗習慣呢？還是因循守舊呢？」拔跋禧再回答：「願意移風易俗，聖政日新。」又問：「只是願意自身實行呢？還是希望傳之於子孫後代呢？」回答說：「願意傳之於百世萬年。」於是，孝文帝說道：「那麼，朕一旦下令開始實行，你們一定不得有違。」拓跋禧回答：「上令而下從，有誰敢違抗呢？」孝文帝又說：「『名不正，言不順，則禮樂不能興。』現今朕想要禁止使用鮮卑語，全部改用漢語。年齡在三十歲以上的人，由於習性已久，可以寬容他們不能一下子就改換過來。但是，年齡在三十歲以下的人，凡在朝廷中任職者，不能允許他們仍然還講過去的語言，如果有誰故意不改，就一定要降免其官職。所以，各位應當嚴加自戒。對此，各位王公卿士同意不同意呢？」拓跋禧回答：「無不遵從聖旨。」

孝文帝接著說：「朕曾與李沖談過此事，李沖說：『四方之人，言語不同，故不知應該以誰的為是；做皇帝的人說的，就是標準。』李沖此話，其罪行應當處死。」孝文帝又指責出巡時留守洛陽的官員們：「昨天，朕望見婦女們還穿著夾領小袖衣服，你們為什麼不遵行朕的詔令呢？」這些官員們都磕頭謝罪不已。孝文帝繼續說道：「如果朕說得不對，你們可以當廷爭辯，為什麼上朝則順從朕旨，退朝後就不聽從呢？」

第二年正月，北魏孝文帝發布詔令，認為：「北方人稱『土』為『拓』，稱『後』為『跋』。魏朝的祖先是黃帝的後代，以土德而稱帝，所以姓拓跋。土，乃黃中之色，萬物之元，所以應該改姓為『元』。諸位功臣舊族中凡從代京遷來的，其姓氏有的重複，要一律改變。」於是，開始改拔拔氏為長孫氏、達奚氏為奚氏、乙旃氏為叔孫氏、丘穆陵氏為穆氏、步六孤氏為陸氏、賀賴氏為賀氏、獨孤氏為劉氏、賀樓氏為樓氏、勿忸於氏為於氏、尉遲氏為尉氏，其餘所改姓氏，不可勝數。此後不久，北魏又改變舊有的度量衡制度，改用長尺、大鬥，實行《漢書·律歷志》的規格制度。八月，北魏在首都洛陽設立國子學、太學和四門小學。十二月，拓跋宏在光極堂召見文武百官，賞賜漢人的冠帽、衣服，要他們不要再穿鮮卑服裝。在此以前，北魏人民從未用過錢幣，這年，拓跋宏才下令鑄「太和五鐵」錢。待冶煉設備初步完成以後，拓跋宏下詔：無論是朝廷還是民間，以後的商品交換，一律用錢幣作為流通媒介。

孝文帝拓跋宏的一系列改革，推動了北魏王朝政治和經濟的發展，促進了鮮卑族同漢族的融合，使得鮮卑族進一步漢化。魏孝文帝不囿於民族偏見，敢於承認自己的落後，衝破阻力，接受先進的文化，學習先進的政策制度和統治經驗，改造少數民族中落後的地方，促進了當時以鮮卑為中心的北方各族的封建化和以漢族為主體的民族大融合，對多民族國家的形成和發展做出了積極有益的貢獻。因此，孝文帝不僅是一個目光遠大、氣度恢宏的改革者，也是民族融合的歷史長河中的積極推進者。

庾亮專權反蘇峻

庾亮是東晉外戚，司馬睿為鎮東大將軍時任西曹掾，頗受器重。後以庾亮妹妹為皇太子（晉明帝）妃，庾亮侍講東宮，與太子交好。明帝即位，任中書監，為王敦所忌，託病去官。西元三二五年，明帝卒，庾亮為中書令，與王導共輔六歲太子司馬衍（晉成帝）繼位，庾太后臨朝，政事決斷於庾亮。

東晉庾亮輔佐朝政時，刑罰嚴酷，頗失人心。歷陽內史蘇峻對國家有功，威望日益顯赫，擁有精兵萬人，軍械精良，朝廷把長江以外地區交付給他治理。但蘇峻頗有驕縱之心，輕視朝廷，招納亡命之徒，人數日漸增多，都靠國家供給生活物資，陸運、水運絡繹不絕，稍有不如意，就肆無忌憚地斥罵。南頓王司馬宗因為被人彈劾謀反，庾亮派人拘捕，司馬宗拒捕被殺。司馬宗的黨羽卞闡逃走，投奔了蘇峻。庾亮發下朝廷符令讓蘇峻把卞闡送回來，蘇峻卻把他藏了起來。司馬宗被殺，晉成帝司馬衍並不知道。很久之後，司馬衍問庾亮說：「以前那個白頭髮老公公在什麼地方？」庾亮回答說，因為謀反已經被誅殺。司馬衍哭著說：「舅舅說人是反賊，就把他殺了。如果別人說舅舅是反賊，該怎麼辦？」庾亮害怕，臉色都變了。

庾亮認為蘇峻在歷陽，遲早會釀成禍亂，便想下詔徵召他入京，於是詢問司徒王導的意見。王導說：「蘇峻猜疑陰險，必定不會奉詔前來，不如暫且容忍他。」庾亮在朝中說：「蘇峻狼子野心，最終必會作亂。今天徵召他，縱然他不聽從上命，造成的禍亂也還不大。如果再過些年，就無法再製服他，這就如同漢時的七國對朝廷一樣。」朝臣無人敢詰難，只有光祿大夫卞壺爭辯說：「蘇峻擁有強大的軍力，又靠近京城，路途用不了一個早上便可到達，一旦發生變亂，容易出差錯，應當深思熟慮。」庾亮不聽。卞壺知道庾亮必會失敗，寫信給溫嶠說：「庾亮徵召蘇峻的主意已定，這是國家的大事。蘇峻已表現出驕狂的樣子，如果徵召他，這是加速禍亂的到來，他必定會挺起毒刺面對朝廷。朝廷的威力雖然強盛，但不知道能擒獲他否，王導也同有此意。我與庾亮爭辯十分懇切，但不能拿他怎麼樣。我本來想讓足下在外任官作為外援，現在反而恨足下在外，不能與你一同諫止他，我或許會追從你的。」溫嶠也多次寫信勸阻庾亮。滿朝大臣都認為此事不可，庾亮全然不聽。

蘇峻聽說此事，派人對庾亮說：「征討賊寇，在外任職，無論遠近我都唯命是從。至於在朝內輔政，實在不是我能勝任的。」庾亮拒而不受。蘇峻上表說：「昔日明皇帝拉著下臣之手，讓我北伐胡寇。如今中原尚未平定，我怎敢貪圖安逸！乞求給我青州界內的一個荒遠州郡，讓我得以施展朝廷鷹犬的作用。」又被拒絕。蘇峻整裝準備赴召，但又猶豫不決。參軍任讓對蘇峻說：「將軍您請求處居荒郡都未獲允許，事情已發展到這樣，恐怕已無生路，不如領兵自守。」阜陵令匡術也勸蘇峻造反，蘇峻便不應從詔令，舉兵反叛。次年正月，蘇峻的叛軍攻入京城，挾持天子。庾亮乘坐小船逃走，與溫嶠一起起兵討伐蘇峻，蘇峻戰敗被殺，殘部於次年二月被全部剿殺。

唐太宗勵精圖治

唐太宗李世民即位為帝，改年號為貞觀。太宗居安思危，勵精圖治，任用賢良，從諫如流，實行輕徭薄賦、疏緩刑罰的政策，終於促成了國家富強、社會安定、百姓安居樂業的盛世昇平景象，史稱「貞觀之治」。

唐太宗與群臣討論消滅強盜的問題。有人主張制訂嚴刑峻法，太宗不以為然，認為百姓之所以做強盜，是因為賦役太重，官吏貪暴，以至於饑寒交迫，才鋌而走險，所以應該減輕賦稅和徭役，整頓吏治。隨後，太宗依此採取了相應的改革措施。如此過了幾年，果然天下太平，路不拾遺，夜不閉戶，客商行旅可以在野外露宿。太宗曾對身邊的大臣說：「君主依靠國家，國家依靠百姓。剝削百姓侍奉君主，就像割下身上的肉來充饑，吃飽了人也死了，君主雖然富足而國家就將滅亡。所以君主的憂慮，不是來自於外界，往往在於自身。慾望多則花費大，花費大則賦稅繁重，賦稅繁重則百姓憂愁，百姓憂愁則國家危殆，國家危殆則君主不保。朕經常考慮這些，所以不敢放縱慾望。」

西元六三一年，河內人李好德得了心病，胡亂說話，妖言惑眾，太宗下詔審理此事。大理丞張蘊古上奏說：「李好德生病有證據，依法不應治罪。」治書侍御史權萬紀彈劾說：「張蘊古籍貫在相州，李好德的哥哥李厚為相州刺史，張蘊古為了討好李好德，所以弄虛作假。」太宗大怒，下令將張蘊古斬首，事後很快又後悔了，於是下詔說：「從今以後凡是死罪，即使下令立即處決，也要三次複奏後才能執行。」當年十二月，太宗因為自己雖然下令死刑犯被處決前要經過三次複奏，但有關部門往往流於形式，在片刻之間完成三次複奏，於是頒下制書，增加複奏次數。結果很多被冤枉或是判刑過重的人，因此而免於死罪。第二年年底，太宗親自審核監獄囚犯，見到應該處死的人，心生憐憫，就放他們回家，但是要求到秋天就回來受死。並且下令，把全國的死刑犯都放回家，讓他們到期趕往京師。過了一年，當初放回家去的死刑犯，全國共有三百九十人，在沒有人監督的情況下，都自己按期來朝堂上報到，沒有一個人逃亡。太宗把他們全都赦免了。

太宗曾經問身邊的大臣：「創業與守成哪個更難？」房玄齡說：「建國之初，我們與群雄一起舉義，以實力相競爭，然後使之臣服，創業難啊！」魏徵說：「自古以來的帝王，都是從艱難中奪取天下，在安逸中失去天下，守成更難！」太宗說：「玄齡與我共同奪取天下，出生入死，所以知道創業的艱難。魏徵與我共同安定天下，經常擔心因為富貴而生出驕傲奢侈，因為輕忽而生出災禍變亂，所以知道守成的艱難。然而創業的艱難，已經過去了；守成的艱難，正應當與各位慎重面對。」房玄齡等人叩拜，說：「陛下這樣說，是天下百姓的福氣！」其實，創業與守成、打天下與治天下，是歷史上經常被討論的有關君道政體的一個重要話題。辯證地看，創業與守成同樣是艱難的。創業時期的出生入死，需要頑強的意志和堅忍不拔的精神。等到戰勝了所有的敵手建立了新政權之後，從艱苦的戰爭年代走過來的人，似乎還有想想都後怕的感慨。

太宗立晉王李治為太子，曾經對身邊的大臣說：「朕自從立李治為太子，遇到事情就趁機教誨。看到他吃飯，就說：『你知道耕種的艱難，才能經常吃上飯。』看到他騎馬，就說：『你知道馬的勞逸，不要耗盡牠的力量，就能經常騎牠。』看見他坐船，就說：『水能載舟，亦能覆舟。百姓就像水，君主就如舟。』看見到他在樹下休息，就說：『木頭經過墨線矯正則直，君主接受勸諫才能聖明。』」

從太宗的話可以看出，以民為本的思想；廣開言路、虛懷納諫的胸襟；重用人才，唯才是任的準則；鐵面無私，依法辦事的氣度等等，正是成就貞觀之治的根本原因，它使唐朝在當時與西方國家相比，無論在政治、經濟，還是文化上，都走在世界的最前列。

唐太宗割愛立太子

唐太宗是歷史上少有的開明帝王，但遺憾的是，他選擇性情懦弱的晉王李治做接班人，結果釀成武后專權，改唐為周的悲劇。李唐皇權旁落十幾年，幾乎斷送了李唐王朝的前程。唐太宗明知李治懦弱，難當大任，為什麼偏偏要選李治當接班人呢？

西元六四三年，太子李承乾因為謀反獲罪，被幽禁起來。唐太宗廢了李承乾的太子位以後，魏王李泰天天跟在他身邊服侍，太宗答應立他為太子，中書侍郎岑文本、侍中劉洎等人也表示支持，而司徒長孫無忌卻堅持要立晉王李治為太子。唐太宗答應立李泰為太子後，李泰躺在太宗懷裡說：「我今天才成為陛下的兒子，這是我再生的日子啊。我只有一個兒子，以後等我死的時候，一定把他殺掉，把皇位傳給晉王。」太宗把李泰的話說給大臣們聽，並說：「誰不愛自己的兒子？我看到他能這樣，很喜歡他。」諫議大夫褚遂良說：「陛下說的話不合情理，請仔細考慮，不要鑄成大錯。陛下萬歲以後，如果魏王有了天下，怎麼可能殺掉心愛的兒子，傳位給晉王呢？陛下當初既然已經立承乾為太子，又寵愛魏王，給他的待遇超過承乾，所以才釀成今天的事故。臣希望陛下能以此為鑒。陛下如果今天立魏王為太子，請先處理掉晉王，這樣才能讓大家安心。」唐太宗流下淚來說：「我做不到。」說完，起身回宮。

當時太宗的第五子李祐因為發動叛亂被賜死，太宗的弟弟漢王李元昌因參與太子的陰謀也被處死，太宗心情極為不好。李泰擔心太宗立李治為太子，就對李治說：「你一向跟漢王友好，如今他出了事，你不憂愁嗎？」李治恐懼不安，整天愁眉苦臉，太宗看到後感到奇怪，追問他什麼原因，李治把李泰的話講出來，太宗感到很意外，開始後悔不該說立李泰為太子的話。當太宗責問李承乾為什麼謀反時，李承乾說：「我已經當了太子，還有什麼要求？只是因為受到魏王的逼迫，才跟手下人商議如何保住自己，結果受壞人唆使，做了越軌的事。如果立他為太子，就正好中了他的圈套。」太宗因此對李泰更不放心。

有一天，太宗對身邊幾個大臣說：「我的三個兒子、一個弟弟竟做出這些事情，朕心裡真是痛苦極了！」於是轉身撞向床頭，大臣們都上去阻攔。太宗又抽出佩刀來想自殺，褚遂良奪下刀交給李治。長孫無忌等人問太宗有何不快，太宗說：「我想立晉王為太子。」長孫無忌說：「遵命！誰敢反對，讓我去砍他的頭！」太宗對李治說：「你舅舅已經同意了，你應該拜謝他。」太宗又說：「你們幾位已經同意，不知外面輿論如何？」長孫無忌說：「晉王仁慈孝順，天下人早就歸心了。請陛下去問百官，如有人反對，就是我對不起陛下，罪該萬死。」太宗就登上太極殿，召集六品以上的文武官員，對大家說：「承乾大逆不道，魏王居心不良，都不能當太子。我想在其他兒子中選一個接班人，誰最合適？請大家公開表態。」大家異口同聲地說：「晉王仁孝，應當接班。」太宗很高興。當天，李泰率領一百多名騎兵到永安門，太宗敕令守門的官員攔住他的騎兵，帶李泰進入肅章門，把他幽禁在北苑。四月，太宗下詔，立李治為太子。太宗對身邊的侍臣說：「今後凡是太子無道，而藩王想取代的，就把他們一齊罷免，這要成為子孫後代的一個制度。況且如果立了李泰，承乾和李治都保不住；立了李治，承乾和李泰都能平安無事。」

從唐太宗這段話看，唐太宗立李治為太子的原因已經很清楚了，他是出於不得已，他自己為了當上皇帝，兄弟之間兵戎相向，結果導致兄弟被殺，父子關係不和，他不希望自己身上發生過的悲劇在兒子們身上重演。

張柬之驅武復李唐

武周時，張柬之歷任荊州大都督府長史、宰相，以主謀迫使武則天退位而聞名於史。西元七〇四年，武則天染病，寵臣張昌宗、張易之侍疾在側，弄權用事，張柬之與另一宰相崔玄暐等人密謀除二張。西元七〇五年正月，張柬之等率羽林兵五百餘人，迎太子李顯由玄武門入宮，斬易之、昌宗，迫武則天傳位太子。二月，恢復唐國號。

西元七〇五年正月，武則天病得很重，麟台監張易之和春官侍郎張昌宗在宮中弄權，宰相張柬之、崔玄暐與中台右丞敬暉、司刑少卿桓彥範以及相王府司馬袁恕己策劃誅殺張易之和張昌宗。當初，張柬之接替荊州都督府長史楊元琰的官職，二人一起在長江裡划船。到江心的時候，談到武則天以周代唐的事情，楊元琰慷慨激昂，大有匡復唐室之意。張柬之做了宰相以後，就引薦楊元琰擔任右羽林將軍，對他說：「你還記得你在江心時說的話吧？今天的官職，可不是隨便給你的。」張柬之還任用桓彥範、敬暉與右散騎侍郎李湛，讓他們都擔任左、右羽林將軍，掌握禁軍的兵權。張易之等人懷疑恐懼，張柬之又任用他們的黨羽武攸宜為右羽林大將軍，張易之等人才安心。

不久，靈武道安撫大使姚元之從靈武入朝，張柬之和桓彥範把計策告訴姚元之。當時太子李顯在北門居住，桓彥範和敬暉前去拜見，偷偷地告訴太子他們的計策，太子李顯表示同意。張柬之、崔玄暐、桓彥範與左威衛將軍薛思行等人，率領左右羽林兵五百多人到玄武門，派右羽林衛大將軍李多祚、李湛與內直郎附馬都尉王同皎去東宮迎接太子李顯。太子猶疑，不肯出來，王同皎說：「先帝把社稷交給殿下，殿下無故遭幽禁廢黜，人神共憤，已經二十三年了。現在上天引導人心，大家同心協力，誅滅凶殘小人，恢復李氏社稷，希望殿下暫且去玄武門滿足大家的期望。」太子說：「凶殘的小人的確應該誅滅，但是聖上正在生病，不會驚擾到她嗎？請各位以後再計畫。」李湛說：「將相們不顧家族，為社稷獻身，殿下為什麼要把他們推進火坑呢？請殿下親自去制止他們。」太子於是出宮。

王同皎把太子抱到馬上，跟隨太子到玄武門，斬斷門栓入宮。武則天住在迎仙宮，張柬之等人在走廊裡斬殺了張易之和張昌宗，然後進入武則天居住的長生殿，羽林衛已將宮殿圍困起來。武則天吃驚地站起來，問：「是誰作亂？」回答說：「張易之、張昌宗謀反，我們奉太子之命殺了他們。因為擔心事情泄露，所以沒有向您奏報。我們在禁宮動兵，罪該萬死！」武則天看見太子李顯，說：「是你做的？他們二人已經受誅，你可以回東宮去了。」桓彥範上前說：「太子怎麼回東宮呢？以前天皇把愛子託付給陛下，現在他已經長大，一直在東宮為太子，天意人心，思念李氏已久。群臣不忘太宗、天皇的恩德，所以奉太子命令，誅殺賊臣。希望陛下把帝位傳給太子，以順從天意人心！」武則天又對崔玄暐說：「其他人都是由別人推薦提拔的，只有你是朕親手提拔的，怎麼也在這裡呢？」崔玄暐說：「這正是為了報答陛下的恩德。」於是逮捕了張昌期、張同休、張昌儀等人，全都處斬，與張易之、張昌宗的首級一起懸掛在神都天津橋南邊示眾。隨後，武則天頒下詔書，由太子李顯代理朝政。次日，武則天傳位李顯。又次日，中宗李顯即位，恢復大唐國號。

顯然，對於像武則天這樣敢作敢為、言出不二，尤其是在十五年之中以強硬態度控制朝政而得心應手的人，如採用軟弱退讓的手法，只能使武則天更加強硬，更加為所欲為。在這場爭取皇位的權力鬥爭中，以張柬之為首的忠臣良將，一改太子等一味妥協忍讓的做法，果斷用強，絕不手軟，絕不講情面，從而一步到位，取得了復唐的成功。應該說，張柬之「以硬對硬，一步到位」的做法，在當時是最為明智的選擇。

禍亂起梁太祖嘆餘生

西元九一二年二月，梁太祖朱全忠親率大軍北上救燕，以雪柏鄉戰敗之恥，途至蓨縣（今河北景縣），夜遭屯趙州（今河北趙縣）阻援的晉將李存審所遣六百騎的襲擊，部眾驚慌潰亂。朱全忠羞憤成疾，撤軍南返，不久死去。

唐朝末年，梁王朱全忠的勢力越來越大。唐昭宣帝派遣御史大夫薛貽矩到大梁慰勞朱全忠，薛貽矩回到東都洛陽，對唐昭宣帝說：「元帥有接受禪讓的意思了！」唐昭宣帝於是頒下詔書，準備讓位給梁王朱全忠。西元九〇七年三月，梁王朱全忠接受唐朝文武百官的朝拜後，下令除去唐年號，改年號為開平，國號大梁，朱全忠即為梁太祖。西元九一二年正月，周德威率兵到達幽州城下，劉守光派人向梁太祖求援，當時正逢太祖有病。二月，太祖病體稍癒，就準備親自攻伐鎮州、定州，以救燕國之急。

當初，梁太祖率兵渡河北上，號稱大軍五十萬。晉忻州刺史李存審這時率部駐防趙州，手下兵力單薄，裨將趙行實建議退守土門以避兵鋒，李存審沒有同意。後來聽說梁太祖派賀德倫帶兵攻蓨縣，李存審就對史建塘、李嗣肱說：「咱們大王正在對付幽薊，抽不出兵力來增援我們，南方的事就靠咱們幾個人了。現在蓨縣處境十分危急，我們怎能坐視不管？假如敵軍攻下蓨縣，肯定就會西侵深州、冀州，後果就更加嚴重了。我準備和諸位一起用奇計破敵。」李存審於是帶兵把守下博橋，派史建塘、李嗣肱分道活捉後梁兵卒。史建塘把他的部下分為五隊，每隊各一百人，一隊往衡水，一隊往南宮，一隊往信都，一隊往阜城，自己與李嗣肱帶領一隊深入敵軍，遇見打柴割草的後梁兵全都捉拿，俘獲數百人。第二天，他的軍隊在下博橋會合，把俘獲的後梁兵都殺死，只留數人把手臂砍掉後放走，說：「替我告訴朱公，晉王的大軍到了。」

史建塘與李嗣肱率部來到蓨縣西邊，沒有來得及紮營，他們就各率領三百士兵，模仿後梁軍的旗幟和衣服顏色，與打柴割草的後梁兵混雜行走。太陽快要落山時，他們到達賀德倫的營門，殺死守門人，到處放火起鬨，弓箭亂射，左衝右突。天黑以後，他們斬下敵人的首級帶著俘虜離去了。梁軍大亂，不知道發生了什麼事。被晉軍砍斷手臂的梁軍士兵又回來報告：「晉軍大隊人馬到了！」太祖大驚，燒毀營壘連夜逃跑，又迷失了道路，曲折行走了一百五十里，到天亮時才回到冀州。蓨縣的百姓拿著鋤頭舉著棍棒追擊梁軍，梁軍拋棄的軍用物資器械不計其數。不久，太祖又派出騎兵偵察晉軍的動靜，回來報告說：「晉軍大隊人馬並沒有來，這只是史建塘先鋒指揮使派出的流動騎兵罷了。」太祖聽了心中既羞愧又憤恨，從此病情加重，連轎子都不能坐。

五月，梁太祖病情加重，他對身邊的親信說：「我經營天下三十年，想不到太原餘孽竟如此猖狂！我看晉人的志向不小，老天又不肯讓我多活幾年。我死以後，我的兒子們都不是他們的對手，我將死無葬身之地了！」說完就暈厥過去了。六月，梁太祖被其子刺殺身亡。

第三章 下屬工作之道

相傳，龍身有鱗，而在緊挨龍鬚的喉頸下，長有一尺長的逆鱗，誰膽敢觸動了祂，龍就會傷人。自古喻人主為龍，臣下們阿諛獻媚往往可使「龍顏大悅」，小則賞賜獎掖，大則加官晉爵，以至平步青雲；相反，也有不識時務的諍臣，在人主面前犯顏直諫，惹得「龍顏大怒」，那就「臣罪當誅」自認倒楣了。從某種意義上講，領導猶如「龍」，平時如果不慎，有時會惹得領導「龍顏大怒」，最後往往是丟了飯碗，讓人扼腕頓足，異常惋惜。相反，如果一個人善於「輔佐」上司，不僅會讓自己步步高陞，而且能使自己的人生價值快速得到體現。

鄒忌巧諫齊威王

鄒忌因鼓琴遊說齊威王，被任相國，封於下邳（今江蘇邳縣西南），稱成侯。鄒忌勸說威王獎勵群臣吏民進諫，主張革新政治，修訂法律，選拔人才，獎勵賢臣，處罰奸吏，並選薦得力大臣堅守四境，使齊國逐漸強盛起來。

西元前三八六年，齊大夫田和做了齊國的國君，兩年後，王位傳給了他的孫子齊威王。齊威王迷戀彈琴，經常獨自在後宮內撫琴自娛，不理朝政。一晃九年過去了，國家日趨衰敗。周邊國家看到齊威王如此平庸，接連起兵進犯，齊國連吃敗仗。

齊國有個賢士名叫鄒忌，不但滿腹經綸，而且琴也彈得極好。他見齊國一天天衰弱下去，心裡很著急。他知道齊威王愛聽琴，一天，他特地帶著一把琴去求見。齊威王聽說來了一位琴師，立即接見。鄒忌見了齊王之後，調好弦，做出要彈的樣子，但手指卻放在琴弦上一動不動。齊威王感到奇怪，問道：「先生為何坐而不彈？」鄒忌回答說：「大王，小民不但會彈琴，而且還知道彈琴的道理。」齊威王一愣，問道：「彈琴還有什麼道理嗎？」鄒忌回答說：「當然有了，彈琴的節奏和治國安民的道理是一樣的。國王好比是琴上的大弦，要像春天一樣溫暖；宰相好比琴上的小弦，要像潭水一樣清澈。彈琴時大弦和小弦要互相協調，和而不亂。這樣，曲子才好聽。治國和彈琴的道理是一樣的。」齊威王聽後，猛然醒悟，便留下鄒忌，和他談論國家大事。鄒忌說：「要想治理好國家，關鍵在於國王和宰相在執行政令時，要像四時運轉一樣協調。」齊威王很欣賞鄒忌的見解，便任命他為宰相，讓他整頓朝政，改革政治。

鄒忌勸說齊威王確有獨到之處。如果鄒忌直言規勸，板起面孔，擺出義正詞嚴的態度，國君若是昏君，激怒了他，鄒忌可能被殺，又起不到效果。而鄒忌顯得高明多了，他婉言規勸，用具體的事實說明抽象的道理，變深奧為淺顯，變複雜為簡明，變逆耳為順耳，委婉而有說服力。

樂毅攻齊重賢士

在伐齊之戰中，樂毅在堅決實施軍事進攻的同時，十分重視開展爭取人心的工作。如攻克齊都臨淄之後，樂毅即注意約束將士，嚴明軍紀，禁止軍士擄掠；尊重當地的習俗，廢除暴政，減輕賦稅。同時他還用官爵和封地籠絡齊國當地有影響的人物，從而爭取了相當一部分齊國的地主、貴族和名士的擁護支持，博得眾多齊人的好感。

西元前二八四年，燕王以樂毅為上將軍，率大軍攻齊。趙王授予樂毅相國大印，由其統一指揮秦、魏、韓、趙之軍聯合伐齊。齊王集中國內全部兵力抵抗，雙方在濟水西岸作戰，齊國軍隊大敗。樂毅令秦、韓兩國軍隊回師，令魏國軍隊分兵攻打宋國，部署趙國軍隊收復河間。自己率領燕軍，向北長驅直入齊國。

樂毅率燕軍乘勝追擊齊軍至齊都臨淄。齊王見都城臨淄孤城難守，遂率少數臣僚逃往莒城（今山東省莒縣）固守。樂毅用連續進攻，分路出擊的戰法，陷城奪地，攻入齊都臨淄後，盡收齊國珍寶、財物、祭器運回燕國。

樂毅聽說晝邑人王蠋賢良，下令圍繞晝邑三十里，外人不得進入，又派人請王蠋，王蠋辭謝不去。燕國人威脅說：「你要是不來，我們就屠盡晝邑城！」王蠋嘆息說：「忠臣不事二君，烈女不更二夫。國破君亡，我無法保護國家，與其苟且偷生，不如一死。」於是自盡而死。燕國軍隊乘勝長驅直入，齊國其他城邑都望風潰逃。樂毅修整燕軍紀律，禁止擄掠，尋訪齊國的隱士高人，以禮相待，減免人民賦稅，革除苛刻的法令，恢復齊國舊政。他還親至城郊祭祀齊桓公、管仲，把賢良人才的房屋裝飾一新，賜封修治王蠋的陵墓。齊國人接受燕國所封君號、領取俸祿的有二十餘人，接受燕國爵位的有一百多人。六個月之內，燕軍攻下齊國七十餘座城，都設為郡縣。

西元前二七八年，燕昭王死，太子樂資即位，稱燕惠王。燕惠王本來就猜疑樂毅，又經過田單的挑撥，於是下令派騎劫為大將去齊接替樂毅。樂毅拒絕回燕而西向去趙，趙王封樂毅於觀津，十分尊重寵愛他。燕惠王便派人批評樂毅，並說：「樂將軍你過於聽信傳言，因為與我有矛盾，就拋棄燕國歸附趙國。你這樣做為自己打算是可以的，可是又怎能報答先王重用將軍的情意呢？」樂毅回信答覆道：「從前伍子胥的建議被吳王闔閭採納，吳國的勢力擴展遠至郢地，而繼任吳王夫差卻把伍子胥的屍體裝入皮囊拋進江中。免去自身災禍，成就功業，以表明先王的英明，是我的上策。自己遭別人譭謗，從而使先王的英名蒙上恥辱，是我最害怕的。我聽說古代的君子，與人斷交而不說別人的壞話；忠臣被迫離國，也不洗雪自己的名聲。我雖然不才，也曾多次從古代君子身上得到教益。希望大王理解我的心意。」於是，燕王又封樂毅的兒子樂間為昌國君，而樂毅也為修好睦鄰而往來燕國，最後死於趙國，號望諸君。

樂毅既是一個傑出的軍事統帥，又是一位極富謀略的政治家。他能夠充分意識到人心向背對於戰爭勝負的決定性作用，善於處理軍事打擊與政治攻心的相互關係，做到雙管齊下，事半功倍。這些都充分顯示了樂毅文武兼備、智勇雙全的大將風範。

聖人之後孔伋

孔伋，字子思，為孔子嫡孫。孔伋二十歲之前，跟隨祖父的弟子曾參等人學習儒家著作，二十歲以後的孔伋，學識已相當淵博，曾先後到過宋、齊、衛等一些國家，以儒家治國講究仁政、德治的思想遊說諸侯。雖然他的主張沒有得到各國統治者的認可，甚至與其祖父一樣多次受挫，但他不僅對自己所堅持的儒家思想從未動搖，而且以自己的實際行動維護了儒家的道德理想和人格尊嚴。

孔伋向衛國國君推薦苟變說：「他的才能可統領五百輛車。」衛侯說：「我知道他是可以任命為將的人，然而苟變為官時，有一次徵稅吃了老百姓兩個雞蛋，所以我不用他。」孔伋對衛侯說：「聖人任命官員，就好像木匠使用木料，取其所長，棄其所短。因此一根合抱的良木，即使有幾處朽爛的地方，高明的工匠也不會扔掉它。現在國家處在戰亂頻繁的時代，要任用鋒爪利牙的人才，卻因為兩個雞蛋而捨棄了一位可守一城的大將，這事可不能讓鄰國知道啊！」衛侯再三拜謝說：「我接受你的指教。」

衛侯做出了一個錯誤的決策，而大臣們卻隨聲附和。孔伋說：「我看衛國，真是『君不像君，臣不像臣』呀！」公丘懿子說：「你為什麼會這樣說？」孔伋說：「君自以為是，便聽不進眾人的意見。即使事情處理正確，也未採納眾人的意見，更何況現在眾人都附和錯誤見解而助長邪惡呢！不考察事情的是非而喜歡聽別人讚揚自己，是無比的昏暗；不判斷事情是否有理而一味阿諛奉承，是無比的諂媚。君昏暗而臣諂媚，這樣居於百姓之上，老百姓是不會滿意的。若這種情況持續下去，國家就不像國家了。《詩經》上說：『都稱頌自己是聖賢，烏鴉雌雄誰能辨？』不也像你們這些君臣嗎？」

鄒地人士孟軻求見魏惠王，惠王說：「老先生，您不遠千里而來，也是要給我的國家帶來利益嗎？」孟軻說：「君主您何必張口就言利益，有仁義就足夠了！如果君主只說為國謀利，大夫只說為家謀利，士民百姓所說的也是如何讓自身得到利益，上下都追逐利益，那麼國家就危險了。」魏惠王點頭說：「對！」起初，孟軻拜孔伋為師，曾經請教治理百姓應以什麼為先。孔伋說：「先給他們利益。」孟軻問道：「賢德的人教育百姓，只談仁義就夠了，何必要說利益？」孔伋說：「仁義原本就是利益！上不仁，則下無法安分；上不義，則下常常欺詐，這就是最大的不利。所以《易經》上說：『利，就是義的全部體現。』又說：『用利益安頓人民，以弘揚道德。』這些都是說明利益的重要性的。」

在性格上，孔伋比起自己的祖父更為剛烈，他對統治者不再是「道不同，不相為謀」，而是「以位，則子君也，我臣也；何敢與君友也？以德，則子事我者也，奚可以與我友？」即按地位，你是君王，我是臣子，怎能和你做朋友？按道德水平，你只能侍奉我，怎麼能和我做朋友？再說得明白一點，就是他要做帝王的老師了。也正因為此，孔伋卓爾不群、獨立傲世的志節不能被現實社會爭權奪利、喜好權謀的風氣所容，造成了他所倡導的儒家思想難行於世，自身生活也常陷於窘境。

觸龍說趙太后

西元前二六五年，秦國攻打趙國，接連攻下三座城池。當時孝成王剛登位，太后當政，秦軍加緊進攻，趙國只好向齊國求救，齊國有一個要求，一定要長安君去做人質，才肯出兵。長安君是太后的小兒子，最受趙太后寵愛，太后不忍讓他去當人質，就沒有答應齊國的要求。齊國不肯發救兵，趙國大臣極力勸諫，太后對左右大臣說：「誰還敢來勸說讓長安君作人質，我一定吐他一臉口水。」

眾臣無法，於是請左師觸龍去勸說太后。左師觸龍拜見太后，太后氣沖沖地等著他。到了太后面前，觸龍說：「老臣腳有毛病，不能快跑，很久沒來看您了。又總擔心太后的貴體有什麼不舒適，所以想來看望您。」太后說：「我全靠坐輦走動。」觸龍問：「您每天的飲食該不會減少吧？」太后說：「吃點稀粥罷了。」觸龍說：「我近來也不想吃東西，只是勉強走走，每天走上三四里，卻也逐漸增加點食慾，身上也比較舒適了。」太后說：「我做不到。」太后的怒色稍微消解了些。

觸龍說：「我的兒子舒祺年齡最小，不成材，而我又老了，私下疼愛他，希望能讓他遞補上黑衣衛士的空額，來保衛王宮。」太后說：「可以。年齡多大了？」觸龍說：「十五歲了。雖然還小，但我想趁我還沒入土就託付給您。」太后說：「你們男人也疼愛小兒子嗎？」觸龍說：「比婦女還厲害。」太后笑著說：「婦女更厲害。」觸龍回答說：「我私下認為，您疼愛燕后就超過了疼愛長安君。」太后說：「您錯了！不像疼愛長安君那樣厲害。」觸龍說：「父母疼愛子女，就得為他們考慮長遠些。您送燕后出嫁的時候，摸著她的腳後跟為她哭泣，這是惦念並傷心她嫁到遠方，也夠可憐的了。她出嫁以後，您也並不是不想念她，可您祭祀時，一定為她禱告說：『千萬不要被趕回來啊！』難道這不是為她作長遠打算，希望她生育子孫，一代一代地做國君嗎？」太后說：「是這樣。」觸龍說：「從這一輩往上推到三代以前，甚至到趙國建立的時候，趙王被封侯的子孫的後繼人有還在的嗎？」趙太后說：「沒有。」觸龍說：「不光是趙國，其他諸侯國君的被封侯的子孫的後繼人有還在的嗎？」趙太后說：「我沒聽說過。」觸龍說：「這些人近的災禍落到自己身上，遠的落到子孫身上。難道是國君子孫中封位的人都不好嗎？不過是地位尊貴而無功勛，俸祿優厚卻無勞績，而且擁有太多珍貴器物罷了。如今您抬高長安君的地位，封給他肥沃的土地，賜給他許多貴重器物，卻不趁現在讓他為國立功，等有朝一日您離開人世，長安君靠什麼在趙國安身呢？老臣以為您為長安君考慮得不夠長遠，所以說您愛他不如愛燕后。」太后聽完，恍然大悟，於是為長安君準備了一百輛車子，送他到齊國去作人質，隨後，齊國馬上派兵來救援趙國。

俗話說：「良言一語三春暖，惡言一句六月寒。」這就是說，說話要有所講究，話語像三春的太陽溫暖人心，就會收到意想不到的效果。「觸龍說趙太后」就是一個典型的例子。觸龍的成功，除了高超的語言技巧外，更在於他深切地了解對方的心理；同時，也由於他理論的正確，確實是在為國家安危著想，確實是在為長安君作長遠打算。

茅焦冒死諫秦王

茅焦是齊國人，被秦始皇封為上卿，他最大的貢獻是為秦始皇爭得一個好的名聲。在古代，一個好的名聲是十分重要的，它所取得的社會效益也是極大的。

當初，秦王嬴政即位時，年紀還小，太后時常與文信侯呂不韋通姦。秦王一年年長大，文信侯恐怕姦情被發覺，禍患連及自己，於是假稱自己親近的舍人嫪毐是閹宦，將他引薦給太后。太后很寵愛嫪毐，而且與他生下兩個兒子，並封嫪毐為長信侯，將太原作為毒國，政事都由嫪毐決定。一時間，遊走於各國的游士們請求做嫪毐官府舍人的很多。秦王身邊的官員中有與嫪毐爭執過的人，控告嫪毐根本就不是閹宦，秦王下令司法官吏嚴查嫪毐。嫪毐十分恐懼，假托秦王的玉璽調發軍隊，想進攻蘄年宮作亂。秦王派相國昌平君及昌文君率軍攻擊嫪毐，嫪毐兵敗被抓。

西元前二三八年九月，秦王下令捕殺嫪毐父母、兄弟、妻子三族，嫪毐的黨徒都被處車裂酷刑及滅宗族；嫪毐的舍人罪過輕的遷徙到蜀地，共有四千多家。秦王還把太后遷徙到雍城，殺死了她與嫪毐所生的兩個兒子，並下命令說：「有敢因太后的事向我進言勸說的，我將用酷刑誅殺他，砍斷他的四肢，把屍體堆放在闕門下示眾！」結果因為觸犯此命令被處死的有二十七人。

即使如此，從齊國來的說客茅焦仍要求進言規勸，秦王使者對茅焦說：「你沒有看見堆積在闕門下的屍體嗎？」茅焦回答說：「我聽說天上有二十八個星宿，現在死去的已有二十七人，我來到這裡就是為湊足二十八的數字罷了。我不是怕死的人！」使者進宮向秦王述說了茅焦的話。茅焦同鄉邑的人以及在一起謀生的人怕被株連，全都背上自己的衣物用品逃避出走。秦王十分憤怒地說：「這個人故意來觸犯我，趕快傳他進來，我要用大鍋烹煮他，怎麼能夠讓他的屍體堆積在闕門下呢？」秦王手按寶劍，謾罵不休。使者召令茅焦進宮，茅焦緩步來到秦王面前，一再行拜見禮才起身，對秦王說：「我聽說活著的人不迴避死亡的事，有了國家政權的人不迴避亡國的事；迴避談死亡的人不可能生存，迴避談亡國的人不可能保住國家。生死存亡的大事，是聖明的君主急切想聽到的啊，秦王陛下想聽一聽這大事嗎？」秦王說：「你談什麼呢？」茅焦說：「陛下你有強暴悖理的行為，你自己不知道嗎？用車裂酷刑處死假父嫪毐，兩個弟弟都是被囊袋裝著撲殺而死，把母親遷徙到雍城軟禁，殘殺規勸你的人，就是夏桀、商紂的暴行也不會做到這個樣子！現在天下的人聽到這些事，全都心散神離，沒有人心向著秦國的，我私下為陛下您的這種情形感到憂慮！我的話說完了！」茅焦說完便解開衣服伏在殺人的椹墊上。秦王走下殿來，親手拉著茅焦說：「先生你起來穿好衣服，我現在很願意聽你的意見！」當即封給茅焦上卿爵位。之後，秦王親自駕車，空出車左邊的尊位，前往雍城迎接太后返回咸陽，母子又和好如初。

茅焦不顧個人安危勸諫秦始皇成功，充分體現了茅焦過人的勇氣和膽識。南屏先生讀到這段歷史時，曾寫過一首詩贊曰：「二十七人屍纍纍，解衣趨鑊有茅焦。命中不死終須活，落得忠名萬古標。」

韓信謀反被殺

韓信是秦漢之際的軍事家，在秦亡漢興的過程中，為劉邦奪取天下立下汗馬功勞，被稱為漢初「三傑」之一。但韓信在功成名就之後，卻未能安享富貴榮華。西元前一九六年，韓信被呂后、蕭何誘殺於長樂宮鐘室。

劉邦稱帝後，任命陽夏侯陳豨為相國，監管趙國、代國邊境軍隊。陳豨拜訪淮陰侯韓信並向他辭行。淮陰侯握著他的手，屏退左右隨從，忽然仰天嘆息道：「有幾句話，能和你說嗎？」陳豨說：「只要是將軍您的指示，我都聽從。」韓信說：「你所處的地位，集中了天下精兵；而你，又是陛下信任的大臣。如果有人說你反叛，陛下肯定不信；然而再有人說，陛下就會起疑心；說第三次，陛下必定會憤怒地親自率領大軍來攻打你。請讓我為你做個內應，那麼天下就可以謀取了。」陳豨向來對韓信極為信服，於是說：「遵奉你的指教！」

陳豨常常羨慕當年魏國信陵君魏無忌養士的行為，及至自己做相國駐守邊境，告假回來時，經過趙國，跟隨他的賓客乘坐的車竟也有一千多輛，把邯鄲城的官舍都住滿了。趙相周昌見此，便對高祖詳述陳豨門下賓客盛多，又專擅兵權在外數年，恐怕會有事變等等。高祖令人再審查陳豨賓客在代國時的種種不法之事，很多牽連到陳豨。陳豨聽說後十分恐慌，韓王信趁機派王黃、曼丘臣等人來勸誘他聯成一夥。太上皇駕崩時，高祖派人來召陳豨，陳豨稱病不去。西元前一九七年九月，陳豨便與王黃等人公開反叛，自封為代王，率軍劫掠趙國、代國。

西元前一九六年九月，劉邦御駕親征，去平定陳豨。劉邦到達邯鄲，高興地說：「陳豨不占據邯鄲而去據守漳水，我就知道他沒多大能耐了！」高祖又聽說陳豨的很多部將過去都是商人，便說：「我知道如何對付他們了。」劉邦下令多用黃金去收買陳豨部將，果然有很多人歸降。這一次，淮陰侯韓信假稱有病，沒有隨從高祖去攻打陳豨，暗中卻派人到陳豨那裡，與他勾結謀劃。韓信想在夜間與家臣用偽詔書赦免官府的有罪工匠及奴隸，打算發動他們去襲擊呂后、太子，已經部署完畢，只等陳豨的消息。韓信有個門下舍人曾因得罪韓信，被囚禁起來，準備處死。舍人的弟弟上書舉報事變，將韓信打算謀反的情況告訴呂后。呂后想把韓信召來，又擔心他可能不從，便與相國蕭何商議，假裝讓人從高祖處來，說陳豨已經兵敗被殺。列侯及群臣聞訊，都到朝中祝賀。蕭何又欺騙韓信說：「你雖然病了，也應當強挺著來道賀。」韓信來到宮中，呂后便命武士將他捆綁起來，押至長樂宮鐘室斬首。韓信在斬首之前，嘆息說：「我真後悔沒用蒯徹的計策，竟上了小孩子、婦人的當，這難道不是天意嗎？」呂后隨後下令誅殺韓信三族。

漢高祖用詐騙手段在陳地抓獲韓信，說虧待他是有的；不過，韓信也有咎由自取之處。當初，漢王與楚王在滎陽相持，韓信滅了齊國，不來奏報漢王卻自立為王；其後，漢王追擊楚王到固陵，與韓信約定共同進攻楚王，而韓信按兵不動。當時，高祖本已有誅殺韓信的念頭了，只是力量還做不到罷了。待到天下已經平定，韓信還有什麼可倚仗的呢！抓住機會去謀取利益，是市井小人的志向；建立大功以報答恩德，是有志操學問的君子的胸懷。韓信用市井小人的志向為自己謀取利益，而要求他人用君子的胸懷回報，不是以小人之心，度君子之腹？所以，太史公司馬遷評論說：「假如讓韓信學習君臣之道，謙虛禮讓，不誇耀自己的功勞，不矜持自己的才能，情況大概就不同了！他對漢家的功勛，可以與周公、召公、太公姜尚等人相比，後代也就可以享有祭祀了！他不去這樣做，反而在天下已定之時，圖謀叛逆，被誅滅宗族，不是理所當然的嗎？」

公孫弘受重用

人的一生中總難免會被人誤解，那些誤解可能會變成可怕的謠言，你是急著向所有的人澄清事實呢？還是不置可否、泰然處之，讓時間去證明一切？漢武帝時的大臣、政治家公孫弘雖然一直受到「曲學阿世」的譏諷，表現出令人詬病的圓滑和世故，但他仍以七十高齡從政，並一直得到漢武帝的賞識、信任，最終老死在相位上。這是為什麼呢？

西元前一三〇年，漢武帝在官吏百姓中徵召明曉當世政務、熟知古代聖王治國之術的人到朝廷任職，命令應徵者與各地進京的「上計吏」同行，由沿途各縣供應飯食。公孫弘在考試時答道：「微臣聽說上古堯、舜的時候，不注重封爵加賞，但百姓都能勸勉於善，不注重刑罰但百姓都不犯法。這是因為上古時，在上位的長官做表率給百姓看，而且對待百姓也能守信。後代注重封爵加賞，而百姓反而不能勸勉於善，刑法深刻嚴厲而奸詐之事反而難以停止，是因為在上位的長官不守正道，對待百姓不守信的緣故。優厚的獎賞和嚴厲的刑罰，並不能勸勉人向善和禁止人為非作歹，只有守信才能做到。百姓各得其所，就不會有爭執的心理；得到合理的待遇，就不會埋怨朝廷。在上位的長官對待百姓合乎禮節，百姓就不會殘暴；愛護百姓，百姓就親近長上，這是擁有天下的國君所急切要做的事情。禮義是百姓所服從的，而賞罰能順著禮義去做，百姓就不會違犯法紀了。」當時參加對策考試的有一百多人，太常奏報考試成績，把公孫弘列為下等。對策上呈武帝，武帝把公孫弘的對策成績提升為第一名，任命他為博士，在金馬門伺應召對。

公孫弘上奏，遇到武帝不同意時，他不在朝廷上爭辯。公孫弘常與汲黯請求單獨召見，先由汲黯提出問題，後由公孫弘進一步補充，武帝經常聽得很高興，所提的建議都加以採納，因此，公孫弘越來越得到武帝的親近和重用。公孫弘曾經和公卿商定某一問題的處置意見，到了武帝面前，他卻完全背棄了原來的約定，而迎合武帝的心意。汲黯當即在朝廷上批評公孫弘說：「齊人大多欺詐而不忠誠老實；他開始和我們一道商定此條建議，現在卻全都背棄了，這是不忠！」武帝責問公孫弘，公孫弘謝罪說：「了解我的人，認為我忠；不了解我的人，認為我不忠。」武帝認為他說得對。武帝身邊的親信經常詆毀公孫弘，武帝卻更加優待他。

公孫弘以麻布做被子，飲食也不注重肉食。汲黯說：「公孫弘高居三公之位，朝廷給他很多俸祿，但是他還用布被，這是在騙人。」武帝就此問公孫弘，公孫弘謝罪說：「九卿中與臣關係好的，沒有人超過汲黯，可是今日他在朝堂上詰問臣，實在切中了臣的缺點。以三公的身分而用布被，和小吏沒有區別，實在是矯飾造作，想借此沽名釣譽，這正如汲黯所說的那樣。而且如果沒有汲黯的忠直，陛下怎能聽到這些話？」武帝認為公孫弘謙讓，更加尊重他。

以退為進，這是一種大智慧。有些人喜歡在沒有完全了解真相的情況下亂下結論，甚至有時候會將一些莫須有的罪名加到你頭上。這時，如果你去辯解，反而會讓人覺得你越描越黑，即便最後得到澄清，也極可能給別人一種不好的印象，更何況有時候你無意之中真的會犯一些錯誤。因此，在面對中傷、誹謗時，要學會隱忍退讓；在發覺自己犯了錯誤時，要勇於承認，知錯就改。

功高震主周勃辭相

周勃早年貧寒，劉邦起兵反秦時便跟隨其南征北戰。劉邦建漢後，周勃又參與平定諸王的叛亂，最後封為絳侯。西元前一八〇年，呂后亡，諸呂作亂。周勃與丞相陳平、朱虛侯劉章等人果斷採取行動，智奪呂祿軍權，控制了北軍，平定了呂產的宮廷叛亂。誅殺諸呂后，周勃等人迎立代王劉恆即位，這就是漢文帝。

漢文帝即位後，朝廷對誅滅諸呂的人論功行賞，自右丞相周勃以下，都被增加封戶和賜金，數量各有差別。絳侯周勃散朝時小步疾行退出，十分得意；文帝對絳侯以禮相待，極為恭敬，經常目送他退朝。擔任郎中的安陵人袁盎諫阻文帝說：「諸呂驕橫謀反，大臣們將呂氏誅滅。那時，丞相身為太尉，掌握兵權，才天緣湊巧建立了這番功勞。現在，丞相對人主已有驕矜的神色，陛下卻對他一再謙讓；臣子和君主都有失禮節，我私下認為陛下不該如此！」袁盎的建議被採納。以後朝會時，文帝越來越莊重威嚴，丞相周勃也就越來越敬畏。

有一次朝會時，文帝問右丞相周勃說：「全國一年內判決多少案件？」周勃謝罪說不知道。文帝又問：「全國一年內錢谷收入有多少？」周勃又謝罪說不知道。緊張和慚愧之下，周勃已汗流浹背。文帝又問左丞相陳平。陳平說：「有專門主管這些事務的官員。」文帝問：「由誰主管？」陳平回答：「陛下如果要了解訴訟刑案，應該責問廷尉；如果要了解錢谷收支，應該責問治粟內史。」文帝說：「假若各事都有主管官吏，那麼您是負責什麼事情的呢？」陳平謝罪說：「陛下由於不知道我的平庸低能，任命我為宰相。宰相的職責，對上輔佐天子，理通陰陽，順應四季變化；對下使萬物各得其所；對外安撫四夷和諸侯；對內使百姓歸附，使卿大夫各自得到能發揮其專長的職務。」文帝這才讚好。右丞相周勃極為慚愧，退朝之後責備陳平說：「您平素怎麼不教我這般回答？」陳平笑著說：「您身為宰相，難道不知道宰相的職責是什麼嗎？況且，如果陛下問長安城中有多少盜賊，您能勉強回答嗎？」由此，絳侯周勃自知能力遠不及陳平。過了一段時間，有人勸周勃說：「您誅滅呂氏，扶立代王為帝，威名震動天下。現在您接受朝廷厚賞，擔任職位尊崇的右相，時間一長，將要大禍臨頭了。」

周勃也為自己擔憂，就自稱有病，請求辭去丞相職務，文帝批准了他的請求。丞相一職遂由左丞相陳平一人擔任。

不久，丞相陳平去世，文帝復招周勃任丞相。十個多月後，文帝對周勃說：「我下令所有列侯離開長安到自己的封地去，有些人還沒有走，你一直被我器重，希望你可以帶頭就國。」周勃於是辭相歸國。周勃免相歸國後一年多，當河東守尉來絳縣巡視時，周勃總擔心被害，往往身披鎧甲，家奴各拿兵器與守尉相見。之後便有人向朝廷上書告發周勃謀反。朝廷把這件事交給廷尉辦理，廷尉要地方官逮捕周勃，進行審問。周勃非常害怕，不知如何辯解，獄吏也漸漸欺凌和侮辱他。周勃送給獄吏千兩黃金，獄吏便在「牘背」（公文板的背面）書寫「以公主為證」幾個字給周勃示意。公主指的是文帝的女兒，嫁給了周勃的兒子周勝之，所以獄吏教周勃以她作證人。周勃把皇帝給他的賞賜都送給薄昭（漢文帝之舅），等到案件加緊審理時，薄昭便到薄太后那裡替周勃說情。薄太后也認為周勃沒有謀反之意。當文帝朝見太后時，太后便用「冒絮」（一種頭巾）扔向文帝說：「當年絳侯周勃誅諸呂時，身上掛著皇帝的玉璽，在北軍統率軍隊，他不在那時謀反，現在在一個小縣裡，難道要謀反嗎？」文帝已看到了絳侯在獄中的供詞，便向太后道歉說：「官員們正在查清這件事，準備釋放他呀！」於是，文帝派使節赦免了周勃，恢復他的爵邑。絳侯出獄後慨嘆：「吾嘗將百萬軍，安知獄吏之貴也！」

周亞夫獲罪含冤死

周勃和周亞夫父子是靠性情走上了歷史的重要舞台，周勃因「重厚少文」而被高祖劉邦所器重，周亞夫因治軍嚴謹而留下細柳營的千古佳話。可嘆周勃和周亞夫這樣的性情人物，能在沙場上建功立業，卻無法在政治鬥爭中生存。

西元前一五八年冬，匈奴三萬騎兵侵入上郡，三萬騎兵侵入雲中，屠殺擄掠甚眾，烽火直抵甘泉、長安。文帝任命河內太守周亞夫為將軍，駐軍細柳；宗正劉禮為將軍，駐紮霸上；祝茲侯徐厲為將軍，駐軍棘門，以防備胡人侵襲。不久，文帝親自慰勞軍隊，到霸上和棘門軍營，車隊直接馳入營區，將軍以下官兵列隊迎送。接著又到了細柳軍營，將士們身穿鎧甲，兵器鋒利，箭上弦，弓滿張。文帝的先導部隊到達，被擋在軍營外無法進入。先導官員說：「天子駕到。」軍門都尉說：「將軍有令：『軍中只聽將軍號令，不聽天子詔令。』」過了一會兒，文帝到了，也不准進。於是，文帝就派人拿著符節下詔給將軍說：「我要進入軍營慰勞軍士。」周亞夫得知後，才下令打開營門。營門軍士對文帝車騎說：「將軍有令：『軍營中不可策馬奔馳。』」於是，文帝就拉著韁繩徐徐行進。到了營房，周亞夫將軍手持兵器拱手為禮說：「身穿鎧甲的武士不便下拜，請允許以軍禮參見。」文帝十分震動。儀式結束後，文帝欣然離去，出了軍門，群臣都很驚訝。文帝說：「這才是真正的將軍，前面霸上、棘門的軍營就同兒戲一樣。那些將軍都會被偷襲而遭俘虜。至於周亞夫，怎麼可能被侵犯呢？」一個多月後，漢兵到了邊境，匈奴的軍隊也撤離邊塞，漢兵隨即班師。於是，文帝任命周亞夫為中尉。

後來，文帝去世，景帝即位。西元前一五〇年，時為太尉的周亞夫被任命為丞相。景帝廢栗太子時，周亞夫曾極力反對，景帝因此疏遠周亞夫。而梁孝王每次上朝，也常向太后說周亞夫的壞話。一次，竇太后說：「皇后的哥哥王信可以封侯。」景帝說：「請允許我和丞相商量此事。」皇上就和周亞夫商議。周亞夫說：「高祖有約：『不是姓劉的不可封王，沒有立功的不可封侯』。現在王信雖是皇后的哥哥，但沒有功勞，如果封他為侯，不符合此約。」景帝無話可說，把這事放下了。後來匈奴王徐盧等六人歸降，景帝想封他們為侯，以激勵更多的人歸降。周亞夫說：「他們背叛自己的君主投降陛下，陛下封他們為侯，那麼怎麼責備不守臣節的臣子呢？」景帝沒有聽從周亞夫的勸說，仍封徐盧等人為列侯。周亞夫因此託病請求免職。西元前一四七年，景帝罷免了周亞夫，任命御史大夫桃侯劉舍為丞相。

西元前一四三年，景帝在宮中召見周亞夫，賞賜食物，只放了一大塊肉，沒有切開，又沒有準備筷子。周亞夫心中不高興，回過頭來吩咐主管宴席的官員取筷子來。景帝看著周亞夫，笑著問：「這莫非不滿足您的意思嗎？」周亞夫忙起身向景帝謝罪，隨後便快步退了出去。景帝目送著他走出去。說道：「這位憤憤不平的人，不能做幼主的臣子。」

不久，周亞夫的兒子給父親從工官那裡買了專給皇室製造的可用於殉葬的五百件鎧甲盾牌，並虐待搬運這些東西的雇工，不給他們工錢。雇工知道這是盜買皇室專用器物，便懷著怨恨上書朝廷，檢舉周亞夫的兒子。事情牽連到周亞夫。景帝見到了檢舉信，就下令將此案交給司法官員審理。廷尉審問說：「您為什麼要造反？」周亞夫說：「我購買的東西，都是殉葬用的，怎能說是要造反呢？」審案的官員說：「您即使不在地上造反，也要在地下造反！」官吏的審訊逼供越來越殘酷，周亞夫於是絕食五天，吐血而死。

周亞夫之死是漢初的一大悲劇。歷代帝王很少有不猜忌大臣的，尤其是那些功勛卓著者。而那些聰明的功臣，懂得用政治智慧來避禍。如戰國時期王翦，出征時數次向秦王請求良田美宅，漢初蕭何，故意強買強賣民田。這二人並非真心想要那些良田美宅，不過是以此舉來消除皇帝的猜忌。對於大臣來說，尤其是像周亞夫這樣功高蓋主的功臣，忠誠是最重要的，只有讓皇帝徹底相信自己絕沒有謀反的念頭，才能繼續自己的政治生涯。

石顯弄權邀寵

石顯字君房，濟南（今章丘縣西）人，年輕時因犯法受腐刑。他從漢宣帝時，就長期掌管中樞機要，熟悉法律。漢元帝即位後多病，鑒於石顯長期勝任他的職位，又是宦官，沒有家庭子女，在朝廷中沒有黨羽，精明能幹，值得信任，於是就把大權託付給他。朝廷事無大小，都透過石顯轉奏，然後再由皇帝裁斷。久之，石顯的權勢超越所有朝臣，文武百官對他都很敬畏。

石顯通曉事理，機巧善變，很能領會皇帝隱藏在內心深處的旨意。同時，他又陰險毒辣，常以詭計誣陷他人，任何一點小小的怨恨，都會被他濫用法令加害報復。他跟車騎將軍史高狼狽為奸，在討論國家大事時，常堅持奉行舊制度，不接受蕭望之等大臣的建議。蕭望之等人憎恨石顯的專權，於是向元帝建議：「中書是宣傳詔書的地方，位居朝廷中樞，掌管朝廷機密，應該由正直廉潔的人擔任那裡的工作。武帝因為常在後宮遊玩宴樂，所以才改用宦官，這不是古代的制度。應解除宦官兼任中書官職的法規，這樣才符合古代君主不接近受過刑罰之人的禮制。」這項建議激化了蕭望之同石顯之間的矛盾。而元帝剛剛即位，謹慎謙讓，不想輕易改變祖先的安排，所以這件事商議很久仍未下決斷。御史中丞陳咸不斷抨擊石顯。過了一段時間，石顯指控他與槐里令朱雲友善，向他泄露宮禁中的機密，這是石顯暗暗偵察得知的。於是，陳咸、朱雲都被捕下獄，判處髡刑，罰做苦役。石顯的淫威和權勢日益增長，公卿及以下的官員都害怕他，人人自危，不敢稍有寬縱。石顯與中書僕射牢梁、少府五鹿充宗結為死黨，凡依附他們的人，都得到了高官厚祿。民間有歌謠說：「你是姓牢的人，還是姓石的人，或是五鹿家的門客嗎？官印何其多，綬帶何其長！」

石顯心知自己專權，把持朝政，怕元帝一旦聽取親信的抨擊而疏遠自己，便時常向元帝表示忠誠，取得信任，驗證元帝對自己的態度。石顯曾經奉命到諸官府徵集人力和物資，他先向元帝請求：「恐怕有時回宮太晚，漏壺滴盡，宮門關閉，我是否可以說奉陛下之命，叫他們開門！」元帝允許。一天，石顯故意到夜裡才回來，宣稱元帝命令，喚開宮門入內。後來，果然有人上書控告：「石顯專擅皇命，假傳聖旨，私開宮門。」元帝聽說了這件事，笑著把奏章拿給石顯看。石顯抓住時機，流淚說：「陛下過於寵愛我，委任我辦事，下面無人不妒火中燒，想陷害我，類似這種情形已不止一次，只有聖明的主上才知道我的忠心。我出身微賤，實在不能以我一個人去使萬人稱心快意，擔負起全國所有的怨恨。請允許我辭去中樞機要職務，只負責後宮的清潔灑掃，死而無恨。唯求陛下哀憐，再給我一次寵幸，以此保全我的性命。」元帝深為感動，不斷慰問勉勵，又重重賞賜。當初，石顯聽說人們議論激憤，都說是他逼死了前將軍蕭望之，怕招來全國儒生的抨擊。由於諫大夫貢禹深明儒家經典，節操高尚而有名望，石顯便託人向貢禹表示問候之意，用心結交，並向元帝推薦，使貢禹擢升九卿，並對他以禮相待，很是周詳。於是，輿論也有讚揚石顯的，認為他不曾妒恨陷害蕭望之。

石顯就是這樣在不露聲色中置人於死地，他既能取得儒生的信任，又能得到皇帝的重用，許多事情被他弄得真假難辨。他一生幾乎沒有受到大的挫折。元帝死後，漢成帝即位。成帝重用外戚，石顯失寵，再也沒有抬起頭來，可是，百官多次對他的彈劾也找不到大的把柄，成帝只好把他攆回家。紅極一時的石顯想不通，在歸鄉的途中鬱悶而死。

狄仁傑冤案昭雪

狄仁傑是武則天時期的宰相，傑出的封建政治家。狄仁傑敢於鬥爭並且善於鬥爭，他在武則天時期，奮勇鬥奸佞，一心保江山，成為大唐復興的第一功臣。最能體現狄仁傑之善於鬥爭策略的，是被武承嗣和來俊臣誣陷下獄一事。

西元六九一年，洛州司馬狄仁傑被朝廷任命為宰相。武則天對狄仁傑說：「你在汝南的時候，政績很不錯。你想不想知道有誰誣陷過你？」狄仁傑道謝說：「如果陛下認為我有過失，請允許我改正；認為我沒有過失，是我的幸運。我不想知道是誰誣陷了我。」武則天讚歎不已。

西元六九二年，左台中丞來俊臣羅織罪名控告宰相狄仁傑等七人謀反。在這之前，來俊臣曾奏請武則天降敕文宣布：凡一詢問立即承認罪行的不處死刑。來俊臣以這一條來誘騙七人認罪。狄仁傑說：「大周改換了唐朝江山，萬象更新。唐朝的舊臣，不甘心被殺，謀反是事實。」來俊臣便暫停對他的拷問。判官王德壽對狄仁傑說：「尚書你一定免死了，我受官欲驅使，想晉升官階，請你供出楊執柔也參與此案，好不好？」狄仁傑感嘆道：「蒼天在上，竟叫我狄仁傑做出這樣的事！」用頭在柱上撞得血流滿面，王德壽嚇得跑掉了。侯思止審訊魏元忠，魏元忠剛直不屈，侯思止氣得叫人將他倒吊起來，魏元忠譏諷地說：「我命苦，就當是從驢子背上摔下來，腳絆在蹬子上，被驢所拖曳罷了。」侯思止越發氣恨，吊得更凶。魏元忠說：「你若想要我的頭，儘管割去，為什麼非叫我承認謀反呢？」

狄仁傑既承認謀反，審訊的官員結案報武則天決斷，便對他放鬆了監管。狄仁傑撕下衣服襯裡，寫成訴冤狀，藏在棉衣中，對王德壽說：「天氣熱了，請交給我家裡人將棉絮去掉。」王德壽同意。這樣，狄仁傑的兒子得到訴冤狀，向武則天申訴。武則天看了訴冤狀，詢問來俊臣，來俊臣狡猾地說：「狄仁傑等人在獄中，衣冠整齊，食宿都好。如果沒有謀反事實，怎麼肯招供？」武則天命通事舍人周綝去看望，來俊臣將狄仁傑等人的衣帽取來，叫他們穿了站在獄中西首，請周綝察看。周綝膽怯，不敢細看，點頭應諾而已。來俊臣又偽造狄仁傑等人的謝死表，叫周綝奏報武則天。已被處死的前鸞台侍郎樂思晦的兒子還不滿十歲，向武則天提出申訴。武則天召見他詢問情況，他說：「我的父親已死，家破人亡，我只是為陛下的法制被來俊臣等人破壞得不像樣子而惋惜。陛下如果不相信，請逃選幾個陛下認為最忠誠、最清正的大臣，以謀反的罪名交給來俊臣審問，結果肯定是沒有一個不承認謀反的。」至此，武則天才感到狄仁傑等人的案子審得有問題，於是召見這些獲罪官員。武則天問狄仁傑為何承認犯罪，狄仁傑說如不承認，早已被拷打致死，無伸冤之日。武則天又問起謝死表的事，七人皆不承認。武則天將表拿出來對質，才知道是偽造的，於是寬大處理七人。

中國封建社會的歷史太悠久了，昏君、暴君、奸邪小人尤其多產，因而與之抗爭的忠直之士也因之令人注目，產生了無數可歌可泣的事蹟。人們通常把疾惡如仇、剛正不阿的人稱讚為勇士、清官、脊梁、擎天柱，是對付邪惡勢力的先鋒，歷史上有多少的「文死諫、武死戰」的忠臣，他們的結局往往令人嘆惋。可是，如果能不死，進而做出一番轟轟烈烈的事業來，其結果自然不同了。只是這樣的作為，需要的就不僅僅是蠻力和愚忠了，它需要更大的勇氣、更多的智慧。狄仁傑在與酷吏來俊臣的鬥爭中，既有妥協，比如承認謀反，也顯示了其剛直的一面，比如撞柱，又用計謀來洗刷自己的清白，正是敢於鬥爭善於鬥爭的體現，這恐怕比一死了之更困難吧？而這，也正是他的高明之處。

李泌力爭德宗家內事

李泌是中唐史上突出的人物，他幾乎和郭子儀相終始，身經四朝——玄宗、肅宗、代宗和德宗，參與宮室大計，輔翼朝廷，運籌帷幄，可以說是肅宗、代宗、德宗三朝天下的重要人物。在大是大非面前，李泌毫不妥協，不顧全家性命，竟然與皇上爭執達數十次之多，這種威武不屈的精神實為難得。

當初，郜國大長公主嫁給駙馬都尉蕭升，公主的行為不夠檢點。公主的女兒做了太子的妃子。開始時，德宗對公主所施的恩典與禮數甚是優厚，公主經常直接乘著肩輿到太子的東宮去，宗室親戚都嫉妒她。有人告發公主行為放蕩，而且與太子做過詛咒的祈禱。德宗大怒，將公主軟禁在宮中，嚴辭斥責太子。德宗召來宰相李泌，將太子一事告訴了他，並說：「舒王近來已經長大成人，可以冊立為太子，他的性情孝順友愛、溫和厚道。」李泌說：「怎麼會到這種地步呢？陛下只有一個兒子，怎麼能一時對他有懷疑之心，就想廢了他而冊立姪子，這不是很失策嗎？」德宗勃然大怒，說：「你怎麼能挑撥我們父子之間的關係？誰對你說舒王是我的姪兒？」李泌回答說：「這是陛下自己說的。大曆初年，陛下親口對我說：『今天我得了好幾個兒子。』我問陛下說這話的緣故，陛下說：『這是昭靖太子的幾個兒子，皇上命令我把他們當成自己的兒子。』現在，陛下連自己親生的兒子尚且還懷疑，那對姪兒又會怎麼樣？舒王雖然孝順，但如果今天將他立為太子，日後陛下就不要再指望他孝順了！」

德宗說：「你不愛惜你整個家族的人嗎？」李泌回答說：「我正是因為愛惜我的家族，所以不敢不把要說的話說完。如果我因為怕惹怒陛下而屈從陛下的意見，那麼萬一明天陛下對做這件事後悔了一定會責怪我說：『我任你一人為宰相，你卻不能竭盡全力勸阻我，使事情弄到這步田地，我一定要將你的兒子也殺了。』我已經老了，晚年沒什麼值得顧惜的，如果陛下殺了我的兒子，讓我以姪兒作為後嗣，我不知道將來是否能享受到他的祭祀！」說著就嗚咽著流下了眼淚。

德宗說：「這是我的家庭私事，與你毫不相干，你為什麼要這樣拚死力爭呢？」李泌回答說：「天子以四海為家。我現在一個人單獨承擔宰相的全部重任，在四海之內，如果有一件小事處理不好，那麼責任就全在我一人身上。何況是眼睜睜地看著太子橫遭莫大的冤枉而不肯出言相救，那我的罪過就太大了！」德宗說：「看在你的面子上，我把這件事推遲到明天再決定。」李泌這時抽出朝笏，向德宗叩頭哭著說：「陛下回宮之後，不要把這個意思向左右透露。這事一透露出來，那些侍從都會在舒王面前樹立功勞，那樣太子就危險了！」德宗說：「你說的意思我全懂了。」

一天之後，德宗單獨召李泌進宮議事。德宗淚流滿面，撫摸著李泌的背說：「如果不是你極力勸諫，我今天連後悔都來不及了！一切正如你說的那樣，太子仁厚孝順，實在是別無二心。從今以後，天下的軍事和朝政大事以及我的家內事情，一切都要與你一起商量。」李泌向德宗行禮祝賀，趁機說：「陛下神聖英明，已經察明太子清白無罪，那我報效國家的任務就算完成了。我前天受驚嚇過度，像掉了魂似的，不能夠再擔當宰相重任，希望陛下准許我告老還鄉。」德宗說：「我們父子之間的關係全靠你才得以保全，我正要叮囑子孫，要讓你的子子孫孫都富貴下去，以報答你的大德，你為什麼又提出這個要求呢?」次年，李泌上奏說自己年老體弱，獨自擔任宰相一職，精力消耗殆盡，既然不能離職，請求朝廷再任命一位宰相。德宗也沒有答應。

歷代的帝王宮廷，一直都是天下是非最多、人事最複雜的場所。尤其王室中父子兄弟、家人骨肉之間權勢利害的悲慘鬥爭，真是集人世間悲劇的大總匯。況且「疏不間親」，古有明訓。以諸葛亮的高明，他在荊州，便不敢正面答覆劉琦問父子之間的問題。但是，李泌處於唐玄宗、肅宗、代宗、德宗四代父子骨肉之間，都挺身而出，仗義直言，排憂解難，調和其父子兄弟之間的關係，實在是古今歷史上的第一人。

陳元達鎖腰諫劉聰

陳元達為匈奴後部人，歷任黃門郎、廷尉、左司隸校尉、御史大夫、儀同三司等重要職務，在漢匈政治秩序極為混亂時，為政治風氣的淨化、政治改革的推行提出了自己的方案。

西元三一三年三月，漢主劉聰把貴嬪劉娥立為皇后，為她建造宮殿。廷尉陳元達懇切地勸諫：「天生百姓而為他們樹立君主，是讓君主管理他們，並不是用千萬百姓的生命滿足一個人的窮奢極欲。晉朝廷無道，大漢受命於天，百姓翹首以待，所以光文皇帝劉淵身穿粗布，居住的地方也沒有雙層的坐墊，皇后妃嬪也不穿綾羅綢緞，拉車的馬匹不餵粟谷，這是愛惜百姓的緣故。陛下即位以來，已經建造了四十多處宮殿，加上一再興兵作戰，軍糧運輸不停，饑荒、疾病流行，造成人們死的死、逃的逃，而您還想大興土木，這難道是作百姓的父母的想法嗎？現在晉朝的殘餘還在西邊占據著關中地區，南邊把持著江東地區；李雄占據著巴蜀地區；王浚、劉琨窺伺著我們的肘腋之處；石勒、曹嶷貢奉與稟告越來越少，陛下不為這一切擔憂，卻又在宮廷中建造殿堂，這難道是目前所急需的嗎？過去漢文帝處於安定的社會，稻穀布帛十分豐盛，仍然珍惜百金的費用，停止修建露台的勞役。陛下接受的是兵荒馬亂的時代，所占有的地方，不過漢文帝時的兩個郡，需要征戰和防禦的，也並不僅僅是匈奴、南越，而皇宮的奢侈卻到了這個地步，所以我不敢不冒死來說這幾句話。」劉聰聽後，勃然大怒說：「朕身為天子，建造一個殿堂，為什麼要問你這樣的鼠輩呢？你竟敢胡說八道擾亂大家的情緒，不殺掉你這個鼠輩，朕的殿堂就建不成！」遂向左右隨從發出命令：「拖出去殺了！連他的妻、子一起在東市懸首示眾，讓這群老鼠進到一個墓穴裡去！」

當時劉聰在逍遙園的李中堂裡，陳元達事先拿鎖鎖住腰進去，進去後便用鎖把自己鎖在堂下的樹下，大聲呼喊：「我所說的，是為社稷大業考慮，而陛下卻要殺掉我。漢朝朱雲說：『我能夠與龍逢、比干同遊，這就滿足了！』」隨從們拉不動他。大司徒任顗，光祿大夫朱紀、范隆，驃騎大將軍河間王劉易等人一起叩頭求情，說：「陳元達為先帝劉淵所賞識器重，受命立漢之初，他也一直盡忠竭慮，知無不言。我們這些人都是在職位上苟且偷生，每次見到他時沒有不感到慚愧的。今天他所說的話雖然有些狂妄直率，但希望陛下能夠寬容他。因為直言勸諫而殺列卿，這讓後世怎麼辦？」劉聰沉默不語。

劉皇后聽說後，暗中命令隨從們停止對陳元達的刑罰，親筆寫了奏疏給劉聰，說：「現在宮室已經齊備，用不著再營建新的，四海還沒有統一，應當珍惜百姓的財力。廷尉陳元達的直言是社稷的福氣，陛下應該加以賞賜。現在反而要殺他，天下會怎麼評說陛下呢？直言進諫的忠臣固然不顧自己的性命，而拒絕進諫的君主也是不考慮自身的性命。陛下為了給我營建宮殿而殺勸諫的大臣，這樣，使忠良之臣緘口不言是因為我，遠近都產生怨恨憤怒是因為我，公私兩方面的困窘弊害也是因為我，使國家社稷面臨危險的還是因為我，天下的大罪都集中到我的身上，我怎麼能承擔得起呢？我觀察發現，自古以來造成國破家亡的，沒有不從婦人開始。我心裡常常為之痛心，想不到今天自己也會這樣，使得後世的人看我，就像我看古人一樣！我實在沒有臉面再伺侯您，希望您允許我死在這個殿堂裡，來彌補陛下的過錯！」劉聰看完後臉色都變了。任覬等人仍然流著淚不停地叩頭。劉聰才慢慢地說：「朕近年以來，因為中了點風，喜怒超過限度，自己不能控制。陳元達是忠臣，朕卻沒有看出來。各位能夠磕破頭讓我了解他，確實是深明輔佐之臣的職責。我的慚愧藏在心中，怎麼敢忘掉呢？」說著讓任覬等人整理好冠帶鞋履坐下，又叫陳元達上來，把劉皇后的奏疏給他看，說：「在外有像您這樣的人輔佐，在內有像皇后這樣的人輔佐，我還有什麼可憂慮的呢？」當下，劉聰賞賜給他們不同數量的錢物，並把逍遙園改稱為納賢園，把李中堂改稱為愧賢堂。劉聰對陳元達說：「你本該怕朕，現在反倒使朕怕你了！」

遺憾的是，劉聰並沒有改變他荒淫生活的本性，漢國的國勢衰微與他也有很大的關係，但他卻不是亡國之君，與很多亡國君主不同的是他知道納諫。而對於熟知劉聰性格的陳元達，看似冒死進諫，卻又給自己留了條退路，因為他也明白進諫要講究策略，如果真的因為一時之快被劉聰殺了，並不會造成真正的作用。鎖腰的行為看似貪生，實際上卻給劉聰一段時間去考慮，因為只要有人勸言，劉聰肯定會改變想法的，這裡面的真真假假，大概也只有君臣雙方自己才明白吧。

觸龍顏吉頊遭貶

吉頊，多權謀，敢言事，以進士及第。武則天時任右肅政中丞、朝請大夫，進任天官侍郎、同鳳閣鑾台平章事（宰相），曾建議召還相王（李旦）、廬陵王（李顯），被武則天所採納。諸武怨之，揭發其弟冒官事，西元七〇〇年，遭貶逐，後死於江都。

武則天廢長子皇位之事，引起許多非議。契丹孫萬榮圍幽州時，發公文給朝廷說：「為什麼不召廬陵王？」吉頊和張易之、張昌宗都任探鶴監供奉，張易之兄弟和他很熟。吉頊曾對二人說：「你們兄弟受到陛下寵幸而如此顯貴，並非靠功德得來，天下怨恨你們的人很多。沒有對國家立大功，你們將用什麼來保全自己？我替你們擔憂啊！」二人恐懼，涕淚請他想辦法。吉頊說：「天下士人百姓沒有忘記唐朝的恩德，都在思念廬陵王。皇上年紀大了，帝位必須傳下來。武氏幾個王她都不中意，你們為何不慢慢勸皇上立廬陵王來安定天下人心？這樣，不僅可以免禍，也可以永遠保住富貴。」二人認為有道理，於是常向武則天勸說。武則天知道是吉頊出的主意，便召他來問，吉頊又向武則天詳說利害，武則天這才下定決心。西元六九八年九月，武則天立廬陵王李哲為皇太子，大赦天下。

武則天向來認為宰相吉頊有見識，有才幹，將他視作心腹。一天，吉頊與河內王武懿宗在武則天面前爭功勞。吉頊長得高大魁梧，武懿宗卻長得十分矮小。吉頊怒視著武懿宗，爭辯起來言辭激厲，聲音高亢。武則天看在眼裡，心中不高興。她想，在我面前，吉頊尚且這樣看不起我武氏子弟，更何況我歸天以後呢。過了一天，吉頊奏事時，正在引古論今，武則天生氣地說：「你說的那一套，我已經聽夠了，不必多講。太宗皇帝有一匹馬名叫獅子驄，肥壯任性，沒人能馴服牠。朕當時作為宮女在太宗身邊侍奉，對太宗說：『要馴服牠，需要有三件東西，一是鐵鞭，二是鐵棍，三是匕首。不服，就用鐵鞭抽打牠；再不服，就用鐵棍打牠的腦袋；仍不服，則用匕首割斷牠的喉嚨。』太宗欣賞我的勇氣。今天難道值得玷汙朕的匕首嗎？」吉頊聽了大驚失色，忙跪伏地上請求免死，武則天這才沒殺他。武氏的親貴們平素怨恨吉頊依附太子，此時便趁機共同揭發他弟弟假冒官吏的事，因此吉頊被降職，貶出京城。

吉頊辭行的那天，獲得武則天召見，他流著淚對武則天說：「我現在遠離朝廷，永遠沒有再見到陛下的機會了，請允許我說一句話。」武則天讓他坐下，問他想說什麼。他說：「水和土和成泥，有鬥爭嗎？」武則天說：「沒有。」又問：「分一半給佛家，一半給道教，有爭鬥嗎？」武則天說：「這就有爭鬥了。」吉頊叩頭說：「皇族、外戚各自享受他們法定的待遇，則天下安定。現在已經立太子，而外戚子弟都封王，這是陛下驅使他們以後必然相互爭鬥，雙方都不得安生。」武則天：「朕也知道，但事情已經這樣了，沒有辦法啊！」

第四章 政治權力之謀

古代歷史上，政治鬥爭的雙方勢不兩立，可以採用一切手段打擊對方，其過程往往是殘酷的。政治鬥爭的結果是勝者為王敗者寇，這樣的例子不勝枚舉。這些政治、軍事集團之間，時或朋比勾結，時或互相攻訐，時或刀戎相見，時或杯酒言歡，彼此存在著多方面、多層次的錯綜複雜的關係和矛盾。

韓康子、魏桓子韜光養晦，欲擒故縱

《資治通鑑》始於三家分晉，司馬光以此為戰國的開始。因為春秋時期，列國雖相攻伐，尚無公然篡逆之類越禮亂紀之事，君臣之「大義」尚存。而魏、趙、韓三家瓜分晉國，周王室不僅不予追究，反而承認既成之事實，封三家為諸侯，乃綱紀敗壞、名分不存之標誌，從此天下亂矣！戰釁開矣！戰國始矣！故司馬光開篇即大論禮與名分，認為「三晉之列於諸侯，非三晉之壞禮，乃天子自壞之也」。司馬光站在維護王權的立場上論三家分晉，無疑有他的道理，但是他認為維護王權就要復禮，這也是不現實的。

經過春秋時期長期的爭霸戰爭，許多小的諸侯國被大國吞併了。有的國家內部發生了變革，大權漸漸落在幾個大夫手裡。一向稱為中原霸主的晉國到了此時，國君的權力也衰落了，實權由六家大夫把持。他們各有各的地盤和武裝，互相攻打。後來有兩家被打散了，還剩下智家、趙家、韓家、魏家。這四家中，又以智家的勢力最大。智伯為人貪婪，他向韓、魏兩家索要土地，韓康子和魏桓子因為勢力較弱，只好暫時忍讓，給了他土地。接著，智伯又向趙襄子要地，趙襄子不給。智伯勃然大怒，聯合韓、魏兩家進攻趙襄子。趙襄子躲進了晉陽城。智伯等三家包圍晉陽，放水灌城，城牆露出水面只剩六尺了。城中家家進水，到處都是青蛙，但百姓仍一心守城。

一天，智伯駕車觀察水勢，韓康子和魏桓子在車上相陪。智伯說：「我現在才知道水還能滅國。」聽了這話，魏桓子用手臂肘碰了碰韓康子，韓康子用腳碰了碰魏桓子的腳面。因為他們知道，汾水可以灌魏家的安邑，絳水可以灌韓家的平陽。智伯的家臣對智伯說：「韓、魏兩家必反。」智伯問道：「你怎麼知道呢？」家臣回答說：「我是根據常理推斷的。如今主公率韓、魏兩家之兵攻趙，趙亡之後，戰禍必然輪到韓、魏兩家了。我們約韓、魏兩家攻打趙家，答應趙家滅亡之後三分其地。現在晉陽馬上就要攻破了，而韓康子和魏桓子卻面有憂色。這不是要造反，又是要做什麼呢？」智伯不相信。

趙襄子派家臣張孟談偷偷出城，對魏桓子和韓康子說：「俗話說：『唇亡齒寒。』如今智伯率韓、魏兩家攻打趙家，如果趙家滅亡了，接著便是韓、魏兩家了。」魏桓子和韓康子說：「你說的我們也明白，只是害怕舉事未成而計謀泄露，反而惹禍呀！」張孟談說：「計謀出於二位之口，入我一人之耳，怎麼會泄露呢？」魏桓子和韓康子聽了這話，便同張孟談約期舉事，然後讓他回城去了。隨後，趙襄子派兵趁黑夜殺了智伯安排的守堤士兵，將堤掘開，讓河水灌入智伯大營，智伯營中大亂。趙襄子趁機從正面攻入智伯大營，韓、魏兩家則從兩翼包抄過去。不多時，智伯便兵敗被殺了。趙襄子對魏桓子和韓康子說：「多謝二位相救之恩，請二位收回獻出的土地，至於屬於智伯的地和人，就由我們三家瓜分吧。」魏桓子和韓康子說：「這樣最好。」於是，三家把智伯的地和人都分了。不久，三家又想平分晉國了。

西元前四三八年，晉哀公去世，他的兒子晉幽公即位。晉幽公軟弱無能，趙襄子、魏桓子和韓康子見時機已到，便將晉國平分了，只給晉幽公留下絳州和曲沃兩座城池。西元前四二五年，趙襄子、魏桓子和韓康子都去世了，他們的繼承人分別是趙籍、魏斯和韓虔。這三個人野心更大，已經不滿足大夫的地位，想要做諸侯了。西元前四〇三年，趙籍、魏斯和韓虔派人去見周天子，要求封他們為諸侯。周威烈王心想：這三個大夫兵強馬壯，我不封他們為諸侯，他們也會自封為諸侯的。於是，他封趙籍為趙侯，魏斯為魏侯，韓虔為韓侯。待使者回報後，趙籍、魏斯和韓虔立即宣布了周天子的任命，立了宗廟，並向各國通報。各國諸侯紛紛賀喜。這三個新國家分別稱為趙國、魏國、韓國。因為它們是由晉國分裂而成的，所以歷史上也稱這三國為「三晉」。

「三家分晉」成為了春秋時代和戰國時代的分界點，戰國即由此起始，同時也標誌著新興地主階級登上歷史舞台，推動了封建制度的確立。春秋五霸之一的晉國滅亡了，戰國七雄中的韓、趙、魏三國產生了，由此，奴隸社會開始向封建社會過渡，霸權政治結束了，七雄兼併的戰國序幕揭開了。

死吳起智報生仇

在中國古代軍事家和改革家的行列中，吳起是一個非常著名的人物，同時，他又是一個讓人難以評說的人物。作為一個人，就一般道德而言，無論如何，他都曾負有深重的道德劣跡；而做官之後，就官德來衡量，他又是無可挑剔的。但是吳起貪戀名利，他有一身才華，功績卓著，還留下許多軍事著作，卻不得善終，不得不令人感嘆。

吳起，戰國時期政治家、軍事家，衛國人，曾學於曾子。後在魯國為將軍，聞魏文侯賢而去魯至魏，武侯時為西河郡守。後遭大夫王錯陷害，被迫投奔楚國，先任宛（今河南南陽）守，一年後升令尹，掌軍政大權，主持變法。後楚悼王死，反對改革的舊貴族趁機殺害吳起。

吳起喜好用兵，一心想成就大名。曾經在孔子弟子曾參門下求學，在魯國為臣。西元前四一二年，齊國進攻魯國，魯國國君想用吳起為將，但因為吳起的妻子是齊國人，對他有所懷疑。吳起由於渴望當將領成就功名，就毅然殺了自己的妻子，表示不傾向齊國，史稱「殺妻求將」。魯君終於任命他為將軍，率領軍隊與齊國作戰。然而，吳起的得勢引起了魯國群臣的非議，一時流言四起。魯君因而疑慮，就辭退了吳起。

吳起離開魯國後，聽說魏文侯很賢明，便去投靠他。魏文侯任命吳起為將軍。魏文侯死後，吳起繼續效力於他兒子魏武侯。武侯任命公叔為相國，公叔娶公主為妻，是武侯的妹夫。公叔對吳起非常畏忌，便想害吳起。他有個僕人對他說：「吳起很容易除掉。」公叔說：「怎麼辦？」僕人說：「吳起為人有節操，廉潔而重視聲譽，你可以先向武侯說：『吳起是個賢明的人，我們魏國屬於侯一級的小國，又和強秦接壤，據我看，恐怕吳起不想長期留在魏國。』武侯必然要問：『那怎麼辦呢？』你就趁機向武侯說：『君侯可以把一位公主許配給吳起，他如果願意留在魏國，就必定欣然接受，如果不願意留在魏國，就必然辭謝。以此就可以探測他的想法了。』然後你再把吳起邀到你的府上，使公主故意發怒而輕慢你。吳起看見公主那樣輕賤你，他想到自己也會被輕賤，就會辭而不受。」於是照計行事，吳起果然看見公主輕慢魏相就辭謝了武侯。武侯因而對吳起有所懷疑而不再信任他。吳起害怕武侯降罪，於是離開魏國到楚國去了。

楚悼王平素聽說吳起很能幹，吳起一到楚國就被任為相。他嚴明法令，撤去不急需的官吏，廢除了較疏遠的公族，把節省下的錢糧用以供養戰士。主要目的是加強軍隊，破除縱橫的遊說。吳起率軍四面出擊，南面平定了百越；北面兼併了陳國和蔡國，並擊退了韓、趙、魏的擴張；向西征伐了秦國，諸侯無不懾服。

由於吳起的改革損害了楚國貴族的利益，他們都想謀害吳起。到楚悼王死後，公族和大臣叛亂而攻擊吳起，吳起跑到楚悼王的屍體旁伏在屍體上，意在以此使作亂者有所顧忌，若作亂者無所顧忌，射吳起必中王，中王，自然就暴露他們是反叛的罪人。但追殺吳起的楚貴族還是射殺了吳起，箭也射到了悼王的身上。悼王葬後，太子（楚肅王臧）即位，就派令尹殺了全部因射殺吳起而同時射中了悼王屍體的人。在生命的最後一刻，吳起的機智還是常人所難企及。死後自己為自己報生前之仇，吳起算是千古第一人。

吳起一生在魯、魏、楚三國出將入相，顯示了卓越的軍事才能，對後世用兵起了深遠的影響。同時，他治軍嚴明，能與士卒同甘共苦，又深得部眾之心。但其為博取功名而殺妻求將的做法，一直被後人所不齒。後人說吳造成了知道自己必死的絕境，還不忘記以後怎麼報仇，心計真是不可測，死後尚有剩餘的智慧。馮夢龍有詩嘆吳起：「為國忘身死不辭，巧將賊矢集王屍。雖然王法應誅滅，未報公仇卻報私。」

張儀巧言破合縱

戰國時，列國林立，諸侯爭霸，割據戰爭頻繁。各諸侯國在外交和軍事上，紛紛採取「合縱連橫」的策略。或「合縱」，「合眾弱以攻一強」，防止強國的兼併；或「連橫」，「事一強以攻眾弱」，達到兼併土地的目的。張儀正是作為傑出的縱橫家而出現在戰國的政治舞台上，對列國兼併戰爭形勢的變化產生了較大的影響。

西元前三一三年，秦王想攻打齊國，卻顧慮齊國與楚國的合縱關係，於是派遣張儀到楚國去遊說楚王。張儀到楚國後，以商於方圓六百里的土地和秦國美女為誘惑，要楚與齊斷交。楚王十分高興地答應了張儀，群臣都前來祝賀，只有陳軫表示反對。他說：「商於的土地不會到手，齊國、秦國卻會聯合起來，齊、秦一聯合，楚國就要禍事臨門了。」楚懷王聽信張儀的話，拒絕陳軫的忠告，一面跟齊國絕交，一面派人跟著張儀到秦國去接收商於。齊宣王聽說楚國同齊國絕交，馬上派使臣去見秦惠文王，約他一同進攻楚國。楚國的使者到咸陽去接收商於，想不到張儀翻臉不認帳，說：「沒有這回事，大概是你們大王聽錯了吧。秦國的土地怎麼能輕易送人呢？我說的是六里，不是六百里，而且是我自己的封地，不是秦國的土地。」

使者回來報之，楚懷王惱羞成怒，當即發兵十萬人攻打秦國。秦惠文王也發兵十萬人迎戰，同時還約了齊國助戰。結果，楚國一敗塗地，十萬人馬只剩了兩三萬，不但商於六百里地沒到手，連楚國漢中六百里的土地也被秦國奪去了。楚懷王只好忍氣吞聲地向秦國求和，楚國從此元氣大傷。

西元前三一一年，秦惠王派人去告訴楚懷王，希望用武關以外的土地換取楚國的黔中郡。楚王說：「不願意交換土地，希望得到張儀後奉獻黔中給秦國。」張儀聽到這消息後，便請求前往楚國。秦王說：「楚王因被你欺騙，正想找你報仇，你怎麼能去呢？」張儀說：「秦強楚弱，他們不敢對我怎麼樣。而且我與楚國的寵臣靳尚關係密切，靳尚又深得楚王愛妃鄭袖的信任，而鄭袖的話，楚王沒有不聽從的。」於是，張儀就去了楚國。楚王把他囚禁起來，準備殺掉，靳尚對鄭袖說：「秦王甚愛張儀，聽說秦國已提出用上庸六縣及一些秦國美女來贖張儀。大王很看重土地，同時又對秦國心懷畏懼，秦國美女來後一定會受到大王的喜愛，那時你可就要失寵了。」鄭袖聽言，便晝夜在楚王面前哭訴說：「人臣做事，各為其主。如果殺了張儀，秦國必然惱怒。我請求准許我帶著孩子，先行遷往江南，以免將來受秦軍凌辱。」楚王無奈，就將張儀赦免，並賜以厚禮。張儀趁勢對楚王說：「合縱抗秦，相當於驅群羊而與猛虎相爭，不必搏鬥，勝負自明。現在大王不願侍奉秦國，可秦脅迫韓、魏一道向楚發起進攻，楚國的處境可就危險了。大王您要是真能聽從我的意見，我可讓秦國、楚國永遠成為友好的鄰國，不發生攻伐。」楚懷王最後接受了張儀的建議。張儀誑楚之後，又於西元前三一一年前往韓、齊、趙、燕等國進行遊說，使得五國連橫事秦。同一年，張儀因功封得五邑，封號為武信君。

張儀在風雲多變的險惡環境中，主要憑藉外交手段，採用連橫策略，「散六國之從，使之西面事秦」，使秦國國威大張，在諸侯國中產生了巨大的威懾作用。孟子的弟子景春稱讚說：「公孫衍、張儀，豈不誠大丈夫哉！一怒而諸侯懼，安居而天下熄。」張儀使用軍事和外交手段，使得秦國「東拔三川之地，西並巴、蜀，北收上郡，南取漢中」，從而為秦國的霸業和將來的統一奠定了堅實的基礎。

趙高專權殺李斯

西元前二〇九年七月，陳勝、吳廣揭竿起義，秦王朝統治集團內部矛盾加深，李斯長子李由為三川守，未能阻截吳廣軍西進，李斯因此受到彈劾。李斯為了苟全性命，阿諛求榮，上書二世「行督責之道，專以天下自適」。二世欣然接受，對下督責益嚴。於是，稅民深者為明吏，殺人眾者為忠臣，「刑者相半於道，而死人日成積於市」。此後，趙高為獨攬大權，誣諂李斯與其子同陳勝、吳廣暗通聲氣，意圖謀反。二世命趙高審理。在趙高的嚴刑逼供下，李斯被迫認罪，西元前二〇七年，具五刑，腰斬於咸陽市，並夷三族。

秦國郎中令趙高仗著二世的恩寵肆意專橫，因私人仇怨誅殺了很多人。他怕大臣入朝奏事向二世報告，於是以天子年輕不通政事為由，勸二世深居宮中，讓他及侍中宦等熟習法律的人來處理事務。這樣，趙高就掌管了國家政事，一切大事都由他決定。

趙高聽說李斯對此不滿而有非議，便去會見丞相李斯說：「關東地區的盜賊紛紛起來鬧事，現在皇上卻加緊增征伕役去修建阿房宮，並蒐集狗馬一類無用的玩物。我想進行規勸，但因地位卑賤不敢言。這可是您分內的事情啊，您為什麼不去勸諫呢？」李斯道：「本來是該如此啊，我早就想說了。但如今皇上不坐朝接見大臣聽取奏報，經常住在深宮中，我所要說的話，不能傳達進去，想要覲見，又沒有機會。」趙高說：「倘若您真的要進行規勸，就請讓我在皇上得空的時候通知您。」於是，趙高等到二世正在歡宴享樂、縱情美色時，派人通告李斯：「皇上正有空閒，可以進宮奏報事情。」李斯即到宮門求見。如此接連三次。二世大怒道：「我常常有空閒的日子，丞相不來。我正在閒居休息，丞相就來請示奏報！丞相這豈不是輕視我年幼看不起我嗎？」趙高便趁機說道：「沙丘偽造遺詔逼扶蘇自殺的密謀，丞相參與了。現在陛下已立為皇帝，而丞相的地位卻沒有提高，他的意思是想要割地稱王了。而且陛下若不問我，我還不敢說，丞相的長子李由任三川郡守，楚地盜賊陳勝等都是丞相鄰縣的人，因此，這些盜賊敢於公然橫行，以致經過三川城的時候，李由只是據城防守不肯出擊。我聽說他們還相互有文書往來，因尚未了解確實，所以沒敢奏報給陛下。況且丞相在外面，權勢比陛下大。」二世認為趙高說得有理，便想查辦李斯，但又怕事實不確，於是就先派人去審核三川郡守與盜賊相勾結的情況。

李斯聽到風聲，才知中計，便上書揭發趙高專權擅勢、貪慾無窮，有篡位自立的野心。趙高知道胡亥聽不進去，便沒有扣押這封上書。胡亥果然不信，李斯再次上書，堅決要求懲治趙高。胡亥擔心李斯會利用自己手中的職權先斬趙高而後奏，便告訴趙高要小心。趙高趁機大進讒言，說李斯想先除掉自己，再像田齊篡奪齊國的政權一樣篡奪胡亥的天下。胡亥相信了趙高，命他把李斯拘捕起來，投入獄中，隨即又把李斯的宗族、門客以及凡與李斯有交往的人通通收捕入獄。

趙高嚴刑逼供，逼李斯招認與兒子李由謀反之事。李斯難受酷刑，屈打成招。但他還不死心，又上書胡亥自陳，趙高接到上書後撕得粉碎，說：「囚犯怎麼能上書呢？」李斯的上書，反倒提醒了趙高，倘若胡亥真的派人來審問李斯，他肯定會翻供的。趙高就讓自己的門客十多人假扮成御史、侍中的樣子，輪番去審訊李斯。李斯不知其中有詐，就以實情相告，結果每次都遭到殘酷的拷打。後來，胡亥派人來核實李斯的供詞，李斯以為又如前幾次一樣，始終沒敢改口，承認了謀反的罪名。趙高把這份供詞上奏給胡亥，胡亥看後非常高興地說：「如果沒有趙高，我幾乎被李斯所賣。」這樣一來，李斯就被定成死罪，夷滅三族。

如果秦始皇因為統一六國而被稱為「千古一帝」的話，李斯被稱為「千古一相」也毫無愧色。秦始皇對他基本是言聽計從。功高而未震主，秦始皇直到死都沒有懷疑過他，對他的信任可以說是無以復加了。

李斯對少主還有擁立之功，但二世皇帝居然會相信他謀反。少主即位一年，擁立的功臣就身敗族夷，也是史上罕見。李斯為什麼會敗於趙高？主要有以下幾點：第一，李斯沒有把趙高作為敵手，而趙高把李斯當作了敵手；第二，趙高掌握了跟皇帝的聯絡權，李斯想見皇帝一面都難，更談不上在皇帝面前表白自己，揭發別人了；第三，趙高用威逼利誘的方式很快建立了自己的勢力集團，而李斯始終沒有自己的勢力集團。

劉邦、項羽智鬥鴻門宴

西元前二〇六年，劉邦率先占據關中，秦王子嬰投降，秦朝滅亡。劉邦據守函谷關，想就地稱王，項羽對此大為不滿，率軍攻破函谷關，駐軍於新豐鴻門，虎視劉邦。當時，項強劉弱，但劉邦仍在雙方力量極為懸殊的情況下，從被動中爭取主動，變劣勢為優勢，化險為夷；而項羽則由優勢轉為劣勢，並由此導致最終的失敗。

西元前二〇六年十月，沛公劉邦來到霸上。秦王子嬰乘坐著白馬和素色的車，把皇帝璽印、符、節等封好，在路邊投降。將領中有人說要把秦王殺掉。沛公說：「當初楚懷王派遣我來到這裡，就是因為我能夠寬容。況且秦王已經投降，殺了他是不仁義的。」於是，便將秦王子嬰交給了主管官員處置，然後劉邦領兵向西進入咸陽。有人勸說劉邦道：「關中地區比天下其他地方要富足十倍，而且地勢險要。聽說項羽封章邯為雍王，讓他在關中稱王。現在如果他來了，您恐怕就不能占據這個地方了。所以，應該火速派兵把守函谷關，不讓諸侯軍進來，並逐步徵召關中兵，以此增強自己的實力，抵禦他們。」劉邦認為此計可行，就照著辦了。十二月，項羽進軍至戲。劉邦的左司馬曹無傷派人告訴項羽說：「沛公想要在關中稱王，任秦王子嬰為相，奇珍異寶全都占有了。」企圖借此求得項羽的封賞。項羽聞言怒不可遏，就讓士兵們飽餐一頓，打算次日攻打劉邦。

楚國的左尹項伯是項羽的叔父，向來與張良要好，他連夜馳馬到劉邦軍中，私下會見張良，將這些事情一五一十地對他說了，想要叫張良同他一起離開。張良說：「我為韓王伴送沛公，而今沛公遇有急難，我卻逃走了，這是不義的行為，我不能不告訴他。」於是，張良將項伯的話全都告訴了劉邦。在張良的謀劃下，沛公召見項伯，假稱自己並無反叛項羽之心。項伯回去後，把沛公的話報告給項羽，並說沛公破關中有功，如果去攻擊他，會陷自己於不義。

第二天，劉邦帶領一百多騎隨從到鴻門來見項羽，道歉說：「我與將軍您合力攻秦，您在黃河以北作戰，我在黃河以南戰鬥，沒料到自己能先進入關中破秦，得以在這裡與您相見。如今有小人搬弄是非，使您和我之間產生了隔閡。」項羽道：「這是您的左司馬曹無傷散布的流言，不然的話，我何至於如此啊！」項羽於是留劉邦與他一起飲酒。范增頻頻向項羽遞眼色，並三次舉起他所佩帶的玉暗示項羽殺劉邦，項羽一直默然不語。范增見此，起身出去招呼項莊，對他說：「項王為人心慈手軟，還是你進去上前給劉邦敬酒，敬完酒，你就請求表演舞劍，然後乘勢在坐席上襲擊劉邦，殺了他。不然的話，你們這些人都將成為他的階下囚！」項莊即入內為劉邦祝酒，敬完酒後，項莊道：「軍營中沒有什麼可用來取樂的，就請讓我來為你們舞劍助興吧？」項羽說：「好。」項莊於是拔劍起舞。項伯見狀，也起身拔劍起舞，並時時用身體遮護劉邦，使得項莊無法行刺。

張良見此，立即來到軍門見樊噲。樊噲說：「事情怎麼樣了？」

張良說：「現在項莊拔劍起舞，他的用意卻常在沛公身上啊！」樊噲道：「事情緊迫了，我請求進去，與他拚命！」樊噲隨即帶劍持盾闖入軍門。軍門的衛士想要阻止他進去，樊噲就側過盾牌一撞，衛士撲倒在地。樊噲於是入內，掀開帷帳站立在那裡，怒目瞪著項羽，頭髮直豎，兩邊的眼角都睜裂開了。項羽手按劍，跪起身，說道：「來客是做什麼的？」張良說：「是沛公的陪乘衛士樊噲。」項羽道：「真是壯士啊！賜給他一杯酒喝！」左右的侍從給他斟了一大杯酒。樊噲拜謝後，起身站著一飲而盡。項羽說：「再賜給他豬腿吃！」侍從們又拿給他一隻豬腿。樊噲將他的盾牌倒扣在地上，把豬腿放在上面，拔出劍來切切就大口地吃了。項羽說：「壯士，你還能再喝酒嗎？」樊噲道：「我連死都不逃避，一杯酒難道還值得我推辭嗎！秦王的心腸狠如虎狼，殺人唯恐殺不完，用刑懲罰人唯恐用不夠，致使天下的人都起來反叛他。懷王曾與各路將領約定說：『先打敗秦軍進入咸陽城的人，在關中為王。』現在沛公最先擊潰秦軍，進入咸陽，毫毛般微小的東西都不敢染指，就率軍返回霸上等待您的到來。這樣勞苦功高，您非但不給予封地、爵位的獎賞，還聽信小人的讒言，要殺有功之人。這是在重蹈秦朝滅亡的覆轍呀，我私下認為您的這種做法是不可取的！」項羽無話可答，就說：「坐吧。」樊噲於是在張良的身邊坐下了。

坐了不一會兒，劉邦起身去上廁所，趁機招呼樊噲出來。劉邦說：「我現在出來，沒有告辭怎麼辦啊？」樊噲道：「現在人家正好比是屠刀和砧板，我們則是魚肉，如此還告什麼辭啊！」於是就這樣走了。鴻門與霸上相距四十里，劉邦撇下車馬，抽身獨自騎馬而行，樊噲等四人手拿劍和盾牌，快步相隨，經驪山下，取道芷陽，抄小路奔向霸上。張良留下，向項羽辭謝，將白璧敬獻給項羽，大玉杯給亞父范增。劉邦臨行前對張良說：「從這條路到我們的軍營，只不過二十里地，您估計著我已經抵達軍中時再進去。」劉邦已走，抄小道回到軍營，張良方才進去告罪說：「沛公不勝酒力，無法來告辭，謹派臣張良捧上白璧一雙，以連拜兩次的隆重禮節敬獻給將軍您；大玉杯一雙，敬呈給亞父您。」項羽說：「沛公現在哪裡呀？」張良道：「他聽說您有要責備他的意思，便抽身獨自離去，現在已經回到軍中了。」項羽就接受了白璧，放到坐席上。亞父范增接受玉杯後扔在地上，拔劍擊碎了它們，說：「奪取項將軍天下的人，必定是劉邦。我們這些人都會被他俘獲！」劉邦回到軍中，立即殺掉了曹無傷。

除心患呂后造人彘

劉邦晚年喜新厭舊，寵愛年輕美貌的戚夫人。劉邦曾幾次要廢長立幼，改立戚夫人之子如意，幸虧有眾大臣的勸諫才未能實現。劉邦死後，呂雉專權，開始對戚夫人大肆報復，她砍掉她的手足，挖去她的眼睛，燻聾她的耳朵，還用藥物把她變成啞巴，拋入地窖，稱為「人彘」。以至於呂雉之子漢惠帝撞見之後，驚嚇成病，臥床不起。

定陶人戚姬很受高祖的寵愛，她生了趙王如意。高祖認為太子太過仁義懦弱，又說如意像自己，於是對趙王如意寵愛有加，常把他留在長安。

高祖到關東，戚姬經常隨從，她日夜啼泣，想立自己的兒子如意為太子。而呂后年紀大了，經常留守長安，與高祖的關係日益疏遠。於是高祖想廢掉太子而立趙王為太子，大臣們力爭保住太子，都沒有得到高祖的同意。御史大夫周昌在朝廷上力爭，高祖問他有什麼理由。周昌口吃，又加上心裡很忿怒，說：「我口吃話說不好，但我知道廢太子不可行。陛下您想廢掉太子，我不奉行詔令！」高祖聽周昌口吃說話便欣然大笑。呂后在殿屋東堂偷聽，等殿上爭論完畢之後，見到周昌就下跪道謝，說：「沒有你力爭，太子幾乎被廢掉了。」

當時趙王才十歲，高祖擔心自己死了之後趙王不能保全，御史趙堯請求為趙王安置一位位尊而且能力強的丞相，且應是呂后、太子、臣子們向來都尊敬而且畏忌的人。高祖問：「誰可擔任趙王的丞相呢？」趙堯說：「御史大夫周昌就是可以任為丞相的人。」於是，高祖任命周昌為趙王丞相，並任命趙堯代周昌為御史大夫。

高祖自從打敗英布返回長安之後，病得更加厲害，也更加想改立皇太子。叔孫通規勸高祖說：「從前晉獻公因為寵愛驪姬，廢掉太子，立了奚齊為太子，晉國因此內亂了幾十年，被天下人恥笑。秦始皇因為不早確立扶蘇為太子，使得趙高能夠造假立胡亥為太子，以致使自己的國家斷絕了祭祀，這是陛下您親眼看見的。現在太子既仁惠又孝順，天下人都知道。呂后與陛下您同甘苦、共患難，您怎麼能背棄她？如果陛下您一定要廢嫡生子而立少子為太子，我願意先伏罪自殺，以頸血濺地。」高祖說：「你不要再說了，我只不過是開開玩笑罷了。」叔孫通說：「太子，是天下的根本，根本一動搖，天下都隨著振動，為什麼以天下根本來開玩笑呢？」當時大臣強爭的很多，高祖知道臣子們心裡都不向著趙王，便不再提改立太子的事。

西元前一九五年四月，高祖在長樂宮駕崩。高祖死後，呂后下令把戚夫人關在宮中永巷裡，剃去頭髮，帶上刑具，穿上土紅色的囚服，做舂米的苦活。她又派使者去召趙王劉如意，使者三次往返，趙相周昌藉口趙王染病，無法前往。呂后聽到回報，大為憤怒，便先派人去召周昌。待周昌到了長安，才派人再去召趙王。趙王前來，還未到達時，漢惠帝聽說呂后要對趙王動怒，便親自去霸上迎接趙王，與他一起入宮，自己帶著他一同吃飯睡覺。呂后想殺掉趙王，但找不到機會。

西元前一九四年十二月，惠帝早晨出去射獵。趙王年紀小，不能早起同去，呂后便派人拿著毒酒讓趙王喝。黎明，惠帝回宮時，趙王已經死了。呂后又下令砍斷戚夫人的手、腳，挖去眼珠，燻聾耳朵，喝啞藥，讓她待在廁所裡，稱她為「人彘」。過了幾天，呂后便召惠帝來看「人彘」。惠帝見後，問知這就是戚夫人，便大哭起來，從此生病，一年多不能起身。他派人向呂后請求說：「這種事不是人做的。我雖然是太后您的兒子，到底還是治不了這個天下。」惠帝因此每天飲酒淫樂，不理政事。

呂后分封諸呂

西元前一八八年八月，惠帝劉盈在未央宮駕崩。當初，呂后命令張皇后抱別人的兒子來撫養，殺死孩子的生母，立他為太子。惠帝死後，太子即皇帝位，因年幼，便由太后臨朝行使天子權力。呂后晚年，因沒有子孫，怕高祖的子孫欺凌呂氏，故大封外戚諸呂為侯。

西元前一八七年冬，高太后呂雉在朝議時，提出準備冊封幾位呂氏外戚為諸侯王，並徵詢右丞相王陵的意見，王陵回答說：「高祖曾與群臣殺白馬飲血盟誓：『假若有不是劉姓的人稱王，天下臣民共同消滅他。』現在分封呂氏為王，不符合白馬之盟所約。」太后很不高興，又問左丞相陳平、太尉周勃，二人回答說：「高祖統一天下，分封劉氏子弟為王；現在太后臨朝管理國家，分封幾位呂氏為王，沒有什麼不可以的。」太后聽了很高興。朝議結束後，王陵責備陳平、周勃說：「當初與高皇帝飲血盟誓時，你們二位不在場嗎？現在高祖駕崩了，太后以女主當政，要封呂氏為王，你們竟屈意逢迎太后意旨而背棄盟約，有何臉面去見高祖於地下呢？」陳平、周勃對王陵說：「現在，在朝廷之上當面諫阻太后，我二人確實不如您；可將來安定國家，確保高祖子孫的劉氏天下，您卻不如我二人。」王陵無言以對。十一月，太后明升王陵為皇帝的太傅，實際上剝奪了他原任右丞相的實權，王陵於是稱病，謝職歸家。

呂后又追封她的父親臨泗侯呂公為宣王，哥哥武侯呂澤為悼武王，想要由此逐漸封諸呂為王。為了安撫劉氏宗室，呂后就先立號稱是孝惠帝之子的劉強為淮陽王，劉不疑為恆山王。又指使宦官大謁者張釋，委婉巧妙地向大臣們說明太后分封呂氏為王的本意。於是，大臣們識趣地奏請太后立悼武王呂澤的長子酈侯呂台為呂王，把屬於齊國的濟南郡割出來，另立為呂國。到後來，呂氏封王的越來越多。趙幽王劉友的王后是呂氏女兒，劉友不愛這位王后，而寵愛另一個妃子。呂氏女兒很生氣，便向太后進讒言說：「劉友說：『姓呂的怎麼能封王，太后去世以後，我一定要攻打他們。』」西元前一八一年正月，太后召見趙王。

趙王到了京師，被安置在官邸裡。太后派兵包圍官邸，不給趙王送飯，群臣中有偷送食物給趙王的，就拘捕治罪。正月十八日，趙王劉友餓死，被以平民的身分葬於長安城外的平民墓地。

朱虛侯劉章年方二十，身強力壯，對劉氏宗室不能執掌政權心懷不滿。他曾經在後宮侍奉太后參加酒宴，呂后令劉章為監酒官。劉章請求說：「我本是將門之後，請太后允許我按軍法監酒。」太后回答：「可以。」酒酣之時，劉章請求吟唱一首《耕田歌》，太后准許。劉章吟唱道：「深耕播種，株距要疏；不是同種，揮鋤剷除！」呂后知其歌中所指，默然無語。一會兒，參加宴席的諸呂中有一人醉酒，避席離去，劉章追上來，拔劍斬了此人，還報呂后說：「有一人逃酒而走，我以軍法將他處斬！」呂后及左右人等都大吃一驚，但因業已同意他以軍法監酒，也就無法將他治罪，於是散席。從此，諸呂都很懼怕朱虛侯劉章。

高祖死後，呂后獨自掌政十五年，雖然滿手血腥，但也有一些為人稱道的政績。先是輔助高祖劃謀定策，爭奪天下，後來又減輕百姓負擔，導正社會風氣，廢除許多繁苛的法令。《史記》和《漢書》都稱讚她：「高后女主，制政不出閨閣，而天下晏然，刑法罕用，罪人是希，民務稼穡，衣食滋殖。」惠帝死後，呂后便開始了對劉姓子弟的殺戮，並開始大封呂姓子弟。諸呂是靠著呂后才得以顯貴的，他們構成了支撐呂后專政局面的一股重要力量。經過呂后一段時間的「苦心經營」，呂氏的勢力已經盤根錯節的從中央伸到了地方，牢牢地控制了國家的命脈。呂后最大的缺點是嫉妒心太重，私心太強，手段過於殘酷，竟然想以呂氏來代替劉氏千辛萬苦拼打來的江山，終至敗亡。

武帝殺妃立太子

漢武帝劉徹是一位具有雄才大略的君王，武帝晚年十分喜愛一位叫劉弗陵的皇子，想要立這位皇子為太子。然而劉弗陵年幼（四、五歲左右），於是武帝故意找個藉口殺了鉤弋夫人。群臣不解：「既然要立她的兒子做太子，為什麼還要殺他的母親呢？」漢武帝說：「自古以來，國家之所以會亂，都是因為國君年紀小，而母親正當壯年，女人單獨主持朝政，就會驕橫妄為，荒淫放縱，你們沒聽說過呂后嗎？所以不能不先除掉她。」

西元前九四年，皇子劉弗陵出生。劉弗陵的母親是河間人，姓趙，被封為婕妤，住在鉤弋宮，懷孕十四個月後才生下劉弗陵。漢武帝說：「聽說當年堯是孕育十四個月才出生的，而劉弗陵和堯一樣。」於是，下令將鉤弋宮宮門改稱堯母門。

劉弗陵長到幾歲時，已是身體粗壯，聰明懂事，漢武帝對他極為疼愛，想立他為太子，只因其年紀幼小，母親也太年輕，所以一直猶豫不決。漢武帝想選擇合適的大臣輔佐劉弗陵，觀察群臣，只有奉車都尉、光祿大夫霍光為人忠厚，可以當此重任。於是，漢武帝讓黃門官畫了一幅周公背負周成王接受諸侯朝見的圖畫賜給霍光。幾天後，漢武帝藉故譴責鉤弋夫人，鉤弋夫人摘去首飾，叩頭請求寬恕。漢武帝說：「拉出去，送到掖庭獄中！」鉤弋夫人回頭看著漢武帝求饒，漢武帝說：「快走，你不能活下去！」終於將她處死。不久，漢武帝閒居無事，向周圍的大臣問道：「外面對處死鉤弋夫人一事怎麼說？」回答說：「人們都說『將要立她兒子為太子，為什麼還要殺他母親呢？』」漢武帝說道：「是啊，這就不是你們所能夠懂得的了。自古以來，之所以出現亂國之事，都是因為國君年幼而其母青春正盛。幼君其母一人獨居，就會驕橫不法，荒淫穢亂，為所欲為，而無人能夠禁止。你沒聽說過呂后之事嗎？所以不得不先將她除掉。」

西元前八七年二月，漢武帝病重，霍光哭著問道：「萬一陛下不幸離去，應當由誰繼承皇位呢？」漢武帝說：「你難道沒有理解先前賜給你的那幅畫的含意嗎？立我最小的兒子，由你擔任周公的角色！」霍光叩頭推辭說：「我不如金日磾！」金日磾也說：「我是外國人，不如霍光。況且由我輔政，會使匈奴輕視我大漢！」十二日，漢武帝頒布詔書，立劉弗陵為皇太子。十三日，漢武帝任命霍光為大司馬、大將軍，金日磾為車騎將軍，太僕上官桀為左將軍，由他們三人接受遺詔，輔佐幼主，又任命搜粟都尉桑弘羊為御史大夫，全都在漢武帝臥室床下叩拜受職。霍光、金日磾、上官桀三人都是漢武帝平時寵愛信任的人，所以特意將自己身後之事託付給他們。十四日，漢武帝在五柞宮駕崩，遺體運到未央宮前殿入殮。十五日，太子劉弗陵即皇帝位。霍光、金日磾、上官桀三人共同執掌尚書事，負責主持朝政。

後世史家認為，武帝的暴力行為並非完全沒有道理，在他之前，呂后的教訓就很能說明問題。在兩千多年前的中國封建社會中，政治家消滅隱患的常用手段一般只能選擇殺戮。而「遏亂萌於未果」的決心和魄力是作為合格政治家或者說傑出政治家的必要條件。這點不能簡單地套用道德標準和現代民主政治觀念來衡量。

賈南風毒計殺太子

賈南風是西晉惠帝司馬衷之妻，又稱惠賈皇后，其父是西晉的開國元勛賈充。賈南風生性殘酷，善於鑽營，精於權術，性多妒忌。惠帝懦弱無能，國家政事皆由賈南風干預。她暴戾而專制，廢黜太子，挑起了「八王之亂」，使西晉陷入了長期的內戰，後在戰亂中被廢黜殺害。大一統的中國，從此陷入了三百多年的分裂割據局面。

最初，晉武帝司馬炎把才人謝玖賜給太子，生下了皇孫司馬遹。有一天夜裡，皇宮失火，司馬炎登樓察看。司馬遹當時只有五歲，他牽著司馬炎的衣服下擺走進暗處，說：「夜裡事起突然，應當防備不尋常的變故，君主不可以站在亮處讓別人看到。」司馬炎因此認為司馬遹很不一般。司馬炎曾經對著群臣稱讚司馬遹像宣帝司馬懿，所以天下人都歸心於司馬遹。

西元二九〇年四月，晉武帝去世，太子司馬衷即皇帝位，是為晉惠帝，賈南風被冊立為皇后。惠帝懦弱無能，國家政事皆由賈南風干預。故西晉政權，從賈南風立為皇后之日起，便處於動盪不安之中。司馬衷稱帝後，立司馬遹為太子。太子年幼時有好名聲，長大後卻不喜歡學習，只知與周圍的人玩耍。有時竟然不去向父皇請安問候，而縱情遊樂。他還在宮中設立市場，讓手下人買賣酒肉，太子用手掂份量，輕重絲毫不差。太子的親生母親原來是屠夫的女兒，所以太子也喜好買賣。太子每月俸祿有五十萬，卻要經常預支兩個月，而且還不夠開銷。他又讓西園出售蔬菜、藍草籽、雞、麵粉等物品，收取利潤。賈南風並無子嗣，對身為太子的司馬遹心懷忌恨。賈南風的外甥賈謐向賈南風誣陷太子說：「如果皇帝駕崩，太子登基繼位，一定會將您廢黜並囚禁在金墉城，這對他來說易如反掌。不如早作打算，改立一個心慈面善的人做太子，這樣您就可以放心了。」賈南風採納了賈謐的建議，於是宣揚太子的短處，並到處傳播。又假稱自己懷孕，然後接來妹夫的兒子撫養，想用以取代太子。

西元二九九年十二月，賈南風假稱惠帝身體不適，召太子進宮，賜他三升酒，逼他喝完，太子大醉。賈皇后讓黃門侍郎潘岳寫了一封信的草稿，趁著太子喝醉，偽稱惠帝下詔命令他抄寫，內容是這樣的：「陛下應當自己了斷，如不自己了斷，我就要進宮替您了斷。皇后更應該盡快自己了斷，若不了斷，我當親手將你了斷。而且我已經和謝妃約定，到時皇宮內外一起發動事變，請不要遲疑猶豫，以免招來後患。」太子醉得昏昏沉沉，於是就照著寫了。字有一半看不清，皇后描補成字，便以此呈交惠帝。惠帝到皇乾殿，召公、卿入宮，讓黃門令董猛出示太子的信以及青紙寫的詔書，惠帝說：「司馬遹這樣大逆不道，現在賜死。」然後把太子信及青紙詔書給王公大臣們傳看，大家都不沉默不語。張華說：「這是國家的大禍患，自古以來，常常因為廢黜原定的太子而導致喪亡禍亂。再說我朝擁有天下的時間尚短，希望陛下仔細考慮！」還有大臣認為，應當先檢驗檢查傳遞此信的人，再比較核對一下太子平日的手書筆跡，不然，恐怕其中有虛假失實的地方。皇后見張華等大臣態度堅決，害怕事情發生變化，就建議把太子貶黜為平民，惠帝批准了這個建議。後來，賈皇后讓太醫令程據配製毒藥，假稱惠帝的詔令讓黃門孫慮到許昌毒殺太子。太子被廢黜後，就擔心被毒死，經常讓下人當著自己的面做飯。孫慮把事情告訴看守太子的劉振，劉振於是把太子搬遷到別的小房中，斷絕了他的食飲。孫慮拿藥逼迫太子服食，太子不從，孫慮就用搗藥的木杵把太子打死。

八王之亂

西元二九一至三〇六年，晉統治集團內部，汝南王亮、楚王瑋、趙王倫、齊王冏、長沙王乂、成都王穎、河間王顒、東海王越等八個諸侯王之間，為爭奪中央最高權力，發生了一連串的相互殘殺和戰爭，歷時十六年之久，歷史上稱為「八王之亂」。

皇后賈南風施計廢黜了太子，朝廷上下，群情激憤。西元三〇〇年，曾經在東宮任過職的右衛督司馬雅、常從督許超，就與殿中中郎士琦等一起策劃廢黜皇后，恢復太子的地位。因為右軍將軍趙王司馬倫掌握兵權，性情貪婪冒失，能夠借用他的力量完成此事。於是勸他廢黜皇后，司馬倫也接受了這個建議，並告訴了通事令史張林和省事張衡等人，讓他們在宮內接應。將要行事時，孫秀對司馬倫說：「太子聰明而剛愎凶猛，如果讓他回到東宮，一定不肯受別人的約束。您一直是賈皇后的人，路人皆知，今天即使為太子立下大功，太子也會說您只是迫於百姓的願望，才反過來協助太子以求免受懲罰罷了，您即使忍氣吞聲不念舊怨，太子也一定不會真正感激您，如果出現一點小事，您還是不免被殺，不如拖延時間，這期間賈皇后一定會加害太子，那時您再出來廢黜皇后，為太子報仇，不僅免除了禍患，而且還可以進一步滿足您的願望。」司馬倫認為很對。孫秀就派人挑撥離間，散布說殿中的人圖謀廢黜賈皇后，重立太子。賈皇后多次派宮女換上平民的衣服到民間探聽察看。聽到這些流言後非常害怕。司馬倫、孫秀就勸說賈謐等人盡快除掉太子，斷絕人們的希望。結果，賈南風就派人殺了太子。

太子死後，司馬倫和孫秀準備討伐賈后，約定四月初三半夜的時候，用鼓聲作信號。到了約定的時候，司馬倫假稱惠帝詔令，命令皇宮禁衛軍三部司馬說：「皇后與賈謐等人殺害朕的太子，現在派車騎將軍進宮廢黜皇后。你們都應該服從，事情結束，賜於關中侯的爵位。不服從的人，誅殺三族。」大家都聽從了司馬倫。又假稱惠帝詔令騙開宮門，趁夜進去，把兵卒安排在路的南側。派翊軍校尉齊王司馬冏帶領一百兵士推開小門進去，華林園令駱休為內應，接惠帝到東堂，用詔令宣召賈謐到殿前，要誅殺他。賈謐跑到西鐘下面，大呼：「皇后救我！」隨即被斬首。賈皇后看到齊王司馬冏，吃驚地問：「你為什麼來這裡？」司馬冏說：「有詔令要逮捕您。」皇后說：「詔書應該從我這裡發出，哪來的什麼詔書！」皇后到門口，遠遠地向惠帝呼喊：「陛下有妻子，卻讓人廢黜，也就等於自己將要被廢黜。」這時，梁王司馬肜也事先知道這個計畫，賈皇后問司馬肜說：「圖謀起事的是誰？」司馬肜說：「梁王和趙王。」皇后說：「繫狗應該繫狗的脖頸，卻反倒繫在狗的尾巴上，怎麼會有這樣的結果呢？」於是，皇后被廢黜為平民，囚禁在建始殿。

司馬倫成功地廢黜了賈南風，又與孫秀圖謀篡奪皇位，打算先除掉朝廷中有名望的大臣，並藉機報復以前結怨的人。於是，就把張華等人抓起來殺掉並誅殺三族，然後自己擔任相國、侍中等多項要職。西元三〇一年正月，相國司馬倫和孫秀讓牙門趙奉假稱宣帝有神語，散布說：「司馬倫應當盡快入西宮即帝位。」散騎常侍義陽王司馬威是司馬望的孫子，一直對司馬倫諂諛奉承，司馬倫就讓司馬威兼任侍中，派他逼迫惠帝交出皇帝璽印與綬帶，作禪讓帝位的詔書。又派尚書令滿奮持符節取來璽印與綬帶，奉交給司馬倫。初九，司馬倫乘皇帝的專車進入皇宮，即帝位，大赦天下，改年號為建始。惠帝從華林園西門出宮到金墉城居住，司馬倫派張衡帶兵看守惠帝，然後尊他為太上皇。司馬倫當上皇帝，大肆封官，手下的人被越級提拔的不可勝數，甚至奴僕士兵也都封官加爵。每當朝會，插著貂尾、蟬羽的高級官員坐得滿滿的，當時的人為此編了諺語說：「貂不足，狗尾續。」這一年，全國府庫的儲備，都不夠用來賞賜。封侯的人太多，來不及鑄造官印，有的就給他一個沒有字的光板印代替。

司馬倫廢黜了司馬衷，自己當皇帝，引起了眾藩王的強烈不滿。齊王司馬冏見司馬倫當了皇帝，心裡很不服氣，便向全國發出了討伐司馬倫的檄文，號召各地親王起兵。成都王司馬穎、河間王司馬顒都有奪權的野心，便和司馬冏聯兵攻打司馬倫。雙方打了六十多天，死了十萬多人，最後司馬倫兵敗被殺。司馬冏進入洛陽，怕司馬穎和司馬顒跟他爭權，便讓惠帝復位，封自己為大司馬，在幕後操縱政局。司馬顒看穿了司馬冏的詭計，便派出兩萬兵馬攻打洛陽。長沙王司馬乂也有政治野心，起兵響應司馬顒。他派出一百名騎兵，衝進洛陽，殺了司馬冏，控制了朝政。成都王司馬穎、河間王司馬顒聯合起來，進攻洛陽，共同對付司馬乂。司馬乂控制住惠帝，發兵抵抗。正當雙方打得難解難分的時候，洛陽城裡的東海王司馬越利用皇城的禁衛軍，在夜裡捉住司馬乂，將他活活燒死。司馬穎乘機進入洛陽，做了丞相，掌握了政權。司馬越認為自己殺司馬乂有功，卻沒有得到什麼好處，心有不甘，便假借惠帝的名義，起兵攻打司馬穎，結果兵敗，逃回東海郡。這時，跟司馬穎有仇的幽州刺使王浚，不甘心讓司馬穎掌握政權，便聯合鮮卑、烏桓攻打司馬穎。司馬穎忙派人去匈奴，請左賢王劉淵前來助戰。最後，王浚打敗了司馬穎，司馬穎挾持惠帝逃到長安。長安掌握在河間王司馬顒的手中，他見司馬穎兵敗來投，便趁機排擠他，從而獨攬了朝權。司馬越聯合王浚攻下長安，將惠帝、司馬穎、司馬顒帶回洛陽。不久，司馬越殺了司馬穎、司馬顒，毒死了惠帝，立司馬熾為帝，史稱晉懷帝。

「八王之亂」是西晉世族勢力惡性發展的產物，也是封建統治階級凶殘、殘忍、毒辣、腐朽等本性的一次大暴露。這場大惡鬥給人民帶來了無窮的災難。生產遭到破壞，數十萬人民喪失了生命，許多城市被洗劫和焚毀。尤其是諸王利用少數民族的貴族參加這場混戰，造成了嚴重的後果。如成都王司馬穎引匈奴劉淵為外援，讓其長驅入鄴；幽州刺史王浚召遼西鮮卑攻鄴，鮮卑則大掠婦女，被沉入易水者就有八千人。從此，大河南北就成為匈奴和鮮卑貴族統治的世界，加深了民族矛盾。因此，八王之亂不久就爆發了各族人民大起義，西晉王朝也因此而很快走向滅亡。

蕭道成建南齊

蕭道成字紹伯，為蕭何的二十四世孫，曾為劉宋朝的中領軍，鎮軍淮陰，趁劉宋諸王內訌之際，遙控朝政。後廢帝劉昱即位後，凶殘暴虐，朝野一片怨聲。劉昱曾經有一次直接闖進蕭道成的府第，玩笑中要用弓箭射殺蕭道成。蕭道成惶恐不安，後來伺機殺掉劉昱，立順帝劉準，即宋末帝。

西元四七九年四月初一，宋順帝劉準封齊公蕭道成的爵位為王，加封十個郡。

四月二十日，順帝劉準下詔，將帝位禪讓給齊王。二十一日，順帝應當到殿前去會見百官，但他不肯出面，卻逃到佛像的寶蓋下面。王敬則率領軍隊來到宮殿的庭院中，抬著一頂木板轎子入宮，去迎接順帝。太后害怕了，便親自率領宦官找到了順帝，王敬則勸誘順帝，讓他從寶蓋下面出來，領著他上了轎子。順帝止住眼淚，對王敬則說：「準備殺死我嗎？」王敬則說：「只是讓你到另外的宮殿中居住罷了。您家先前取代司馬氏一家也是這樣做的。」順帝哭著說：「但願我今後生生世世永遠不再生在帝王家中！」宮中侍從聞之都哭泣起來。順帝拉著王敬則的手說：「如果不發生意外，就贈送給你十萬錢。」當天，百官為齊王陪席，侍中謝朏正在值班，應當解送璽印，但他假裝不知道，還說：「有什麼公事嗎？」有人傳達詔旨說：「解送璽印，交給齊王。」謝朏說：「齊王自然應當另有自己的侍中。」說著，他便拉過枕頭，躺了下來。傳達詔旨的官員害怕了，便讓謝朏聲稱得了疾病，打算另找一個兼任侍中的人，謝朏說：「我沒有生病，為什麼說我有病！」於是，他穿著朝服，徒步走出東掖門，上了車，回住宅去了。齊王便讓王儉擔任侍中，解送璽印。典禮結束以後，順帝坐著彩漆畫輪的車子，出了東掖門，前往太子的府邸。順帝問：「為什麼今天沒有器樂演奏？」周圍的人都沒有回答。右光祿大夫王琨抓著車上懸著的獺尾痛哭著說：「人們都為長壽高興，老臣卻為長壽悲哀。既然此身不能夠及早死去，所以才屢次目睹今天發生的這種事情！」他嗚咽地哭泣著，難以自制，百官也都淚如雨下。

司空兼太保褚淵等人捧上璽綬，率領百官前往齊王宮殿，請蕭道成即位，蕭道成謙讓推辭。褚淵的堂弟、前任安成太守褚炤問褚淵的兒子褚賁說：「今天司空在哪裡？」褚賁說：「在齊宮大司馬門奉璽綬。」褚炤說：「我真不明白，你家司空把一家的東西給另一家，到底算什麼？」二十三日，蕭道成在建康南郊即帝位。蕭道成回宮以後，大赦天下，改年號為建元。尊奉劉準為汝陰王，優待他的禮儀，都仿照劉宋初年對待晉恭帝那樣。蕭道成在位期間（西元四七九至四八二年），限制諸王營建私邸，提倡節儉自奉，又設校籍官，嚴令整頓戶籍，但因弊端百出，激起人民反抗，蕭齊政權一開始就處於不穩定之中，是南朝中持續時間最短的一個政權。

受禪讓蕭衍建梁朝

在南北朝時期的南朝，蕭衍在位時間長達四十八年之久，在南朝的皇帝中列第一位。蕭衍原來是南齊的官員，南齊末年，初為雍州刺史，鎮守襄陽，乘機打造兵器，整治舟船，靜待天下大變。西元五〇〇年，以討伐東昏侯蕭寶卷為名，舉兵攻入建康城，掌握南齊王朝的實權。西元五〇二年迫使齊和帝禪位於己，正式稱帝。蕭衍在位四十八年，國家在政治、經濟、軍事、文化各方面都有發展。

南齊大司馬蕭衍擁立和帝蕭寶融，討伐東昏侯蕭寶卷，平定天下，立下赫赫戰功。蕭衍占領建康後，迎接宣德太后進宮，讓她臨朝聽政，代行皇帝權力。蕭衍曾與黃門侍郎范雲、南清河太守沈約一起在竟陵王西官邸共事，關係非常親密。當上大司馬後，蕭衍就讓范雲擔任自己的諮議參軍、領錄事，沈約擔任驃騎司馬，讓他們參與各項事務的謀劃。

蕭衍心裡有受禪的想法，沈約稍稍挑明，蕭衍沒有回答。有一天，沈約又向蕭衍進言說：「現在和古代不一樣，不能期望還有淳樸的古風，士大夫們都攀龍附鳳，希望有或大或小的功勞。現在連小孩牧童都知道齊朝就要完了，明公應當繼承它的國運，天象讖文也如此顯示。天意不可違背，人心不能失去。如果天數如此，即使想要謙讓，也是不行的。」蕭衍說：「我正在考慮。」沈約又說：「明公剛開始在樊、沔起兵的時候應該考慮，現在王業已成，還考慮什麼？如果不早點定下大業，只要有一個人有異心，就會損害您的威德。何況人又不是金石，能夠堅定不移。時事無常，怎麼能把建安郡公的封爵留給子孫？如果天子返回京城，公卿各司其職，那麼君臣的名分確定，人們就不會再有異心。聖明的君主在上，忠誠的臣子在下，怎麼還會有人再起來反叛呢？」蕭衍很是贊同。

沈約出去後，蕭衍召范雲來見，將沈約的話告訴了他，范雲的看法和沈約差不多，蕭衍說：「智者所見不謀而合。你明天早晨和沈約一起來。」范雲出來後，告訴了沈約，沈約說：「你一定要等我。」范雲答應了。但是第二天，沈約提前到了，蕭衍命令他起草登基的詔書，沈約從懷裡取出已經寫好的詔書和人事安排的名單，蕭衍沒作改動。過了一會兒，范雲趕來，到了殿門口，不讓進去，又等不到沈約，只好在壽光閣外徘徊，感覺很奇怪。沈約出來後，范雲問他：「怎麼安排我的？」沈約舉起手指向左邊（意思是安排范雲為尚書僕射），范雲笑著說：「和我希望的差不多。」過了一會兒，蕭衍召范雲進去，讚歎沈約才智縱橫，並且說：「我起兵到現在已經有三年了，功臣將領的確出了不少力氣，但成就帝業的，只有你們兩人。」

西元五〇二年正月，宣德太后下詔給蕭衍加官，並封他為梁公，給他十郡封地，加賜九錫。二月，又進封為梁王，加十郡封地。四月，宣德太后宣布，南齊皇帝要效法前代，將帝位禪讓給梁王蕭衍。然後頒下策書，派人奉持皇帝璽綬，送到梁王宮殿。蕭衍接受，在南郊即皇帝位，梁朝正式取代南齊。

原始意義的「禪讓」是原始部落更換政治領袖的一種民主換屆過程和結果。到了夏、商更代之時，「禪讓」已開始失去原意而變得神祕和陰謀化起來。在政治禪讓的種種花樣中，篡位者一般都不會單槍匹馬、孤軍奮戰，而是想方設法或利用私黨，或矇騙群眾，靠一種綜合力量來對前任施加壓力，以達到體面地奪取政權的目的。透過禪讓這種和平不流血的方式完成政權的交替，可以最大限度的保持國家政治經濟的穩定，最大限度的維持政治經濟的連續性和平穩性。在禪讓的過程中，前一代政權的政治軀殼基本保持不變，所變化的不過是坐在金鑾殿上的角色罷了。

楊廣弒父殺兄奪皇位

楊廣是隋文帝楊堅的第二個兒子，又名楊英，小名是阿麼。父親楊堅建立隋朝後，楊廣被封為晉王。為了實現做太子、當皇帝的夢想，楊廣費盡心機地將自己偽裝起來，騙得了父母的信任。後來，楊廣乾脆心狠手辣地將自己病中的父親和哥哥楊勇殺死，以弒父殺兄的手段奪取了皇位。

楊廣兄弟五人，哥哥楊勇是長子，楊廣排行第二，第三是楊俊，第四是楊秀，最後是楊諒。隋文帝稱帝後，很快將楊勇立為太子。楊廣因為自己的戰功在哥哥之上，漸漸有了取代哥哥的慾望。為了實現做太子、當皇帝的夢想，楊廣費盡心機地將自己偽裝起來。而太子楊勇卻缺少楊廣那樣的心機，明明知道父親楊堅喜歡節儉，他偏偏要奢侈浪費；明明知道母親獨孤皇后痛恨男子寵幸眾多姬妾，他還要很張揚地尋歡作樂，不但如此，他還冷落了母親精心為他挑選的妻子元氏。這使得父母都對他有怨氣，加上後來楊勇還過度地接受百官的朝賀，使楊堅更為不滿，這就為楊廣的奪位提供了好機會。

楊廣和楊勇恰好相反，他比楊勇善於偽裝。知道父母都很節儉，他表面上裝得很簡樸，實際卻是很奢侈。在聽說父母要來時，他就讓美麗的姬妾都躲藏起來，自己和正妻蕭氏一同到門口迎接，還讓年老、面貌一般的婦人穿著破舊衣服侍奉父母。文帝見了以為楊廣像自己，十分稱心。有一次，楊廣外出狩獵，正逢大雨。侍衛給他送上雨衣，他拒絕著說道：「兵士們都在大雨中淋著，我豈能一人穿上雨衣獨自避雨呢？」文帝聽了以為楊廣有仁愛之心，日後能成大事，更加喜愛。楊廣的偽裝討得了父母的歡心，他還常給父母身邊的侍從們一些好處，送些禮物，這些人回去都說楊廣的好話，於是，兩方面的作用使得楊堅夫妻越來越喜歡次子楊廣。為了加快奪太子位的步伐，楊廣在一次進宮回來向母親告別時，突然跪在地上，很傷心地哭起來，母親問他為什麼，他說哥哥楊勇想謀害他。母親因為平時就對楊勇印象不好，聽楊廣這麼一說，就深信不疑了。

在母親那加了一把火，就等於太子之位得到了一半，因為父親對母親的話基本上是聽從的。楊廣又採納了親信宇文述的計策，去請當朝的重臣楊素來幫忙。楊素很受隋文帝楊堅的信任，為了說服楊素幫助自己，讓其向楊堅提出廢除太子之事，楊廣讓宇文述先找楊素的弟弟楊約，因為楊約和哥哥楊素的關係非常密切。宇文述先是經常陪楊約賭博，而且故意輸給他很多錢，並藉機將楊廣的意圖告訴他：「你們兄弟倆現在和楊勇矛盾很深，如果將來他繼承了皇位，那麼你們也就難逃一劫了。」楊約急忙問怎麼辦，宇文述便請他說服哥哥楊素，順應皇上已經有的廢太子的意思，推薦楊廣繼任太子之位。楊素兄弟最終答應了楊廣的要求。在楊素的努力下，親近楊勇的大臣逐漸被清除，最後，隋文帝楊堅下決心將楊勇廢為庶人，立楊廣為太子。

為了進一步鞏固太子之位，楊廣讓楊素編造罪名，陷害弟弟楊秀，使他也被楊堅廢為庶人。西元六〇四年，楊堅病倒在仁壽宮，楊廣貪戀皇位，等得有些不耐煩了，就找楊素要主意。楊素的回信被送錯了地方，落到了楊堅的手裡。楊堅非常生氣。後來楊堅又聽說自己寵幸的宣華夫人陳氏被楊廣調戲，更是火冒三丈，要人把楊勇召來，意思是要廢掉楊廣的太子身分，傳位給楊勇。楊廣安排在楊堅身邊的親信立即把這個壞消息報告給了楊廣。楊廣先是撤掉了楊堅身邊侍奉的人，都換上自己的親信。後來，乾脆心狠手辣地將自己病中的父親和哥哥楊勇殺死，自己踏著血腥之路坐上了夢寐以求的皇帝寶座。聽說哥哥篡權奪位，最小的弟弟楊諒起兵討伐，但不久便被鎮壓了。

楊廣是個典型的兩面派，雖然出身名門大族，但他的紈褲子弟的色彩更具有隱蔽性。他的性格中糅合了很多正反兩方面的特性：既有很強的虛榮心，又喜歡私下尋歡作樂；有紈褲子弟的低下素質，又具有過人的文武才能。在他得到想得到的東西之前，很善於偽裝。等到繼承了皇位，他的本性中壞的一面就沒有了約束，縱情享樂，結果很快就陷入窮途末路的絕境。

玄武門之變

秦王李世民屢遭太子李建成和齊王李元吉的陷害，多次幾乎性命都難以保全。李世民忍無可忍，遵從房玄齡和長孫無忌之計，借唐高祖召群臣到宮中商議之機，在玄武門埋下伏兵。李建成和李元吉來到玄武門時，李世民先下手為強，玄武門之變發生了。隨後，李世民當上了皇太子，高祖將唐王朝之大權悉授於他。「玄武門之變」不但阻止了大唐帝國統治階級內部的分裂，而且促進了日後穩定政治局面與統一大帝國的形成。

西元六二六年，天下已定，太子李建成、齊王李元吉妒忌秦王李世民的軍功，與後宮的嬪妃一起，日夜在高祖李淵面前說李世民的壞話。同時想盡種種辦法，或是治罪流放，或是任職外派，或是誣陷驅逐，把李世民身邊的人遣散，削弱他的力量。西元六二六年，突厥入侵，李建成推薦李元吉，讓他代替李世民督率各軍北伐。李元吉請求派李世民手下大將尉遲敬德、程咬金等一起前往，還挑選秦王軍中的精銳士兵，充實自己的軍隊。李建成見李元吉得到李世民的軍隊，便讓他趁李世民為他餞行的時候，埋伏武士刺殺李世民。李世民得知後，便與長孫無忌、尉遲敬德、房玄齡、杜如晦等人商議，決定發動事變，誅殺李建成和李元吉。

六月初三，李世民呈上密奏，稱李建成和李元吉與後宮嬪妃淫亂，而且說：「我沒有絲毫對不起哥哥與弟弟的地方，但現在他們卻想殺我，像是要為王世充和竇建德報仇。我如今含冤而死，永遠離開親人，魂魄回到地下，實在恥於見那些被我誅殺的賊人！」李淵看了奏章，驚愕不已，讓李世民次日調查這件事。初四，李世民率領長孫無忌等人入朝，在玄武門埋伏士兵。張婕妤暗中得知了李世民上表的內容，急忙告訴李建成。李建成把李元吉叫來商量，李元吉說：「我們應當控制住東宮與齊王府的軍隊，藉口生病，不去上朝，以觀察形勢。」李建成說：「軍隊的防備已經很周密，我與你應當入朝參見，親自詢問消息。」於是一起入宮，走向玄武門。李建成與李元吉走到臨湖殿的時候，察覺到情形不對，立刻調轉馬頭，準備返回東宮和齊王府。李世民從後面叫他們，李元吉拉開弓射李世民，拉了好幾次都沒有把弓拉滿。李世民一箭將李建成射殺。尉遲敬德帶領騎兵七十人隨即趕到，他身邊的士兵把李元吉射下馬來。李元吉想逃到武德殿，尉遲敬德追上他，把他殺了。

翊衛車騎將軍馮立聽說李建成死了，就與副護軍薛萬徹等人率領東宮和齊王府的精兵兩千人，迅速趕往玄武門。守衛玄武門的士兵與薛萬徹等人奮力交戰，薛萬徹大喊，準備進攻。這時，尉遲敬德提著李建成和李元吉的首級給他們看，東宮和齊王府的士兵立刻潰散，薛萬徹與騎兵幾十人逃跑。高祖李淵正在海池划船，李世民讓尉遲敬德入宮宿衛。尉遲敬德身穿鎧甲，手握長矛，直接來到高祖所在的地方。李淵大驚，問他說：「今天誰作亂？你到這裡來做什麼？」尉遲敬德回答說：「秦王因為太子和齊王作亂，舉兵誅殺了他們。唯恐驚動了陛下，所以派臣來宿衛。」李淵對裴寂等人說：「想不到今天竟然會發生這樣的事，該怎麼辦呢？」大臣們說：「建成與元吉本來就沒有什麼功勞，還嫉妒秦王功高望重，一起策劃陰謀。現在秦王已經聲討誅殺了他們，秦王功蓋寰宇，天下歸心。如果陛下能夠立他為太子，委以國家大事，就不會再有什麼事情了。」李淵說：「好！這也正是我一直的心願啊！」八月初七，李淵立李世民為皇太子。初八，李淵下詔將皇位傳給李世民，次日，李世民登基即位，即為唐太宗。

「玄武門之變」是唐王朝統治階級內部矛盾的不斷激化而導致的宮廷政變。這場「蹀血宮門」的事變，以唐太宗李世民的勝利而告終，它是李世民政治生涯的轉折點。從此，李世民取得了皇位的繼承權，登上了皇帝的寶座。雖然李世民殺兄弟，奪父位，道德受到嚴重質疑，但是他確實立功於天下，造福於後代。由其開創的貞觀之治更是成為後世楷模，為歷代頌揚。

武則天專權登帝位

武則天，名曌，唐高宗皇后。武則天素多智謀，兼涉文史，自顯慶末年起，乘高宗體弱多病之機，遂專國柄，威勢日重。西元六七四年，高宗稱「天皇」，武后稱「天后」，宮中稱為「二聖」。西元六八三年，高宗去世，中宗李顯即位，武則天臨朝稱制。西元六八四年二月，武則天廢中宗為廬陵王，立睿宗李旦，繼續臨朝稱制。西元六九〇年，武則天稱帝，國號周，廢睿宗為皇嗣，改東都洛陽為神都。

西元六六〇年十月，高宗因為得了風邪，頭暈目眩，眼睛不能看東西，各部門的上奏有時候就讓皇后武則天決定。武則天聰明敏銳，閱讀過很多文史書籍，處理事情都很符合高宗的心意。高宗從此開始把國家政事委託給她，權力與皇帝相同。誰知，武則天得志後，獨斷專橫，作威作福，高宗也時常受她牽制，這使得高宗非常憤怒，於是祕密召見上官儀一起商量。上官儀說：「皇后專權恣肆，天下人都不贊成，請廢黜她。」唐高宗也這麼認為，於是立刻命令上官儀起草詔書。左右侍從跑去告訴武則天，武則天急忙到高宗那裡申訴。當時詔書的草稿還在高宗手裡，高宗羞愧畏縮，不忍心廢黜她，又像原來一樣對待她，還擔心她生氣，於是騙她說：「我本來沒有這個意思，都是上官儀的主意。」武則天得知後，便指使許敬宗誣陷上官儀、王伏勝與李忠謀反。十二月十三日，上官儀被逮捕，關進監獄，與他的兒子一起被處死，抄家沒收全部財產。從此，每逢唐高宗臨朝，武則天都在後邊垂簾聽政，政事無論大小，她都要參與。天下大權，全都歸於武則天，升官罷黜，處死放生，全都由她決定。皇帝只是無所事事的清閒人而已，朝廷內外稱他們為「二聖」。

太子李弘仁愛孝敬、謙虛謹慎，對待士大夫禮儀周到，朝廷內外都歸附他。高宗也很喜歡他。武則天正要施展抱負，李弘的奏請卻經常違背她的心意，因此失去了武則天的寵愛。西元六七五年四月二十五日，李弘死於合璧宮，時人都認為是被武則天用毒酒害死的。六月，雍王李賢被立為皇太子。西元六七九年四月，靠符咒幻術而受高宗和武則天器重的偃師人明崇儼被強盜殺死，朝廷下令搜捕強盜，始終沒有抓到。武則天懷疑這件事是太子李賢所為。李賢喜歡音樂，好女色，與家奴趙道生等人狎昵，賞賜給他們很多金帛，司議郎韋承慶上書勸諫，李賢不聽。西元六八〇年八月，武則天指使人告發這些事。高宗命令審問李賢，在東宮馬坊搜出黑色鎧甲幾百件，認為是謀反的器具，趙道生又供認李賢指使他殺了明崇儼。高宗一向喜愛李賢，遲疑不決，想赦免他。武則天說：「為人子卻陰謀反叛，天地不容。應該大義滅親，怎麼能赦免？」便廢黜太子李賢，貶為庶民。

西元六八三年十二月，唐高宗李治在貞觀殿駕崩，遺詔中讓太子在靈柩前即位，軍國大事有難以決斷的，參照天后武則天的意見。太子李顯即位，是為中宗，尊武則天為皇太后，政事都由她來決定。西元六八四年正月，中宗想任命皇后韋氏的父親韋玄貞為侍中，又想授給乳母的兒子五品官，中書令裴炎堅持勸諫。中宗大怒，說：「我就是把天下送給韋玄貞，又有什麼不可以?竟然要吝惜侍中的職位？」裴炎報告給武則天，武則天於是開始祕密策劃廢黜皇帝。二月初六，武則天在乾元殿召見群臣，裴炎等率領衛兵入宮，宣布武則天的詔令，廢黜中宗為廬陵王。中宗說：「我有什麼罪過？」武則天說：「你想把天下送給韋玄貞，怎麼沒有罪？」初七，武則天立豫王李旦為皇帝，是為睿宗。朝政大事由武則天決斷，皇帝居住在另外的大殿，不得有所干預。十二日，武則天駕臨武成殿，皇帝率領王公以下的官員奉上尊號。十五日，武則天到大殿前，派禮部尚書武承嗣冊封繼位的皇帝。從此，武則天經常駕臨紫宸殿，垂掛淺紫色的帷帳，臨朝聽政。

武則天的姪子武承嗣請求武則天追封她的先祖為王，立武氏七代祖先的祖廟，武則天答應了。裴炎進諫說：「太后母儀天下，應當向百姓作出表率，顯示公平，不應該偏袒自己的親戚。您這樣做，難道沒有看見漢朝呂氏的敗亡嗎？」武則天說：「呂后將權力委任給活人，所以敗亡。現在我追贈死者，又有什麼損害呢？」裴炎回答說：「應當防微杜漸，不能讓它發展。」武則天沒有聽從，追封武氏祖先。西元六八六年正月，武則天下詔，把政權交還皇帝。睿宗知道武則天不是出於真心，上表堅決辭讓。武則天於是重新臨朝，行使皇帝的職權。

西元六八九年十一月初一，武則天在萬象神宮舉行祭祀，大赦天下，開始使用周朝的曆法，改永昌元年十一月為載初元年正月。西元六九〇年九月，侍御史傅遊藝上奏，請求改國號為周，賜皇帝姓武氏。武則天沒同意，但提升傅遊藝為給事中。結果百官以及宗室親族、遠近百姓、四夷酋長、和尚道士共六萬多人，都上表提出與傅遊藝一樣的請求，皇帝也上表請求賜姓武氏。武則天同意了皇帝與群臣的請求。初九，武則天大赦天下，改唐為周年號，被尊為聖神皇。

遭怨恨長孫無忌獲罪

長孫無忌是唐朝初期非常重要的一位政治人物：主要由他直接策劃了歷史上最著名的「玄武門之變」，在李世民開國元勛中被評為「功第一」；他先後推薦了李承乾和李治為太子，以確保其政治地位；他是後來反對立「武則天」為皇后的主要政治人物。長孫無忌反武失敗後，被貶至黔州，死後葬於黔地。

武后因太尉趙公長孫無忌受到優厚的賞賜而不順從自己，十分怨恨他。中書令許敬宗一再陳述利害，想說服長孫無忌，皆被長孫無忌當面斥責，因此也很怨恨他。武則天被立為皇后，長孫無忌非常不安，武后讓許敬宗找機會陷害他。西元六五九年四月，洛陽人李奉節告發太子洗馬韋季方、監察御史李巢糾結宗派的事情，高宗讓許敬宗與辛茂將審訊他們。武后命許敬宗緊逼追問，韋季方自殺未遂。許敬宗借此誣奏韋季方想與長孫無忌誣陷忠臣和皇帝近親，使權力歸於長孫無忌，以便尋找機會謀反，現在事情暴露，所以自殺。高宗吃驚地說：「哪裡有這種事呢？舅舅被小人離間，產生小的猜疑隔閡是有的，何至於謀反？」

許敬宗說：「我從始至終仔細審查，他們謀反的情況已很明顯，陛下還以為可疑，這恐怕不是國家之福。」高宗流著淚說：「我家不幸，親戚之間一再出現有反叛意圖的人。往年高陽公主與房遺愛謀反，現在舅父又這樣，使朕愧見天下人。這事如果屬實，怎麼辦？」許敬宗回答說：「長孫無忌與先帝謀劃奪取天下，天下人佩服他的智謀；任宰相三十年，天下人畏懼他的權威。如果他有一天暗地發動，陛下派遣誰能抵擋他？現在仰賴宗廟神靈，皇天憎恨邪惡，臣因審問小事，而發現大惡人，實在是天下之福。我私下擔心長孫無忌知道韋季方自殺，自覺處境困迫而發動變亂，振臂一呼，同黨聚集，必定成為國家的憂患。希望陛下趕快拿主意！」高宗命令許敬宗進一步查審這件事。

第二天，許敬宗又上奏說：「昨天晚上韋季方已承認與長孫無忌一同謀反，我又問韋季方：『長孫無忌與皇帝是至親，歷朝受寵信重用，因為什麼仇恨而要謀反？』韋季方回答說：『侍中韓緩曾對長孫無忌說：『柳奭、褚遂良勸您立梁王為太子，現在梁王已被廢黜，皇帝也懷疑您，所以將您的親戚高履行調任外地。從此，長孫無忌憂慮恐懼，逐漸準備能得以自保的計策。後來看到長孫祥又調任外地，韓緩得罪，便日夜與韋季方等策劃謀反。』我檢驗供詞和事實，都相符合，請依法逮捕他。」高宗又流淚說：「舅父果真如此，朕絕不忍殺他，否則天下人將說朕什麼，後代將說朕什麼！」許敬宗回答說：「薄昭是漢文帝的舅父，迎接漢文帝從代地回來即帝位，薄昭也有功勞，所犯的罪只是殺了人，而漢文帝讓百官穿上喪服哭泣，逼他自殺。現在長孫無忌忘掉兩朝的隆重恩寵，他罪惡之大與薄昭簡直不能同日而語。幸而邪惡的情狀暴露，叛逆的人認罪，陛下有什麼疑慮，還不早作決斷！古人說：『當斷不斷，反受其亂。』國家安定刻不容緩，中間沒有能容下一根頭髮的間隔。長孫無忌是當今富於權詐、才能足以欺世的野心家，屬於王莽、司馬懿一流人物。陛下稍經拖延，我恐怕事變就發生在身邊，到時後悔都來不及了。」高宗認為他說得有理，居然沒有召見長孫無忌加以審問，便下令削除長孫無忌的太尉職務和封地，任命他為揚州都督，在黔州安置，按一品官的標準供應。長孫無忌的兒子及宗族全被株連，或流或殺。三個月後，高宗又令許敬宗等人覆核此案，許敬宗派大理正袁公瑜前往黔州，逼迫長孫無忌自殺。

唐高宗生性仁弱，這是長孫無忌執意要立他為太子的主要原因，有諷刺意味的也正是這昏庸懦弱，最終致長孫無忌身死異地。

甘露之變

西元八三五年十一月，禮部侍郎、同平章事李訓等人，在唐文宗李昂的暗中支持下，詐稱左金吾廳石榴樹上夜降甘露，誘使左神策軍護軍中尉仇士良等宦官前去觀看，企圖趁機消滅宦官集團，因所伏甲兵暴露，事敗，史稱「甘露之變」。

唐朝後期，隱患叢生，矛盾激化，特別是宦官掌握了禁軍，把持著朝政，不僅朝廷大臣的升降須宦官首肯，就連皇帝的廢立亦由宦官操縱。唐憲宗平定淮西以後，變得驕傲自得起來。他開始信奉神道，下詔求能煉長生金丹的方士。西元八二〇年，他服了金丹以後，脾氣變得暴躁不定，宦官因而常常被認為有罪而處死。不多久，憲宗就暴死於宮中。憲宗死後，宦官王守澄、陳弘志擅自立李恆為帝，這就是唐穆宗。穆宗病死後，他的兒子敬宗只做了一年皇帝，就被宦官殺了，王守澄等人又迎立李昂為帝，這就是唐文宗。

文宗即位後，王守澄因擁戴有功，由樞密使升為驃騎大將軍。表面上，文宗對宦官加以恩寵，但內心非常憎恨他們。特別是看到殺害憲宗的凶手還沒有被懲治，宦官們的權力大到可以任意弒殺、擁立皇帝，文宗心裡更加不能忍受。西元八三一年，文宗曾與宰相宋申錫密謀，如何剷除宦官。可是祕密卻被京兆尹泄露，宋申錫因此被貶，計畫也失敗了。但文宗不甘心，仍在悄悄地物色能幫他除去宦官的人。

兩年後，文宗生病，嘴裡說不出話來。王守澄推薦了他手下的官員鄭注給文宗看病。鄭注早年以行醫為業，文宗服了鄭注的藥，很有效，於是鄭注得到了文宗的寵信。文宗憎恨宦官，但經過之前的失敗，他又不敢向朝中大臣明說這件事。鄭注深知文宗的心思，常常祕密為文宗獻計；又向文宗推薦了進士李訓。文宗見李訓儀表堂堂，善辯論，多有手腕，十分高興，對他越來越信任。李訓、鄭注對當時的朝政都很有自己的見解，能準確地指出政治中的弊病和癥結，加上他們又是王守澄推薦的，不會引起宦官的懷疑，文宗便與他們密謀除掉宦官。他們認為，可以利用宦官之間的矛盾，採取分化瓦解、以毒攻毒的方法除掉宦官。當年擁戴文宗的宦官，除了王守澄，還有一個仇士良。但仇士良一直受王守澄的壓制，沒做上大官，於是他們任命仇士良為左神策軍中尉，分掉了王守澄的一部分權力，王守澄很不高興。後來，李訓等人還除掉了另外幾股宦官勢力。李訓當了宰相後，又任命王守澄為左、右神策觀軍容使，官階比過去高，但軍權卻被解除了。這年十月，文宗賜王守澄毒酒，這個氣焰囂張的宦官頭子就這樣被除掉了。李訓他們知道，要除掉宦官，就一定要掌握軍事力量，因為有權勢的宦官大多掌有軍權。為此，文宗讓鄭注出任鳳翔節度使，以便組織軍隊，作為外援。李訓精心挑選了一些有才幹的名臣子弟，作為鄭注的助手，還讓文宗任命羅立言為京兆尹、韓約為禁衛軍將軍，作為接應。

李訓原來和鄭注約定，西元八三五年十一月二十七日，王守澄下葬時，由文宗下令，宦官中尉以下的全去送葬，到時候由鄭注率兵將這些宦官全部殺掉。可是李訓求勝心切，又想獨占剪除宦官的功勞，因此提前採取了行動。這年十一月二十一日，文宗在紫宸殿早朝。文武百官依班次站定後，禁衛軍將軍韓約上殿啟奏，說禁衛軍大廳後面的院子裡，有一棵石榴樹昨天夜裡降了甘露。在古代，天降甘露被認為是祥和的好兆頭。李訓帶領百官向文宗祝賀，並請文宗親自到禁衛軍的後院去觀看。於是文宗乘軟轎出紫辰門，來到含元殿。文宗要李訓帶一些官員先去觀看，李訓看後回來說，恐怕不是真的甘露。文宗又要仇士良帶宦官們去看。仇士良等人來到禁衛軍大廳，卻見韓約神色緊張，態度反常，心中很是疑惑。這時天公又不作美，正巧刮來一陣風，吹動了廳內的帷幕，仇士良他們發現，幕布後站著不少手拿兵器的士兵。他們大吃一驚，慌忙逃出去，門衛想關門都來不及了。

仇士良等人去看甘露時，李訓正在含元殿調兵遣將。這時，仇士良等人跑回來，挾持著文宗，把他塞進轎內，抬起來就跑。李訓大叫：「保護皇上的乘輿，每人賞錢百千！」於是，禁衛軍們都衝了上來。仇士良見形勢危急，就抄近路向內廷跑去。李訓拉住軟轎不肯鬆手，仇士良便撲上來廝打。李訓從靴筒中抽出刀來刺仇士良，仇士良卻被宦官救起。李訓一直抓住文宗的軟轎不放，被拖到了宣政門。這時宦官郗志榮跑來，把李訓打倒在地，仇士良等人乘機擁著文宗的軟轎進了內宮。李訓見預謀難以成功，只好換上便衣出逃，但後來仍被抓住。在押送京師的路上，李訓害怕受到宦官的酷刑和侮辱，便說服押送的人，把自己的頭砍下來送到神策軍。事發時，鄭注正帶著兵馬進京，聽到消息後他退回鳳翔，但後來又被仇士良密令殺死。

宦官脅迫文宗進宮後，當即派遣神策軍五百人持刀出宮，逢人便殺，死者約六七百人。接著關閉城門大行搜捕，又殺一千多人。參與其事的官吏如李訓、王涯、舒元輿、王璠、郭行餘、羅立言、李孝本、韓約等人，均先後遭到捕殺。這些官吏還遭滅族之禍，株連甚眾。甘露之變以後，由於官吏大批遭殺，朝臣空員極多，無人理事。宦官更加專橫，皇帝更加受辱，文宗不久即含恨而死。

劉義隆欲廢太子反被殺

西元四五三年，南朝宋文帝劉義隆欲廢黜太子劉劭，另立劉宏為太子。劉義隆祕密與尚書僕射徐湛之商議，總是非常小心，唯恐被人偷聽。後來他把這件事告訴了潘淑妃，結果被潘淑妃泄露出去。劉劭得知後，立刻與他的心腹陳叔兒、張超之等人密謀造反。

當初，文帝認為皇室力量強大，唯恐內部發生變難，因此，他特別加強了東宮的兵力，讓東宮的兵力和羽林軍的兵力差不多，實際兵力達到了一萬人。太子劉劭性情狡猾而又剛強勇猛，文帝很倚重他。劉劭將要反叛時，每天夜裡都要設宴犒勞東宮衛隊的將士們，有時甚至親自前來敬酒。王僧綽聽說後，祕密報知文帝。

劉劭命令張超之等集合起平時特別豢養的士卒二千多人，讓他們全副武裝。接著，劉劭又召集內外巡邏隊的正副隊長，事先加以安排布置，聲稱有緊急徵討。夜裡，劉劭傳喚前中庶子右軍長史蕭斌、左衛率袁淑、中舍人殷仲素和左積弩將軍王正見，一同進入東宮。劉劭涕淚橫流地對他們說：「主上聽信別人的讒言，要把我治罪廢黜。我自己反省並沒有什麼過失，不能被別人冤枉了。明天一早，我要做一件大事，希望你們和我一起完成。」說完，劉劭就從座位上站了起來，向在座各位下拜。大家聽後都極為驚愕，沒有誰敢於回答。袁淑和蕭斌都說：「自古以來都沒有過這樣的事情，希望再好好考慮考慮。」劉劭聽後不禁勃然大怒。蕭斌一看，非常害怕，就和其他人一起說：「我們自當竭盡全力執行您的命令。」袁淑聽後，斥責他們說：「你們以為殿下是真要這樣嗎？殿下小時候曾經得過瘋病，大概是瘋病發作了。」劉劭聽後更是怒不可遏，斜著眼睛看著袁淑說：「我的事能不能辦成？」袁淑回答說：「你現在處在絕對不會被人懷疑的地位，怎麼能做不到呢！我只是擔心你在做成之後，不會被天地所容，大禍也會隨之而來。假使真有這種打算，現在還可以收回。」左右之人把袁淑拉出去說：「這麼重要的事，怎麼可以說半途而廢呢？」袁淑從太子劉劭那裡回來後，反覆思索。繞著床鋪來回走動，直到四更才上床睡覺。

二十一日，皇宮宮門還未打開，劉劭身穿朝服，內穿戎裝，乘坐畫輪車，與蕭斌一同乘坐，侍衛隨從們和平時入朝朝見的樣子一樣。劉劭派人去叫袁淑，袁淑此時正在沉沉入睡，不肯起床，劉劭將車停住，不斷派人前去催促。袁淑慢騰騰地起了床，來到劉劭乘坐的車的後邊，劉劭讓他登上車，袁淑又推辭不肯上去，劉劭忍無可忍，命令左右斬了袁淑。宮門打開，劉劭從萬春門進去。按照以往的宮廷制度，太子宮衛隊是不能進入宮城的。劉劭為此就把自己偽造的皇帝詔令拿給守衛看，說：「我奉皇帝旨令，要進宮討伐叛逆。」又催促後面的隊伍趕快前來。張超之等幾十人從雲龍門跑進了齋閣，拔出佩刀直接來到合殿。文帝那天夜裡和徐湛之屏退旁人祕密商談直到第二天早上，蠟燭還沒有熄滅，門前、台階、窗外值班的衛士還在睡覺沒有起床。文帝看見張超之進來了，立刻舉起身旁的小幾來抵擋，五個手指全部被砍掉了，隨後，張超之就把文帝殺了。徐湛之大吃一驚，起身向北窗奔去，還沒有打開北窗，就被士卒們殺了。文帝死後，劉劭即位，將罪名嫁禍給徐湛之等人，說他們謀反弒君，而自己帶兵入殿是想保護皇帝，可惜沒有趕上。

第五章　辨才選賢之徑

古人感嘆「千里馬常有，而伯樂不常有」，說的就是識才的重要性。發現和辨別人才是一個「剖石為玉，淘沙見金」的複雜過程。識人難，難就難在許多人才往往瑕瑜互見。因此，要選到千里良馬，非常之人，就需要選人者有非比尋常的智慧和眼光，即辨識人才之智。否則，雖有心求良馬，卻可能使駑馬入選，誤庸為賢。人才當然要從德、識、能、績方面去品評，講德才兼備，講「靠得住、有本事」，這是基本的。

趙高指鹿為馬弒二世

趙高、李斯合謀矯詔，逼死長子扶蘇，立胡亥為帝。趙高倚仗二世對他的寵信，肆無忌憚，任意妄為。為了顯示他的權威，他在群臣與秦二世面前「指鹿為馬」而居然沒有人敢反駁他。當劉邦的軍隊攻破了武關，直逼咸陽時，秦二世一再責問趙高。趙高十分恐懼，便與女婿閻樂、弟弟趙成商議，逼死秦二世胡亥於秦宮之中。之後又推公子子嬰為王，但反被子嬰殺死。

中丞相趙高想獨攬秦朝大權，但又擔心群臣不服，於是便先進行試驗。他牽來一隻鹿獻給二世說：「這是馬。」二世笑道：「你錯了吧？怎麼把鹿叫做馬？」隨即詢問侍立左右的大臣們，群臣有的沉默不語，有的說是馬以迎合趙高，有的則說是鹿。於是，趙高暗中借秦法陷害了那些明說是鹿的人。此後，群臣都畏懼趙高，沒有人敢談他的過錯。趙高以前曾多次說「關東的盜賊成不了大事」，待到項羽俘獲王離等人，而章邯等人的軍隊也多次被打敗，趙高才上書請求增兵援助。這時自函谷關以東，大體上全都背叛秦朝，響應諸侯，諸侯也都各自統率部眾向西進攻。八月，劉邦率幾萬人攻打武關，屠滅了全城。趙高擔心二世為此發怒，招致殺身之禍，就託病不出，不再朝見二世。

二世夢見一隻白虎咬他的左驂馬，並把馬咬死，因此心中悶悶不樂，頗覺奇怪，便詢問占夢的人。占夢人卜測說：「是涇水神在作祟。」二世於是在望夷宮實行齋戒，想祭祀涇水神。他將四匹白馬沉入河中，並為盜賊的事派人去責問趙高。趙高越加害怕，即暗中與他的女婿咸陽縣令閻樂、他的弟弟趙成商議說：「皇上不聽規勸，而今情勢緊急，便想加禍於我。我打算更換天子，改立二世哥哥的兒子子嬰為皇帝。子嬰為人仁愛儉樸，百姓們都聽從他。」隨即命郎中令作為內應，詐稱有大盜，令閻樂調兵遣將去追捕，同時劫持閻樂的母親安置到趙高府中。又派閻樂率領官兵一千多人來到望夷宮殿門前，將衛令僕射捆綁起來，說：「大盜進裡面去了，為什麼不進行阻攔？」衛令道：「宮牆周圍設置侍衛後，防守非常嚴密，怎麼會有盜賊敢溜入宮中啊！」閻樂就斬殺了衛令，帶兵徑直闖進宮去，邊走邊射殺郎官和宦官。郎官、宦官驚恐萬狀，有的逃跑，有的抵抗，而反抗者即被殺死，這樣死了幾十人。郎中令和閻樂徑直入內，箭射二世的蓬帳、帷帳。二世怒不可遏，召喚侍候左右的衛士，但近侍衛士都慌亂不堪，不敢上前阻擊。二世身旁只有一名宦官服侍著，不敢離去。二世入內對這個宦官說：「你為什麼不早告訴我呀，竟至於到了這個地步！」宦官道：「我不敢說，所以才能保全性命；倘若我早說了，已經被殺掉了，哪裡還能活到今日！」閻樂這時走到二世面前，數落他說：「您驕橫放縱，濫殺無辜，天下人都背叛了您，您還是自己打算一下吧！」二世說：「我可以見到丞相嗎？」閻樂道：「不行！」二世說：「我希望得到一個郡來稱王。」閻樂不准許。二世又道：「我願意作萬戶侯。」閻樂仍不答應。二世最後說：「那麼我甘願與妻子兒女去作平民百姓，像各位公子的結局那樣。」閻樂道：「我奉丞相的命令，為天下百姓誅殺您，您再多說，我也不敢稟告！」隨即讓士兵上前，二世就自殺了。閻樂回報趙高，趙高便召集諸大臣、公子，告訴他們誅殺二世的經過，並說道：「秦從前本是個王國，始皇帝統治了天下，因此稱帝。現在六國又各自獨立，秦朝的地盤越來越小，仍然以一個空名稱帝，不可如此。應還像過去那樣稱王才合適。」便立子嬰為秦王，並用平民百姓的禮儀把二世葬在了杜縣南面的宜春苑中。

暴虐的制度是秦朝滅亡的直接原因，但源自始皇，胡亥不過發揚光大而已，他的最大弱點還是昏庸。秦始皇非常精明，而且也很勤政，他每天批閱的竹簡達幾十公斤，所以能穩固統治。而胡亥太糊塗了，一個小人趙高，胡亥要殺他是很容易的事，不會比子嬰困難，胡亥卻對他信任有加，最後終被趙高所殺。趙高是個典型的得志便猖狂的小人，具有小人的所有特質，只知害人弄權，不知治理國家，面對各地的農民起義更是束手無策，最終也逃脫不了滅亡的命運。

貫高為主申冤

貫高是趙王父親張耳的門客，後來成為趙王的相國。因為高祖侮辱趙王，貫高便圖謀刺殺高祖，後來事情敗露，無論是何種酷刑也堅持保護趙王清白。高祖為他的忠義所動，欲對他加以重用，但他卻因謀害皇帝，羞愧難當而自盡。

西元前一九八年十二月，高祖返回長安，途經趙國。趙王張敖對高祖行作為女婿的禮節，十分謙卑，高祖卻叉開兩腿坐著，態度輕慢地責罵張敖。趙國相國貫高、趙午等人都怒火中燒，說道：「我們的大王，真是個懦弱的王啊！」隨即勸趙王說：「天下豪強並起，賢能的人先稱王。現在您侍奉皇帝非常恭謹，而皇帝卻如此無禮，請讓我們替您把他殺了！」張敖說道：「你們怎麼說這種大錯特錯的話呀！先父亡國後，依賴皇帝才得以復國，德澤能流傳給子孫，一絲一毫都是皇帝的力量啊！望你們不要再這麼說了。」貫高、趙午等人都相互說道：「這是我們的不是了。我們的大王是忠厚的長者，不會背棄恩德。況且我們的原則是不受人侮辱，而今皇帝侮辱了我王，所以想要殺掉他，又何必連累我王呢！事情做成了，則功歸我王，事情失敗了，則我們獨自承擔罪責罷了。」西元前一九九年冬季，高祖在東垣攻打韓信的殘餘部隊，經過柏人縣。趙國國相貫高等人躲在廁所的夾牆內想行刺高祖。高祖感覺心動不安，問這個縣叫什麼名字，回答說是「柏人」，高祖說：「所謂柏人，就是受迫於人啊！」於是就離開了。

西元前一九八年十二月，趙國相國貫高的陰謀被他的仇家探知，遂向高祖告密。高祖下令逮捕趙王及各謀反者。趙王屬下趙午等十幾人都爭相表示要自殺，只有貫高怒罵道：「誰讓你們這樣做的？如今趙王確實沒有參與謀反，而被一併逮捕。你們都死了，誰來申明趙王不曾謀反的真情？」於是，貫高被關進膠封的木欄囚車，與趙王一起押往長安。貫高對審訊官員說：「只是我們自己做的，趙王的確不知道。」獄吏動刑，拷打鞭笞幾千下，又用刀刺，直至體無完膚，貫高始終不再說別的話。呂后幾次說：「趙王張敖娶了公主，不會有此事。」高祖怒氣衝衝地斥罵她：「要是張敖奪了天下，難道還缺少你的女兒不成！」

廷尉把審訊情況和貫高的話報告高祖，高祖感慨地說：「真是個壯士，誰平時和他要好，用私情去探聽一下。」中大夫泄公說：「我和他同邑，平常很了解他，他在趙國原本就是個以義自立、不受侵辱、信守諾言的人。」高祖便派泄公持節去貫高的竹床前探問。泄公慰問他的傷情，見仍像平日一樣歡洽，便套問：「趙王張敖真的有謀反計畫嗎？」貫高回答說：「以人之常情，難道不各愛自己的父母、妻子兒女嗎？現在我的三族都被定成死罪，難道我愛趙王勝過我的親人嗎？因為實在是趙王不曾謀反，只是我們自己這樣做的。」接著，他又詳細述說謀反的原因及趙王不曾知道的情況。於是，泄公入朝一一報告了高祖。春季，高祖下令赦免趙王張敖，廢黜為宣平侯，另任代王劉如意為趙王。

高祖稱許貫高的為人，又派泄公去告訴他：「張敖已經放出去了。」同時赦免貫高。貫高高興地問：「我的大王真的放出去了？」泄公說：「是的。」又告訴他：「皇上看重你，所以赦免了你。」貫高卻說：「我之所以不死，被打得遍體鱗傷，就是為了表明趙王張敖沒有謀反。現在趙王已經出去，我的責任也盡到了，可以死而無憾。況且，我作為臣子有謀害皇帝的罪名，又有什麼臉面再去事奉皇上呢！即使皇上不殺我，我就不感到慚愧嗎！」於是貫高便自殺了。

貫高帶頭謀反作亂，是個弒君的賊子。但同時，貫高又是一個壯士、義士、智士、勇士！主辱臣死，他刺殺劉邦是為了替自己的主子出一口氣，此謂忠；安排妙計，設計準確，此謂智；受刑而不改口，堅決不攀附權貴，此謂義；最關鍵是明知道後面這些磨難而選擇活下來承受這一切，此謂勇！

劉備三顧茅廬

琅邪陽都人諸葛亮寄居在襄陽隆中，經常把自己比作管仲和樂毅，但當時人們並不承認，只有潁川人徐庶與司徒崔烈之子崔州平認為的確如此。劉備屯住新野時，禮賢下士，尋求良輔。在司馬徽和徐庶的薦舉下，劉備到襄陽隆中，拜訪諸葛亮。

西漢中山靖王劉勝的後裔、涿郡人劉備，幼年喪父，家境貧寒，和母親一起靠販賣草鞋為生。劉備身材高大，雙手下垂時可以超過膝蓋，耳朵很大。他胸懷大志，喜怒不形於色。劉備曾經和公孫瓚一起在盧植門下學習儒家經義，因此就投靠公孫瓚。公孫瓚派他與田楷奪取青州，建立了戰功，被任命為平原相。劉備年輕時與河東人關羽、涿郡人張飛交情深厚，於是委任他們兩人為別部司馬，各自統領部隊。他與這兩人同床而眠，情同手足，但是在大庭廣眾之中，關羽和張飛整天站在劉備身邊侍衛。他們跟隨劉備應付周旋，不畏艱險。

劉備在荊州時，向襄陽人司馬徽詢訪人才。司馬徽說：「一般的儒生與修士，怎麼能認清時務？能認清時務的，只有俊傑之士。襄陽自然有伏龍與鳳雛。」劉備問是誰，司馬徽說：「就是諸葛亮與龐統。」潁川人徐庶在新野縣見到劉備，劉備十分器重徐庶。徐庶對劉備說：「諸葛亮就是臥龍，將軍願意見他嗎？」劉備說：「請你和他一起來。」徐庶說：「這個人只有你去拜見他，不能召喚他來。將軍應當屈駕前去拜訪他。」

劉備於是前去拜訪諸葛亮，一共去了三次，才見到諸葛亮。劉備對諸葛亮說道：「漢朝王室已經敗落，奸臣竊權占據朝政大權，我自不量力，打算為天下伸張正義，但智謀短淺，以致於遭受挫折，才落到今天這個田地。但我的雄心壯志仍然沒有停止，你認為應當如何去做？」諸葛亮說：「如今，曹操已經擁有百萬大軍，挾持天子以號令天下諸侯，與此人爭鋒確實不可。孫權占據江東，已經歷三代，地勢險要，民心歸順，賢能人才都為他效力，可以與此人聯盟，卻不能算計他。荊州地區，北方以漢水、沔水做屏障，南方直通南海，東邊連接吳郡、會稽，西邊可通達巴郡、蜀郡，正是用武之地，但主人劉表卻不能據守，這大概正是上天賜給將軍的資本。益州四邊地勢險峻，當中有沃野千里，是天府之地，而益州牧劉璋昏庸無能。北邊還有張魯相鄰，雖然百姓富足，官府財力充足，卻不知道珍惜，智士賢才都期盼能有一個聖明的君主。將軍既是漢朝王室的後裔，以信義聞名於天下，如果能占有荊州與益州，據守要塞，安撫戎、越等族，與孫權結成聯盟，對內修明政治，對外觀察時局變化。這樣，就能建成霸業，復興漢朝王室了。」劉備說：「很好！」從此，君臣二人傾盡全力匡復漢室。

「誠能動人，至誠可以勝天。」劉備三顧茅廬請諸葛亮，就是典型一例。諸葛亮被劉備的真誠所感動，鞠躬盡瘁，為輔佐劉備成就大業付出了一生的心血。諸葛亮之所以如此，是劉備真誠所致。

劉備託孤諸葛亮

彝陵之戰慘敗後，劉備回到永安，由於疲憊、慚愧各種情緒的侵襲，身患重病，不能再回成都，便把丞相諸葛亮從成都召來，囑託後事。

西元二二三年，漢主劉備病重，臨終前囑託丞相諸葛亮輔佐太子，讓尚書令李嚴做諸葛亮的副手。劉備對諸葛亮說：「你的才能勝過曹丕十倍，一定能使國家安定，最終完成光復漢室的大業。如果劉禪還值得輔佐，那你就輔佐他；如果他不爭氣，你就取他的位置而代之吧。」諸葛亮流著淚說：「臣下一定竭盡全力輔佐太子，忠貞不二地為國效命，至死不渝！」漢王又下詔給太子：「不要因壞事很小就去做，也不要因為好事很小就不去做！只有賢明和德行，才會使人折服。為父德行淺薄，不值得你們效法。你與丞相共同處理政務，對待他要像父親一樣。」四月，漢王劉備病逝於永安，謚號為昭烈皇帝。丞相諸葛亮護送靈車回到成都，由李嚴作中都護，留下鎮守永安。五月，十七歲的太子劉禪即位，改年號為建興，封丞相諸葛亮為武鄉侯，兼任益州牧。政事無論大小，劉禪都聽諸葛亮的意見。

諸葛亮曾經親自校對公文，主簿楊顒徑直入內勸他說：「治理國家是有制度的，上司和下級做的工作不能混淆。請您允許我以治家作比喻：現在有一個人，命奴僕耕田，婢女燒飯，雄雞報曉，狗咬盜賊，以牛拉車，以馬代步，家中事務無一曠廢，要求的東西都可得到滿足，悠閒自得，高枕無憂，只是吃飯飲酒而已。忽然有一天，他對所有的事情都要親自去做，不用奴婢、雞狗、牛馬，結果勞累了自己的身體，陷身瑣碎事務之中，弄得疲憊不堪，精神萎靡，卻一事無成。難道他的才能不及奴婢和雞狗嗎？不是，而是因為他忘記了作為一家之主的職責。如今您管理全國政務，卻親自校改公文，終日汗流浹背，不是太勞累了嗎？」諸葛亮深深表示感謝。

鄧芝對諸葛亮說：「如今皇上年幼弱小，剛剛即位，應派重要使臣到吳再次申明和好的願望。」諸葛亮說：「我對此事已考慮很久了，只是一直沒有合適的人選，現在找到了。」鄧芝問：「這人是誰？」諸葛亮說：「就是使君你啊！」於是，諸葛亮派鄧芝以中郎將的身分與吳重建友好關係。十月，鄧芝到達吳國。當時吳王尚未和魏斷絕關係，所以猶豫不決，沒有立即接見鄧芝。鄧芝便自己上表請求接見，上表說：「臣下這次來，也是為吳著想，不僅僅只為蜀的利益。」吳王這才接見了他，說：「孤確實願意與蜀和好，只是擔心蜀國君主幼弱，疆域狹窄，勢力不強，給魏以可乘之機，你們無法保全自己。」鄧芝對他說：「吳、蜀兩國，占有四個州的地域。大王您是當世的英雄，諸葛亮也是一代人傑。蜀國地勢險要，防守堅固，吳國有長江等三條大江的阻隔。兩國的優勢加在一起，再聯合起來像唇齒一樣相輔相依，進可兼併天下，退可與魏鼎足而立，這是很自然的道理。假如大王歸附於魏，魏一定會進一步提出無理要求，上逼您朝拜，下求太子作人質，如果不服從，便以討伐叛逆為藉口，發動進攻，蜀則順流東下，趁機分取利益，到那時，江南之地可就不再為大王您所有了。」吳王沉默了很久，說：「你說得很對。」於是，吳和魏斷絕關係，專與蜀漢和好。

劉備臨終時對諸葛亮那番「嗣子不才君可取」的話一直為人們所津津樂道。有相當一部分人認為這是劉備臨終時的激將法，讓他死心塌地輔佐劉禪，不敢造次。毛宗崗也曾評點說：「或問先主令孔明自取之，為真話乎？為假話乎？曰：以為真則真，以為假則假也。」言下之意他是不信的。明朝的李贄就更直接了，乾脆大呼：「玄德真奸雄也！」而陳壽卻說這是「君臣之至公，古今之盛軌也」；《資治通鑑》的注者胡三省也認為：「自古託孤之主，無如昭烈（劉備）之明白洞達者。」趙翼亦盛讚劉備託孤之語云：「千載之下，猶見其肝膈本懷，豈非真性情之流露。」

信讒言劉聰殺忠良

讒言就是誣衊不實之詞，由於他人在各處的能力遠勝於自己，一時又無法打敗對手，於是產生了妒嫉心理，進而便製造是非和讒言了。其實，這種人是很齷齪的，從不敢在正面或公開場合與人交鋒，而只能使用卑下的手段去詆毀他人。劉聰時的宦官王沈就是一個進獻讒言的小人，而劉聰就是一個不分青紅皂白的昏君。

西元三一六年，漢宮宦官中常侍王沈、宣懷，中宮僕射郭猗等人，都受到恩寵信任而掌權。漢主劉聰到後宮遊玩宴樂，有時三天不醒，有時一百天都不出後宮，政事全部委交給相國劉粲，只有需判定大臣的生死或升降時才讓王沈等人進宮報告。而王沈等人多數情況都不報告，而是以自己的想法去決斷，所以使得有些建立過功勛的舊臣不被任用，而有些奸詐、諂媚的小人卻在幾天之內就提升到二千石俸祿的高官。宮廷生活也奢侈無度。連年興兵征戰，武將兵士沒有一點錢、帛之類的獎賞，而後宮，給僕人侍僮的賞賜，一賞便是千萬。王沈等人的車乘服飾、府第規格都超過了親王們，王沈等人的子弟以及表親擔任郡守縣令的有三十多人，而且都貪婪殘忍，成為百姓的禍害，靳準則以全宗族來阿諛奉承地對待王沈等人。

少府陳休、左衛將軍卜崇為人清高正直，平素就憎惡王沈等人，即使在公共場合也毫無忌憚，王沈等人懷恨在心。侍中對陳休、卜崇說：「王沈等人的勢力完全可以翻天覆地，你們自己料想一下，誰有東漢竇武那樣與皇帝的親近關係，誰有東漢陳蕃那樣的賢能？」陳休、卜崇說：「我們已年過五十，職位地位已經很高了，只缺一死罷了！為忠義而死，死得其所。怎麼能俯首低眉為閹宦做事呢？走吧，卜公，不要再說了！」

二月，漢主劉聰從後宮來到上秋閣，命令拘捕陳休、卜崇和特進綦毋達、太中大夫公師、尚書王琰、田歆、大司農朱誕，要處死他們，這些人都是宦官所忌恨的。侍中哭著勸諫劉聰說：「陛下正恭敬地召求賢能之士，卻要在一個早晨殺戮七個卿大夫，他們都是國家的忠良，豈不是很可惜嗎？即使陳休等人有罪，陛下不把他們押送到有關部門，讓他們的罪狀暴露清楚，天下怎麼會知道呢？詔令還在我那裡，沒敢宣布讓大家知道，希望陛下能夠仔細想一想。」說完磕頭磕得流了血。王沈喝叱侍中說：「侍中想抗拒詔令嗎？」劉聰將侍中貶為庶人，拂袖而去。

太宰河間王劉易、大將軍勃海王劉敷、御史大夫陳元達、金紫光祿大夫西河人王延等人都到皇宮上奏表勸諫說：「王沈等人假傳聖旨，欺天瞞日，在宮內諂媚陛下，在宮外討好相國，威勢之盛權力之大可以與君主相比。他們還培養了很多奸佞黨羽，危害遍及海內。他們知道陳休等人是忠臣，始終不渝地為國家盡心盡力，因此害怕陳休等忠臣們揭露他們的奸惡罪行，所以才巧妙地對陳休等進行誣衊陷害。而陛下不僅沒有察覺，還倉促地對忠臣處以極刑，全國上下都為之悲痛心驚。現在殘留的晉朝還沒有消滅，巴、蜀也不來朝見，石勒圖謀占據趙、魏地區，曹嶷想在齊地稱王，陛下的心腹四肢，哪一處沒有危險呢？卻還寵信王沈等人再來增加麻煩，誅殺神巫巫咸、殺戮神醫扁鵲，我們擔心這樣會病入膏肓，成為不治之症，以後即使想搶救，也來不及了。請求免除王沈等人的官職，交付有關部門治罪。」劉聰把這份奏表給王沈等人看，並笑道：「這群小子被陳元達帶著，也都成了痴呆的人了。」王沈等人磕頭哭著說：「我們都是小人，承蒙陛下錯愛提拔，能夠為陛下掃灑閨閣，而王公、朝臣嫉恨我們如同仇敵，又對陛下深感遺憾。願陛下把我們放到鼎沸的油鍋中，那麼朝廷自然平和靜穆了。」劉聰說：「這樣的狂言亂語是很平常的，你們哪裡值得痛恨呢？」劉聰向相國劉粲問王沈等人怎麼樣，劉粲稱讚王沈等人忠心清廉。劉聰聽後很高興，把王沈等人封為列侯。

從古到今，有很多英雄好漢屈死在讒言之下，也有很多奸險小人因讒言而得志飛黃騰達。人性惰落，讒言不可輕視！古人早就總結過讒言的危害：「讒言不可聽，聽了禍殃結。君聽臣遭誅，父聽子遭滅，夫婦聽之離，兄弟聽之別，朋友聽之疏，親戚聽之絕。」當然，讒言生效關鍵在於聽讒者。聽讒者握有生殺大權，一旦信讒，會立刻見禍。若姑妄聽之或廣開言路，進讒者也徒費口舌了。所以古人就留下了「偏聽則暗，兼聽則明」的警世名言。

石勒養虎為患

石勒的姪子石虎從小凶殘殘暴，長大以後，擅長騎射，勇猛無人能比。石勒任命他為征虜將軍，每次屠城，很少有留下活口的。但是他帶兵嚴厲而不繁瑣，沒有人敢違犯。派他去打仗征討，所向披靡，所以石勒非常寵愛信任他。

西元三三〇年，趙王石勒的大臣請求石勒即皇帝位，石勒於是號稱大趙天王，行使皇帝的職權。立世子石弘為太子。這時石虎已經是中山公，聽說後非常生氣，私下對兒子齊王石邃說：「等到主上駕崩以後，我絕不再讓他留有後人。」

石弘喜好寫文章，為人友善尤其禮敬儒雅之士。石勒對大臣徐光說：「石弘和悅安閒，全然不像將軍世家的兒子。」徐光說：「漢高祖靠馬上的功績奪取天下，漢文帝憑仗沉靜無為鞏固天下，聖人的後代，必定有使凶暴之徒化為善，因而可以廢除刑戮的人，這是上天的規律。」石勒聽後十分高興。徐光趁勢勸說他：「皇太子仁孝溫恭，而中山公卻雄暴多詐，陛下一旦辭世，我怕國家就不是太子所能據有的了。應該逐漸削弱中山公的權勢，讓太子早些參與國政。」石勒心中同意，但未能照辦。

西元三三三年六月，石勒臥病在床。石虎到皇宮中侍衛，假稱接到詔令，群臣、親戚都不得入內。所以石勒病情的好壞，宮外沒有人知道。石虎又假傳詔令召秦王石弘、彭城王石堪回到襄國。石勒病情略微好轉，見到石弘，吃驚地說：「我讓你在藩鎮守備，正是為了預防今天。你回來是有人召你，還是自作主張回來的？如果有人召你回來，那人應當斬首！」石虎害怕，說：「秦王因為思念您，暫時回來而已，我現在就讓他回去。」但仍然留住他而不放回。

七月，石勒病重，留下遺命說：「石弘兄弟，你們應當相互愛護。晉朝的司馬家，就是你們的前車之鑒。中山王石虎應當好好效仿周公、霍光，不要落為後世口實。」二十一日，石勒去世。石虎劫持太子石弘，讓他來到殿前。隨後搜捕右光祿大夫程遐、中書令徐光，交付廷尉治罪。又徵召石邃，讓他帶兵入宮宿衛，文武官員紛紛逃散。石弘非常害怕，說自己軟弱沒出息，要把皇位讓給石虎。石虎說：「君主去世，太子即位，這是正常的禮儀。」石弘流著淚堅持讓位，石虎生氣地說：「如果你不能承擔重任，天下自有人來討伐你，哪裡有事先就說自己不行的？」石弘只好即位，大赦天下，任命石虎為丞相、魏王、大單于，加賜九錫，把魏郡等十三郡劃作石虎封國，讓他總管朝廷的一切事務。

次年十月，石弘親自攜帶印璽來到魏王宮殿，請求將皇位禪讓給石虎。這時尚書上奏說：「請魏王依照唐堯、虞舜禪讓的舊例行事。」石虎說：「石弘愚昧昏庸，服喪期間不合禮儀，就應當將他廢黜，說什麼禪讓？」十一月，石虎派郭殷進宮，將石弘廢黜為海陽王。石弘步履平穩地走近車子，神色和平常一樣，對群臣：「我庸碌愚昧不能夠繼承帝王大統，還有什麼可說的。」群臣都流下眼淚，宮裡人慟哭不已。群臣到魏王宮殿勸石虎即位，石虎說：「皇帝是品德高尚的人才能擁有的稱號，我不敢承受，暫時可以稱作居攝趙天王。」便把石弘和太后程氏、秦王石宏、南陽王石恢幽禁在崇訓宮，過了不久，又將他們全部殺害。

蕭寶寅稱帝事敗

蕭寶寅是齊明帝蕭鸞的第六子，齊東昏侯蕭寶卷的同母弟弟。蕭衍（後來的梁武帝）攻克建康後不久，他逃奔到北魏並被北魏收容。蕭寶寅一直不忘復興齊國。西元五二七年，他乘機控制長安並派人殺死了他認為朝廷派來監視的關右大使酈道元和他的家人後，自稱齊帝，大赦天下，改年號隆緒元年。都督長史毛遐奉命討伐他，蕭寶寅戰敗，投靠了萬俟醜奴。

北魏齊王蕭寶寅連年出征，將士疲憊不堪。西元五二七年，秦地的賊寇攻擊蕭寶寅，蕭寶寅在涇州大敗，獲死罪，孝明帝元詡下詔赦免，罷之為平民。後雍州刺史楊椿有病請求辭官，朝廷又任蕭寶寅為征西將軍、雍州刺史、開府儀同三司、西討大都督，統領雍涇等四州諸軍事，潼關以西地區都聽他的指揮調度。

蕭寶寅在涇州戰敗的時候，有人勸他回洛陽認罪，也有人說：「不如留在關中立功贖罪。」行台都令史馮景說：「帶領軍隊不返回，罪過就更大了。」蕭寶寅沒有聽從，自認為出征多年，花費的錢物無法計算，一旦失敗，內心不安，北魏朝廷也會對他起疑。後來，蕭寶寅想要謀反的跡像已經顯露，於是有人上奏請求任中尉酈道元為關右大使。蕭寶寅得知後，認為是來取代自己的，非常害怕，長安的輕薄子弟又勸他起兵造反。酈道元抵達陰盤嶧，蕭寶寅派他的將領郭子恢去殺了他，收斂了屍體安葬，上奏報告說是被盜賊所殺，又上表為自己辯解，說楊椿父子誣陷自己。

蕭寶寅的行台郎中蘇湛臥病在家，蕭寶寅命蘇湛的姨表弟、開府屬姜儉遊說蘇湛，說：「元略受蕭衍的旨令，想要除掉我。酈道元到來，情況無法預測，我不能坐以待斃，必須為自己打算，不再做魏朝的臣子了。生死榮辱，都與您在一起。」蘇湛聽了，放聲大哭。對姜儉說：「替我告訴蕭寶寅，他原本窮途末路投奔別人，依靠朝廷賜給他官爵，才擁有現在的榮華富貴。現在正趕上國家多有變故，他不能竭忠報德，反而想趁人之危，相信路上的傳言，想用羸弱的敗兵把守關口，覬覦皇位。現在國家的氣數雖然衰敗，但天命還沒有改變。何況大王的恩義沒有恩澤百姓，所以只會看到他的失敗，不會看見他的成功。我不能為了他，而使一家百口滅門。」蕭寶寅又派姜儉對蘇湛說：「我為了活命，不得不這樣做，之所以不先告訴你，是擔心你破壞我的計畫。」蘇湛說：「凡是圖謀大事，應當得到天下的奇才，與他們謀事，現在只與長安的賭徒謀劃，哪有成功的道理？我擔心荊棘會生滿齋閣，請您賜我這把老骨頭回鄉，也許病死在家裡，能夠到九泉之下去見先人。」蕭寶寅一向器重蘇湛，知道他不能為自己所用，就答應了他。

西元五二七年十月二十五日，蕭寶寅自稱齊帝，改年號為隆緒，大赦天下，設置百官。都督長史毛遐與毛鴻賓一起率領氐羌部落，在馬祇柵起兵，抵抗蕭寶寅，蕭寶寅派大將軍盧祖遷攻擊，被毛遐殺了。蕭寶寅當時正在南郊祭天，即位的儀式還沒結束，聽說盧祖遷失敗，臉色都變了，來不及整理隊伍，就狼狽地回去了。次年正月，蕭寶寅派大將侯終德進攻毛遐。正逢郭子恢等人屢次被北魏打敗，侯終德趁蕭寶寅力量受挫的機會，回頭襲擊蕭寶寅。蕭寶寅帶著妻子南陽公主和小兒子，率領部下一百多騎兵，從後門逃出，投奔萬俟醜奴。萬俟醜奴任命蕭寶寅為太傅。

侯景之亂

侯景原是東魏丞相高歡手下的一員大將，高歡讓他帶兵十萬，鎮守黃河以南。高歡臨死的時候，怕侯景靠不住，派人把侯景召回洛陽。侯景聽到高歡死了，就不接受東魏的命令，帶著人馬投降了西魏。西魏丞相宇文泰也不信任侯景，一面接受侯景的獻地，一面召侯景到長安去，準備解除他的兵權。侯景不肯上宇文泰的當，又轉向南梁投降。西元五四八年八月，侯景勾結京城守將蕭正德，舉兵謀反。次年，侯景立梁太子蕭綱為傀儡皇帝。西元五五二年，梁元帝蕭繹派大將王僧辯、陳霸先攻下建康，侯景兵敗被殺。

西元五四八年，東魏大將軍多次派人向梁武帝蕭衍送上國書，要求與梁朝講和通好。蕭衍讓朝廷大臣討論，大臣們多數認為和平對國家和百姓是好事。蕭衍也厭倦了戰爭，就派使者去東魏弔唁高歡。侯景從東魏歸降梁朝後，率領軍隊討伐東魏，都遭到失敗。現在看到蕭衍要與東魏重歸於好，非常不安。於是，侯景假造了一封來自東魏都城鄴城的書信，信中寫道要用貞陽侯蕭淵明交換侯景。梁武帝打算答應這一要求，給鄴城回信說：「貞陽侯早上到，侯景晚上就會被押送回去。」侯景對左右的人說：「我就知道這個老傢伙是個薄情寡義之人！」王偉對侯景勸說道：「現在，我們等著聽候梁國安排也是死，圖謀大業也不過一死，希望大王您考慮一下！」於是，侯景才開始準備反叛。被東魏打得走投無路的侯景，對付腐敗的南梁，倒還很有力量。他的人馬很快就打到長江北岸。梁武帝派他的姪兒蕭正德在長江南岸布防抵抗。侯景派人誘騙蕭正德說，只要他肯做內應，在推翻梁武帝之後，就擁戴他做皇帝。蕭正德權迷心竅，祕密派了幾十艘大船，幫助侯景的叛軍渡過長江，還親自帶領叛軍渡過秦淮河。侯景順利地進入建康，把梁武帝居住的內城——台城包圍起來。

侯景用盡辦法攻台城，台城裡的軍民堅決抵抗。叛軍放火燒城，城裡的軍民用水澆滅。叛軍用木驢（一種攻城用具）掩護攻城，城上的人丟大石塊，把叛軍逼回去。侯景又改制了一種尖頸的木驢，石頭無法將它砸破，台城守將羊侃讓人製作了一種像雉尾形狀的火炬，點上火一起投向木驢，很快木驢就全部被燒掉了。侯景又製造了一種攀登城牆的高樓戰車，高十多丈，想用它居高臨下向城裡射箭。羊侃說：「戰車很高，地上的壕溝土很虛，戰車一來一定會倒下，我們可以埋擊它。」等到戰車一動，果然倒下了。叛軍又在城東城西堆起兩座土山，想從土山上攻進城去，城裡的人也築土山對付。這樣，雙方相持了一百三十多天。台城剛被圍的時候，城裡有男男女女十幾萬人，披盔帶甲的將士有二萬多人。被圍困的時間一長，大多數人身體浮腫，氣喘吁吁，十個人中有八九個死亡，登上城牆的不滿四千人，而且都瘦弱不堪。城裡的道路上到處橫躺著屍體，無法掩埋，腐屍流出的汁液積滿了溝渠。在這樣的關鍵時刻，大家都將希望寄託在外面的援軍身上，誰知各地來救援的諸侯王帶了二三十萬人馬，在建康周圍按兵不動。大家都推三阻四，說要等別的救兵來。臨時被推為大都督的柳仲禮，躲在自己家裡，每天喝酒作樂。

終於，台城軍民再也無法堅守城池了。叛軍攻進了台城。梁武帝也成了侯景的俘虜。侯景自封為大都督，掌握了朝廷大權。他先殺了一心想做皇帝的蕭正德，又把梁武帝軟禁起來，梁武帝要什麼沒什麼，最後，活活餓死在台城裡。梁武帝死後，侯景又先後立了兩個梁朝皇帝當傀儡。西元五五一年，侯景自立為皇帝。稱帝後，侯景到處屠殺掠奪，給百姓帶來深重的災難，百姓對侯景切齒痛恨。第二年，梁朝大將陳霸先、王僧辯率領大軍從江陵出發，進攻建康。侯景的叛軍立刻土崩瓦解。最後，侯景只帶了幾十個心腹乘了一隻小船狼狽逃走，半路上被他的部下刺殺了。南梁王朝經過這場大亂，內部四分五裂。西元五五七年，陳霸先在建康建立了陳朝，這就是陳武帝。

侯景之亂給後梁造成了很大的破壞。圍台城時，侯景軍吃盡了石頭倉、常平倉的儲糧，就掠人而食，一斗米貴到七、八萬錢，台城中糧食也被吃光，軍士煮弩、煮鼠、捕雀而食，殿堂上的鴿子也被吃盡，然後屠馬雜以人肉，疾疫而死者大半。許多建築物都被破壞，東宮台殿所藏圖書數百櫥，全被燒掉。王僧辯攻克台城時，兵士也大肆搶掠，百姓號叫之聲不絕於耳。多行不義必自斃，玩火自焚的侯景的滅亡也是必然的。

劉仁軌信用降將

唐朝將領劉仁軌自幼好學，博涉文史。貞觀中任新安令、給事中，西元六五九年為青州刺史。唐攻百濟（今朝鮮半島西南部）時，因督海運遇風覆船被免職。西元六六一年，百濟起兵，圍攻屯其府城的唐將劉仁願部。劉仁軌復任檢校帶方州刺史，率軍赴救，解其圍。隨後又與劉仁願部在熊津（今南韓大田西北）之東，擊敗百濟軍，百濟王等遁去，餘眾降唐。劉仁軌遂任帶方州刺史，駐百濟。

西元六六三年，孫仁師領兵在白江打敗了百濟殘餘及倭國兵，攻下周留城。高宗又令其帶兵渡海援助劉仁願、劉仁軌攻城。當初，劉仁願、劉仁軌攻克真峴城以後，唐高宗命令孫仁師領兵渡海援助他們。百濟王扶餘豐從南邊招來倭國人以抗拒唐兵。孫仁師與劉仁願、劉仁軌聯合，聲勢大振。部下諸將因加林城是水陸交通要衝，想先進攻它。劉仁軌說：「加林城險要堅固，急攻會傷亡士卒，慢攻又攻不下，將曠日持久。周留城是敵人的巢穴，群凶聚集之地，除惡務必掃除根本，應該先進攻它，如果攻下周留城，其他各城就會不攻自破。」於是，孫仁師、劉仁願與新羅王金法敏率領陸軍前進，劉仁軌與別將杜爽、扶餘隆率領水軍和糧船從熊津入白江，和陸軍會合，一起向周留城推進。唐兵和倭國兵遭遇於白江口，劉仁軌等率部四次戰鬥，都接連取得勝利。百濟王扶餘豐脫身逃往高麗，王子扶餘忠勝、扶餘忠志等率領部下投降，百濟全部平定，只有任存城沒被攻下。

百濟西部人黑齒常之，身高七尺多，勇猛且有謀略，在百濟任達率兼郡將，相當於唐朝刺史的職位。唐將蘇定方攻克百濟，黑齒常之率領部下隨百濟人投降唐朝。蘇定方囚禁百濟王及太子，縱兵劫掠，成年人多被殺死。黑齒常之害怕，與手下十多人逃歸本部，收集被打散的士兵，保守任存山，結起柵欄以加強防守，一月之間歸附的有三萬多人。蘇定方派兵進攻，黑齒常之進行抵抗，唐兵失利。黑齒常之又接連攻取二百多座城池，蘇定方無法攻克這些城池，只好撤回。黑齒常之與別部將沙吒相如各據守險要以響應福信，百濟失敗後，他們率部眾投降劉仁軌。劉仁軌派黑齒常之、沙吒相如率領他們的部眾去攻取任存城，還提供他們糧食和武器。孫仁師說：「這類人人面獸心，怎麼可以相信？」劉仁軌說：「我看這倆人都忠勇而有謀略，注重信義，只是前次投奔錯了人，現在正是他們感激立功的時候，不必懷疑。」於是，發給他們糧食和武器，分兵跟隨他們，攻下了任存城。

唐高宗詔令劉仁軌率領部隊駐守百濟，召孫仁師、劉仁願回朝。百濟經受戰火後，家家凋弊殘敗，遍地是僵硬的屍骸。劉仁軌開始下令掩埋屍骸，修錄戶口，治理村落，設置官長，開通道路，建立橋梁，修補堤堰，修復坡塘，勸課耕種，賑濟貧困的人，贍養孤兒老人，建立大唐社稷，頒布曆法和廟諱，百濟民眾十分高興，境內百姓都安心從事個人職業。劉仁軌接著做好屯田工作，儲備糧食，訓練士卒，計畫進攻高麗。劉仁願回到京師，高宗問他：「你在海東，前後所奏告的事情都很合宜，而且又有文理。你原本是武人，怎麼能寫得這麼好？」劉仁願說：「這些全是劉仁軌所作，臣是作不來的。」高宗大悅，加封劉仁軌六級官階，正式委任他為帶方州刺史，為劉仁軌在長安建修宅第，厚賜劉仁軌的妻子兒女，並命使者帶著璽書慰勞勉勵他。

安祿山擁兵自重起叛亂

安祿山年幼時父親早亡，一直隨母親住在突厥族裡。後來其母嫁給安延偃，安祿山也就冒姓安氏，名叫祿山。他驍勇善戰，手段狡詐，善於諂媚逢迎，騙得唐玄宗、楊貴妃等人的寵信和支持，被任命為平盧節度使、范陽節度使、河北採訪使和河東節度使，掌握了今河北、遼寧西部、山西一帶的軍事、民政及財政大權，後來以清君側為由發動叛亂。

安祿山本是營州地方的混血胡人，其父死後，母親帶著他嫁給了突厥人安延偃。時值突厥部落衰敗潰散，安祿山就與堂兄弟安思順逃到幽州，冒姓安氏，名叫祿山。還有一個混血胡人名叫史窣干，與安祿山原是街坊鄰居，長大後，成為朋友，都做了互市牙郎，以勇敢聞名。幽州節度使張守珪以安祿山為捉生將，每次帶領幾名騎兵出去，都能擒獲幾十名契丹人回來。又加上安祿山狡猾，善於揣摩人的心意，所以深受張守珪的喜愛，讓他做了自己的養子。史窣干曾為張守珪立下大功，張守珪上奏任命他為果毅，後來升為將軍。史窣干入朝奏事，玄宗與他說話，很喜歡他，就賜其名為「思明」。

安祿山為人乖巧，善於討人歡喜，很快也擔任了平盧兵馬使。玄宗身邊的人到了平盧，安祿山就用豐厚的財物賄賂他們，他們回去後盡說好話，因此玄宗更加認為安祿山是個賢能之人。西元七四二年，朝廷把平盧分出來，另外設立軍鎮，任命安祿山為節度使。次年正月，安祿山入朝，玄宗對他十分寵幸，允許他隨時入朝。過了一年，又讓他兼任范陽節度使，後來還讓他兼任御史大夫。玄宗曾經讓安祿山晉見太子，安祿山不行拜禮。左右的人催他跪拜，安祿山站著說：「我是胡人，不懂得朝廷的禮儀，不知道太子是什麼官？」玄宗說：「太子是將來的皇上，朕去世以後，代替朕做你的君主。」安祿山說：「我愚蠢淺薄，只知道有陛下一人，不知道還有太子。」然後跪拜。玄宗聽了他的話，更加喜歡他。安祿山請求做楊貴妃的乾兒子。玄宗與貴妃一起坐著，安祿山卻先跪拜貴妃。玄宗問他原因，安祿山回答說：「我們胡人先母而後父。」玄宗十分高興。

西元七五二年，玄宗下令在長安為安祿山修建宅第，極盡壯麗，不惜財力，所用器物極其豪華。安祿山過生日，玄宗和楊貴妃賞賜給他很多衣服、珍寶、器物和豐盛的酒食。過了三天，又召安祿山進宮，楊貴妃用錦繡做成大襁褓，裹住安祿山，讓宮女用花轎抬著。唐玄宗聽見後宮的歡笑聲，問其原因，左右侍從說貴妃為兒子洗身。玄宗親自前往觀看，很高興，賞賜給楊貴妃洗兒金銀錢財，又重賞了安祿山，盡情歡樂，然後才罷休。安祿山請求兼任河東節度使，玄宗就讓原河東節度使擔任羽林將軍，讓安祿山代替他。

安祿山兼任三鎮節度使，大權在握，日益驕縱。安祿山因為曾經見了太子不下拜，今見玄宗年事已高，一旦駕崩，將由太子即位，所以心裡有些害怕。又見朝廷軍備鬆弛，頗有謀反之心。安祿山雖然早就有叛亂的想法，但因玄宗待他很好，想等到玄宗死後再反叛。這時，李林甫病死，楊貴妃的同族哥哥楊國忠憑著他的外戚地位，接任了宰相。楊國忠素與安祿山不和。楊國忠屢次在唐玄宗面前說安祿山一定會謀反。但是，唐玄宗卻不以為然。時間一長，安祿山的謀反跡象漸漸暴露出來了。他向朝廷要求把范陽的三十二名漢將都撤換了，由他自己另外委派；唐玄宗親手寫詔書要安祿山到長安，他也推託有病不去。唐玄宗開始對安祿山懷疑起來。但是無論唐玄宗還是楊國忠，都沒有想到該怎樣防備安祿山的叛亂。

西元七五五年十月，安祿山經過周密準備，決定發動叛亂。這時候，正好有個官員從長安到范陽來。安祿山假造了一份唐玄宗從長安發來的詔書，召集將士說：「剛接到皇上密令，要我立即帶兵進京討伐楊國忠。」將士們都覺得很突然，面面相覷，但都不敢對聖旨表示懷疑。第二天一早，安祿山就帶領叛軍南下。十五萬步兵、騎兵在河北平原上進發，沿路的官員逃跑的逃跑，投降的投降。安祿山的叛軍一直向南進攻，幾乎沒有遭到什麼抵抗。范陽叛亂的消息傳到長安，唐玄宗開始認為是有人造謠，還不相信，到後來警報一個個傳來，他也慌了起來，立刻召集大臣商議。滿朝官員沒有經過這樣的大變亂，個個嚇得目瞪口呆，只有楊國忠得意洋洋地說：「我早說安祿山要反，還不是被我說準了。不過，陛下儘管放心。他的將士不會跟他一起叛亂。不出十天，一定有人把安祿山的頭送來。」唐玄宗聽了這番話，也有些安心了。但誰知，沒過多久，叛軍長驅直入，渡過黃河，很快便占領了洛陽。

口蜜腹劍：李林甫暗陷忠良

李林甫是唐玄宗時的大奸臣，由巴結武惠妃和武三思之女起家，官至宰相，他為人陰險，城府極深，心胸狹窄，嫉賢妒能，對人表面友好而暗加陷害，在職十九年，或借刀殺人落井下石，或利用酷吏製造冤案，大批忠臣良將被搆陷迫害，或殺或流，以致政事敗壞，外患叢生，他死後不久就發生了安史之亂。

唐玄宗做了二十多年太平天子，漸漸滋長了驕傲怠惰的情緒。他想，天下太平無事，政事有宰相管，邊防有將帥守，自己不必悉心為國事操心。於是，他就追求起享樂的生活來。吏部侍郎李林甫奸滑狡詐，與宦官以及後宮嬪妃交結，讓他們窺伺玄宗的動靜，皇上的一舉一動他瞭如指掌，因此每次上奏，總能符合玄宗的心意，深得玄宗讚賞。當時，武惠妃在後宮中最受寵愛，生了壽王李清，其他的皇子都不能相比，太子也被漸漸疏遠。李林甫於是讓宦官告訴武惠妃，願意盡力保護壽王。武惠妃十分感激，暗中幫助他，使他被提升為黃門侍郎，後來又被任命為宰相。李林甫做宰相後，凡是才幹聲望或功勞業績超過自己，以及受玄宗寵信、權勢地位將要威脅自己的，一定想方設法地除去，他還尤其忌憚文人學士。有時，他假裝對人很好，說些好聽的話，暗中卻陰謀陷害。所以世人都稱他「口有蜜，腹有劍」。

唐玄宗曾經在勤政樓遊樂，垂下簾幕觀看樂舞。兵部侍郎盧絢以為玄宗已經離開，就提著馬鞭拉著轡頭，從樓下穿過。盧絢風度清雅，玄宗看著他走遠，感嘆他含蓄的風度。李林甫知道後，就召來盧絢的兒子，說：「你父親一向很有名望，現今交州、廣州需要人才，皇上想讓你父親去，怎麼樣？如果害怕遠行，就應該貶官，不然，只有以太子賓客或者詹事的身分在東都任職，這也算是優待賢士的職位，怎麼樣？」盧絢畏懼，於是主動請求擔任太子賓客或詹事。李林甫擔心違背眾望，就任命他為華州刺史。上任不久，又誣告盧絢有病，不處理州事，把他貶為詹事、員外同正。有一個官員嚴挺之，被李林甫排擠在外地當刺史。後來，唐玄宗想起他，對李林甫說：「嚴挺之還在嗎？這個人很有才能，還可以用呢。」李林甫說：「陛下既然想念他，我去打聽一下。」退了朝，李林甫連忙把嚴挺之的弟弟找來，說：「你哥哥不是很想回京城見皇上嗎，我倒有一個辦法。」嚴挺之的弟弟見李林甫這樣關心他哥哥，當然很感激，連忙請教該怎麼辦。李林甫說：「只要叫你哥哥上一道奏章，就說他得了病，請求回京城來看病。」嚴挺之接到他弟弟的信，真的上了一道奏章，請求回京城看病。李林甫就拿著奏章去見唐玄宗，說：「真是太可惜了，嚴挺之現在得了重病，不能做大事了。」唐玄宗惋惜地嘆了口氣，也就算了。李林甫的兒子李岫任將作監，認為父親權勢過大，十分擔心。李岫曾經與李林甫遊覽後園，看到一個背著重物的下人，李岫指著此人對李林甫說：「大人擔任宰相很久了，結下的怨仇布滿天下，如果有一天災禍降臨，想要像這些民夫一樣，恐怕也不能夠啊！」李林甫聽了很不高興，說：「形勢已經這樣了，還能怎麼辦呢？」

唐朝建立以來，駐守邊疆的將帥都任用忠厚的名臣，任期不得太久，不得朝臣兼任，不得身兼數職，功名卓著的往往入朝擔任宰相。李林甫當宰相，想杜絕邊將入朝為相的途徑，認為胡人不懂詩書，就上奏說：「文臣擔任將帥，膽小不敢打仗，不如用出身貧寒的胡人。胡人勇敢果斷，熟習戰鬥；出身貧寒，則朝中沒有朋黨。陛下若真能以恩惠籠絡，他們一定能夠為朝廷效命。」玄宗認為有道理，便開始重用安祿山。從此，各道的節度使都任用胡人，精銳部隊都戍守北部邊疆，造成內輕外重的形勢，最後幾乎被安祿山顛覆江山。這都是由李林甫為求取專寵、鞏固地位的陰謀所造成的。玄宗晚年自以為天下太平，沒有什麼可憂心的，於是深居宮中，沉迷於聲色娛樂，把政事都委託給李林甫。到西元七五二年去世，李林甫共做了十九年宰相，造成天下大亂的局勢，而玄宗卻始終執迷不悟。

李林甫這個口蜜腹劍的歷史第一陰謀家，一個不學無術，只會爭權奪勢的小人，何以宰相一當就是十九年，並且深受寵信，備受重用呢？這裡面固然有李林甫善於權術、玩弄陰謀的原因，但是「君王從此不早朝」的唐玄宗的姑息養奸才是主要的「肇事者」吧。

李光弼人盡其才守太原

唐玄宗天寶年間，政治腐敗，邊將驕悍，中央集權被嚴重削弱。西元七五九年，安祿山與史思明發起叛亂。史思明殺死安祿山之子安慶緒後，自稱「大燕皇帝」，在相州大敗郭子儀等九節度使。九月，史思明又率軍南下，唐兵馬大元帥李光弼受命迎敵，一場鬥智鬥勇的生死博殺由此展開。

西元七五七年正月，叛將史思明統率幾路兵馬，共十萬大軍，前來進攻太原。當時守衛太原的是宰相李光弼，他的精兵都已經奔赴朔方，剩下的團練兵都是烏合之眾，數量也不足一萬人。史思明認為攻取太原城易如反掌，他想攻下太原後，就立刻進軍，直接進攻朔方、河西、隴右。

史思明率叛軍直逼太原，太原城裡的將領都很恐懼，商議加固城池以待叛軍，李光弼說：「太原城周圍四十里長，叛軍就要到來，我們卻大興勞役，是沒見到敵人就先讓自己疲憊。」他只是率領士兵與百姓在城牆外面挖掘壕溝，又讓士兵做了幾十萬塊磚坯，大家都不知道有什麼用處。等到叛軍在城外進攻，李光弼就讓士兵用磚坯加高城牆，有毀壞的地方立刻修補。史思明派人到崤山以東取來攻城的器具，並讓胡兵三千人護送，到達廣陽的時候，遭到別將慕容溢、張奉璋的截擊，全都被殺死。史思明圍攻太原一個多月，仍沒攻下，於是挑選驍勇善戰的士兵為機動兵力，告誡他們說：「我進攻城北，你們就偷偷地到城南去；進攻城東，你們就到城西去，有機會就進攻。」但是李光弼軍令嚴整，即使叛軍沒有進攻的地方，巡邏警戒也毫不鬆懈，叛軍無法攻入。

李光弼在軍隊裡徵募人才，只要有技能，都會被選出來根據才能任用，人盡其才。李光弼得到安邊軍的三個鑄錢的工匠，善於挖掘道地。叛軍士兵站在城下抬頭辱罵，李光弼就派人從道地里拉住他們的腳，拉進城裡，在城牆上斬首。從此，叛軍士兵走路的時候都低著頭看地。叛軍又用雲梯和土山攻城，李光弼挖掘道地迎戰，這些器具臨近城牆的時候都陷進地下。叛軍起初攻勢猛烈，李光弼做了大炮，發射大石頭，一發動輒打死二十多人。叛軍死亡十之二三，於是把軍營後退了幾十步，越發嚴密地把城圍住。李光弼又派人假裝與叛軍相約，定下日期出城投降，叛軍很高興，沒有防備。李光弼讓士兵在叛軍的營地周圍挖掘道地，然後用木頭撐住。到了約好的時期，李光弼率領士兵站在城樓上，派遣裨將率領幾千人出城，假裝投降的樣子，叛軍都在旁邊觀看。忽然營中地面塌陷，死了一千多人，叛軍驚慌混亂，官軍趁機擂鼓吶喊，出城襲擊，俘虜斬首了一萬多人。

安祿山自從起兵叛亂以來，視力逐漸下降，到這時候已經看不見東西。同時，身上又生了毒瘡，這使得他性情更加暴躁，左右侍從稍微不稱心，就用鞭子抽打，有時就把他們殺了。安祿山的愛妾段氏生了一個兒子叫慶恩，想要代替安慶緒為太子。安慶緒總是擔心被害死，不知道該怎麼辦。孔目官太僕丞嚴莊便與安慶緒合謀，讓宦官李豬兒在夜裡將安祿山殺死。嚴莊向外宣布安祿山病重，立晉王安慶緒為太子。不久，安慶緒即皇帝位，尊稱安祿山為太上皇，然後發喪。安慶緒昏庸懦弱，說話語無倫次，嚴莊擔心大家不服，就不讓安慶緒出來見人。安慶緒每天飲酒作樂，把嚴莊當作兄長看待，任他為御史大夫、馮翊王，諸事無論大小，都由嚴莊決定，並加封眾將領官爵，以取悅他們。史思明太原大敗之後，聽說安祿山已死，急忙趕回范陽，留下蔡希德等人繼續圍攻太原。

中國有句俗話，謂之「物盡其用，人盡其才」。要實現「盡其用」、「盡其才」，關鍵在於把物安放在適當的地方，把人安排在適當的崗位，小才大用固然會貽誤工作，大材小用也可能造成工作的損失。這就要求我們，應當為人才資源的合理配置創造出更好的環境，多一些理性，少一些盲目；多一些愛護人才的實際行動，少一些打壓人才的利己目的；多一些人盡其才的意識，少一些大材小用的虛榮。

第六章 運籌帷幄之策

中國有一句成語，叫做「運籌帷幄」，意思是在軍營的幕帳中對戰爭的全局進行細密的策劃。漢高祖劉邦在奪取天下之後曾經稱讚他的謀士張良，說張良能夠「運籌帷幄之中，決勝千里之外」。意思是說，張良坐在軍帳中運用計謀，就能決定千里之外戰鬥的勝利。這說明張良謀略多，善用腦，善用兵。後來人們就用「運籌帷幄」表示善於策劃。的確，唯有如此，我們才能在自己的領域裡得心應手，遊刃有餘；才能對各種細節瞭如指掌，百戰不殆；才能面對未來的發展，洞若觀火，高瞻遠矚。

韓信背水布陣

西元前二〇四年，趙王歇起兵二十萬，占據井陘口，準備迎戰前來進攻的漢大將軍韓信，韓信出井陘口後，不顧兵家大忌，背靠河水排開戰陣與敵人交戰。韓信以大敵當前、後無退路的處境來堅定將士拚死求勝的決心，結果大破趙軍。

西元前二〇四年十月，韓信、張耳率領軍隊數萬人向東進攻趙國。趙王歇和成安君陳餘聽說漢軍來襲，便在井陘隘口聚集軍隊，號稱二十萬。廣武君李左車勸說成安君道：「韓信、張耳乘勝勢離開本國遠征，鋒芒銳不可當。我聽說：『從千里之外供給軍糧，士兵會面有饑色；臨時拾柴割草來做飯，軍隊會食不果腹。』而今井陘這條路，車輛不能並行，騎兵不能成列，行軍隊伍前後拉開幾百里，依此形勢，隨軍的糧草必定落在大部隊的後面。望您暫時撥給我三萬精兵作為突擊隊，抄小路去截斷對方的輜重糧草，而您則深挖壕溝、高築營壘，堅守不出戰。這樣一來，他們向前無仗可打，退後無路可回，野外又沒有什麼東西可食，如此不到十天，韓信、張耳這兩個將領的頭顱就可以獻到您的帳前了；否則便肯定要被他們二人所俘獲。」但陳餘曾經自稱是義兵，不屑於使用詐謀奇計，故說：「韓信兵力單薄且又疲憊不堪，對這樣的軍隊還避而不擊，各諸侯便會認為我膽怯而隨意來攻打我了。」

韓信派人暗中打探消息，得知陳餘沒有採納廣武君的計策，異常高興，便率軍徑直前進，在距離井陘口三十里的地方停下來宿營。到半夜時分，韓信傳令部隊出發，挑選兩千名輕騎兵，每人手拿一面紅旗，從小道上山隱蔽起來，觀察趙軍的動向，並告誡他們說：「交戰時趙軍看到我軍撤退，必會傾巢出動來追趕我們，你們即趁機迅速衝入趙軍營壘，拔掉趙軍的旗幟，遍插漢軍的紅旗。」又命他的副將傳送一些食品給將士，說道：「待今天打敗趙軍後再會餐！」眾將領們都不相信，只是假意應承道：「好吧。」韓信說：「趙軍已經搶先占據了有利地形安營紮寨，而且他們沒有看見我軍大將的旗鼓，是不會出兵攻打我們的先鋒部隊的，這是因為他們怕我軍到了險要的地方，遇阻後就會撤回去。」韓信隨即派遣一萬人做前鋒，開出營寨，背靠河水擺開陣勢。趙軍望見後譁然大笑。

天剛亮的時候，韓信打出了大將的旗鼓，鼓樂喧天地開出了井陘口。趙軍出營門迎擊，雙方激戰了很久。這時，韓信和張耳便假裝丟旗棄鼓，逃回河邊的陣營。河邊部隊大開營門放他們進去，然後又和趙軍鏖戰。趙軍果然傾巢出動，爭搶漢軍拋下的旗鼓，追逐韓信和張耳。韓信、張耳進入河邊的陣地後，全軍即拚死奮戰，趙軍無法打敗他們。韓信派出的二千名騎兵突擊隊一起等到趙軍將士全體出動去追逐爭奪戰利品時，立刻奔馳進入趙軍營地，拔掉所有趙軍旗幟，插上兩千面漢軍紅旗。趙軍已經無法抓獲韓信等人，便想退回營地，但卻見自己的營壘中遍是漢軍的紅旗，都驚慌失措，以為漢軍已將趙王的將領全部擒獲了，於是士兵們大亂，紛紛逃跑，儘管趙將不停地斬殺逃兵，也無法阻止潰敗之勢。漢軍隨即又前後夾擊，大敗趙軍，在水邊殺了陳餘，活捉了趙王歇。

將領們獻上敵人的首級和俘虜，向韓信祝賀，並趁勢問韓信說：「兵法上提出：『布軍列陣要右邊和背面靠山，前面和左邊臨水。』而這次您卻讓我們背水布陣，還說『待打敗趙軍後再會餐』，我們當時都頗不信服，但是竟然取勝了，這是什麼戰術呀？」韓信說：「這種戰術兵法上也有，只不過你們沒有留意罷了！兵法上不是說『置之死地而後生，投之亡地而後存』嗎？況且我所率領的並不是平時訓練有素的將士，這即是所謂的『驅趕著街市上的平民百姓去作戰』，勢必非把他們置於死地，使他們人人為各自的生存而拚死戰鬥。」

背水一戰所用的正是兵法上所講的「置之死地而後生，投之亡地而後存」的戰法，這是一種自絕退路的戰術，其好處就是可以充分利用將士的求生慾望，激發起他們最大的戰鬥潛力。然而，這也是一種非常危險的戰術，非有大智謀不可用。否則，就會置之死地而死。

封賞雍齒撫臣心

漢高祖平定了天下後，面臨著如何封賞這一棘手問題。賞與罰往往最易牽動人們敏感的神經，按照劉邦原先的那種賞罰辦法，不免要使得那些開國功臣們人心惶惶。對於剛剛得了天下，地位還不是十分穩固的劉邦來說，這樣只會對自己不利。於是，劉邦聽從張良的意見，封自己最痛恨的雍齒為什邡侯，以安群臣之心。

西元前二〇一年，劉邦開始剖符分封各功臣，蕭何被封為酇侯，所封的食邑最多。功臣們都說：「我們披堅甲持劍戟，參加戰鬥多的一百多次，少的也有幾十次。如今蕭何沒有參加征戰的功勞，只靠主持文書及參加謀議，功勞卻排在我們之上，這是什麼道理？」高祖說：「你們知道打獵是怎麼回事嗎？打獵，追殺野獸兔子的是獵狗，而放開繫狗繩指示野獸所在地方的是人。現在你們只不過是能捕捉到奔逃的野獸罷了，功勞就如獵狗一樣；至於蕭何，卻是放開繫狗繩指示獵取的目標，功勞和獵人相同啊！」群臣於是都不再說三道四的了。

張良身為謀臣，也沒有什麼戰功，高祖卻讓他自己選擇齊地三萬戶作為封地。張良說：「當初，我在下邳起兵，與陛下在留地相會，這是上天把我授給陛下。此後陛下採用我的計策，幸好有時能獲得成功。我希望封得留地就足夠了，不敢承受三萬戶的封地。」高祖於是封張良為留侯。高祖封陳平為戶牖侯。陳平推辭說：「我沒有那麼多功勞。」高祖道：「我採納您的計謀，克敵制勝，這不是功勞又是什麼呀？」陳平說：「如果沒有魏無知的舉薦，我哪裡能夠晉見啊？」高祖道：「像您這樣，可以說是不忘本了！」隨即又賞賜了魏無知。

高祖已經封賞了大功臣二十多人，其餘的人日夜爭功，一時決定不下來，便沒能給予封賞。高祖在洛陽南宮，從天橋上望見將領們往往三人一群兩人一夥地同坐在沙地中談論著什麼。高祖說：「他們這是在說些什麼呀？」留侯張良道：「陛下不知道嗎？這是在圖謀造反啊！」高祖說：「天下剛剛安定下來，為什麼又要謀反呢？」留侯說：「陛下由平民百姓起家，依靠這班人奪取了天下。如今陛下做了天子，所封賞的都是自己親近喜愛的老友，所誅殺的都是自己生平仇視怨恨的人。現在軍吏們計算功勞，認為即使把天下的土地都劃作封國也不夠全部封賞的了，於是他們就害怕陛下對他們不能全部封賞，又擔心因往常的過失而被猜疑以至於遭到誅殺，所以就相互聚集到一起圖謀造反了。」高祖於是擔憂地說：「這該怎麼辦呀？」留侯道：「皇上平素最憎惡、且群臣又都知道的人，是誰啊？」高祖說：「雍齒與我有舊怨，他曾經多次困辱我。我想殺掉他，但由於他功勞很多，所以不忍心下手。」留侯說：「那麼現在就趕快先封賞雍齒，這樣一來，群臣也就堅信自己能受到封賞了。」高祖這時便置備酒宴，封雍齒為什邡侯，並急速催促丞相、御史論定功勞進行封賞。群臣結束飲宴後，都歡喜異常，說道：「雍齒尚且封為侯，我們這些人也就沒有什麼可擔憂的了！」

賞與罰如果得當，便會造成積極作用，如果不得當，就會弄巧成拙。聰明人的賞與罰，其意不僅僅在被賞罰的人，他還要透過這些對那些未被賞罰的人施加他所需要的影響。可以說，賞與罰在此已不是目的，而是手段了。由於高祖剛剛得到天下，屢次依據自己的愛憎來進行賞罰，有時候就會有損於公平，群臣因此往往心存抱怨或感到被猜疑而驚恐不安。此時，張良及時建議高祖先行封賞與自己素有舊怨的雍齒，這樣，便使在上者無偏袒私情的過失，在下者無猜疑恐懼的念頭，國家的憂患得以消除。

假傳聖旨滅郅支

西漢中期，匈奴郅支單于雖遠徙康居，但仍恃強攻掠西域諸國。西域都護府副校尉陳湯深以為慮，力促校尉甘延壽出兵進擊，甘延壽猶豫不決。陳湯為不失戰機，乃假傳聖旨，調兵四萬餘人，於西元前三六年秋，同甘延壽分兵兩路圍攻郅支城。漢軍四面強攻，連破三重城郭，並擊退康居萬餘援兵，殺郅支單于，殲兩千六百餘人。

最初，郅支單于自以為匈奴汗國是一個大國，威名遠颺，頗受別國尊重，又趁軍事勝利而十分驕傲蠻橫。郅支對漢朝使節窘困侮辱，不肯接受漢朝皇帝的詔書，只是透過西域都護上書，說：「居住的地方環境艱苦，願意歸順強大的漢朝。」

陳湯為人沉著勇敢，能深思熟慮，富有計策謀略，渴望建立奇特的功勛。他向甘延壽建議說：「邊境各族畏懼匈奴，這是天性。西域各國，本來都屬匈奴管轄，而今郅支單于的威名傳播很遠，不斷侵略烏孫王國和大宛王國，經常給康居王國出謀劃策，企圖使烏孫、大宛投降歸順。如果把這兩國征服，只要幾年時間，西域城邦國家都會陷於危險的境地。郅支單于性情剽悍，喜好戰爭，不斷取得勝利。日子一久，必將成為西域的災難。雖然他現在地處遙遠，幸而他們沒有堅固的城堡和強勁的弓弩，無法固守。我們如果征發屯田的軍隊，並率領烏孫王國的軍隊，一直挺進到他的城堡之下，他要逃沒有地方可逃，要守則兵力不足以自保，千載難逢的功業可以在一天早上完成。」他們部署、集結漢朝和西域多國兵力，共有四萬餘人。隨後，甘延壽、陳湯上奏章自我彈劾假傳聖旨之罪，陳述之所以如此做的理由。發出奏章的當天，大軍按虛假聖旨出發，分成六路縱隊，其中三路縱隊沿南道越過蔥嶺，穿過大宛王國。另三路縱隊，由都護甘延壽親自率領，從溫宿國出發，由北道經烏孫王國首府赤谷城，穿過烏孫王國，進入康居王國邊界，挺進到闐池西岸。陳湯沿路捕獲康居副王的親屬及一些貴族，經過解釋，他們願做嚮導，並將郅支的情況作了詳細介紹。大軍繼續挺進，在距新築的單于城約六十里處，安營紮寨。第二天，大軍繼續挺進，距單于城三十里紮營。

郅支單于派使節前來詢問：「漢朝軍隊到這裡來的目的何在？」漢軍的官員回答說：「你們單于曾經上書漢朝皇帝，說：『居住環境困苦，願意歸降強大的漢朝，親自到長安朝見。』皇帝憐憫單于放棄幅員廣大的國土，委屈地住在康居，所以派遣都護將軍，率軍前來迎接單于及妻子兒女。恐怕單于的左右驚動，所以沒有直接到達城下。」

次日，大軍挺進到都賴水畔，在距單于城三里外紮營，構築陣地，遙望單于城上，五色旗幟迎風飄揚，數百匈奴人披甲戴冑，登上城樓守備。甘延壽、陳湯下令總攻：「聽到鼓聲，都直撲城下，四面包圍，各軍記住所分配的位置，開鑿洞穴，堵塞射擊孔。盾牌在前，戟弩在後，仰射城樓上的守軍。」攻擊開始，城樓上的匈奴守軍退下逃走。土城之外，還有由兩層木檣構成的重木城。匈奴人從木城射擊，使漢朝遠征軍多有傷亡。漢軍以薪縱火，焚燒木城。入夜，匈奴守軍騎兵數百名突圍，漢軍予以迎頭痛擊，箭如雨下，全部殲滅。

當初，郅支單于聽說漢朝軍隊到達，打算離開此城。但他懷疑康居王與漢朝勾結，裡應外合，又聽說烏孫土國等西域各國都派出軍隊，自以為無處可以投奔。所以，已逃出單于城的他又返回城中，說：「不如堅守。漢朝軍隊遠征萬里，不可能持久進攻。」於是，郅支單于全身披甲，在城樓上指揮作戰。漢朝軍隊推舉盾牌，從四面同時衝入城中。郅支單于率匈奴男女一百餘人逃入王宮，漢朝軍隊縱火焚燒王宮，官兵爭先衝入，郅支單于身受重傷而死。

平定郅支之亂這一仗，漢軍共計殺死郅支單于的妻妾、太子、各王以下一千五百餘人，俘虜敵兵一千餘人。繳獲的戰利品大部分賜給參戰的西域各國中的十五個大王。漢軍班師回京後，郅支單丁的頭顱被懸掛在長安街少數民族的聚居地藁街，以此顯示在萬里之外公然違抗漢朝的，即使地處遙遠，也一定會受到懲罰。「犯強漢者，雖遠必誅」，陳湯這句豪言壯語也成了千古名言。

吳漢滅公孫述

王莽末年，天下紛擾，群雄競起，其中，公孫述自稱輔漢將軍兼領益州牧，以蜀地之物資精練兵卒，四方士庶歸附日眾，乃自立為帝，國號「成家」。光武帝劉秀數遣使勸喻歸順，公孫述怒而不從。西元三五年，漢廷乃派兵征討，被公孫述所拒。次年，覆命大司馬吳漢舉兵來伐，攻破成都，縱兵大掠，盡誅公孫氏，「成家」為東漢所亡。

西元三五年，光武帝劉秀勸降公孫述不成，命令吳漢率軍前去討伐。十二月，吳漢從夷陵出發，率領三萬軍隊逆長江而上，一路上接連打敗公孫述軍。次年正月，劉秀下令，讓吳漢直接奪取廣都，占據敵人的心腹地帶。吳漢於是進軍廣都，占領該地，又派遣輕騎兵燒毀成都市橋。公孫述手下將領十分恐懼，不斷有人逃離叛變。儘管公孫述誅殺了叛離逃亡將領的全家，還是不能阻止部下叛逃。劉秀希望公孫述投降，又一次下詔公孫述說：「現在投降，家族就可以保全。詔書和親筆信，不可能屢屢得到。」公孫述再次拒絕。

劉秀告誡吳漢說：「成都有十餘萬大軍，不可輕視。只可堅守廣都，等待敵人來攻，千萬不要和敵人一爭高下。如果敵人不敢來攻，你就移動軍營逼迫他們，等到敵人精疲力盡，才可發起攻擊。」而吳漢卻乘著勝利，自己率領步、騎兵二萬人進逼成都，離城十餘里，隔江在北岸紮營，架浮橋，命副將武威將軍劉尚率領一萬餘人在江南屯兵，軍營相隔二十餘里。劉秀聽說後十分震驚，責令吳漢火速率軍返回廣都。詔書還未到達，已進入九月。公孫述派大司徒謝豐、執金吾袁吉率領軍隊十萬人，分成二十餘營，攻打吳漢；另派其他將領率領一萬餘人牽制劉尚，使他不能救援。吳漢大戰了一整天，兵敗，退回到營壘，謝豐趁機包圍。這時，吳漢才執行光武帝旨意，犒勞士兵，餵飽戰馬，關閉營門，三天不出。並多多豎立旌旗，使煙火不斷。入夜，吳漢悄悄率領軍隊與劉尚會合，謝豐軍沒有發覺。第二天，謝豐兵分兩路，一路在江北據守，自己率另一路進攻江南。吳漢投入所有兵力迎戰，結果大敗敵軍，斬殺謝豐、袁吉。自此，東漢大軍終於進入成都外城。

公孫述危困窘迫，對延岑說：「現在應當怎麼辦？」延岑說：「男子漢應當死裡逃生，怎麼能坐著等死？財物容易聚斂，不應愛惜。」於是，公孫述散發所有的黃金、絹帛，招募敢死隊五千餘人分配給延岑。延岑在成都市橋先布疑陣，樹立旌旗，擂鼓向東漢軍隊挑戰。同時悄悄派出奇兵繞到吳漢軍隊的後面，大敗吳漢軍。吳漢墜馬落水，抓著馬尾才脫離險境。吳漢的軍隊只剩下七天用的糧草，遂祕密準備戰船，打算撤退。蜀郡太守南陽人張堪聽說以後，火速前往求見吳漢，陳述公孫述必然滅亡、不應退軍的策略。吳漢接受他的意見，於是故意示弱，挑動敵人出戰。後來，公孫述親自率領幾萬人進攻吳漢，吳漢派護軍高午、唐邯率領精銳部隊幾萬人迎擊公孫述，公孫述的軍隊大亂。高午衝到陣前，刺擊公孫述。公孫述胸口被刺穿，摔下戰馬，身邊的人把他抬進城裡。公孫述把軍隊交給延岑，當夜就因重傷而亡。第二天，延岑獻城投降。吳漢焚燒了公孫述的宮室，誅殺了公孫述的妻兒，將公孫氏宗族全部誅滅。

班超出使西域

西元七三年，班超隨奉車都尉竇固出擊匈奴，竇固奏請明帝派遣班超出使西域，明帝準奏。班超先到鄯善，使鄯善首先歸漢。接著，他又馬不停蹄出使于闐、疏勒，鎮服兩國，並粉碎了受匈奴指使的焉耆、龜茲兩國的進攻，恢復了與漢朝中斷了六十五年的關係。

西元七三年，竇固派副司馬班超和從事郭恂一同出使西域。班超到達鄯善國時，鄯善王用十分尊敬周到的禮節接待他，但後來忽然變得疏遠懈怠了。班超對他的部下說：「你們可曾覺出鄯善王的態度冷淡了嗎？」部下說：「胡人行事無常，並沒有別的原因。」班超說：「這一定是因為有北匈奴的使者前來，而鄯善王心裡猶豫，不知所從的緣故。明眼人能夠在事情未發生前看出端倪，何況事情已顯著暴露！」於是，他召來胡人侍者，假裝已知實情，說：「匈奴使者來了幾天，如今在什麼地方？」胡人侍者慌忙答道：「已經來了三天，離此地三十里。」於是，班超就把胡人侍者關起來，召集全體屬員，共三十六人，和他們一同飲酒。飲到酣暢之時，班超借酒激怒眾人說：「你們和我同在絕遠荒域，如今北匈奴使者才來了幾天，而鄯善王就已不講禮節了，若是使者命令鄯善王把我們抓起來送給匈奴，那麼我們的骨頭就要永遠餵給豺狼了。我們應該怎麼辦？」部下一致回答：「如今身處危亡之地，我們願跟隨司馬同生共死！」班超說：「不入虎穴，焉得虎子。如今可行的辦法，只有乘夜用火進攻匈奴人，對方不知我們到底有多少人馬，必定大為驚恐，這樣便可將他們一網打盡。除掉了北匈奴使者，那麼鄯善人就會膽顫心驚，我們便成功了。」眾人說：「應當和從事商議此事。」班超生氣地說：「命運的吉凶就在今天決定，而從事不過是平庸的文吏，聽到我們的打算定會害怕，計謀便要泄露，到那時候，我們就死無葬身之地了。」眾人說：「好！」

入夜，班超便帶領部下奔向北匈奴使者的營地。當時正刮著大風，班超命令十人拿鼓，躲到匈奴人的帳房後面，相約道：「看見火起，就要一齊擂鼓吶喊。」其餘的人全都手持刀劍弓弩，埋伏在帳門兩側。於是，班超順風放火，大火一起，帳房前後鼓聲齊鳴，殺聲震耳。匈奴人驚慌失措，一時大亂。班超親手格殺三人，下屬官兵斬殺北匈奴使者及其隨從共三十餘人，其餘約一百人全部被火燒死。班超等人次日返回，將事情的經過告訴了郭恂。郭恂大為震驚，接著神色一變。班超明白了他的意思，舉手聲稱：「從事雖然沒有前去參與行動，可班超怎有心一人居功！」郭恂這才大喜。於是，班超叫來鄯善王，給他看匈奴使者的首級，鄯善王極為驚恐。班超將漢朝的國威和恩德告訴鄯善王，並說：「從今以後，不要再同北匈奴來往。」鄯善王叩頭聲稱：「我願臣屬漢朝，絕無二心。」於是，將王子送到漢朝充當人質。班超歸來後，向竇固講述了出使經過，竇固十分高興，將班超的功勞一一上報，並請求重新選派使者出使西域。明帝說：「有班超這樣的官員，為什麼不派遣，而要另選他人呢？現任命班超為軍司馬，讓他完成先前的功業。」

竇固又讓班超出使于闐國，想為他增加隨行兵馬，但班超只願帶領原來跟從的三十六人。他說：「于闐是個大國，道路遙遠，如今率領幾百人前往，無益於顯示強大。而如有不測之事發生，人多反而成為累贅。」當時，于闐王廣德稱雄於西域南道，但該國仍受匈奴使者的監護。班超到達于闐後，廣德待他十分疏淡。于闐又有信巫之俗，而巫師聲稱：「神已發怒，問我們為何要傾向漢朝？漢朝的使者有一匹黑唇黃馬，快去找來給我做祭品！」於是，廣德派宰相私來比向班超索求贈馬。班超暗中獲知底細，便答應此事，但要巫師親自前來取馬。不久，巫師來了，班超便立刻將他斬首，並逮捕了私來比，痛打數百皮鞭。班超將巫師的首級送給廣德，藉機對他進行譴責。廣德早已聽說過班超在鄯善斬殺北匈始使者之事，大為驚恐，當下便殺死匈奴使者投降。班超重賞于闐王及其大臣，就此鎮服安撫于闐。於是，西域各國全都派出王子到漢朝做人質。西域與漢朝的關係曾中斷了六十五年，至此才恢復交往。

班超決心長期留駐西域，從西元八七年起，班超又陸續平定了莎車等國的叛亂，擊退了大月氏王朝七萬人的進攻，保護了西域南道各國的安全及「絲綢之路」的暢通。西元九一至九四年，龜茲、姑墨、溫宿、焉耆、尉犁、危須等國先後臣服歸漢，西域大小五十國全部歸屬，西域從此安定，匈奴不敢南下。班超在西域三十二年，縱橫捭闔，使西域與內地聯為一體，為歷史基業立下了豐功偉績。

司馬氏政變誅曹爽

魏主曹叡臨危託孤曹爽、司馬懿，讓其輔佐年僅八歲的幼子曹芳。為爭權，曹爽和司馬懿明爭暗鬥，昏庸的曹爽當然不是奸滑的司馬懿的對手，結果落得滅族之禍。而曹魏政權也就此落在司馬氏的手裡。

大將軍曹爽驕奢無度，飲食衣物與皇帝相同，珍寶玩物亦堆積如山，他還私自留用明帝的宮中女官做歌舞樂妓。他掘開地面建造地下宮室，在四周雕飾了華麗的花紋，並經常與他的黨羽何晏等人在裡面飲酒作樂。他的弟弟曹羲深為憂慮，多次哭泣著勸阻他別再這樣做，但曹爽不聽。曹爽兄弟幾個經常一起出去遊玩，司農、沛國人桓範對他說：「您總理萬機，掌管城內禁兵，弟兄們不宜同時出城，如果有人關閉城門，又有誰在城內接應呢？」曹爽說：「誰敢這樣做！」

西元二四八年冬，河南令尹李勝出任荊州刺史，到太傅司馬懿家去辭行。司馬懿讓兩個婢女侍奉著出來接見。婢女給他更衣，他卻把衣服掉在地上；指著嘴說口渴，婢女端來了粥，司馬懿拿不動碗，就由婢女端著喝，粥從嘴邊流出，沾滿了前胸。李勝說：「大家都說您的中風病舊病復發，沒想到您的身體竟這樣糟糕！」司馬懿氣喘吁吁地說：「我年老體弱臥病不起，不久就要死了。你屈就並州刺史，並州靠近胡地，要加強戒備。恐怕我們不能再見面了，我把我的兒子司馬師和司馬昭兄弟二人託付給你。」李勝說：「我是回去做愧居本家鄉的州官，不是並州。」司馬懿裝聾作啞，故意聽錯他的話說：「你剛剛到過並州？」李勝又說：「是愧居荊州。」司馬懿說：「我年老耳聾思緒迷亂，沒聽明白你的話。如今你回到本家鄉的州，正好轟轟烈烈地大展德才建立功勛。」李勝告退後，稟告曹爽說：「司馬公只是比死人多一口氣，形體與精神已經分離，離死不遠，不足以憂慮了。」過了幾天，他又流著淚向曹爽等人說：「太傅的病體不能再康復了，實在令人悲傷。」因此，曹爽等人不再對司馬懿加以戒備。

西元二四九年正月初六，魏帝祭掃高平陵，大將軍曹爽和他的弟弟中領軍曹羲、武衛將軍曹訓、散騎常侍曹彥等都隨侍同行。太傅司馬懿以皇太后名義下令，關閉了各個城門，率兵占據了武庫，並派兵出城據守洛水浮橋；命令司徒高柔持節代理大將軍職事，占據曹爽營地；太僕王觀代理中領軍職事，占據曹羲營地。然後向魏帝稟奏曹爽的罪行。曹爽得到司馬懿的奏章，沒有通報魏帝，他把魏帝車駕留宿於伊水之南，伐木構築了防衛工事，並調遣了數千名屯田兵士為護衛。司馬懿派遣侍中、高陽人許允和尚書陳泰去勸說曹爽，告訴他應該盡早歸降認罪；又派曹爽所信任的殿中校尉尹大目去告訴曹爽，只是免去他的官職而已，並指著洛水發了誓。

這時，有智囊之稱的桓範從洛陽城逃出，赴魏帝車騎效命。桓範到了之後，勸說曹爽兄弟把天子挾持到許昌，然後調集四方兵力輔助自己。然而曹羲兄弟卻默然不動，從初夜一直坐到五更。曹爽最後把刀扔在地上說：「即使投降，我仍然不失為富貴人家！」桓範悲痛地哭泣道：「曹子丹這樣有才能的人，卻生下你們這群如豬如牛的兄弟！沒想到今日受你們的連累要滅族了。」曹爽向魏帝通報了司馬懿上奏的事，告訴魏帝下詔書免除自己的官職，並侍奉魏帝回宮。曹爽兄弟回家以後，司馬懿派遣洛陽的兵馬包圍了曹府並日夜看守；府宅的四角搭起了高樓，樓上時刻有人監視曹爽兄弟的舉動。曹爽若是挾著彈弓到後園去，樓上的人就高聲叫喊：「故大將軍向東南去了。」對此，曹爽愁悶不已，不知如何是好。

正月初十，有關部門奏告「黃門張當私自把選擇的才人送給曹爽，懷疑他們之間隱有奸謀。」於是逮捕了張當，交廷尉訊問查實。張當交代說：「曹爽與尚書何晏、丁謐，司隸校尉畢軌，荊州刺史李勝等人陰謀反叛，等到三月中旬起事」。於是，司馬懿把曹爽、曹羲、曹訓、何晏、丁謐、畢軌、李勝以及桓範等人都逮捕入獄，以大逆不道罪劾奏朝廷，並與張當一起都被誅滅三族。

羊祜以德服人

羊祜，西晉大臣，字叔子，西晉初年以尚書左僕射都督荊州諸軍事，在位十年，開屯田，儲軍糧，在積極準備伐吳的同時，努力與吳將互通使節，各守邊界。羊祜平時勤政愛民，深得民心，去世後，襄陽百姓為他建碑立廟，人稱墮淚碑。

晉武帝司馬炎想要消滅吳國。西元二六九年二月，司馬炎任命尚書左僕射羊祜統領荊州各軍事，鎮守襄陽；任命征東大將軍衛瓘統領青州各軍事，鎮守臨菑；任命鎮東大將軍、東莞王司馬伯統領除州各軍事，鎮守下鄭。羊祜對遠近百姓都安撫關切，在江、漢地區深得人心。他與吳人開誠布公講信用，投降的吳人想離開，都聽從他們的心願。羊祜裁減守邊、巡邏的士兵，讓他們開墾了八百多頃農田。他剛到那裡的時候，軍隊的糧食不足以維持百日，等到了後期，已經有了足夠吃十年的積糧。羊祜在軍中，時常穿著輕暖的裘皮衣服，衣帶寬鬆，不披掛鎧甲。他居住的地方，侍衛也不過十幾人。

西元二七二年十二月，羊祜去江陵接應東吳投降的步闡，沒有成功，被貶為平南將軍。回來以後，他致力於修明德信，以使吳人歸順。每次與吳國交戰，都要約定日期才開戰，不做乘其不備、突然襲擊的打算。將帥當中有要獻詭詐計謀的人，羊祜總是給他喝醇厚的美酒，使他酒醉不能說話。羊祜的軍隊外出在吳境內行走，割當地人穀子做口糧，全都記下所取的數量，然後送去絹償還。每次與部眾在長江、沔水一帶打獵，經常只限於晉的領地，如果禽獸先被吳人所傷而後被晉兵所得，都要送還吳人。久之，吳國邊境的百姓對羊祜心悅誠服。羊祜與陸抗邊境相對，雙方的使者常奉命相互來往，陸抗送給羊祜的酒，羊祜喝起來從不生疑；陸抗病了，向羊祜求藥，羊祜把成藥送給他，陸抗也馬上就服下。許多人諫阻陸抗，陸抗說：「怎麼會有用毒藥殺人的羊祜？」陸抗對守邊的士兵說：「別人專門行恩惠，我們專門做惡，這就等於不戰而自己就屈服了。現在雙方各自保住疆界就可以了，我們不要再想占小便宜。」吳主聽說雙方邊境交往和諧，就以此事責難陸抗，陸抗說：「一邑一鄉都不可以不講信義，更何況大國呢！我如果不這樣做，正是顯揚了羊祜的恩惠，對羊祜毫無損傷。」

羊祜不攀附結交朝廷中的權貴，荀勖、馮之徒都憎恨他。羊祜堂外甥王衍曾經去羊祜那裡陳述事情，言辭非常清晰明辨；羊祜對他並不讚賞，王衍拂衣而去。羊祜回過頭對賓客們說：「王衍應當能以極大的名聲達到高位，然而敗壞風俗、損傷教化的也必定是他。」等到攻打江陵時，羊祜曾依軍法要斬王戎。王衍是王戎的堂弟，所以兩人都怨恨羊祜，言談之間經常誹謗羊祜。當時的人為此有句話說：「二王執掌朝政，羊公一無是處。」

西元二七八年，羊祜因病請求入朝覲見司馬炎，到了以後，司馬炎讓他乘坐車子上殿，不用朝拜直接就座。羊祜向司馬炎當面陳述攻取東吳的計畫，司馬炎非常讚賞。因為羊祜生病，不方便經常進宮，司馬炎就派中書令張華去羊祜那裡詢問計策。羊祜說：「孫皓暴虐到了極點，現在可以不戰而勝。如果孫皓不幸死了，吳人再立一個賢明的君主，那麼我們雖然有百萬大軍，長江以外也不是我們可以覬覦的，將會成為後患啊！」張華非常贊同他的話。羊祜說：「成就我理想的人，就是你啊！」

西元二七九年十一月二十六日，羊祜生病去世，司馬炎痛哭不已。那一天，天氣非常寒冷，司馬員的眼淚流到鬍鬚上都結成了冰。荊州的百姓聽到羊祜去世，也停止買賣，街巷裡哭聲一片。東吳戍守邊界的士兵也都為他哭泣。羊祜喜歡到峴山遊玩，襄陽人就為他在峴山建碑立廟，每逢時節就去祭祀他。看到這塊石碑的人沒有不流淚的，所以人們叫它「墮淚碑」。

羊祜是晉國著名的軍事家，他深知「得人心者昌，失人心者亡」這個真理。羊祜施德於吳民，而吳主孫皓對吳民暴虐日甚，後來被晉所滅是意料中事。羊祜雖因病逝不及伐吳，但其施德於吳人的策略思想，為其推薦的杜豫所繼承，因而使吳人紛紛不戰而降。羊祜是三國乃至中國歷史上難得出現的人物，他光明磊落，體恤百姓，尊重對手，明察時勢，善薦人才，又不乏傳統的詩情畫意，實為一代人傑。

陸抗虎父無犬子

陸抗是三國後期吳國名將，陸遜之子。陸抗治軍嚴謹，指揮隨機應變，主張戍邊以德，爭取人心，功高而謙遜，後人評其有父風。西元二七二年，西陵督步闡叛降西晉，陸抗率兵平亂，採取圍而不攻的戰術。西晉名將羊祜率軍進攻江陵，意解西陵之圍。陸抗識破敵軍意圖，據理說服眾將，繼續圍困西陵，並派人令江陵都督固守，令公安都督率部巡長江南岸抵禦羊祜水師。羊祜只得退兵，陸抗一舉攻克西陵，斬步闡等叛將。

陸抗是陸遜的兒子，孫策的外孫。陸遜的長子早夭，所以陸遜死後由陸抗襲爵。西元二七二年九月，東吳西陵督步闡占據西陵向晉投降。當時，陸抗擔任鎮軍大將軍，西陵正在他的管轄區內，於是馬上派將軍左奕、吾彥等前去討伐。

晉武帝派荊州刺史楊肇到西陵迎接步闡，車騎將軍羊祜統率步兵進攻江陵，巴東軍徐胤率水軍攻打建平救援步闡。陸抗命令西陵各軍築造高峻的圍牆，從赤溪一直到故市，內可用來圍困步闡，外可以抵禦晉兵。陸抗三令五聲地催逼築圍，就好像敵人已經來到眼前，眾將士為此異常勞苦。諸位將官進諫說：「當前應乘三軍的銳氣，急速攻打步闡，等晉的救兵到來，必定已克西陵，何必去做築圍事，使士兵、百姓的氣力都疲憊不堪呢？」陸抗說：「西陵城所處的地勢已是很穩固了，糧穀又充足，況且所有守備防禦的設施、器具，都是我早先在西陵任職時所設置準備的，現在反過來攻打它，不可能很快取勝。晉兵到來而我們沒有防備，內外受敵，靠什麼來抵禦？」諸將都想攻打步闡，陸抗想使眾人心服，就聽任他們去試一試，果然沒有得到好處，於是開始齊心協力築圍防守。這時，羊祜的五萬兵馬到了江陵。諸位將官都認為陸抗不適宜去西陵，陸抗說：「江陵城堅固，兵員足，沒有什麼可擔憂的。假如敵人得到了江陵，必然守不住，我們的損失小。如果晉兵占據了西陵，那麼南山的眾多夷人都會騷亂動搖，這樣的話，禍患就不可估量了！」於是，親自率領部眾奔赴西陵。

當初，陸抗因江陵以北道路平坦開闊，命令江陵督張咸興造大壩阻斷水流，浸潤平地以斷絕敵人侵犯和內部叛亂。羊祜想借大壩阻住的水用船運送糧草，就故意揚言要破壩以透過步兵。陸抗聽到這個消息，讓張咸急速毀壞大壩，諸將都迷惑不解，多次諫阻陸抗也不聽。結果羊祜到了當陽，聽說大壩已毀，只好改用車子運糧，耗費了許多人力和時間。

十一月，晉朝楊肇到達西陵。陸抗命令公安督孫遵沿著南岸抵禦羊祜，水軍督留慮抵禦徐胤，陸抗親自率領大軍憑藉長圍與楊肇對峙。將軍朱喬營中的都督俞贊逃到了楊肇那裡。陸抗說：「俞贊是軍隊中的舊官吏，了解我軍虛實。我常常擔心夷兵平時的訓練不夠，敵人如果圍攻，必定先打夷兵防守的地方。」於是，當夜更換夷兵，全都用精兵把守。第二天，楊肇果然攻打原來夷兵防守的地方，陸抗下令反擊，箭與石塊像下雨一樣襲來，楊肇的部眾死傷不斷。十二月，楊肇無計可施，夜裡逃走了。陸抗想追楊肇，又擔心步闡一直積蓄力量，窺伺時機，自己的兵力不足以分開對付兩頭，就只擂鼓警戒部眾，作出要追趕的樣子來。楊肇的部眾恐懼騷動，全都丟棄鎧甲脫身而逃。陸抗派輕騎兵緊追不捨，楊肇大敗，羊祜等人領兵而還。陸抗於是攻克西陵，殺死步闡以及與他同謀的將吏共幾十人，全都夷滅三族，並上書請求對餘下幾萬人赦免。

功成之後，陸抗返回東邊的樂鄉，臉上沒有驕傲、自負之色，還像以往一樣謙虛，吳主加封陸抗為都護。

引蛇出洞攻統萬

西元四二七年一月，夏主赫連昌命將率眾兩萬攻長安。四月，夏軍在長安與北魏奚斤軍相峙。北魏主拓跋燾乘夏軍主力在外，乘虛率軍進攻夏都統萬。為了攻取夏都，拓跋燾把精兵埋伏於統萬附近的山谷，而以少數兵力至城下挑戰。夏軍堅守不出。接著，北魏軍退軍示弱，誘騙夏軍出擊。結果，夏軍被北魏伏兵打得大敗。

北魏司空奚斤與夏國平原公赫連定在長安對峙。北魏太武帝拓跋燾想趁夏國後方空虛，進攻夏國的都城統萬。於是厲兵秣馬，部署將領。西元四二七年五月，拓跋燾從平城出發，命令龍鑲將軍陸俟統率留在北方的各支部位，鎮守大磧，防備柔然汗國的進攻。

西元四二七年五月初九，北魏國主拓跋燾抵達拔鄰山，在那裡修築城堡，留下輜重，然後率領輕騎兵三萬人，加速先行進發。朝中隨行的文武官員都勸阻他說：「統萬城十分堅固，不是一日之內就可以攻克的。如今您率領輕裝部隊去討伐，恐怕一時不能攻破，想要退回又沒有糧餉及其他軍用物資，不如與步兵一道，攜帶攻城械具進攻統萬。」拓跋燾說：「用兵的策略，攻城是最下策；非到萬不得已，不可使用。現在我們如果以步兵攜攻城械具一起開進，敵人見狀，一定會恐懼並堅守城池。如果我們不能按時攻下，糧食吃完，兵士疲勞，城外又沒什麼可以搶奪的，那時我們就會進退不得，陷入窘境。不如先用騎兵長驅直抵統萬城下，敵人見到我們的步兵沒有來，一定不太在意。我們再故意裝出羸弱不堪的樣子，引誘他們出擊，他們如果出城迎戰，就會被我們生擒。我們的將士離家兩千餘里，又隔著一條黃河，這就是所謂『置之死地而後生』啊！三萬人的輕騎兵，攻城自然不夠，但用來決戰，也綽綽有餘。」

於是率軍出發，抵達統萬，分出大批兵力埋伏在山谷裡，只派少數部隊進軍城下。夏國的大將狄子玉投降北魏，報告拓跋燾說：「夏王赫連昌聽說北魏大軍將至，就徵召平原公赫連定率軍返回。赫連定說：『統萬城十分堅固，不容易被攻破，等我擒獲奚斤，再趕赴統萬，內外夾擊，一定可以成功。』所以赫連昌決定堅守，等待赫連定。」拓跋燾聽到後，非常擔心，於是撤退示弱。又派遣娥清和永昌王拓跋健率領騎兵五千人到西邊搶掠百姓。

北魏軍隊裡有士兵因為犯罪逃走，投降夏軍，說魏軍的糧草已經用盡，士兵們每天只吃野菜，輜重補給還在後面，步兵也還沒到達，應該趁機迅速進攻。赫連昌聽從了。六月初二，赫連昌親自率領步兵、騎兵共三萬人出城。北魏的大臣司徒長孫翰等人都說：「夏國的騎、步兵的陣勢難以攻破，我們應該避開敵軍的鋒銳。」拓跋燾說：「我們遠道而來，就是要引誘敵人出城，唯恐他們不出。現在他們既然出城了，我們卻避而不打，只能使敵人士氣旺盛，我們卻被削弱，這不是用兵的好計策！」於是，命令部隊集結假裝逃走，引誘敵人追趕，使他們疲憊。夏國的軍隊兵分兩路，左右追擊包抄，鼓聲震天，追了五、六里路，就趕上大風從東南而來，漫漫塵沙，遮天蔽日。拓跋燾把騎兵分作兩隊，牽制敵軍。戰鬥中，拓跋燾忽因坐騎失蹄摔倒，掉下馬來，幾乎被夏國的軍卒所抓獲。拓跋齊用自己的身體護衛遮擋敵人對拓跋燾的進攻，拚死戰鬥，夏國圍攻的士兵才被擊退。北魏國主拓跋燾趁此機會，翻身跳上馬背，殺死敵人騎兵十多個人，自己也被流箭射中，但他仍然奮力殺敵，苦戰不休，夏國的部隊完全崩潰。初三，北魏國主拓跋燾進入統萬城，俘虜夏國的親王、公爵、高級文官、軍事將領以及赫連昌的太后皇后嬪妃、姐妹、宮女等數萬人。還繳獲馬匹、牛羊無數，國庫中的珍寶、車輛、旌旗，各種精美的器物，多得不可勝數，拓跋燾把它們按等級分別賞賜給自己的將士。

檀道濟以沙充糧全身而退

西元四三一年正月十五日，劉宋征南大將軍檀道濟等人出兵救援滑台，與魏軍交戰三十多次，大多取勝。魏軍焚燒了劉宋軍的糧草，劉宋軍不能前行。檀道濟使用巧計迷惑了魏軍，使自己得以全身而退。

西元四三一年正月十五日，劉宋檀道濟等從清水出兵，救援被北魏軍圍攻的滑台。北魏叔孫建、長孫道生率軍抵抗。十六日，檀道濟的軍隊抵達壽張，與北魏的軍隊遭遇。

檀道濟率領部下奮勇抗擊魏軍，大破北魏軍隊。二月，劉宋檀道濟的軍隊開進濟水，二十多天的時間裡，先後與魏軍交戰三十多次，而檀道濟多半取勝。宋軍開到歷城，北魏叔孫建等派遣輕騎兵往來截擊，出沒在大軍的前前後後，還縱火焚燒了劉宋軍的糧草，檀道濟因為軍中缺糧，不能前進。所以北魏冠軍將軍安頡、安南大將軍司馬楚之等能夠以全部力量進攻滑台。拓跋燾又派楚兵將軍王慧龍增援。劉宋滑台守將朱之堅守滑台已有幾個月之久，城中糧食吃光了，士卒們用煙燻出老鼠，烤熟吃掉。檀道濟的大軍因為糧盡，只好從歷城撤軍。軍中有逃走投降北魏軍的士卒，把劉宋軍的困難境遇一一報告給北魏軍。於是，北魏軍趁機追擊劉宋軍，劉宋軍軍心渙散，人人自危，馬上就要潰散。

就在這緊要關頭，檀道濟利用夜色的掩護，命令士卒把沙子當作糧食，一斗一斗地量，而且邊量邊大聲地念出數字，然後用軍中僅剩的一點穀米覆在沙子上。第二天早晨，北魏看到這種情況，以為檀道濟軍中的糧食還很充裕，就給那個降卒定了欺軍之罪殺掉了。到了天色發白，檀道濟命令將士戴盔披甲，自己穿著便服，乘著一輛馬車，大模大樣地沿著大路向南轉移。魏將被檀道濟打敗過多次，本來對宋軍有點害怕，再看到宋軍從容不迫地撤退，懷疑他們又在哪裡設下了伏兵，不敢追擊。檀道濟靠他的鎮靜和智謀，保全了宋軍，使宋軍安全地回師。以後，北魏也不敢輕易進攻宋朝。

檀道濟在劉裕朝功績顯著，名聲很大。他左右的心腹都身經百戰，幾個兒子也很有才氣，朝廷對他又是猜疑又是畏懼。西元四三六年，文帝劉義隆病了很久沒有好轉，將軍劉湛勸司徒劉義康，認為皇上萬一去世，就再也控制不住檀道濟了。正好劉義隆的病情加重，劉義康勸劉義隆召檀道濟入京。檀道濟的妻子向氏對他說：「功勛超過時人，自古以來都被猜疑。現在沒有什麼事情卻召你入京，一定有災禍將要降臨了。」檀道濟到建康後，在京城留了一個多月。劉義隆的病情稍有起色，就送他回去。已經到了碼頭，還沒有出發，劉義隆的病情又突然加重，劉義康假稱是皇帝的詔令，召檀道濟回去為他餞行，趁機把他抓了起來。

三月初八，劉義隆下詔，說：「檀道濟偷偷散發財物，招集地痞流氓，趁朕病重，圖謀不軌。」把檀道濟交付廷尉，不久，即將他和他的兒子、給事黃門侍郎檀植等十一人，一起誅殺，只寬恕了他年幼的孫子。又殺了司空參軍薛彤、高進之，這二人都是檀道濟的心腹，勇猛善戰，當時的人都把他們比作關羽、張飛。

檀道濟被捕的時候，極度憤怒，目光灼灼，像火炬一樣。他脫下頭巾扔在地上，說：「竟然毀壞自己的萬里長城！」北魏人聽說檀道濟被殺的消息，高興地說：「檀道濟死了，江南那幫小子就沒有什麼可怕的了。」後來，宋文帝也很後悔。有一次，北魏的大軍打到江北的瓜步（今江蘇六合）。宋文帝在建康的石頭城上瞭望遠處，感慨地說：「如果檀道濟還活著，斷不會讓胡騎橫行到這個地步。」

孝文帝遷都洛陽

北魏孝文帝拓跋宏，為獻文帝拓跋弘之長子，西元四七一年即位登基。西元四九三年，北魏孝文帝決定把都城由平城遷到洛陽，遭到傳統勢力的一致反對，於是孝文帝就親自導演並主唱了一曲引人入勝的戲劇。

北魏孝文帝因為平城氣候寒冷，而且經常狂風大作，飛沙漫天，所以準備把京都遷到洛陽。但他又擔心文武官員們不同意，於是提議大規模進攻南齊。

孝文帝召見尚書任城王拓跋澄，對他說：「我準備要做的這件事，確實是很不容易的。平城只是用武力開疆拓土的地方，而不宜進行治理教化。現在，我打算進行風俗習慣的重大變革，想利用大軍南下征伐的聲勢，將京都遷到中原，你認為怎麼樣？」拓跋澄說：「陛下您打算把京都遷到中原，用以擴大疆土，征服四海，這也正是以前周王朝和漢王朝興盛不衰的原因。」孝文帝說：「北方人習慣留戀於舊有的生活方式，那時，他們一定會驚恐騷動起來，怎麼辦？」拓跋澄回答說：「不平凡的事，原本就不是平凡的人才能做得了的。」孝文帝高興地說：「任城王真是我的張良張子房呀！」

西元四九三年，孝文帝親自率領步兵騎兵三十多萬，從平城出發南下。部隊到達洛陽時正是秋雨連綿的時節，道路泥濘，行軍十分困難。但是孝文帝仍舊戴盔披甲騎馬出城，下令繼續進軍。文武百官攔住馬頭叩拜，諫阻南征。拓跋宏說：「朝廷大計，已經決定，大軍將繼續前進，你們還要說什麼？」尚書李沖等說：「這次南征行動，天下人都不願意，只有陛下想那樣做。我們有自己的想法，卻無法表達出來，所以只有冒死請求。」拓跋宏大怒說：「我正在計畫統一天下，而你們這些書生，多次懷疑國家大計，不要再說了！」說完，揚鞭策馬，就要出發。安定王拓跋休等圍住了拓跋宏，仍然流著眼淚懇切地勸諫。拓跋宏對眾臣說：「這次發動大軍南征，聲勢不小，可是發動了卻沒有成效，拿什麼向後人交代？我們世世代代住在幽州及北方地帶，一直希望南遷中原。如果要我不南征，就應當把京都遷到洛陽，各位王公以為如何？願意遷都的站在左邊，不願意遷都的站在右邊。」南安王拓跋禎進言說：「自古成就大事業的人，辦事不同群眾商量，而今陛下如果停止南征，遷都洛陽，這是我們的願望，也是百姓之福。」文武官員都高呼萬歲。遷都洛陽的大計，終於確定下來了。

拓跋宏因為文武官員對遷都的事意見並不一致，於是問鎮南將軍於烈：「你的意見如何？」於烈說：「陛下聖明，計畫深遠，不是愚昧和目光短淺的人所能看到的。但我心中計算，擁護遷都和懷戀故土的人，正好各占一半。」拓跋宏說：「你既然不唱反調，就是擁護。我感謝你不唱反調對我的幫助。」於是派他回平城留守，並對他說：「留守平城的一切事務，都委託給你了！」任城王拓跋澄返回平城，向留城的官員宣布遷都的消息。大家突然聽到這一消息，都震驚不安，後經拓跋澄反覆開導，才豁然開朗，欣然接受遷都的決策。

西元四九四年十月，拓跋宏親自到祖廟祭拜祖先，命高陽王拓跋雍、鎮南將軍於烈，恭恭敬敬地捧著皇家神主遷往洛陽，十月十日從平城出發。十一月，拓跋宏抵達洛陽。

如果孝文帝直接提出遷都大計，肯定阻力重重，難以有所作為。但他沒有硬來，而是迂迴作戰，先使出一招南征之計，然後再亮出底牌，讓人幾乎無力反對。孝文帝計謀的成功，也是他深諳人的心理使然。

郭子儀收復長安雪國恥

郭子儀是唐代著名的軍事家，安史之亂時任朔方節度使，在河北打敗史思明。後借回紇兵收復洛陽、長安兩京，功居平亂之首，晉為中書令，封汾陽郡王。代宗時，叛將僕固懷恩勾結吐蕃、回紇進犯關中地區，郭子儀正確地採取了結盟回紇，打擊吐蕃的策略，保衛了國家的安寧。

西元七六三年十月，吐蕃軍隊進犯涇州，涇州刺史高暉舉城投降。隨後，高暉為吐蕃軍隊當嚮導，引導他們向內地深入。吐蕃軍隊經過邠州時，代宗才知道這個消息。初二，吐蕃軍隊進犯奉天、武功，京師大為震驚。代宗下詔任命雍王李適為關內元帥，郭子儀為副元帥，出兵咸陽抵禦吐蕃軍隊的進攻。

吐蕃軍隊進逼中原時，郭子儀閒居京師已久，部下早已離散。郭子儀只得臨時招募，徵得騎兵二十人啟程。到咸陽時，吐蕃率領吐谷渾、黨項、氐、羌等各族軍隊二十多萬人，漫山遍野，前後達數十里，已經從司竹園渡過渭河，順著山勢向東湧來。郭子儀派遣判官中書舍人王延昌入朝奏報軍情，請求增兵支援。由於驃騎大將軍程元振的阻攔，王延昌竟然沒有被代宗召見。初四，渭北行營兵馬使呂月將率領精銳部隊兩千打敗了吐蕃軍隊。初六，吐蕃軍隊再次進犯，呂月將再次與敵軍拚死作戰，士兵全部戰死，呂月將也被吐蕃軍隊擒獲。代宗加緊操練軍隊，這時，吐蕃軍隊已經跨過便橋。代宗臨事倉促，不知所措。初七，代宗逃往陝州。初八，代宗逃到華州，華州官吏都已逃散，無人接待供奉，隨從將士不免挨餓受凍，正好觀軍容使魚朝恩帶領神策軍從陝州來迎接，代宗才平安抵達陝州。初九，吐蕃進占長安，高暉和吐蕃大將馬重英等人擁立已經去世的邠王李守禮的孫子李承宏為皇帝，更改年號，設置百官，任用前翰林學士於可封為宰相。吐蕃在長安搶掠官府倉庫、市里民舍，焚燒房屋，長安城被洗劫一空。

郭子儀見代宗已離開長安，就帶著三十名騎兵向東去徵募士兵。郭子儀經過藍田時，正遇上元帥都虞候臧希讓、鳳翔節度使高升，得到士兵近千人。郭子儀怕潰逃的士兵到達商州會擾亂人心，就指派王延昌直接趕到商州安撫。而商州六軍將領正在放縱士兵搶掠，聽說郭子儀要來了，都十分高興，表示願意接受命令。郭子儀擔心吐蕃進逼代宗，駐守七盤三天，才向商州進發，沿途收羅散兵，加上會合了武關防守士兵，到達商州時，已有兵卒四千人。郭子儀在商州流著眼淚激勵將士，發誓要共同洗雪國家恥辱，收復長安，將士十分感動，都表示服從指揮。

郭子儀請太子賓客第五琦為糧料使，負責供給軍糧。代宗派人送詔書給郭子儀，想召見他，並擔心吐蕃東出潼關。郭子儀上表說：「我不收復京城，就沒有面目見陛下。如果我從藍田出兵，吐蕃肯定不敢向東進犯。」這時，段秀實已勸說節度使白孝德領兵前來解救危難。白孝德領兵大舉進攻，向南攻取京城周圍地區，與蒲州、陝州等州兵會合。吐蕃在扶植了廣武王李承宏後，想劫掠長安城中的仕女工匠等，收兵回國。郭子儀派左羽林大將軍長孫全緒帶領兩百名騎兵出藍田察看吐蕃軍情。長孫全緒到達韓公堆後，白天擊鼓，並在四下樹立旗幟，晚上在多處燃起火堆，以使吐蕃生疑。前光祿卿殷仲卿聚集了近千人，保衛藍田，與長孫全緒相互配合，並派了兩百多名騎兵渡過了滻水，吐蕃才感到害怕。老百姓又騙他們說：「郭令公從商州帶來數不清的大軍。」吐蕃信以為真，開始慢慢退兵。長孫全緒派射生將王甫入長安，暗地裡結集了幾百名少年，夜裡在朱雀街敲鼓大喊，吐蕃軍隊更加驚恐不安，第二天，吐蕃軍全部逃離長安。

李愬雪夜入蔡州

唐末各個藩鎮中，淮西是個頑固的割據勢力。西元八一四年，淮西節度使吳少陽亡故，他的兒子吳元濟自立。唐憲宗發兵征討淮西，但是他派去的統帥，不是腐朽的官僚，就是自己另有企圖。結果，花了整整三年時間，耗費了大量財力，都失敗了。西元八一七年，朝廷任命李愬為唐州等三州節度使，李愬整頓軍隊雪夜突襲蔡州，成功抓獲了輕敵的吳元濟，將他押送京師。

西元八一七年，唐憲宗任命李愬為唐州等三州節度使，前往淮西平亂。唐州的將士打了幾年仗，都不願再打，聽到李愬一來，都心生畏懼。李愬到了唐州，就向官員宣布說：「我是個懦弱無能的人，朝廷派我來，是為了安頓地方秩序。至於打吳元濟，不干我的事。」這個消息傳到吳元濟那裡。吳元濟打了幾次勝仗，本來就有點驕傲，聽到李愬不懂打仗，更不把防備放在心上了。

西元八一七年十月的一天，李愬命令馬步都虞候、隨州刺史史旻留下來鎮守文城，命令李祐與李忠義率領由敢死之士組成的突擊隊三千人作為前導，自己與監軍率領三千人作為中軍，命令李進誠率領三千人居於軍隊的後部。諸將率部出發以後，還不知道要往哪裡開進。李愬說：「只管向著東方行進。」軍隊走了六十里路，夜晚來到張柴村，將屯戍村中的淮西士兵和守候烽火的人員全部殺死，占領了敵軍的柵壘。李愬命令將士稍作休息，吃些乾糧，整頓馬具，留下五百人鎮守張柴村，又連夜率領兵馬出了張柴村的柵門。眾將領請示進軍目標，李愬說：「到蔡州去捉拿吳元濟！」眾將領都大驚失色。監軍甚至哭著說：「果然中了李愬的奸計了。」當時，風雪大作，旗幟破裂，凍死的戰士與馬匹隨處可見。加之天色陰暗，由張柴村往東去的道路，都是官軍從來沒有走過的，人人都暗自以為肯定活不成了。但是，他們畏懼李愬，不敢違抗命令。到了半夜，雪下得更大了。官軍走了七十里路，來到蔡州城下，靠近城邊有一處餵養鵝鴨的池塘，李愬命令轟打鵝鴨，以遮掩軍隊行走的聲音。

自淮西節度使吳少陽抗拒朝廷以來，官軍不到蔡州城下已經有三十二年了，所以蔡州的人毫無防備。第二天，凌晨四鼓後，李愬率軍來到城牆腳下，城中沒有一個人察覺。李愬、李忠義挖城磚作為站腳的地方，一步一步慢慢地登上城牆，將士們緊跟其後。蔡州城守門的士兵還在熟睡就被全部殺掉了，只留下巡夜打更的人，讓他照常打更，沒有露出一點破綻。然後打開城門把隊伍放進來，等到了裡城也是這樣，城中的人一點沒有察覺。報曉的公雞叫起來了，大雪也停了，李愬軍這時已到了吳元濟的外衙。有人向吳元濟報告說：「官軍到蔡州城了！」吳元濟睡在床上，笑著說：「不過是被俘虜的囚徒在鬧事罷了。」等天亮了，又有人驚慌失措地來報告說：「蔡州已經失陷了！」吳元濟還不在意，說：「我一定要把他們全部殺掉。」「這一定是駐守洄曲的子弟向我要寒衣來了。」他穿起衣服，走到庭院中仔細地聽，只聽見李愬號令軍隊，響應者有上萬人。吳元濟這時才害怕起來，急忙率領身邊將士登上牙城進行抵抗。

那時，叛將董重質擁有精兵萬餘人，據守洄曲。李愬推斷說：「吳元濟所盼望的，是董重質的軍隊來救他。」就派人尋訪董重質的家，送去財物加以安撫，讓他的兒子董傳道帶了書信勸說董重質。董重質知道李愬的厚意，就單人騎馬來向李愬投降。李愬派李進誠率部隊進攻牙城，毀其外門，找到了收藏兵器的倉庫，把裡面各種器械取出來。過了一天，李進誠軍又發起進攻，放火燒了蔡州內城的南門，並集中了弓箭手，向城上射箭。外城的百姓爭著背柴草幫助官軍。下午，南門告破，吳元濟在城上向官軍請罪。李進誠用梯子引吳元濟從城牆上下來。第二天，李愬下令用囚車把吳元濟押送到京師。

李愬奇襲的成功並非出於偶然。就主觀而言，李愬治軍有方，奉己儉約，待士豐厚，能得士心；又明於知人，敢於重用降將，能得敵情；他英明果斷，敢於抓住蔡州空虛的時機，實施奇襲；又長於謀略，善於麻痺敵方，瓦解其民心和士氣。這些，都使他能利用風雪陰晦，烽火不接的天氣，孤軍深入，置全軍於死地而後取得奇襲的勝利。從客觀條件上來說，唐憲宗始終未改其平定淮西的決心，又能集中力量對吳元濟用兵，甚至撤去監陣中使，而北線唐軍則牽制、吸引了淮西的主力，這都為奇襲的勝利創造了有利的條件。

周德威以逸待勞破梁兵

周德威是後唐名將，他用兵持重，能攻善守，常出奇制勝，為開創後唐屢建功勛。西元九一〇年，在柏鄉之戰中，正是周德威的謀略和據理力爭才使晉軍沒有因為李存勖的冒險而失利，晉王採取了退軍高邑（今屬河北）、誘敵離營、以逸待勞之策，最後取得了柏鄉大戰的全面勝利。

西元九一〇年十一月，梁太祖懷疑趙王與晉勾結，派兵占據了深州。趙王派使者向燕王劉寧光、晉王李存勖求救。晉王同意發兵，燕王則想借梁、趙互鬥，兩敗俱傷而坐收其利，不肯發兵。晉王派大將周德威統軍屯守趙州，又親自領兵東下，至趙州與周德威會合。晉王兩支軍隊會合後，進軍至梁軍駐屯的柏鄉三十里外，由周德威等率騎兵前去挑戰，梁軍不出戰。第二天，晉軍前進至柏鄉五里處，在野河北岸紮營。晉王派騎兵前往梁營，向梁軍射箭、謾罵，梁將韓就等率步騎三萬，分三道出營追趕。

周德威親自率領千餘名精銳騎兵進攻梁軍的兩翼，左右掃蕩，衝進衝出好幾次，抓獲了百餘名俘虜，最後一邊打一邊退，到了野河岸邊才停下，梁兵也主動退去。周德威向晉王說：「賊人的聲勢很大，我們應當按兵不動來等待他們士氣衰退。」李存勖於是撤除營寨，退到高邑縣守衛。梁軍駐守的柏鄉沒有儲備馬料，因此梁兵只好四處割取馬料，晉軍每天派出遊騎騷擾，梁兵因而不敢再出。周德威派胡人騎兵環繞梁軍營寨射箭辱罵，梁兵懷疑晉軍有埋伏，更不敢出來，只好用屋頂的茅草和屋內的坐席來餵馬，馬匹餓死不少。

西元九一一年正月初二，周德威與別將史建塘、李嗣源等率精銳騎兵三千人逼近梁軍營寨辱罵挑戰，梁軍主將大怒，率部傾巢而出。周德威等轉戰至高邑南，晉將李存璋這時已將步兵布防在野河岸邊，梁軍隊伍擺開好幾里寬，競相衝上來奪取浮橋，守橋的鎮州、定州的步兵眼看支持不住了，晉王對匡衛都指揮使李建及說：「敵人一旦衝過橋來就不好辦了。」李建及便挑選了兩百名精兵衝殺上去，經過一番苦戰終於把敵人擊退。戰鬥從上午巳時一直打到午時，還沒有分出勝負。晉王對周德威說：「雙方軍隊已經戰在一起，很難再分開了。我們的興亡，就在此一舉。我替你打前鋒，你可以隨後跟上。」周德威抓住他的馬韁勸告說：「我看梁軍的形勢，可以以逸待勞去制服他們，不能拚死力戰。他們離開營壘三十多里，即使隨身帶著乾糧，也沒有餘暇吃。日落以後，他們一方面饑渴交加，一方面要抵擋兵刃箭矢，士兵勞累疲倦，一定會有退兵的打算。到那時候，我們用精銳騎兵追擊，必定能大獲全勝。現在不可以攻擊。」晉王於是停止向前衝鋒。

當時，魏州、滑州的後梁兵在東邊列陣，宋州、汴州的後梁兵在西邊列陣。到太陽下山的時候，後梁軍沒有東西吃，兵士沒有鬥志，王景仁等率部逐漸退卻，周德威大聲呼喊說：「梁兵跑了！」晉兵大聲喧噪，爭相前進，魏州、滑州軍隊先退，李嗣源率眾在西邊陣前大聲呼叫道：「東陣已經逃跑，你們為什麼久留！」後梁兵驚慌恐懼，於是大潰。李存璋率領兵士追逐逃散的梁兵，大聲呼喚說：「梁人也是我們的人，父兄子弟運送軍糧的不殺。」於是，梁兵都脫下鎧甲，扔掉兵器，喧鬧聲驚天動地。趙人懷著對後梁兵屠殺深州、冀州戍卒的仇恨，顧不上搶奪財物，只是揮舞利刃追擊，後梁的龍驤、神捷兩軍的精兵幾乎全被殲滅，從野河到柏鄉，伏屍遍地。

坐山觀虎劉知遠稱帝

劉知遠是沙陀部人，後晉時任太原留守、河東節度使。晉遼交戰期間，他守境不出，招募軍士，壯大力量。遼軍進入汴京時，他派部下以祝賀勝利為名，去汴京察看形勢，知道遼軍很不得人心。不久，他打出復興後晉、迎石重貴來晉陽的旗幟，受到將士的擁戴。西元九四七年，他在晉陽稱帝，建國號為漢。第二年建年號為「乾枯」，史稱後漢。

當初，後晉出帝與河東節度使、中書令、北平王劉知遠互相猜忌，雖然任命劉知遠為北面行營都統，其實只是一個虛名，各路軍隊的行動，一點都不讓劉知遠干預過問。劉知遠因而大量招募士兵，各藩鎮中以河東最為富強，步兵、騎兵多達五萬人。後晉出帝和契丹結怨以後，劉知遠估計他凶多吉少，但從來也不加以評論、勸諫。契丹屢次縱兵深入，劉知遠也絲毫沒有阻攔或派兵支援的意思。等到聽說契丹已占據了大梁，劉知遠才分派軍隊守護四方邊境，防備契丹突然襲擊。然後派客將安陽人王峻帶三封奏表，前去拜見耶律德光。

第一封奏表，祝賀耶律德光進入汴州；第二封奏表，說明自己因為太原是夷、夏各族混居的地方，而且又有戍邊軍隊屯駐，所以不敢離開轄區；第三封奏表，說明自己本應進貢卻還沒有進貢的原因，是因為契丹將領劉九一的軍隊從土門出發往西，正好駐紮在南川，太原城中的百姓擔驚受怕，等到這批軍隊被調回去，道路通暢無阻之後，就可以進貢了。耶律德光於是頒賜詔書褒獎。等到詔書擬好，進呈審閱的時候，耶律德光親自在劉知遠的姓名之上加了一個「兒」字，又賜給他木拐。按照契丹人的禮儀，對大臣表示優厚的禮遇時才賜木拐，就像漢人賜茶几手杖一樣，只有契丹王的叔父才得到過這樣的禮遇。

劉知遠又派遣北都副留守、太原人白文珂獻上珍奇的絲織品和名貴的千里馬。耶律德光看出劉知遠還在觀望，不肯自己來，就趁白文珂返回太原的時候，讓他轉告劉知遠說：「你又不事奉南朝，又不事奉北朝，你打算等到什麼時候呢？」蕃漢孔目官郭威對劉知遠說：「契丹對我們怨恨很深！王峻說契丹人貪婪殘暴失掉人心，一定不能長久占據中原。」有人勸說劉知遠起兵擴大地盤。劉知遠說：「用兵有緩有急，應當根據形勢採取適當的策略。現在契丹剛剛收降了後晉的十萬兵馬，像老虎一樣占據著都城，形勢沒有發生其他的變化，怎麼能夠輕舉妄動呢？」

後來，劉知遠聽說後晉出帝被契丹脅迫，要到北方去，就揚言要從井陘出兵，將出帝迎歸晉陽。當劉知遠在廣場集合軍隊，對他們宣布出兵日期的時候，軍士們都說：「如今契丹攻陷都城，俘虜了皇帝，天下沒有君主。能做天下君主的，除了我們的大王還有誰呢？應該先即帝位，稱尊號，然後出兵。」於是，大家不停地爭著高呼萬歲。劉知遠說：「契丹的勢力還很強大，我軍聲威也還沒有得到傳播，應當先建功立業。」劉知遠拒絕稱帝。之後，仍不斷有部下規勸，劉知遠猶豫不決。最後，郭威與都押牙冠氏晉見劉知遠，並勸他說：「現在人心不論遠近，都不謀而合，希望您稱帝，這是天意啊！您不趁這個機會取得天下，如果再謙讓推辭，恐怕將來人心背離，反而會惹來禍患。」劉知遠終於聽從了他們的意見。西元九四七年二月十五日，劉知遠正式即皇帝位。

晉軍逆風出擊破契丹

後晉出帝石重貴即位後，後晉與契丹人矛盾加劇，雙方在陽城白團衛村交戰，後晉軍主力被契丹八萬大軍包圍，營中無水，鑿井又壞，大風狂起，契丹騎兵順風擊晉軍。晉軍逆風拚死出戰，大破契丹軍，追至衛村，再敗之，契丹主耶律德光遁去。

當初，後晉高祖在澶州城設置德清軍，等到契丹入侵時，澶州、鄴都之間的城池邢、洺（今屬河北）、磁三州均被攻陷。西元九四五年三月，杜威等諸軍攻打契丹。聽說契丹主率八萬騎兵南下，杜威畏懼，退守泰州。晉軍又向南撤退，到達白團衛村。契丹兵把晉軍營寨團團包圍，還派遣騎兵穿插到營寨後面，切斷了運糧的通道。晚上，颳起了很大的東北風，刮破了房屋，刮斷了樹木。晉軍在營寨中挖井，總是剛剛挖到水源就發生坍方，士兵們只好把濕泥取出來，用布絞水喝。晉軍人馬都渴得厲害。

等到天亮，風颳得更大。耶律德光坐在車中，對他的部下說：「敵人已陷入困境，我們要把他們全部抓住，然後向南奪取大梁！」於是命令鐵甲騎兵下馬，拔掉鹿角，衝入營寨，與後晉軍隊短兵相接。又順著風向放火，揚起沙塵助長進攻的氣勢。晉軍軍士都很憤怒，紛紛請求出戰。杜威說：「等待風勢稍微轉緩後再看可不可以出戰。」馬步都監李守貞說：「敵兵人多我們人少，風沙之內，看不清誰多誰少，只有奮力作戰的人才可以取勝，這陣風正好可以幫我們的忙；如果等到風停，我們的處境就更危險了。」當即大呼：「諸軍齊發向賊兵進擊！」又對杜威說：「令公您擅長守衛，我用中路軍與敵人決一死戰了！」馬軍左廂都排陳使張彥澤召集諸將問怎麼辦好，諸將都說：「胡虜現在正得到順風，應該等到風往回吹時再同他交戰。」張彥澤也認為可以。諸將退出，馬軍右廂副排陳使太原人藥元福獨自留下，對張彥澤說：「現在軍中饑渴已到極點，如果等到風回，我們這些人已經成了俘虜。敵人認為我們不能逆風出戰，應該出其不意抓緊攻擊他，這是用兵的詭詐之道啊！」馬步左右都排陳使符彥卿說：「與其束手就擒，不如以身殉國！」便與張彥澤、藥元福及左廂都排陳使皇甫遇帶領精銳騎兵出西門進擊契丹，諸將接著也跟上來了。契丹兵退卻幾百步。符彥卿等對李守貞說：「是帶著隊伍往來游弋呢，還是一直向前進擊，直到打勝為止呢？」李守貞說：「事情已經到了這個地步，怎麼能夠調轉馬頭！應該長驅直入取得勝利才作罷。」符彥卿等躍馬而去，風勢更加厲害，昏暗得像黑夜。符彥卿等率領一萬多騎兵橫衝契丹軍陣，呼聲震動天地，契丹兵大敗而走，勢如山倒。李守貞命令步兵把鹿角拔去，出陣戰鬥，步兵和騎兵同時進擊，把契丹兵向北驅逐二十餘里。契丹的鐵鷂軍下馬之後，倉皇之間來不及再上馬，把馬和鎧甲兵仗丟棄得遍地都是。

契丹潰散的兵卒到了陽城東南水上，稍微整復了陣列。杜威說：「賊兵已經破膽，不能再讓他們布成陣列！」於是派出精銳騎兵追擊他們，契丹兵都渡水逃去，契丹主乘坐奚車奔逃十餘里，追兵緊急，捉獲一匹駱駝，騎上牠逃走。晉軍諸將請求急速追趕他們。杜威說：「遇上敵人幸而沒有死掉，還想進一步索求衣囊嗎？」李守貞說：「兩天來人和馬都渴極了，現在喝上了水，都飽足了而且身子加重，難以追趕，不如保全軍隊還師。」於是退守定州。

古人云：「善戰者，見利不失，遇時不疑。」意思是要捕捉戰機，乘隙爭利，當然，小利是否應該必得，這要考慮全局，只要不會「因小失大」，小勝的機會也不應該放過。

第七章 興國安邦之略

在古代，有道明君治理國家，國家就能安定興盛；無道昏君統治天下，必然導致動亂滅亡。君主享有至高無上的權力，是王朝興亡的關鍵。怎樣做一個賢明的君主？體恤百姓、不務奢侈、接納諫言、居安思危是其中的要點。另外，國得賢臣則安，國失賢臣則危。賢臣往往敢於直諫而失寵，奸臣往往善於求媚而得勢。舉賢薦能是國家興旺祥和的標誌，而妒賢嫉能行饞言陷害之能事，必將給國家帶來禍亂。

商鞅立木取信施新法

商鞅想變法，又怕法令公布出來後老百姓不相信，影響新法的推行，於是他就在南門立下一根木桿，聲稱誰把木桿搬到北門，就可得到五十兩金子，後來，有人搬了木桿，當然也因此而得到了金子，於是，百姓們開始信服。商鞅這才頒布了新法。

起初，在戰國七雄中，秦國在政治、經濟、文化各方面都比中原各諸侯國落後。毗鄰的魏國就比秦國強，還從秦國奪去了河西一大片土地。西元前三六二年，秦國的新君秦孝公即位，他下決心發憤圖強壯大秦國。為了招待人才，他下了一道命令，說：「不論是秦國人或者外來的客人，誰要是能想辦法使秦國富強起來，就封他做官。」秦孝公的求賢令果然吸引了不少有才幹的人。有一個衛國的貴族公孫鞅（就是後來的商鞅），在衛國得不到重用，跑到秦國，託人引薦，得到秦孝公的召見。

公孫鞅到秦國後，求見秦孝公，向秦孝公講述富國強兵的辦法。秦孝公聽了高興萬分，遂留公孫鞅一起商議國家大事。公孫鞅想實行變法，但秦國的貴族都不贊同。經過激烈的爭論，秦孝公最終同意了變法的主張，並任命公孫鞅為左庶長，實行變法。於是，公孫鞅下令：百姓按五家一伍、十家一什組織起來，互相監督，有事揭發，一家犯法，幾家連坐；告發奸謀的人與斬敵人首級得到的賞賜一樣，隱匿不告發與投降敵人受到的處罰一樣；立下軍功的人，各按標準受上等爵賞；私下械鬥的人，各視情節處以相應的懲罰；努力做好本職工作，辛勤耕織而使糧食布匹增產的，可免除徭役；經商以及因懶惰而貧窮的，全家收為奴婢；就算是宗室出身，若沒有立下值得稱道的軍功，也不能錄入族譜；為了使不同爵位的差別更為明顯，不同等級的人用不同的名號稱呼他們的田宅、臣妾和服飾；有功勞的人表彰他們的功勞，沒有功勞的人再富有也沒有光彩。

在法令已經制定但沒有公布的時候，公孫鞅擔心百姓不信任，就在國都的南門立了一根三丈高的木桿，懸賞十金，徵求能將它搬到北門的人。大家都覺得奇怪，沒有人敢上去搬。公孫鞅又下令：「能搬的人賞五十金。」有一個人抱著試試看的心理，就走上去把木桿搬到北門，結果真的得到五十金。公孫鞅就用這個方式，來向人民表示賞罰必信，然後才正式發布變法的法令。誰知，變法令施行了一年，秦國百姓到國都上訪抱怨、說新法不好的有幾千人。有一次，秦國的太子犯了法。商鞅對秦孝公說：「國家的法令必須上下一律遵守。要是上頭的人不能遵守，下面的人就不信任朝廷了。太子犯法，他的師傅應當受罰。」結果，商鞅把太子的兩個師傅公子虔和公孫賈都治了罪，一個割掉了鼻子，一個在臉上刺字。這樣一來，那些貴族、大臣都不敢觸犯新法了。新法施行十年後，秦國路不拾遺，山林之中也沒有強盜，鄉村城市安定繁榮。秦國一些當初抱怨說新法不好的人，又來誇獎新法好。

「人無信不立。」一個人、一個團體、一個國家都是一樣的，言而無信則自取滅亡。誠信，即誠實，守信用。現代社會，在燈紅酒綠中，在車水馬龍中，在摩肩接踵時，許多慾望在或璀璨或幽暗的世界裡潛滋暗長，喧鬧與躁動似乎使很多人失去了前進的方向，其實，誠信始終應是生活的信條，做人的準則。

冒頓弒父篡位興匈奴

冒頓是匈奴第一個單于頭曼的長子。西元前二〇九年，冒頓殺父政變，登上匈奴單于寶座。其時正值中原楚、漢之爭，冒頓遂乘機發展勢力，控弦之士達三十餘萬。冒頓東占東胡，大破東胡王，迫使東胡北遷；西擊月氏，迫使月氏西遷；南並樓煩、白羊河南王，盡收復秦將蒙恬所攻取的河南地。冒頓統一了整個北疆，把一個處於眾多民族部落雜居、互不相屬、四分五裂的北方，第一次統一在匈奴族奴隸主的政權之下。

匈奴單于頭曼的太子叫冒頓。後來，頭曼所寵愛的閼氏又生了個小兒子，頭曼便想把他立為太子。這時東胡部族強大，西域的月氏部族也很強盛。頭曼於是派冒頓到月氏去當人質。不久，頭曼加緊進攻月氏，月氏就想殺掉冒頓。冒頓得知後，偷得月氏人的好馬騎上，逃回了匈奴。頭曼由此認為冒頓強壯勇武，就讓他統率萬名騎兵。與他憂柔寡斷的父親相反，從逃回來的第一天開始，冒頓就顯示了他的決斷、深慮、堅忍與長謀。冒頓製作出響箭，訓練部下騎射練習，使他們習慣於聽從自己的號令。冒頓下令說：「看到我的響箭射出後不一齊發射的人，斬首！」冒頓隨即用響箭自射他的好馬，接著又射他的愛妻，左右的人凡有不敢跟著發射的，都被斬殺了。最後冒頓又拿響箭射頭曼單于的馬，左右的騎兵也都跟著放箭射單于的馬。由此，冒頓知道這些兵士可以使用了，便在隨同頭曼出獵時，用響箭射頭曼，他的部眾也都跟著響箭同射單于。最終殺死了頭曼，並把他的後母和弟弟以及大臣中不聽從調遣的人全部誅殺。冒頓自立為單于。

東胡聽說冒頓弒父自立，便派出使者去告訴冒頓說：「想要得到頭曼在位時擁有的千里馬。」冒頓詢問群臣，群臣都說：「那是匈奴的一匹寶馬，不能給人！」冒頓道：「怎麼能與人家為友好鄰國卻還要吝惜區區一匹馬呀！」隨即把這匹馬送給了東胡。過了不久，東胡又派使者來對冒頓說：「想要得到單于的一位閼氏。」冒頓再詢問左右近侍，侍臣都憤怒地說：「東胡這般無禮，竟然索求閼氏！請發兵攻打它！」冒頓道：「和人家是鄰國，怎麼能捨不得一個女子呢！」就選取自己所寵愛的閼氏送給了東胡。東胡王於是越來越驕橫放縱。東胡與匈奴之間，有被丟棄的土地無人居住，方圓一千多里，雙方各居其一邊，設立屯戍守望的哨所。東胡再次派使者對冒頓說：「這些無人居住的荒地，我想得到它。」冒頓依舊召問群臣，群臣中有的說：「這是塊荒地，給他們也可以，不給也行。」冒頓這時卻勃然大怒道：「土地是國家的根本，怎麼能夠給人呢！」立即將那些說可以給予的臣子都殺了。冒頓接著一躍上馬，下令說：「國中有晚出發的人，斬首！」隨即領兵去襲擊東胡。由於東胡一直非常輕視冒頓，不設防備，冒頓輕易地滅掉了東胡。

冒頓獲勝而歸，又向西攻擊月氏，向南兼併了黃河以南的樓煩、白羊二王，隨即侵掠燕、代地區，重新收復了當年被蒙恬奪走的匈奴舊地，並奪取了漢朝邊關原河套以南諸要塞一帶的大片土地。這個時候，漢軍正與項羽相持，中原地區被戰爭拖累得疲憊不堪，因此冒頓得以強大起來，擁有操弓射箭的兵士三十多萬，威勢鎮服各國。匈奴從其先祖淳維至頭曼單于，已有一千多年了，但匈奴的地域時大時小，內部也別散分離，直到冒頓單于時，匈奴最為強大，盡服北夷，而南與漢朝為敵，成為當時的一代雄主。

蕭何惜才追韓信

秦朝末年，韓信初屬項梁，又歸項羽，鬱鬱不得志。蕭何器重韓信，薦於劉邦，劉邦不重用，韓信憤而出走。蕭何得知後，深恐失去人才，披星戴月追趕，勸其歸來，再向劉邦推薦，劉邦終於答應了。日後事實證明，韓信果然名不虛傳，為劉邦得天下立下汗馬功勞。

淮陰人韓信，家境貧寒，沒有好的德行，不能被推選去做官，又不會經商做買賣謀生，常常跟著別人吃閒飯，人們大都厭惡他。韓信曾經在城下釣魚，有位在水邊漂洗絲綿的老太太看到他餓了，就拿飯來給他吃。韓信非常感激，對那位老太太說：「我一定會報答您老人家。」老太太生氣地說：「男子漢大丈夫不能自己養活自己！我不過是可憐你才給你飯吃，難道是希望有什麼報答嗎？！」淮陰縣屠戶中的青年裡有人侮辱韓信，道：「你雖然身材高大，好佩帶刀劍，內心卻是膽小如鼠的。」並趁機當眾羞辱他說：「韓信你要真的不怕死，就來刺我。若是怕死，就從我的胯下爬過去！」韓信仔細地打量了那青年一會兒，便俯下身子，從他的雙腿間鑽了過去。滿街市的人都嘲笑韓信，認為他膽小。

待到項梁渡過淮河北上，韓信持劍去投奔他，留在項梁部下，一直默默無聞。項梁失敗後，韓信又歸屬項羽，項羽讓他作了郎中。韓信曾多次向項羽獻策以求重用，但項羽均不予採納。漢王劉邦進入蜀中，韓信又逃離楚軍歸順了漢王，仍然不為人所知。起初，韓信做的是個接待賓客的小官。後來韓信犯了法，應判處斬刑，與他同案的十三個人都已遭斬首，輪到韓信時，韓信抬頭仰望，恰好看見了滕公夏侯嬰，便說道：「漢王難道不想取得天下嗎？為什麼要斬殺壯士啊！」滕公覺得他的話不同凡響，又見他外表威武雄壯，就釋放了他，並與他交談，歡喜異常。之後，滕公將情況奏報給了漢王。漢王於是授給韓信治粟都尉的官職，但還是認為他沒什麼過人之處。

韓信好幾次與蕭何談話，蕭何感覺他不同於常人。待漢王到達南鄭時，眾將領和士兵都唱歌思念東歸故鄉，許多人中途就逃跑了。韓信估計蕭何等人已經多次向漢王薦舉過他，但漢王沒有重用，便也逃亡而去。蕭何聽說韓信逃走了，沒來得及向漢王報告，就親自去追趕韓信。有人告訴漢王說：「丞相蕭何逃跑了。」漢王大發雷霆，彷彿失掉了左右手一般。過了一兩天，蕭何來拜謁漢王。漢王又怒又喜，問蕭何道：「你為什麼逃跑呀？」蕭何說：「我不敢逃跑，我是去追趕逃跑的人。」漢王說：「你追趕的人是誰？」蕭何道：「韓信。」漢王喝道：「將領們逃跑的已是數以十計，你都不去追找，說追韓信，純粹是撒謊！」蕭何說：「那些將領很容易得到。但像韓信這樣的人，卻是天下無雙的傑出人才啊！大王您如果只想長久地在漢中稱王，自然沒有用得著韓信的地方；倘若您要爭奪天下，除了韓信，就沒有可與您圖謀大業的人了。只看您作哪種抉擇了！」漢王說：「我也是想要東進的，怎麼能夠憂鬱沉悶地老待在這裡呀！」蕭何道：「如果您決計向東發展，那麼能任用韓信，韓信就會留下來，如若不能任用他，他終究還是要逃跑的。」漢王說：「那我就看在你的面子上任他作將軍吧。」蕭何說：「即便是做將軍，韓信也不會留下來的。」漢王道：「那就任他為大將軍吧。」蕭何說：「太好了。」於是，漢王就想召見韓信授給他官職。蕭何說：「大王您向來傲慢無禮，現在要任命大將軍了，卻如同呼喝小孩兒一樣，這便是韓信之所以要離開的原因啊！您如果要授給他官職，就請選擇吉日，進行齋戒，設置拜將的壇台和廣場，準備舉行授職的完備儀式。」漢王應允了蕭何的請求。眾將領聞訊都很歡喜，人人都以為自己會得到大將軍的職務。但等到任命大將軍時，竟然是韓信，全軍都驚訝不已。

蕭何追韓信成就了韓信傳頌至今的英名，成就了蕭何漢室忠臣良相的美名，也成就了劉邦的千秋偉業。如果蕭何月下追不到韓信，那麼很可能就談不上以後的楚漢相爭，秦末以後的歷史就有可能重寫，由此可見，蕭何很會識別人才。但後來，蕭何為了保全個人，又與呂后定計殺害了韓信。「蕭何追韓信」的歷史佳話使蕭何堪稱識才惜才的典型，「成也蕭何，敗也蕭何」的史實又使蕭何成為反覆無常的敗事典型。

蕭規曹隨，無為而治

漢高祖時期，丞相蕭何治國有方，政務有序，法規齊備。臨終前，蕭何推薦舊時好友曹參接替自己擔任丞相。曹參大智若愚，終日飲酒不輟，不理朝政，有勸他的人，他都以酒堵口，使來人酒醉而歸。其子奉帝詔回家詢問個中奧祕，曹參竟勃然大怒，鞭笞二百。當惠帝親自詢問其為何整日不理朝政時，曹參才一一道出其中緣由，惠帝聽了竟然頻頻稱善。

漢高祖劉邦進攻英布時，被流箭射中，行軍路上，病勢沉重。呂后請來一位良醫，醫生入內診視後說：「病可以治。」高祖卻破口大罵：「我以一個老百姓手提三尺劍奪取了天下，這不是天命嗎！我的生死在天，即使扁鵲復生又有什麼用！」於是不讓醫生治病，而賞給醫生黃金五十斤，讓他回去。

呂后問高祖：「陛下百年之後，蕭何相國死了，讓誰接替他呢？」高祖說：「曹參可以。」呂后再問曹參之後，高祖說：「王陵可以，但他有點憨，陳平可以幫助他。陳平智謀有餘，但難以獨自承擔重任。周勃為人厚道不擅言詞，但將來安定劉家天下的必定是他，可任用為太尉。」再追問其後，高祖只說：「這以後的事也就不是你能操心的了。」西元前一九五年，高祖劉邦駕崩於長樂宮，其子即位，就是漢惠帝。西元前一九三年，蕭何病重，惠帝親自前去探視，問他：「您百年之後，誰可以接替您？」蕭何說：「最了解臣下的還是皇上。」惠帝又問：「曹參怎麼樣？」蕭何立即說：「皇上已找到人選，我死也沒有什麼遺憾了。」不久，蕭何去世。

曹參剛聽說蕭何去世時，就對門下舍人說：「快準備行裝！我要進京去做相國了。」過了不久，使者果然前來召曹參入朝。起初，曹參還是平民時，和蕭何相交甚好，及至蕭何做了將相，兩人有些隔閡。到蕭何快死時，所推舉接替自己的賢能之人唯獨曹參。曹參接替蕭何做了相國後，所有的條令都不做變更，一律遵照蕭何當年的規定。他還挑選各郡各封國中為人質樸、拘謹敦厚、不善言辭的長者做為丞相的屬官，對那些言談行文苛刻、專門追逐名聲的官員，都予以斥退。然後，曹參日夜只顧飲香醇老酒。卿、大夫以下的官員及賓客見他不管政事，來拜見時都想勸說，曹參卻總是勸他們喝酒，喝酒間隙中再想說話，曹參又勸他們再喝，直到喝醉了回去，始終沒機會開口。相國府中終日無事。

曹參的兒子曹窋任中大夫之職，惠帝向他埋怨曹參不理政事，讓曹窋回家時，以私親身分探問曹參。曹參大怒，鞭笞曹窋兩百下，喝斥：「快回宮去侍候，國家大事不是你該說的！」到上朝時，惠帝責備曹參說：「那天是我讓曹窋問你的。」曹參立即脫下帽子謝罪，說：「陛下自己體察聖明威武比高祖如何？」惠帝說：「朕哪裡敢比高祖！」曹參又問：「陛下再看我的才能比蕭何誰強？」惠帝說：「你好像不如他。」曹參便說：「陛下說得太對了。高祖與蕭何平定天下，法令已經明確。如今陛下垂手治國，我們臣下恭謹守職，大家認真遵守不去違反舊時法令，不就夠了嗎？」惠帝說：「對。」曹參做相國前後三年，百姓唱歌稱頌他說：「蕭何製法，整齊劃一；曹參接替，守而不失；做事清淨，百姓安心。」

「蕭規曹隨」是古人給我們留下的一個典故，典故里有的是智慧，有的是治國安邦的大道理。治理國家最忌諱朝令夕改，一日一變，讓老百姓心裡沒個準兒，這樣下去，國家遲早也會一塌糊塗。因為法令一變，利益關係跟著變，百姓也就跟著變。老百姓要生活，眼裡就只能盯著利益，政令變來變去，老百姓就患得患失，手足無措，人心就跟著大壞。所以，法令一旦制定，舉國上下一體遵行，就得在一個相當長的時間裡保持不變，讓老百姓對自己的行為、對自己的利益都有一個預測。這樣，老百姓勞有所依，國家也就長治久安了。

袒臂控權誅諸呂

漢高祖劉邦死後，即位的漢惠帝生性懦弱，心狠而富於心計的呂后篡權，丞相陳平和太尉周勃韜光養晦，以圖復興漢室。西元前一八〇年，呂后病死，陳平和周勃乘機誅諸呂，興復漢室。

呂后死後，呂姓家族準備政變，但畏懼絳侯周勃、潁陰侯灌嬰等人，不敢輕舉妄動。朱虛侯劉章娶呂氏女兒為妻，所以知道他們的陰謀，於是暗中派人告訴自己的哥哥齊王劉襄，讓他發兵西討，由朱虛侯、東牟侯充當內應，誅殺諸呂，立齊王為帝。

相國呂產等人聞訊，就派潁陰侯灌嬰統兵征伐。灌嬰率軍行至滎陽，與其部下計議說：「呂氏在關中手握重兵，圖謀篡奪劉氏天下，自立為帝。如果我們現在打敗齊軍，回報朝廷，這就增強了呂氏的力量。」於是，灌嬰就在滎陽屯兵據守，並派人告知齊王和諸侯，約定互相聯合，靜待呂氏發起變亂，即一同誅滅呂氏。齊王得知此意，就退兵到齊國的西部邊界，待機而動。呂祿、呂產想發起變亂，但內懼朝中絳侯周勃、朱虛侯劉章等人，外怕齊國和楚國等宗室諸王的重兵，又恐手握軍權的灌嬰背叛呂氏，打算等灌嬰所率漢兵與齊軍交戰之後再動手，所以猶豫未決。

此時，太尉絳侯周勃手中沒有軍權。曲周侯酈商年老有病，其子酈寄與呂祿交好。絳侯就與丞相陳平商定一個計策，派人劫持了酈商，讓他兒子酈寄去欺騙呂祿說：「高祖與呂后共同安定天下，立劉氏九人為諸侯王，立呂氏三人為諸侯王，都是經過朝廷大臣議定的，並已向天下諸侯公開宣布，諸侯都認為理應如此。現在太后駕崩，皇帝年幼，您身佩趙王大印，不立即返回封國鎮守，卻出任上將，率兵留在京師，必然會受到大臣和諸侯王的猜忌。您為何不交出將印，把軍權還給太尉，請梁王歸還相國大印給朝廷，您二人與朝廷大臣盟誓後各歸封國。這樣，齊兵必會撤走，大臣也得以心安，您高枕無憂地去做方圓千里的一國之王，這是造福於子孫萬代的事。」呂祿相信了酈寄的計謀，想把軍隊交給太尉統率。

九月，行使御史大夫職權的平陽侯曹窋前來與相國呂產議事。郎中令賈壽出使齊國返回，批評呂產說：「大王不早些去封國，現在即便是想去，也沒有機會了。」賈壽把灌嬰已與齊、楚兩國聯合欲誅滅呂氏的事告訴了呂產，並且催呂產迅速入據皇宮，設法自保。平陽侯曹窋聽到了賈壽的話，迅速告之丞相和太尉。太尉想進入北軍營壘，但被阻止不得入內。襄平侯紀通負責典掌皇帝符節，太尉便命令他持節，偽稱奉皇帝之命允許太尉進入北軍營壘。太尉又命令酈寄和典客劉揭先去勸說呂祿：「皇帝指派太尉代行北軍指揮職務，要您前去封國。立即交出將印，告辭赴國！否則，將有禍事發生！」呂祿認為酈寄不會欺騙自己，就解下將軍印綬交給典客劉揭，而把北軍交給太尉指揮。太尉進入北軍時，呂祿已經離去。太尉進入軍門，下令軍中說：「擁護呂氏的袒露右臂膀，擁護劉氏的袒露左臂膀！」軍中將士全都袒露左臂膀。太尉就這樣取得了北軍的指揮權。但是，還有南軍未被控制。丞相陳平召來朱虛侯劉章輔佐太尉。太尉令朱虛侯監守軍門，又令平陽侯曹窋告訴統率宮門禁衛軍的衛尉說：「不許相國呂產進入殿門！」呂產不知呂祿已離開北軍，進入未央宮，準備作亂。呂產來到殿門前，無法入內，在殿門外徘徊往來。平陽侯恐怕難以制止呂產入宮，策馬告知太尉。太尉擔心未必能戰勝諸呂，沒敢公開宣稱誅除呂氏，就對朱虛侯說：「立即入宮保衛皇帝！」朱虛侯請求派兵同往，太尉撥給他一千多士兵。朱虛侯進入未央宮門，見到呂產正在廷中。時近傍晚，朱虛侯立即率兵向呂產衝去，呂產逃走。天空狂風大作，呂產所帶黨羽親信慌亂，都不敢應戰。朱虛侯等人追逐呂產，在郎中府的廁所中將呂產殺死。事畢，朱虛侯報知太尉。太尉起立向朱虛侯拜賀說：「最令人擔憂的就是呂產。現在呂產被殺，天下已定！」於是，太尉派人分頭逮捕所有呂氏男女，不論老小一律處斬。十一日，捕斬呂祿，派人殺燕王呂通，廢除魯王張偃。十八日，改封濟川王劉太為梁王，派朱虛侯劉章去告知齊王，呂氏已被誅滅，令其罷兵。

諸呂之亂平定後，周勃、陳平等大臣密商選立皇帝。大臣們一致認為，代王劉恆適合即帝位。因為現即帝位的少帝和各位王子都不是惠帝親生，代王卻是漢高祖的兒子，而且為人寬厚，待人仁慈，其母薄氏也很善良，不會出現擁尊自立的現象。最為關鍵的一點是代王年齡最大，全國上下無可爭議。於是，周勃、陳平等人親迎代王入長安而即帝位。閏九月，代王劉恆一行由代到長安，在群臣擁戴下即皇帝位，是為孝文帝。從文帝開始，漢朝實行了長達數十年的休養生息政策，迎來了中國歷史上第一個真正意義上的盛世——文景之治。

張釋之秉公執法

張釋之是西漢文帝時南陽堵陽縣（今河南方城東）人，官任廷尉，掌管全國司法工作。張釋之嚴格執法，秉公斷案，剛正不阿，違法必究，依罪量刑，不以身分不同而隨意量刑，不搞株連，不因人廢法，不因尊者之言而改變法規。他敢於直言，曾多次同文帝辯論量刑輕重，說服文帝依法辦事。

起初，南陽人張釋之當騎郎，歷時十年未得升遷，曾打算辭官返歸故里。袁盎知道張釋之是個有德才的人，就向文帝推薦他，遂被升為謁者僕射。

一次，張釋之跟隨文帝來到禁苑中養虎的虎圈，文帝向上林尉詢問禁苑中所飼養的各種禽獸的數目，先後問了十多種，上林尉倉惶失措，左右觀望，全都答不上來。站立一旁的虎圈嗇夫代上林尉回答了文帝的提問。文帝十分詳細地詢問禽獸登記的情況，想考察虎圈嗇夫的才能，虎圈嗇夫隨問隨答，沒有一個問題被難倒。文帝說：「官吏難道不應像這樣嗎？上林尉不可信賴。」於是，文帝詔令張釋之去任命嗇夫為管理禁苑的上林令。張釋之停了許久，走向文帝說：「陛下以為絳侯周勃是什麼樣的人呢？」文帝回答說：「他是長者。」張釋之又問：「東陽侯張相如是什麼樣的人呢？」文帝答：「長者。」張釋之說：「絳侯周勃、東陽侯張相如被稱作長者，他們兩人在論事時尚且有話說不出口，哪能效法這個嗇夫的多言善辯呢！秦王朝重用刀筆之吏，官場之上爭著用敏捷苛察比較高低，它的害處是空有其表而無實際的內容，皇帝聽不到對朝政過失的批評，卻使國家走上土崩瓦解的末路。現在陛下因嗇夫善於辭令而破格升官，我只怕天下人爭相效仿，都去練習口辯之術而無真才實能。在下位的受到在上位的感化，比影隨景，響應比回聲還快。君主的舉動不可不審慎啊！」文帝說：「您說得好啊！」於是沒有給嗇夫升官。

後來，文帝又問及秦滅之弊政，張釋之如實告知了秦漢之間的成敗勝負的原因，漢文帝讚美他說的切實可行，就升任他為公車令，即衛尉手下負責守衛宮門的官吏。一次，太子與梁王共乘一車入朝，經過司馬門，二人也未曾下車示敬。於是，張釋之追上太子和梁王，禁止他們二人進入殿門，並馬上劾奏太子和梁王「經公門不下車，為不敬」。薄太后也得知此事，文帝為此向太后免冠賠禮，承認自己教子不嚴的過錯。薄太后於是派專使傳詔赦免太子和梁王，二人才得以進入殿門。由此，文帝對張釋之認真辦事、不畏權貴的精神很是讚賞，遂升他為中大夫，執掌諫諍論議，專為皇帝獻計獻策。

後來，張釋之被任命為廷尉。一次，文帝出行經過中渭橋，有一人從橋下跑出，驚動了皇帝駕車的馬匹。於是，文帝令騎士追捕，並將他送交廷尉治罪。張釋之奏報處置意見：「此人違犯了清道戒嚴的規定，應當罰金。」文帝發怒說：「此人直接驚了我乘輿的馬，仗著這馬脾性溫和，假若是其他馬，能不傷害我嗎？可廷尉卻判他罰金！」張釋之解釋說：「法，是天下公共的。這一案件依據現在的法律就是這樣定罪；加罪重判，法律就不能取信於民眾。況且，在他驚動馬匹之際，如果皇上派人將他殺死，也就算了。現在已把他交給廷尉，廷尉是天下公平的典範，稍有傾斜，天下用法就可輕可重，沒有標準了，百姓還怎樣安放自己的手腳呢？請陛下深思。」文帝思慮半晌，說：「廷尉的判決是對的。」又有一次，有盜賊偷竊高祖廟中神位前的玉環而被捕，漢文帝大怒，交給廷尉治罪。張釋之奏報判案意見：按照「偷盜宗廟服御器物」的律條，案犯應當在街市公開斬首。漢文帝大怒說：「此人大逆不道，竟敢盜先帝器物！我將他交給廷尉審判，是想誅滅全族；而你卻依法判他死罪，這是違背我供奉宗廟的本意的。」張釋之見皇帝震怒，免冠頓首謝罪說：「依法這樣判，已經很充分了。況且，同樣的罪名，還應該根據情節逆順程度區別輕重。今天此人以偷盜宗廟器物之罪被滅族，若萬一有愚昧無知之輩，從高祖的長陵上取了一捧土，陛下將怎樣給他加以更重的懲罰呢？」於是，文帝向太后說明情況，批准了張釋之的判刑意見。

張釋之執法如山，剛直不阿，不畏權勢，不徇私情，這種精神成為歷代執法嚴明之楷模，故當時有「釋之為廷尉，天下無冤民」的美談，司馬遷稱他「守法不阿意」。後人為了紀念他，在他的故鄉修了張釋之祠，稱「漢廷尉祠」，啟迪著後人以楷效先賢。在今方城西北郊仍存有張釋之墓，前來瞻仰者甚多，都為其光明正大、秉公辦事之功績讚歎不已。

眾望所歸劉秀稱帝

西元二三年十月，更始帝劉秀奉命至河北（今河北大部和河南北部），鎮撫州郡。後劉秀乘天下紛亂之機，擺脫劉玄勢力，招攬人才，爭取民心，擴充實力，鎮壓和收編了銅馬等數十萬農民起義軍，控制了河北地區，為建立東漢王朝奠定了基礎。西元二五年，劉秀稱帝，年號建武，定都洛陽。

西元二三年，劉玄定都洛陽，劉秀任大司馬，奉命至河北鎮撫州郡，後住在邯鄲趙王宮。一次，耿弇闖入，來到床前請求單獨談話。耿弇說：「官兵死傷太多，請准許我回上谷補充兵員。」劉秀說：「王莽已經消滅，黃河以北略微平定，還用兵做什麼？」耿弇說：「王莽雖被打敗，天下爭戰卻剛剛開始。現在，朝廷的使節從西方來，要讓我們的士兵復員，不可聽從。銅馬、赤眉一類的部隊有數十支，而每一支都有數十萬人，甚至百萬人，所向披靡。劉玄沒有能力應付，不久就會潰敗。」劉秀從床上起來坐下說：「你說了不該說的話，我殺了你！」耿弇說：「大王憐愛厚待我如同父子，所以我敢赤誠相待。」劉秀說：「我和你開玩笑罷了，你為什麼這樣說？」耿弇說：「全國百姓被王莽害得很苦，因而再次思念劉氏，聽說漢兵崛起，無不高興，如同逃脫虎口，回到慈母那裡一樣。現在劉玄當皇帝，將領們在崤山以東不受節制，皇親國戚在長安胡作非為，隨意搶劫掠奪，百姓捶打胸口，轉而思念王莽新朝。因此，我知道劉玄必定失敗。您的豐功英名傳播海內，為了正義進行征伐，天下可以靠傳遞文告而安定。現在最重要的是，政權您應該自己取得，莫讓非劉姓皇族的人占有！」劉秀以河北還沒有平定為由推辭，沒有接受徵召，但開始與劉玄離異。

西元二五年，馮異率軍渡過黃河，直逼洛陽。馮異、寇恂發送文書呈報戰果，將領們進帳祝賀，乘機請劉秀稱帝。將軍南陽人馬武首先說：「大王您雖然謙恭退讓，但國家宗廟社稷託付給誰？您應先即帝位，然後再討論征討的事。像現在名號未正，東闖西殺，到底誰是賊呢？」劉秀很吃驚，說：「將軍怎麼說出這種話？夠殺頭的罪了！」劉秀回到中山縣，將領們再次請求他稱帝，他再次拒絕。大軍走到南平棘，將領們再次堅決懇請，他仍然不答應。將領們將要退出，耿純進諫說：「天下的士大夫捨棄親屬，離鄉背井，在箭雨之中跟隨大王，他們一心嚮往的本是攀龍附鳳，以成就志向。現在您拖延時間，違背眾意，不確定尊號，我恐怕士大夫會失去希望，無計可施，從而產生退歸故里的想法，不會長期忍耐下去。眾人一散，就很難再聚合到一處了。」耿純的話非常誠懇殷切，劉秀十分感謝，說：「我將予以考慮。」軍隊走到鄗縣後，劉秀召見馮異打聽各方軍情。馮異說：「更始必敗，憂慮宗廟的大任在您身上，您應當聽從大家的建議。」這時，恰好儒生強華從關中拿著《赤伏符》來見劉秀，符上說：「劉秀髮兵懲奸賊，四方雲集龍鬥野，四七二八漢當立。」群臣因此再次奏請。六月二十二日，劉秀在鄗縣之南即皇帝位，改年號，大赦天下。

劉秀稱帝後，採取集中力量，由近及遠、各個擊破的方略，消滅了關東（函谷關以東）割據勢力，繼而集中力量對付赤眉起義軍。西元二六年二月，赤眉軍被迫撤出長安東歸，落入劉秀預先設置的包圍圈中。第二年閏正月，劉秀親自在宜陽迫降了赤眉軍。此後他又揮師西進，消滅了公孫述、隗囂等割據勢力，至西元三六年，劉秀完成了統一大業。劉秀在位期間，加強皇權統治，發展經濟文化，和撫邊裔部族，使東漢出現了「光武中興」的盛世局面。

閱《漢書》和帝清竇氏

西元一世紀中葉，經過漢光武帝、漢明帝、漢章帝三代皇帝的治理，東漢王朝已經逐漸恢復了往日漢朝的強盛，這一時期被後人稱之為「光武中興」。西元八九年，漢章帝薨，年僅十歲的和帝劉肇即位。因和帝年幼，統治權利完全落於章帝皇后竇氏與其兄竇憲之手。竇氏的專權引起了上下官吏的不滿，和帝於西元九二年與宦官鄭眾等人合力誅滅竇氏，鄭眾因功封侯。

和帝即位，太后臨朝稱制，竇憲以侍中的身分，內主機密，外宣詔命。加上章帝遺詔，任命竇憲的弟弟竇篤為中郎將，竇景、竇瑰為中常侍，於是，竇憲兄弟都把持著要害部門，威權一時無二。

竇憲以為有大功於漢，越加跋扈恣肆。他的黨羽鄧疊、鄧磊、郭舉、郭璜也互相勾結，有的還出入後宮，得幸太后，於是欲謀叛逆。當時，竇憲兄弟掌握大權，和帝與內外臣僚無法親身接近，一同相處的只有宦官而已。和帝認為朝中大小官員無不依附竇憲，唯獨中常侍、鉤盾令鄭眾謹慎機敏而有心計，不諂媚於竇氏集團，便同他密謀，決定殺掉竇憲。當時清河王劉慶特別受到和帝的恩遇，經常進入宮廷，留下住宿。和帝即將採取行動，想得《漢書．外戚傳》一閱。但他懼怕左右隨從之人，不敢讓他們去找，便命劉慶私下向千乘王劉伉借閱。夜裡，和帝將劉慶單獨接入內室，又命劉慶向鄭眾傳話，讓他蒐集皇帝誅殺舅父的先例。

西元九二年六月，和帝臨幸北宮，下詔命令執金吾和北軍五校尉領兵備戰，駐守南宮和北宮；關閉城門，逮捕郭璜、郭舉、鄧疊、鄧磊，將他們全部送往監獄處死。並派謁者僕射收回竇憲的大將軍印信綬帶，將他改封為冠軍侯，同竇篤、竇景、竇瑰一併前往各自的封國。和帝因竇太后的緣故，不願正式處決竇憲，而為他選派嚴苛幹練的封國宰相進行監督。竇憲、竇篤、竇景到達封國以後，全都被迫自殺。

當初，河南尹張酺曾屢次依法制裁過竇景。及至竇氏家族敗亡，張酺上書說：「當初竇憲等人受寵而顯貴的時候，群臣阿諛附從他們唯恐不及，都說竇憲接受先帝臨終顧命的囑託，懷有輔佐商湯之伊尹、輔佐周武王之呂尚的忠誠。如今聖上的嚴厲詔命頒行以後，眾人又都說竇憲等人應當處死，而不顧他們的前前後後，推究他們的真實思想。我看到夏陽侯竇瑰一貫忠誠善良，他曾與我交談，經常表露出為國盡節之心。他約束管教賓客，從未違犯法律。我聽說聖明君王之政，對於親屬的刑罰，原則上能夠赦免三次，可以過於寬厚，而不過於刻薄。如今有人建議為竇瑰選派嚴厲幹練的封國宰相，我擔心這樣會使竇瑰遭到迫害，必不能保全性命而免去一死。應對竇瑰予以寬大處理，以增厚恩德。」和帝被他的言辭所感動，因此竇瑰獨得保全。竇氏家族及其賓客，凡因竇憲的關係而當官的，一律遭到罷免，被遣回原郡。班固的奴僕曾由於醉酒辱罵過洛陽令種兢，種兢便趁捉拿審訊竇家賓客的機會，逮捕了班固，班固死在獄中。班固曾編著《漢書》，當時尚未完稿，和帝下詔，命班固的妹妹、曹壽的妻子班昭繼續撰寫，完成此書。因肅竇有功，和帝賜清河王劉慶奴婢、車馬、錢帛、珍寶，裝滿府第。劉慶身體偶有不適，和帝便派人早晚探問，送去飲食和醫藥，垂顧關懷非常周到。劉慶也小心謹慎而恭敬孝友，由於曾遭廢黜，他尤其怕事，唯恐觸犯法律，因此能夠保住恩寵和厚祿。

竇憲揮兵數千里，穿越沙漠，平定匈奴，「追奔稽落之表，飲馬比鞮之曲」，為東漢王朝立有大功，但由於他恃寵而驕，依勢作惡，把攬朝政，濫殺無辜，終至身敗名裂，後世莫稱。東方朔說：「用之則為虎，不用則為鼠」，人之所立，可不慎歟！

王允設計殺董卓

東漢末年，董卓改立獻帝之後，控制了朝政大權，全國武裝力量和國庫中的珍寶等全由他掌握，野心極度膨脹的董卓已經目空一切。他放縱部下的士兵衝入大臣們的內宅，強奪財物，姦淫擄掠婦女不迴避皇親國威，致使人心惶恐，朝不保夕。董卓最終遭受群起而攻之的被殺下場，是應有的報應。

董卓任命他的弟弟為左將軍，姪子為中軍校尉，執掌兵權。他的宗族及親戚都在朝中擔任大官，就連董卓侍妾剛生下的兒子也被封為侯爵，把侯爵用的金印和紫色綬帶當作他的玩具。董卓所乘坐的車輛和穿著的各種衣飾，都與皇帝的一樣。他對尚書台、御史台、符節台發號施令，尚書以下的官員都要到他的太師府去匯報和請示。他又修建了一個巨大的堡塢，牆高七丈，厚也有七丈，裡面存了足夠吃三十年的糧食。他對自己說：「大事告成，可以雄據天下；如果不成，守住這裡也足以終老。」

董卓性情殘暴，隨意殺人，部下將領言語稍有差錯，就被當場處死，致使人人自危。司徒王允與司隸校尉黃琬、僕射士孫瑞、尚書楊瓚等密謀除掉董卓。中郎將呂布精於騎射，勇力超過常人。董卓知道自己待人寡恩無禮，害怕遭到暗害，無論去什麼地方，都讓呂布做自己的隨從侍衛，對他十分寵信，情同父子。但是董卓性情剛愎，曾經為了一件不合自己心意的小事，拔出手戟擲向呂布。呂布身手矯健，避開手戟，又和顏悅色地向董卓道歉，董卓才息怒作罷。呂布從此暗中怨恨董卓。董卓又命呂布守衛內室，呂布乘機與董卓的一位侍女私通，越發心中不安。王允待呂布一向很好。呂布見王允時，主動說出幾乎被董卓所殺的事情，於是王允將誅殺董卓的計畫告訴呂布，並讓他做內應。呂布說：「但我們有父子之情，怎麼辦？」王允說：「你自姓呂，與他本沒有骨肉關係，如今顧慮自己的生死都來不及，還談什麼父子！他在擲戟之時，難道有父子之情嗎！」呂布於是應允。

西元一九二年四月，獻帝生病初癒，在未央殿大會朝中百官。董卓身穿朝服，乘車入朝。從軍營到皇宮的道路兩側，警衛密布，左側是步兵，右側是騎兵，戒備森嚴，由呂布等在前後侍衛。呂布讓同郡人、騎都尉李肅與勇士秦誼、陳衛等十餘人冒充衛士，身穿衛士的服裝，埋伏在北掖門等待董卓。董卓一進門，李肅舉戟刺去，董卓內穿鐵甲，未能刺入，只傷了他的手臂，跌到車下。董卓回頭大喊：「呂布在哪裡？」呂布說：「奉皇帝詔令，討伐賊臣！」董卓大罵說：「狗崽子，你膽敢如此！」呂布沒等董卓罵完，就手持鐵矛將他刺死，並催促士兵砍下他的頭顱。主簿田儀及董卓的奴僕撲到董卓的屍前，又被呂布殺死，共殺了三個人。呂布隨即從懷中取出詔書，命令官兵們說：「皇帝下詔，只討董卓，其他人一概不糾。」官兵們聽後都立正不動，高呼萬歲。百姓得知董卓被殺，都到大街上唱歌跳舞，以示慶祝。長安城中的士人、婦女賣掉珠寶首飾及衣服，用來買酒買肉，互相慶賀，街市擁擠得水洩不通。董卓的弟弟、姪子以及留在堡塢的董氏家族老幼，都被他們的部下用刀砍死，或用箭射死。董卓的屍體被拖到市中示眾。

董卓生性殘暴，滿懷私慾和野心。他從隴西發跡到率軍進京操縱中央政權，始終考慮和盤算的是如何滿足私慾和野心。為了達到目的，董卓不擇手段玩弄權術，踐踏法律，破壞經濟，殘害人民，他種種倒行逆施的行為，造成了東漢末年政權的極度混亂，給國家和社會的穩定帶來了巨大的破壞。東漢政權日趨衰敗、最終傾覆，雖然有很多原因，但是，董卓無疑加速和促進了東漢政權的衰敗。

孫策據江東

孫策字伯符，破虜將軍孫堅之子，少居江淮間，頗有聲望。孫堅死後，孫策投靠袁術，但袁術只重用親信，孫策甚感失望。興平二年，袁術以孫堅舊部千餘人資助孫策，孫策遂自領兵馬渡江轉戰整個江東。孫策善用兵，軍紀嚴明，又得周瑜等名士支持與輔佐，先後攻占吳、會稽等郡。在短短八年間，孫策平定了整個江東，並使江東迅速發展，為後來的東吳奠定了堅實的基礎。

東漢末年名將孫堅之子孫策十多歲時，就開始結交當地名流。舒縣人周瑜與孫策同歲，也天生英武豪爽，聽到孫策的名聲，特從舒縣前來拜訪。兩人一見如故，互相之間推心置腹，結為生死之交。西元一九一年，孫堅奉命討伐劉表，在追擊劉表的部下黃祖時，被黃祖設下的伏兵射死。當時孫策才十七歲，他把父親的棺木送回老家曲阿安葬，然後渡過長江，居於江都，結交英雄豪傑，立志要為父親報仇。

西元一九四年，因為丹陽太守周昕與袁術互相敵對，袁術就上表推薦孫策的舅舅吳景兼任丹陽太守，率軍進攻周昕。攻占丹陽郡後，又任命孫策的堂兄孫賁為丹陽都尉。孫策把他母親和弟弟妹妹託付給友人，自己直接到壽春去見袁術，流著淚對袁術說：「我已故的父親當年從長沙出發討伐董卓，與您在南陽相會，共結盟好。他不幸中途遇難，沒能完成功業。我感念您對我父親的舊恩，願繼續為您效力，請您明察我的一片誠心！」袁術對孫策的談吐舉止甚感驚異，但不肯交還他父親原來統率的隊伍，對他說：「我已任用你舅父吳景為丹陽郡太守，你堂兄孫賁為都尉，丹陽郡是出精兵的地方，你可以回去依靠他們的力量召募兵馬。」孫策就與汝南人呂範、本族人孫河將母親接到曲阿，依靠舅父吳景，乘機在當地募兵，得到數百人。但他遭到涇縣的土豪祖郎的襲擊，幾乎被殺。於是，他再次去見袁術，袁術把孫堅舊部千餘人還給孫策，向朝廷上表推薦他擔任懷義校尉。孫策部下的一名騎兵犯罪後逃入袁術大營，隱藏在軍營的馬房中，孫策派人進去當場將騎兵處斬，然後，他拜見袁術，表示謝罪。袁術說：「有些士兵喜歡叛變，我與你一樣痛恨這種行為，你為什麼要謝罪！」從此以後，袁術軍對孫策更加畏懼。

袁術最初應許孫策為九江郡太守，但此後卻改用丹陽人陳紀。後來，袁術準備進攻徐州，要求廬江郡太守陸康提供三萬斛米，陸康不從。袁術大怒，派孫策去進攻陸康，他對孫策說：「以前我錯用陳紀為九江太守，每以不合本意而感到遺憾。這次你如果能戰勝陸康，廬江郡就真的歸你所有了。」孫策率軍出發，很快便攻下廬江郡府。但是袁術又任用自己的部下劉勛為廬江郡太守，孫策對他更加失望。

有人勸孫策返回故鄉，去占領江東。孫策聽從建議，率領一千多名士兵，還有幾十匹馬，一邊前進一邊招兵，到達歷陽時，已經有五六千人了。當時周瑜的伯父周尚擔任丹陽太守，周瑜率軍前來迎接孫策，並支援他軍費和糧草。孫策喜出望外，說：「我有你的幫助，大業一定能成功！」孫策進攻橫江、當利，戰無不克，樊能、張英戰敗逃走。孫策渡江以後，輾轉作戰，所向披靡，沒有人敢與他正面交鋒。百姓聽說孫策要來了，全都嚇得失魂落魄；地方官們紛紛棄城而逃，躲到深山之中。孫策到了以後，軍隊紀律嚴明，士兵們都不敢擄掠百姓家裡的東西，小到雞狗蔬菜，都絲毫不去侵犯。百姓萬分喜悅，都拿著酒肉去犒勞孫策的軍隊。不到十天，前來投靠的人從四面八方湧來，孫策得到士兵二萬多人，戰馬一千多匹，聲威震動江東。

孫策是三國第一英雄，連曹操在孫策在世也說「獅兒難以爭鋒」，不敢下江東。曹操、劉備兩個人有著無數奇才相助，耗費數十年乃成三鼎之一，孫策在輔助人才比他二人都要少得多的情況下也不過用了不到五六年的時間就打下了整個江東，使得遠比他遜色的弟弟孫權可與曹操、劉備相抗衡，可見孫策的雄才偉略在當世實是難逢敵手。可嘆這樣的人才還未能一展抱負便飲恨身亡，使人扼腕嘆息、涕淚滿襟！

司馬睿遷都建東晉

西元四世紀初，在內亂外患的雙重打擊下，西晉王朝的統治搖搖欲墜，都城一度由洛陽遷到了長安。但遷都並不能挽救其滅亡的命運。西元三一六年，匈奴人劉聰率兵攻下長安，晉愍帝司馬鄴被俘，西晉宣告滅亡。西晉雖然滅亡了，但一些晉朝的舊臣並不甘心亡國的命運，況且南方還在晉朝手裡，於是他們就在各地積極活動，準備恢復晉朝的統治。西元三一七年，琅琊王司馬睿在流亡大臣與江南氏族的擁護下，在建康稱帝，建立東晉，這就是晉元帝。

司馬睿在西晉皇族中的地位和名望並不高，他之所以能夠稱帝，完全是靠著他的幕僚王導和其堂兄王敦的扶持。

起初，司馬睿被派到建康作鎮守時，王導是他府中的參軍，因為為人靈活機警、足智多謀，深得司馬睿的信任，司馬睿把他當作知心朋友。他們一同來到了建康。原以為到這裡會受到隆重的歡迎，可沒想到江南有名望的大士族嫌司馬睿地位低，根本沒把他放在眼裡，一個也不來拜見他。司馬睿心裡很不高興，要王導想辦法。王導也知道要在江南站住腳，沒有這些大士族的支持是不可能的。王導的堂兄王敦當時在揚州做刺史，頗有勢力。王導就把王敦請到了建康，兩人商量了半天，總算想出了個主意。

這年三月初三，按照當地的風俗，百姓和官員都要到江邊去祈福消災。這一天，王導讓司馬睿坐上華麗的轎子，高擎著琅琊王的旗號，並布置有儀仗隊鳴鑼開道，王導、王敦侍立兩旁，北方來的大官、名士，也一個個騎著高頭大馬跟在後面，排成一支十分威武的隊伍。浩浩蕩蕩開往江邊，迤邐有一里多長。司馬睿、王導他們故意繞道走建康城裡最繁華的街道。這一天，在建康城裡看熱鬧的人本來就多，大家看到這種從來沒見過的大排場，都轟動了，紛紛圍觀，人聲鼎沸。江南有名的士族地主顧榮等聽到這個消息，從門縫裡偷偷張望。他們一看這個陣勢，都被鎮住了，又見王導、王敦這些有聲望的人對司馬睿畢恭畢敬，大吃一驚，怕自己怠慢了司馬睿，都紛紛出來迎接，拜見司馬睿。這樣一來，司馬睿在江南士族中的威望就大大提高了。王導接著又勸司馬睿說：「顧榮、賀循是這一帶的名士。只要把這兩人拉攏過來，就不愁別人不順從我們。」司馬睿馬上派王導上門請顧榮、賀循出來做官，兩個人都很高興地接受了官職，並開始在江南士族中大力推崇司馬睿。從此，江南大族紛紛擁護司馬睿，司馬睿在建康也就站穩了腳跟。

北方大亂以後，北方的士族紛紛逃到江南避難。王導又勸說司馬睿要及時救濟他們，並把他們中間有名望的人都吸收到王府來。司馬睿聽從了他的建議，前前後後吸收了大量的北方士族，深得他們的歡心。就這樣，司馬睿靠著王導的安排，既拉攏了江南的士族，又吸收了北方的人才，他的地位更加鞏固了。他非常感激王導，曾感慨地對王導說：「你就是我的蕭何啊！」

西元三一七年，羽翼已豐的司馬睿在建康即位，重建晉朝，史稱東晉。登基那天，王導和文武官員都進宮來朝見。司馬睿看到王導要給自己行大禮，急忙從御座上站起，走下殿來一把扶住王導，要他一造成御座上接受百官朝拜。這個意外的舉動，使王導和眾大臣都大為吃驚。因為在封建時代，皇帝是至高無上的，臣下絕不能與皇上同座。王導急忙推辭道：「這怎麼行。只有太陽高高在上，萬物才能得到它的煦照。如果太陽跟一般的萬物在一起，萬物還能得到它的照耀嗎？」王導的這一番吹捧，使司馬睿十分高興，他也就不再勉強，接受了大臣們的朝拜。司馬睿登基以後，為了感謝王導、王敦兄弟的大力扶持，對他們特別尊重。他封王導為尚書，掌管朝內的大權；又讓王敦總管軍事。王家的子弟親信一時布滿朝中。當時，民間流傳這樣著一句話，叫做「王與馬，共天下」，意思是說東晉的江山是王氏與司馬氏共同擁有的。

謝安王坦之穩晉

簡文帝時，掌握軍政大權的桓溫曾多次覬覦帝位，但都因謝安、王坦之巧妙機智地從中斡旋才未能得逞。簡文帝死後，謝安又趁桓溫不在建康，擁立司馬曜為帝。桓溫得知後，怒不可遏，隨即率領大隊人馬趕回建康，並指定謝安、王坦之到新亭迎候。這無疑又是一場「鴻門宴」。但謝安再次巧妙地阻止了桓溫的篡位活動，避免了內戰的爆發，晉室憑藉著謝安的機智勇敢又得以維持下去。

西元三七一年，大司馬桓溫廢黜司馬奕，立會稽王司馬昱為帝，誅殺了反對他的人，權傾一時。中書侍郎郗超是桓溫的親信，百官都很懼怕他，十分小心地對待他。謝安曾經與左衛將軍王坦之一造成郗超那裡，太陽快落山了還沒被召見，王坦之想離去，謝安說：「你不能為保全性命忍耐一會兒嗎？」

西元三七二年七月，簡文帝司馬昱全身不適，留下遺詔，說：「大司馬桓溫依據周公的舊例，代理皇帝攝政。」又說：「對年輕的兒子，可以輔佐就輔佐，如果不能輔佐，君則自己取而代之。」侍中王坦之自己手持詔書進入宮中，在簡文帝面前把詔書撕掉了。簡文帝說：「天下，來自於意外的命運，你有什麼不滿意的！」王坦之說：「天下是宣帝、元帝的天下，陛下怎麼能獨斷專行！」於是，簡文帝就讓王坦之修改了詔書，說：「宗族國家之事，一概聽命於大司馬桓溫，就像諸葛亮、王導輔政時的做法一樣。」這一天，簡文帝駕崩。

桓溫希望簡文帝臨終前將皇位禪讓給自己，不禪讓，至少也應當讓他攝政，但最終連這個願望也沒能實現。因此，桓溫非常惱怒。桓溫懷疑這是王坦之、謝安暗中阻攔，便對他們懷恨在心。西元三七三年二月，大司馬桓溫來朝見孝武帝。二十四日，孝武帝詔令吏部尚書謝安、侍中王坦之到新亭迎接。這時，都城裡人心浮動，有人說桓溫要殺掉王坦之、謝安，接著晉王室的天下就要轉落他人之手。王坦之非常害怕，謝安則神色不變，說：「晉朝國運的存亡，取決於此行。」桓溫抵達朝廷以後，百官夾道叩拜。桓溫部署重兵守衛，接待會見朝廷百官，有地位名望的人全都驚慌失色。王坦之汗流浹背，謝安從容就座。坐定以後，謝安對桓溫說：「我聽說諸侯有道，守衛在四鄰，明公哪裡用得著在牆壁後面安置人呀！」桓溫笑著說：「正是。」於是就命令左右的人讓他們撤走，與謝安笑談良久。郗超經常作為桓溫的主謀，謝安和王坦之去見桓溫，桓溫讓郗超藏在帳子中聽他們談話。風吹開了帳子，謝安笑著說：「郗超可謂入帳之賓。」於是，桓溫又讓郗超出來，一起談笑。一場危機又化於無形。

當時天子年幼，外邊又有強臣，謝安與王坦之竭盡忠誠輔佐護衛，最終使晉王室得以安穩。

房謀杜斷

唐太宗李世民時，宰相房玄齡與杜如晦共掌朝政，唐朝之規章法典多為其所制。房氏多謀略，杜氏善決斷，是以人稱之為「房謀杜斷」。唐太宗時與之商談國事時，房氏常出謀劃策，但優柔寡斷。而杜氏果斷立決，取捨得當。二人齊心協力，互相配合，輔佐唐太宗治理天下。

李世民還是秦王時，杜如晦任秦王府兵曹參軍，不久調任陜州長史。當時王府的幕僚很多被調任地方官，李世民十分擔憂。房玄齡說：「其他人沒有什麼可惜的，杜如晦是輔佐帝王的人才，大王想經營四方，一定要有他才行。」於是李世民立刻上奏請求讓杜如晦做自己王府的屬官。杜如晦與房玄齡經常跟隨李世民征伐，出謀劃策，運籌帷幄。軍隊裡的事務很多，杜如晦拿到手上，即刻分析決斷，非常迅速。李世民常派房玄齡入宮奏事，高祖感嘆說：「玄齡為我兒奏事，雖然遠隔千里，卻好像與世民面談一樣。」玄武門之變，房玄齡和杜如晦也都參與了謀劃。他們祕密出入秦王府，幫李世民拿定主意，出謀劃策，誅殺了太子李建成、齊王李元吉，最終讓李世民當上了皇帝。

西元六二九年，唐太宗李世民任命房玄齡為尚書左僕射，杜如晦為右僕射，對他們說：「你們身為僕射，應當廣泛搜求賢才，按照才能授予官職，這是宰相的職責。最近聽說你們受理辭訟，每天的時間都不夠用，還怎麼能幫助朕尋求賢才呢？」於是下令：「尚書省具體事務由尚書左右丞負責，只有需要上奏的大事，才由左右僕射處理。」房玄齡通曉政事，又有文才，日夜操勞，唯恐有一點差錯。他運用律法寬厚公平。他與杜如晦一起選拔士人，不遺餘力，甚至尚書省的制度架構，都是二人商量決定的。太宗每次與房玄齡議事，總是說：「一定要杜如晦決定。」等到杜如晦來了，最後還是採用房玄齡的計策，這都是因為房玄齡善於謀劃，杜如晦善於決斷的緣故。房玄齡和杜如晦十分迎合，齊心協力為國家效力。所以唐朝的賢德宰相，首推房、杜二人。

西元六三〇年三月，杜如晦病重，太宗派太子前去問候，隨後又親自去探病。十九日，杜如晦去世。太宗每次得到好東西，總是會想起杜如晦，派人賜給他的家人。過了很久，說起杜如晦，總是忍不住流淚。太宗對房玄齡說：「你與如晦一起輔佐我，如今只能看到你，看不到如晦了。」西元六四八年，房玄齡病重，太宗徵召他去玉華宮，讓他坐著轎子入殿，到皇帝御座旁再下來。君臣二人見了面，相對流淚。太宗將他留在宮中療養，聽說他病情略有好轉，則喜形於色；聽說病情加重，則憂慮憔悴。房玄齡上表，勸太宗停止征討高麗。房玄齡的兒子房遺愛娶了太宗的女兒高陽公主為妻，太宗對公主說：「你公公病得那麼重，還在為國事操心。」於是，太宗親自前去探望，握著房玄齡的手，與他分別，悲傷得不能自已。七月二十四日，房玄齡因病去世。

唐太宗的「房謀杜斷」用人搭配體系是非常高明的。用人不僅表現在人才的多少，而且還在於人才的合理搭配。在一個人才眾多的群體中，不僅要有個體的優勢，更需要有最佳的群體結構。「全才」是極少有的，「偏才」是絕大多數，但「偏才」組合得好，就可以構成更大的「全才」。

文成公主入藏和親

松贊干布是藏族歷史上的英雄，他的部族崛起於藏河（今雅魯藏布江）中游的雅隆河谷地區。他統一藏區，成為藏族的贊普（「君長」之意），建立了吐蕃王朝。西元六四〇年，他遣大相祿東贊至長安，獻金五千兩，珍玩數百，向唐朝請婚，太宗許嫁宗女文成公主。

唐初，太宗曾經派使者馮德遐去撫慰吐蕃，吐蕃聽說突厥、吐谷渾都曾經娶過唐室的公主，就派使者跟隨馮德遐入朝，帶了很多金銀珠寶，上表請求通婚，太宗沒有答應。求婚使者從唐朝返回後，對吐蕃贊普（國王）松贊干布說：「我最初到大唐的時候，大唐對我很好，答應通婚。恰好碰到吐谷渾王入朝，挑撥離間，唐朝的禮節逐漸疏慢，也沒有同意婚事。」於是，松贊干布出兵攻打吐谷渾，吐谷渾不能抵擋，逃到青海北面，百姓的牲畜很多都被吐蕃掠奪。吐蕃接著又攻破了黨項、白蘭等羌族，率領軍隊二十多萬人，屯兵在松州西部邊境，派遣使者進獻金銀綢緞，說是來迎接公主。過了不久，吐蕃又進攻松州，打敗都督韓威。羌族首領閻州刺史別叢臥施、諾州刺史把利步利一起獻出州郡投降。松贊干布不停地出戰，大臣的勸諫都不被聽從。

西元六三八年八月二十七日，唐朝廷任命吏部尚書侯君集督率步兵、騎兵共五萬人攻打吐蕃。吐蕃進攻松州城十幾天。九月初六，唐軍前鋒牛進達趁吐蕃軍沒有防備，大敗吐蕃軍於松州城下，殺死一千多人。松贊干布害怕了，率領軍隊撤退，派遣使者謝罪，趁機再次請求通婚。太宗答應了。

西元六四〇年十月，吐蕃贊普派他的宰相祿東贊獻上黃金五千兩，還有珍寶、器玩幾百件，來請求通婚，太宗答應將文成公主嫁給吐蕃贊普。次年正月，唐朝任命祿東贊為右衛大將軍。太宗讚賞祿東贊善於應對，想把琅邪公主的外孫女段氏嫁給他，祿東贊推辭說：「臣在本國中已經有了妻子，是父母為我定娶的，不能拋棄。而且贊普還沒有迎娶公主，陪臣怎麼敢先娶？」太宗更加認為他賢德，想要以厚恩安撫他，但祿東贊最終也沒有領受太宗的心意。十五日，太宗命令禮部尚書、江夏王李道宗帶著符節，護送文成公主去吐蕃。吐蕃贊普大喜，拜見李道宗時，完全按照子婿的禮節。贊普喜歡唐朝的服裝和儀仗的美麗，把文成公主安置在專門修建的城郭裡，自己穿著絲綢的衣服與公主見面。吐蕃人都將臉塗成紅褐色，公主十分討厭，贊普於是下令禁止塗臉，並逐漸改變自己猜忌粗暴的性格，派遣子弟入國子監學習《詩經》、《尚書》。

松贊干布迎娶文成公主後，中原與吐蕃之間關係極為友好，此後兩百多年間，很少有戰事，使臣和商人頻繁往來。文成公主知書達禮，不避艱險，遠嫁吐蕃，為促進唐蕃間經濟文化的交流，增進漢藏兩族人民親密、友好、合作的關係，做出了歷史性的貢獻。

李隆基誅韋氏

唐中宗李顯昏庸無能，放縱其妻韋后和寵女安樂公主干預朝政。韋后欲效法武則天成為女皇帝，安樂公主也想當皇太女，她們重用韋氏宗親及武三思、宗楚客等人，形成韋氏集團。相王李旦秉性曠達、不貪權勢，亦無進取之心。其三子李隆基素懷大志，他在其姑母太平公主的支持下，積極進行捍衛李唐社稷、反對韋后篡權的鬥爭。

西元七一〇年，安樂公主希望韋后臨朝，自己好當皇太女，就與韋后的一些黨羽謀劃，在糕餅中放上毒藥，進獻給中宗。六月初二，中宗在神龍殿駕崩。韋后事先封鎖消息，偽造遺詔，立溫王李重茂為太子，由皇后主持政務。初四，韋后召集群臣，為中宗發喪，宣布自己臨朝攝政。初七，年僅十六歲的李重茂即位。

相王李旦的兒子臨淄王李隆基在京城祕密召集了一些有勇有謀的壯士，做好推翻韋太后、維護李氏王朝的準備。當初，唐太宗選拔了一些勇士跟隨他打獵，稱做「百騎」；武則天時擴大為千騎，隸屬左右羽林軍；中宗時稱為「萬騎」，專門為其置使統領。李隆基在萬騎中結交了不少豪傑。這時，恰好兵部侍郎崔日用來告發韋太后一夥的陰謀。崔日用知道宗楚客、安樂公主的陰謀，害怕陰謀不成功，連累自己，遂派寶昌寺的僧人悄悄到李隆基府中通報詳細情況，勸李隆基先下手為強。李隆基與太平公主等籌劃起兵方案。韋播等韋氏黨羽接管了羽林軍，多次毒打萬騎兵士來樹立自己的威望，萬騎人人怨恨。葛福順、陳玄禮到李隆基處訴苦，李隆基暗示他們殺掉這些韋黨，萬騎兵士聽了都很振奮，表示聽從李隆基指揮。

過了幾日，李隆基化裝與劉幽求等進皇宮後苑，會見苑總監鐘紹京。當時，羽林軍將士都駐紮在玄武門。當天夜幕降臨，葛福順等到李隆基處聽候調遣。更敲二鼓，葛福順拔劍衝入羽林軍營房，殺死韋播等韋后黨羽，對眾將士說：「韋后毒死先帝，篡奪皇位，今天我們應當去殺掉韋氏一族，立相王為皇帝，安定全國。誰敢幫助逆黨，心懷不軌，誅滅三族！」羽林軍將士都欣然聽從命令。他們將韋氏等的頭送給李隆基看，李隆基用火把一照，果然不錯，便與劉幽求等出了禁苑南門，鐘紹京也帶領兩百多個工匠，拿了刀斧助戰。李隆基派葛福順帶領左萬騎，李仙鳧帶領右萬騎，攻打皇宮兩個內城門，約定在淩煙閣前聚集。羽林軍齊聲吶喊，殺死玄德門、白獸門的守將，衝進內宮。

李隆基帶兵在玄武門外，三更天時，聽到內宮鼓噪聲一片，知道裡面已經動手，便和鐘紹京帶了人馬進入。在太極殿護衛唐中宗靈柩的羽林軍，聽到喊殺聲，也披上鎧甲響應。韋后聽到兵變的消息，急忙逃進飛騎營，被飛騎營將士殺死，飛騎兵砍了韋后的頭獻給李隆基。安樂公主正在對鏡描眉，軍士衝進去一刀將她斬殺，其丈夫武延秀也在肅章門外被殺死。當時，韋后立的少帝在太極殿，劉幽求說：「大家約好今晚擁戴相王做皇帝，為什麼不早點定下來？」李隆基急忙制止了他，催促大家盡快搜捕韋后的黨羽。起兵的將士急忙守住各個宮門，將與韋后、安樂公主親近的人全部殺死。到天亮時，內外都已平定，李隆基帶領大家見相王，叩頭請相王原諒他沒有事先通報起兵之罪。相王抱住兒子，流淚說：「李氏宗廟江山全靠你啊！」大家一起迎接相王輔助少帝李重茂。二十四日，太平公主與劉幽求商議，要李重茂將帝位讓給相王李旦。當時李重茂坐在御座上，太平公主上前對他說：「天下人心已經歸附相王，這不再是你這個小孩的座位了。」說完把他拉下來。當天，睿宗李旦即位，恢復李重茂原來的溫王爵位。

唐初的「女人當政」現象自武則天掌權開始，相繼出現了武則天、太平公主、韋后、安樂公主、上官婉兒等一批政治上極有權勢的女強人。在某些時候，她們甚至取得了左右天下的權力和地位。這在中國歷史上是一個十分特殊的現象。造成這種現象有兩方面的原因：一是唐朝是一個很開放的時代，無論什麼人才，無論是男是女，社會都能夠給予承認；二是唐朝初期的政權是繼承北方少數民族建立起的政權，受胡族和胡人文化的影響很深。少數民族的一大特徵是婦女受約束少，在家庭和社會中的地位高，貴族更是如此。

君明相賢興開元

開元是唐玄宗統治前期的年號。玄宗不僅極有膽量和魄力，而且精通治國方略，深知用人乃治國根本。玄宗也很善於發現人才（早年），姚崇、盧懷慎、宋璟均是通曉治國方略、盡心操勞國事的名臣，玄宗依靠這些賢臣在穩定政局的同時大力發展經濟。由於開元初期君臣一體，上下同心，唐王朝經濟迅速繁榮，迎來了「憶昔開元全盛日，小邑猶藏萬家室。稻米流脂粟米白，公私倉廩俱豐實」的開元盛世。

西元七一四年五月初三，因糧食歉收，玄宗下詔員外、試官、檢校官全部撤消，並且規定，從今起，除非是立有戰功或者特別敕令，不得簽擬任官。

黃門監魏知古本是小吏出身，憑藉著姚崇的引薦，與姚崇同朝為相。姚崇內心裡有些輕視他，所以讓他代理吏部尚書職務，負責主持東都洛陽的官吏銓選之事，另派吏部尚書宋璟在門下省負責審定吏部、兵部審擬的六品以下職事官。魏知古因此對姚崇十分不滿。姚崇的兩個兒子在分設於東都洛陽的中央官署任職，倚仗其父對魏知古有恩，大肆攬權，為他人私下向魏知古求官。魏知古回到長安後，把這些事全都告訴了玄宗。過了幾天，玄宗漫不經心地向姚崇問道：「你的兒子才幹品行怎麼樣？現在擔任什麼官職啊？」姚崇揣摸到了玄宗的心思，便回答說：「臣有三個兒子，其中有兩個在東都任職，他們為人慾望很大，行為也很不檢點；現在他們一定是有事私下囑託魏知古，只不過是臣沒有來得及去訊問他們而已。」唐玄宗原先以為姚崇一定會為他的兒子隱瞞，在聽了他的這番回答之後，高興地問道：「你怎麼知道這件事的呢？」姚崇回答說：「在魏知古地位卑微之時，臣曾經多方關照他。臣的兒子非常愚魯，認為魏知古一定會因此而感激臣，從而會容忍他們為非作歹，所以才敢於向他請託。」唐玄宗因此認為姚崇忠正無私，而看不起魏知古的忘恩負義。不久，魏知古被免去相職，改任工部尚書。

宰相盧懷慎為官清廉謹慎，生活節儉樸素，從不謀求資財產業。雖然做了卿相的高官，但常將得到的俸祿和賞賜隨手賙濟親朋故舊，使得妻子兒女的生活也十分貧寒。他所住的房子也因長期失修而難以遮風擋雨。姚崇曾有一次為兒子辦喪事請了十幾天的假，使得應當處理的政務堆積成山，盧懷慎無法決斷，感到十分惶恐，入朝向玄宗謝罪。唐玄宗對他說：「朕把天下之事委託給姚崇，只是想讓你安坐而對雅士俗人起鎮撫作用罷了。」姚崇假滿復出之後，只用了一會兒功夫便將未決之事處理完畢，不禁面有得意之色，回頭對紫微舍人齊澣問道：「我做宰相可以與歷史上的哪位宰相相比？」齊澣沒有回答。姚崇繼續問道：「與管仲、晏嬰相比，誰更好些？」齊澣回答說：「管仲、晏嬰所奉行的法度雖然未能傳之後世，但也做到了終身實施。您所制定的法度則隨時更改，似乎比不上他們。」姚崇又問道：「那麼我到底是什麼樣的宰相呢?」齊浣回答說:「您可以說是一位救時之相。」姚崇聽後十分高興,將手中的筆扔在桌上說:「一位救時宰相,也是不容易找到的呀!」

姚崇和宋璟相繼為相,姚崇擅長隨機應變以圓滿地完成任務,宋璟則擅長遵守成法堅持正道;兩個人的志向操守不同,卻能同心協力輔佐玄宗,使得這個時期賦役寬平,刑罰清省,百姓富庶。在唐朝諸賢相中,前有貞觀朝的房玄齡和杜如晦,後有開元朝的姚崇和宋璟,其他人則無法與此四人相提並論。

第八章 疆場競鬥之計

人類自出現以來，就一直沒有停止過疆場競鬥，疆場競鬥伴隨社會的革命，產生了新的格局。古代各個部落之間的疆場競鬥，促進了民族的融合和國家的形成，也是民族大遷徙的直接原因；國家內部不同民族之間的疆場競鬥，促成民族的獨立和新生國家的誕生；國家內部政治集團之間的疆場競鬥，促成政權的更迭。疆場競鬥有的以弱勝強，有的出人意料，有的不動一兵一卒，卻化險為夷。水淹火攻，刀光劍影，驚心動魄。疆場競鬥瀰漫著戰爭的硝煙，也充滿著計謀的較量，而一個好計謀則抵得上十萬大軍。

孫臏減灶智殺龐涓

魏國大將龐涓曾用計挖掉了同窗孫臏的膝蓋骨，想使他終身成為廢人，可未曾料到，幾年後自己卻死在孫臏的手下。西元前三四二年，龐涓領兵攻韓，次年齊救韓，孫臏採用逐日減灶之策，誘使龐涓日夜追擊，在馬陵（今河南范縣西南）使其中伏被殺、太子申被俘。

孫臏是戰國時齊國人，大軍事家孫武的後代，他早年曾和龐涓一起學習兵法。後來，龐涓到魏國做了將軍，很得魏惠王的信任。龐涓妒忌孫臏的才能，就假意把他請到魏國，暗中卻在魏惠王面前誣告他私通齊國。魏惠王大怒，命人把孫臏的膝蓋骨挖去，還在他臉上刺了字。孫臏佯裝發瘋，逃過了殺身之禍。後來，孫臏逃回齊國，齊威王很佩服孫臏的才能，對他加以重用。

西元前三五四年，魏惠王攻打趙國，包圍了邯鄲。齊威王任命田忌為大將，孫臏為軍師，率軍救援趙國。田忌想率軍直奔趙國，孫臏說：「想勸開打架的人，不宜自己也揮著拳頭動手；想制止械鬥的人，不宜自己也拿起棍棒格鬥。如果避實而就虛，造成不得不停手的形勢，那麼問題也就解決了。如今魏國攻打趙國，主力精銳一定全部出動，國內就剩下老弱殘兵。您不如率軍突襲魏國的都城，占據交通要道，進攻防守薄弱的地方，魏軍一定會放棄邯鄲回兵自救。那麼我們就一舉兩得，既解了邯鄲之圍，又趁機打擊了魏國。」田忌聽從了孫臏的建議，魏軍果然回救，在桂陵被齊軍打得大敗。

西元前三四一年，魏王讓龐涓率軍攻打韓國，韓國向齊國求救。齊威王召集大臣，問道：「韓國派使者前來求救，你們看是早出兵好，還是晚出兵好？」成侯回答說：「依臣之見，還是不救為好。」田忌說：「如果我們不救，韓國必敗。那麼，韓國就投向魏國了。我看，不如早些救援。」孫臏說：「韓、魏兩國剛開戰，雙方都沒有疲憊。如果我們現在出兵救韓，豈不是聽命於韓國，替它挨打嗎？因此，我們可以答應韓國，但要晚些出兵。這樣，我們既可以獲得重利，又可以得到美名。」齊威王聽了，連聲叫好。於是，他答應了韓國使者，然後打發他回國了。韓國見齊國答應救援，有了靠山，便堅持苦戰，但打了五仗都失敗了。這時，齊國出兵了。這次，齊王仍然讓田忌擔任大將，孫臏擔任軍師。田忌按照孫臏的計謀，直搗魏都。龐涓聞訊，只得回軍。魏王讓太子申擔任大將，和龐涓一起抵抗齊軍。孫臏對田忌說：「魏軍一向輕視齊，我們可以因勢利導，讓他們中計。」於是，孫臏讓大軍進入魏境後，第一天駐軍做飯時挖了十萬個灶，第二天挖了五萬個，第三天挖了兩萬個。龐涓見了，大喜道：「我早就知道齊國人膽小，果然如此。齊軍才進入我們國境，三日就逃走一半以上了。」於是，他拋下步軍，率領騎兵兼程追趕。孫臏預料他當天晚上可以趕到馬陵，於是命令士兵把大樹砍倒，堵塞道路，只留路旁一棵大樹，削去樹皮，在光光的樹身上寫了這樣幾個大字：「龐涓死於此樹下。」又命軍中弓箭手埋伏兩旁，晚上看見樹下火起，就向馬陵道上射箭。就在那天晚上，龐涓果然趕到馬陵。他走到那棵大樹底下，看到樹身上好像有字，就命人取火來照。龐涓還沒來得及把樹上那幾個大字看完，齊軍已萬弩齊發，龐涓身中數箭而死。

戰爭中，迷惑敵人的方法多種多樣，最妙的方法不是用似是而非的方法，而是應用極相類似的方法，以假亂真。具體運用就是向對方示「弱」，把自己的實力隱藏起來。當然，也可以示「強」，在我方實力弱小的時候，可以把兵力都集中到關鍵點，給敵人一種重兵防守的假相。真真假假，虛虛實實，這才是戰爭的藝術。《孫子兵法》曰：「善戰者，致人而不致於人。」又曰：「避實而就虛。」就是這個道理。

田單智設火牛陣

西元前二七九年，燕大將樂毅統兵攻齊，連下七十餘城，齊僅剩兩城，亡國在即，在此危難時機，田單挺身而出。他徵集了一千多頭耕牛，將鋒利的尖刀綁在牛角上，又選精兵五千人裝扮成鬼神模樣。半夜時分，齊軍乘燕軍熟睡之際，點燃了繫在牛尾上的葦草，一千多頭牛向燕軍營寨狂奔亂撞，五千名精兵隨後衝殺，城上齊軍戰鼓四起，燕軍從夢中驚醒，看到了這些耕牛和「天兵天將」，嚇得魂飛魄散，四處逃命，死傷無數。

即墨地處富庶的膠東，是齊國較大的城邑，物資充裕，人口較多，具有一定的防禦能力。即墨被圍不久，守將戰死，軍民共推田單為將。田單利用兩軍相持之機，集結七千餘士卒，加以整頓、擴充，並增修城壘，加強防務。他和軍民同甘共苦，「坐則織蕢（編織草器），立則仗鍤（執鍬勞作）」，親自巡視城防，編妻妾、族人入行伍，盡散飲食於士卒，深得軍民信任。田單在穩定內部的同時，為除掉最難對付的敵手樂毅，又派人入燕行反間計，詐稱樂毅名為攻齊，實欲稱王齊國，故意緩攻即墨，若燕國另派主將，即墨指日可下。燕惠王本怨樂毅久攻即墨不克，果然中計，派騎劫取代樂毅。

騎劫一反樂毅戰法，改用強攻，仍不能下，企圖用恐怖手段懾服齊軍。田單將計就計，誘使燕軍行暴，派人散布謠言，說害怕燕軍把齊軍俘虜的鼻子割掉，又擔心燕軍刨齊人在城外的祖墳。騎劫聽到謠言後果然照著做了。即墨城裡的人聽說燕國的軍隊這樣虐待俘虜，全都非常氣憤。又看見燕國的兵士刨他們的祖墳，更是恨得咬牙切齒，紛紛向田單請求，誓與燕軍決一死戰。田單進而麻痺燕軍，命精壯甲士隱伏城內，用老弱、婦女登城守望。又派使者詐降，讓即墨富豪持重金賄賂燕將，假稱即墨將降，唯望保全妻小。圍城已逾三年的燕軍，急欲停戰回鄉，見大功將成，只等受降，更加懈怠。於是，田單在城裡徵集了一千多頭牛，給牠們披上紫色的繒衣，畫上五彩龍紋，在牛角綁上尖刀，牛尾巴上捆上灌注油脂的蘆葦束。到了晚上，田單下令在城牆上鑿開幾十個洞，點燃牛尾巴上的蘆葦後，把牛從洞中趕出去，派勇士五千人跟在牛後面。牛尾巴著火受熱，狂怒地衝向燕軍。燕軍士兵大驚失色，被火牛碰到的人非死即傷，而且城裡的人也呼叫吶喊，跟在牛後面衝出，老人小孩都敲擊青銅器皿，聲音震天動地。燕軍士兵非常害怕，竟相潰逃。齊國的七十多座城池一下子全都收復了，於是在都城迎立齊襄王。齊襄王抵達都城臨淄以後，封田單為安平君。

進攻與防守，是戰爭中的一對矛盾。當兵力不足時，採取守勢，以求保全自己，然後以積極行動消耗敵人，逐漸改變敵我力量對比，創造有利戰機，適時轉入進攻。當戰機來臨時，要迅速發動進攻，力爭取得全面的勝利。可見進攻與防守這一矛盾是相互依存的，但又不是固定不變的，隨著戰爭形勢的不斷變化，二者在一定條件下又是可以相互轉化的。

趙括紙上談兵敗長平

西元前二六二年，秦國大軍圍攻趙國，老將廉頗堅守不戰，秦軍久攻不下，後施反間計使趙王撤換廉頗，任用善論兵法的趙括為將，於是歷史上一次空前慘烈的戰爭開始了。

西元前二六〇年，秦軍進攻趙國的長平。當時駐紮在長平的是趙國老將廉頗的軍隊，廉頗率領趙軍與秦軍幾次交鋒，都被秦軍打敗，於是堅守壁壘，拒絕出戰。趙王認為廉頗損兵折將，還膽怯不肯出戰，非常生氣，屢次派人責備廉頗。見秦軍久攻不下，秦國的應侯范雎派人帶千金到趙國使反間計，宣稱：「秦國什麼都不怕，只怕讓馬服君趙奢的兒子趙括當將軍。」趙王於是派趙括代替廉頗為將軍。

他們所說的趙括，是趙國名將趙奢的兒子。趙括從小酷愛兵法，談起用兵來，頭頭是道，自以為天下無敵，連他父親也不放在眼裡。趙王聽信了左右的議論，立刻把趙括找來，問他能不能擊退秦軍。趙括說：「要是秦國派白起來，我還得考慮對付一下。如今來的是王齕，他不過是廉頗的對手。要是換上我，打敗他不在話下。」趙王聽了很高興，就拜趙括為大將，去接替廉頗。藺相如對趙王說：「趙括只懂得死讀兵書，不會臨陣應變，不能派他做大將。」可是趙王並不聽從藺相如的勸告，仍然一意孤行。趙括的母親也向趙王上了一道奏章，請求趙王別派他兒子去。趙王把她召來，問她為什麼。趙母說：「趙奢臨終的時候再三囑咐我：『趙括這孩子把用兵打仗看作兒戲，談起兵法來，就眼空四海，目中無人。將來大王不用他還好，如果用他為大將的話，只怕趙軍會斷送在他手裡。』所以我請求大王千萬別讓他當大將。」趙王說：「我已經決定了。」

西元前二六〇年，趙括到達長平，接替廉頗。趙括統率著四十萬大軍，聲勢浩大。他把廉頗規定的一套制度全部廢除，下命令說：「秦國再來挑戰，必須迎頭痛擊。敵人打敗了，就得追下去，殺得他們片甲不留。」范雎得知趙括代替廉頗的消息，知道自己施計成功，就祕密派白起為上將軍，統領秦軍。白起一到長平，布置好埋伏，故意打了幾陣敗仗。趙括不知是計，拚命追趕。白起把趙軍引到預先埋伏好的地區，派出精兵二萬五千人，切斷趙軍的後路；另派五千騎兵，直衝趙軍大營，把四十萬趙軍切成兩段。趙括這才知道秦軍的厲害，只好築起營壘堅守，等待援兵。秦國又發兵把趙國救兵和運糧的道路切斷了。趙括的軍隊，內無糧草，外無救兵，守了四十多天，兵士都叫苦連天，無心作戰。趙括帶兵想衝出重圍，秦軍萬箭齊發，把趙括射死了。趙軍聽到主將被殺，也紛紛扔了武器投降。白起說：「秦國已占領上黨，上黨百姓不願歸秦而歸了趙國。趙軍一向反覆無常，如果不將其斬盡殺絕，恐怕日後生出大亂。」於是使用詐術，將投降的趙軍全部坑殺，只留二百四十個年紀尚小的軍卒，放其歸趙。秦前後共斬殺趙軍四十五萬，消息傳來，趙國上下大為震驚。

長平之戰是戰國時代的一場大規模戰爭，被後人認為是戰國形勢的轉折點。自此戰後，其他的諸侯國均不再有對抗秦軍的實力，秦統一中國只剩下時間問題。長平之戰也留下無窮的遺憾，令人深思！為什麼呢？還是陸游在《冬夜讀書示子聿》中說得好：「紙上得來終覺淺，絕知此事要躬行。」梁啟超在《科學精神與東西文化》中說過「直到今日，還是最愛說空話的人最受社會歡迎。」孫中山也說有的人沒有真本事只會說卻得到賞識，而一心工作的科學者因不善言辭卻得不到重視。如果沒有人去重視這個問題，就不會出現真正的人才。

李牧以逸待勞破匈奴

戰國時期，李牧為保衛趙國北疆，長期駐守雁門一帶。在敵軍將驕士惰的情況下，李牧挑選一些戰車和騎兵搞演習，又讓邊民隨軍放牧。匈奴見趙軍車好馬肥，便來搶掠。李牧用計，指揮趙軍佯敗後退，並故意讓數十人被匈奴俘去。匈奴單于獲悉後，便率軍大舉入侵。李牧巧設奇兵，殲滅匈奴兵十餘萬，使匈奴在以後的十多年時間裡，不敢縱兵侵擾趙國邊境。戰國時，經過兼併戰爭，只剩下七個大國：齊、楚、燕、韓、趙、魏、秦。七國之中，秦、趙、燕三國與胡人為鄰，趙國在代郡、陰山之下築了長城，設置了雲中、雁門、代三郡。到了戰國末年，北方的匈奴部落強大起來。匈奴騎兵數量既多，又很精銳，常到趙國雁門、代郡一帶劫掠，趙國軍隊無法與之抗衡。李牧是戰國末年趙國名將，智勇雙全，他長期駐守北疆的代郡和雁門，抵禦匈奴入侵。

李牧根據敵強我弱的實際情況，對匈奴採取防禦為主、設法使敵軍產生驕傲情緒的策略。李牧在駐地設置官吏，將軍中交易所得稅收都作為士兵的伙食費用，每天宰殺牛羊為士兵改善伙食。士兵吃飽喝足之後，李牧就帶領他們練習騎射。李牧在邊疆修了烽火台，派出很多間諜去探察敵人的動靜，並給士卒們訂立了嚴格的制度，他傳令說：「匈奴騎兵來時，要迅速進堡自守，有敢去捕捉匈奴騎兵者斬首。」因此，當間諜偵知匈奴騎兵進犯時，烽火台立即舉火報警，李牧從不迎戰，而是及時堅壁清野，讓軍隊收好畜產退入堡壘中堅守。像這樣過了幾年，人畜都沒有傷亡損失。而匈奴以為他兵弱膽小，不敢出戰，便不再把他放在眼裡了。

久而久之，趙國駐守邊境的兵士以為守將膽怯。趙王認為李牧膽小怯戰，遣使斥責他，但李牧依然照舊行事。趙王大怒，撤了他的職。代李牧守邊的趙將每當匈奴來犯時，就率兵出戰，結果屢遭失敗，損失慘重，邊疆不寧，百姓無法耕牧。一年後，趙王只得又派李牧去守邊疆，李牧閉門不出，稱病在家。趙王一再強令，他對趙王說：「如果一定要任用我的話，請允許我仍按老辦法行事，我才敢領命。」趙王答應了他。李牧到了邊疆，一切如前。漸漸地，匈奴以為他膽小怯戰，對他毫無戒心了。李牧關心士卒生活，每天仍是宰牛殺羊為士兵改善伙食。李牧善於治軍，他率領的部隊軍紀嚴明，軍事訓練非常嚴格，士兵個個馬術精熟，驍勇善戰。將士們日日受賞而不能報效，時間長了，都願和匈奴決一死戰。在敵軍驕惰無備、趙軍求戰心切的情況下，李牧選出戰車一千三百乘，戰馬一萬五千匹，勇士五萬人，善射者十萬人，全部進行操練，演習作戰，準備發起攻擊。

為了引誘匈奴騎兵，李牧讓百姓出城放牧，漫山遍野都是牛羊。不久，敵人小股來犯，試探著進攻，李牧佯裝敗退，丟下數十人。匈奴單于聽說後，忙率大軍南侵，長驅直入。李牧見狀，出其不意地擺出奇陣，從左右兩翼包抄合圍，敵兵立即亂了陣腳。只此一戰，李牧就率趙軍消滅敵人騎兵十餘萬。接著，李牧又率兵消滅了澹檻部族，打敗了東胡族，收降了林胡部族。匈奴單于只得引兵遠遁，十多年不敢犯邊。

李牧破匈之戰，先是堅壁清野，積極防禦，為以後的破匈之戰做好準備工作。然後故意以弱示敵，從心理上麻痺敵人，讓對手產生輕敵思想，從而爭取到殲敵的有利戰機。李牧是匈奴崛起後第一個與之大規模交鋒的漢族將領，並取得趙匈之戰的大捷，從而解除了趙國北部的嚴重壓力，使趙國能騰出手來西拒強秦，意義非凡。同時，在此戰中，李牧創造了步兵大兵團圍剿騎兵大兵團的奇蹟，堪稱戰爭史上的典範。

破釜沉舟戰鉅鹿

秦末陳勝、吳廣揭竿而起，原六國紛紛起兵反秦，秦大將章邯擊殺楚軍統領項梁後，又統兵圍趙王於鉅鹿（今河北平鄉）。在秦國大軍面前，各國援兵都駐兵不前。此時，楚將項羽率軍渡過黃河，他鑿沉船隻，砸毀鍋釜，誓與秦軍決一死戰。

秦朝末年，天下大亂，諸侯割據，軍閥混戰。西元前二〇八年，趙王歇被秦軍將領王離率領二十萬大軍圍困在鉅鹿，無奈之下派使者向楚懷王求援。西元前二〇七年十月，楚國上將軍宋義率領軍隊來到安陽縣，駐留四十六日不率軍前進。項羽說：「秦軍包圍趙軍，戰事十分危急，應該迅速帶兵渡過黃河。我們楚軍攻擊秦軍的外圍，趙軍則在城內呼應，這樣一定能打敗秦軍！」宋義表示反對，想坐觀秦、趙相鬥，以收漁翁之利，並在軍中下達命令說：「凡是猛如虎，貪如狼，倔強不服從指揮的人，一律處斬！」宋義隨後派他的兒子宋襄去齊為相，並親自把他送到無鹽縣，大擺宴席招待賓客。當時天氣寒冷，大雨不停，士兵饑寒交迫。十一月，項羽清晨去拜見上將軍宋義時，就在營帳中斬殺了宋義。出帳後即向軍中發布號令說：「宋義與齊合謀反楚，楚王密令我殺了他！」這時，眾將領都因畏懼而屈服，無人敢於抗拒，一致推立項羽為代理上將軍。項羽即派人去追趕宋義的兒子宋襄，追至齊將他殺了。並遣使還楚向懷王報告情況，懷王便讓項羽擔任了上將軍。

這時候，章邯修築甬道連接黃河，為王離供應軍糧。王離軍中糧食充足，即加緊攻打鉅鹿。鉅鹿城內糧盡兵少，張耳幾次派人去叫陳餘前來營救。陳餘估計自己兵力不足，打不過秦軍，故不敢到鉅鹿來。如此過了幾個月，張耳勃然大怒，埋怨陳餘，派人前去責備陳餘說：「當初我和你結為生死之交，而今趙王和我很快就要死了，你擁兵數萬，卻不肯出手救援，赴難同死的精神在哪裡啊！如果真守信用，何不攻擊秦軍而與我們一同戰死，如此還有十分之一二能打敗秦軍保全性命的希望。」陳餘道：「我揣測自己前去終究不能救趙，只會白白地使全軍覆沒。何況我之所以不和張耳同歸於盡，是想為趙王、張耳向秦軍報仇啊！現在一定要共同赴死，就如同把肉送給餓虎，有什麼好處呢！」但張耳堅持要陳餘拚死一搏，陳餘無奈，只得派五千人先去試試秦軍的力量，結果派去的五千人全軍覆沒了。當時，齊軍、燕軍都來救趙，張敖也到北面收集代地的士兵，得到一萬多人，但是來後卻都在陳餘軍隊的旁邊安營紮寨，不敢進攻秦軍。

項羽已經殺了宋義，威震楚國，就派當陽君英布和蒲將軍領兵兩萬渡黃河援救鉅鹿。戰事稍稍有利，即截斷章邯所修的甬道，使王離的軍隊糧草短缺。陳餘於是又請求增援兵力。項羽便率全軍渡過黃河，都鑿沉船隻，砸毀鍋、甑，燒掉營舍，只攜帶三天的口糧，以此表示軍隊將決一死戰，毫無退還之意。因此楚軍一到鉅鹿就包圍了王離，與秦軍激戰，經九次交鋒，大敗秦軍。章邯領兵退卻。各國的援兵這時才敢出擊秦軍，殺了蘇角，俘獲了王離，涉不肯投降，自焚而死。此時，楚軍的雄威壓倒了諸侯軍，援救鉅鹿的諸侯國的軍隊有營壘十多座，卻都不敢發兵出擊。待到楚軍攻打秦軍的時候，諸侯軍的將領都在營壘上觀戰。見楚軍士兵無不以一當十，喊殺聲驚天動地，諸侯軍人人都驚恐不已。

鉅鹿之戰是一次具有決定性意義的大戰。它不僅擊垮了秦軍的主力，扭轉了整個戰爭的格局，奠定了秦朝滅亡的基礎，而且，此戰過後，項羽被一致推舉為「諸侯上將軍」，一舉成為反秦陣營中叱吒風雲的英雄和領袖。從力量對比上來看，當時秦軍二十萬，項羽的軍隊不過區區五萬，秦軍占有絕對優勢。項羽最終打敗秦軍的主要原因在於其決心和勇氣，這種破釜沉舟的決心和勇氣不僅大大鼓舞了楚軍的士氣，激發了他們的戰鬥力，同時也極大地威懾了秦軍，使他們聞風喪膽。俗話說：置之死地而後生，如果凡事怕危險而畏首畏尾，則永無出人頭地之日。唯有將自身的安危置之度外，勇於面對現實，方能使事業飛黃騰達。

高祖親征平英布

西元前一九六年，淮南王英布在得知韓信和彭越相繼被殺後，舉兵反叛。劉邦召集群臣問策，原楚國的令尹薛公分析英布軍雖有上、中、下三計可施，但英布出身酈山刑徒，經過奮鬥才成為萬乘之主，他的所做所為只是為了自身，而不是為百姓謀福，不是為後代子孫考慮，所以只能用下策。英布的行動果不出薛公之謀，最後他戰敗逃走，身死番陽。

起初，淮陰侯韓信被殺，英布已感到心驚。待到彭越也遭處死，高祖又把他的肉製成肉醬分賜各地諸侯。使者到了淮南，淮南王英布正在打獵，見了肉醬，大為驚恐，便暗中派人部署軍隊，等候鄰郡報警告急。英布有一個寵姬，因病去就醫，醫生與中大夫賁赫住對門。賁赫便備下厚禮，陪同寵姬在醫生家飲酒。英布卻懷疑賁赫與寵姬私通，想抓起賁赫治罪。賁赫察覺，乘傳車跑到長安城向高祖告發事變。英布見賁赫逃走向高祖控告，便殺光賁赫全家，舉兵反叛。

高祖召集眾將詢問對策，大家都說：「發兵征討，殺了這傢伙罷了，他有什麼能耐！」汝陰侯滕公夏侯嬰召來原楚國的令尹薛公，向他徵求意見。薛公說：「英布當然要反。」夏侯嬰問：「皇上割地封給他，又賜爵位讓他稱王，還有什麼造反的道理？」薛公回答道：「皇上不久前殺了彭越，再早些還殺了韓信，他們三人功勞相同，是三位一體的，他自己疑心大禍將臨，所以便造反了。」夏侯嬰將此話告訴高祖，高祖於是傳來薛公，問他，薛公回答說：「英布造反不足為怪。但是，如果他採用上策，崤山之東便不再是漢朝所有的了；如果他採用中策，兩方誰勝誰負還難以預料；如果他採用下策，那麼陛下就可以高枕無憂了。」高祖問：「什麼是他的上策？」回答說：「向東攻取吳地，向西奪占楚地，吞併齊地，占據魯地，傳令給燕、趙兩地，讓他們固守本土，那麼崤山以東就不在漢朝手中了。」「什麼是他的中策？」「向東攻取吳地，向西奪占楚地，吞併韓地，占據魏地，掌握敖倉的儲糧，阻塞成皋通道，那麼誰勝誰負就難以預料。」「什麼是他的下策？」「向東攻取吳地，向西奪占下蔡，然後把輜重送回越地，自己回到長沙，那麼陛下就可以高枕無憂，漢朝就沒事了。」高祖又問：「他將會使用哪種計策呢？」薛公說：「必使下策。」高祖問：「為什麼他會捨棄上、中策而採用下策呢？」薛公答道：「英布其人，原是個驪山的刑徒，自己奮力爬到王的高位，這些都使他只顧自身，不顧以後，更不會為百姓做長遠打算。所以他必採用下策。」高祖說：「好！」下令封薛公一千戶，立皇子劉長為淮南王。

英布親率大軍向東進發，果然像薛公說的那樣，向東擊楚地。荊王劉賈敗逃，死於富陵。英布奪取了劉賈的全部軍隊，渡過淮河攻擊楚王。楚王起兵與英布在徐、憧兩地之間交戰。楚軍分為三支軍隊，想互相救援，以此出奇制勝。有人對楚軍將領說：『英布很會用兵，民眾向來都害怕他。況且兵法上說：『諸侯在自己的轄地上作戰，這是容易讓兵士逃散的。』現在把軍隊分為三部，敵軍擊敗我軍一部，其餘二部都會逃散，哪能夠相救？」楚軍將領不聽取這一意見。英布果然打敗楚軍的一部，其他兩部軍都四散而逃，英布便帶兵向西進攻。十月，高祖與英布軍在薪縣西遭遇。高祖軍在庸城堅守營壘，與英布能互相望見。他遠遠地對英布說：「你何苦要謀反？」英布回答說：「我想當皇帝啊！」高祖發怒謾罵他，於是兩軍大戰。英布軍隊敗退而逃，渡過淮河，雖然幾次穩住陣腳再戰，仍不能取勝。他只好率一百餘人逃到長江南岸，高祖便另派一員將軍繼續追擊。漢軍其他部眾在洮水南、北攻擊英布的軍隊，分別大敗英布軍。英布曾與番君吳芮結有婚姻之好，所以長沙成王吳臣派人誘騙英布，假稱想和他一起逃到南越去。英布果然中計，與使者前往，結果在布茲鄉農民田舍被番陽人殺死。

耿弇大破張步

西元二九年，漢將耿弇率軍進攻張步。張步為了抗擊漢軍，派費邑守歷下（今山東濟南西），又分兵守祝阿（今山東長清東北）、太山（今山東泰山）、鐘城（今濟南南），列營數十，兵力分散。耿弇用以聚攻散之謀，將張步防守部隊一一擊敗，連下四十營，迫使張步投降。

西元二九年，光武帝劉秀命令建威大將軍耿弇前去討伐張步。耿弇先在外圍掃蕩，平定了濟南郡，然後逐漸深入，威脅張步。當時，張步以劇縣作為都城。派他的弟弟張藍率領精兵二萬人在西安縣駐守，各郡太守集合一萬多人守衛臨菑，兩地相距四十里。耿弇率領軍隊進軍畫中，畫中位於西安和臨菑之間。耿弇看到西安城雖然很小，卻很堅固，張藍的守軍也很精銳；臨菑雖然名為大城，但實際上卻很容易攻取。於是傳令各將校，五天以後會合，攻打西安。張藍聽說後，日夜警戒。到了預定的日期，半夜時分，耿弇命令各將領讓部隊在睡覺的地方吃飯。到了天亮，軍隊到達臨菑城。只用了半天時間，就將城攻下，進入了臨菑城。耿弇下令，不許軍隊搶掠，要等張步來了以後才掠奪財物，以激怒張步。西安的張藍聽說後，非常害怕，就率領軍隊逃回劇縣。

張步聽說臨菑被攻下，便聯合三個弟弟張藍、張弘、張壽以及前大彤軍首領重異等人的軍隊，號稱二十萬，抵達臨菑城東，準備進攻耿弇。耿弇向劉秀報告，說：「我占據臨菑，深挖戰壕，高築城牆。張步從劇縣進攻，軍隊疲憊不堪。他要進軍，我就引誘他進攻；他要撤退，我就追擊。我依靠自己的營壘作戰，以逸待勞，以實攻虛，十天之內，就能斬獲張步的首級。」

耿弇率領軍隊出營，到淄水邊遇到張步的軍隊。騎兵突擊隊想要進攻，耿弇擔心挫了敵軍的銳氣，使張步不敢再前進，就率軍回到臨菑城，在城內駐紮，派都尉劉歆、泰山太守陳俊分別在城下布陣。耿弇故意表現自己的軟弱，來助長對方的氣焰。張步氣盛，直接進攻耿弇的軍營，與劉歆等人交戰。耿弇登上原齊國宮殿殘剩的高台，觀察劉歆等人同張步交戰的情況，時機一到，就親自率領精銳部隊，在東城下從側面攻擊張步，大敗敵軍。交戰中有流箭射中耿弇的大腿，耿弇用佩刀砍斷箭桿，繼續指揮作戰，天色漸黑時收兵。

第二天早晨，耿弇又率軍出營交戰。從早晨一直戰到黃昏，再次大敗敵軍，殺傷敵人無數，屍體填滿了水溝。耿弇料到張步失利後會撤退，預先在左右兩翼設下了埋伏。深夜，張步果然率領軍隊撤退，埋伏的士兵發起進攻，一直追到巨昧河邊，前後八九十里的路上留了一地的屍體。耿弇繳獲張步的輜重幾千車。張步逃回劇縣，兄弟各自帶兵撤回。

過了幾天，劉秀抵達臨菑，親自犒勞軍隊，大宴群臣。劉秀進入劇縣，耿弇則繼續追擊張步。張步逃奔平壽縣，蘇茂率領一萬多人前來援救。蘇茂責備張步說：「憑南陽軍的精銳，加上延岑那麼善戰，卻被耿弇打敗。大王為什麼要前去進攻耿弇的陣地呢？您既然徵召我來，就不能等等嗎？」張步說：「實在是慚愧，沒有什麼可說的。」劉秀派使者告訴張步、蘇茂，能誅殺對方並投降的，封侯。於是，張步殺死蘇茂，到耿弇的軍營門口，脫去上衣，袒露臂膀，向他投降，劉秀封張步為安丘侯。

虞詡增灶示強破羌人

西元一一五年，虞詡帶領三千人馬去武都迎擊西羌，進至陳倉以後，突然被數千羌兵攔住去路。虞詡用駐守待援的謊言對敵進行誑騙，然後乘敵放棄攔截，領兵疾進。在倍道兼行的趕路途中，虞詡為了迷惑敵人，命令部隊按日成倍增加鍋灶，張其兵眾。羌兵見漢軍鍋灶逐日遞增，誤以為武都的漢軍已來接應，始終不敢輕易同漢軍交戰。

西元一一五年，詔書命令左馮詡司馬鈞代理征西將軍之職，指揮關中各郡郡兵八千餘人。護羌校尉龐參率領羌、胡兵七千餘人，跟司馬鈞分路進軍，共同攻打零昌。司馬鈞命右扶風仲光率兵收割羌人的莊稼，仲光等卻違背司馬鈞的調度，分散兵力深入敵境，因此羌人設下埋伏，對仲光進行襲擊。不久，右扶風仲光等慘敗，全軍覆沒，死亡三千餘人。司馬鈞逃回內地。龐參未能按期到達預定地點，也聲稱生病，撤退返回。司馬鈞和龐參被召回京城，逮捕入獄。朝廷任命馬賢接替龐參，兼任護羌校尉，任命任尚為中郎將，駐防三輔。懷縣縣令虞詡向任尚建議道：「依據兵法，弱的不去進攻強的，走的不去追趕飛的，這是自然之勢。如今羌兵全都騎馬，每天可行數百里，來時像急風驟雨，去時像離弦飛箭，而我軍用步兵追趕，勢必追不上的。所以，儘管集結兵力二十餘萬，曠日持久，卻沒有戰功。我為閣下打算，不如讓各郡郡兵復員，命他們每人出數千錢，二十人合買一匹馬，這樣便可用一萬騎兵去驅逐數千敵寇，圍追截擊，羌人自然走投無路。既方便了百姓，也有利於戰事，大功便可以成了！」於是，任尚根據虞詡的建議上書，被朝廷採納。任尚派輕騎兵在丁奚城打敗了杜季貢。

鄧太后聽說虞詡有將帥的韜略，便任命他為武都郡太守。赴任途中，數千羌軍在陳倉崤谷集攔截虞詡。虞詡得知後，立即下令部隊停止前進，宣稱：「我已上書請求援兵，等援兵到後，再動身出發。」羌軍聽說以後，立即分頭前往鄰縣劫掠。虞詡乘羌軍兵力分散之機，日夜前進，兼程行進了一百餘里。他讓官兵每人各作兩個灶，以後每日增加一倍。於是，羌軍不敢逼近。有人問虞詡：「以前孫臏使用過減灶的計策，而您卻增加灶的數量；兵法說每日行軍不超過三十里，以保持體力，防備不測，而您如今卻每天行軍將近二百里，這是什麼道理？」虞詡說：「敵軍兵多，我軍兵少，走慢了容易被追上，走快了對方便不能探知我軍的底細。敵軍見我軍的灶數日益增多，必定以為郡兵已來接應。我軍人數既多，行動又快，敵軍必然不敢追趕。孫臏有意向敵人示弱，我現在有意向敵人示強，這是由於形勢不同的緣故。」虞詡到達郡府以後，兵員不足三千，而羌軍有一萬餘人，圍攻赤亭達數十日。虞詡向部隊下令，不許使用強弩，只許暗中使用小弩。羌人誤以為漢軍弓弩力量微弱，射不到自己，便集中兵力猛烈進攻。虞詡見此，又命令部隊改用強弩，並且每二十隻強弩集中射一個敵人，射無不中。羌軍大為震恐，紛紛敗退。虞詡乘勝出城追擊，斃敵甚多。次日，他集合全部兵眾，命令他們先從東門出城，再從北門入城，然後改換服裝，循環往復多次。羌人不知城中有多少漢軍，於是更加驚恐不安。虞詡估計羌軍將要撤走，便祕密派遣五百餘人在河道淺水處設下埋伏，守住羌軍的退路。羌軍果然大舉奔逃，漢軍乘機突襲，大敗羌軍。

從虞詡退羌軍的計策看，可見運用兵法要根據實際情況隨機應變。孫臏退軍減少爐灶是向敵示弱，使其以為齊軍怯戰逃亡，以誘敵追擊，在預先埋伏好的陣地以殲之。而虞詡兵少，羌軍兵多，要越過敵人的攔阻，只能設法使其分散，而在急行軍前進時，便反孫臏之法而行之，即增加爐灶使羌軍疑其增軍而不敢追擊。顯然，孫臏減灶是誘敵追擊，而虞詡增灶是為懾敵，情況各異，目的不同，辦法也就不同。虞詡令守城軍全部出出入入，是向敵示其軍之眾，使敵發生錯覺而不敢久留。虞詡對敵的整體戰術上，基本是用弱而示強之法。但在局部戰術中，虞詡也用強而示弱之法，即先用小弓使敵誤其箭力弱以誘敵攻城，隨後用強弩射之，使敵驚恐。虞詡用兵能隨機應變，可以說是善於用兵者。

官渡之戰

官渡之戰是歷史上著名的以弱勝強的戰役之一。西元二〇〇年，曹操軍與袁紹軍相持於官渡（今河南中牟東北），在此展開策略決戰。曹操奇襲烏巢（今河南封丘西），繼而擊潰袁軍主力，奠定了曹操統一中國北方的基礎。

西元二〇〇年，袁紹率軍進攻許都，曹操進軍官渡抵抗。袁紹駐軍陽武，監軍沮授勸袁紹說：「我軍數量雖多，但戰鬥力比不上曹軍；曹軍糧草短缺，物資儲備比不上我軍。我們應當作長期打算，拖延時間，打持久戰。」袁紹沒有聽從。八月，袁紹大軍向前稍作推進，依沙丘紮營，東西達數十里。曹操也把部隊分開駐紮，與袁紹軍營相對峙。

袁紹又派大批車輛運糧草，讓大將淳于瓊等率領一萬餘人護送，停留在袁紹大營以北四十里處。沮授勸袁紹說：「可派遣蔣奇率一支軍隊，在運糧隊的外圍巡邏，以防曹操派軍偷襲。」袁紹不聽。許攸說：「曹操兵少，而集中全力來進攻我軍，許都由剩下的人守衛，防備一定空虛，如果派一支隊伍輕裝前進，連夜迅速行軍，可以攻陷許都。占領許都後，就奉迎天子以討伐曹操，必能捉住曹操。即使曹軍沒有立刻潰散，也能使他首尾不能兼顧，疲於奔命，一定可將他擊敗。」袁紹不同意，說：「我一定要先捉住曹操。」正在這時，許攸家裡有人犯法，留守鄴城的審配將他們逮捕，許攸知道後大怒，就投奔了曹操。

曹操聽說許攸前來，等不及穿鞋，光著腳出來迎接他，拍手笑著說：「許子卿，你遠道而來，我的大事可成功了！」入座以後，許攸對曹操說：「袁軍勢大，你有什麼辦法對付他？現在還有多少糧草？」曹操說：「還可以支持一年。」許攸說：「沒有那麼多，再說一次。」曹操又說：「可以支持半年。」許攸說：「您不想擊破袁紹嗎？為什麼不說實話呢！」曹操說：「剛才只是開玩笑罷了，其實只可應付一個月，怎麼辦呢？」許攸說：「您孤軍獨守，外無救援，而糧草將盡，這是危急的關頭。袁紹有一萬多輛輜重車，在故市、烏巢，守軍戒備不嚴密，如果派輕裝部隊襲擊，出其不意，焚毀他們的糧草與物資，不出三天，袁紹大軍就會自行潰散。」曹操大喜，於是留下曹洪、荀攸防守大營，親自率領五千騎兵出擊。軍隊一律用袁軍的旗號，兵士嘴裡銜著小木棍，把馬嘴綁上，以防發出聲音，夜裡從小道出營，每人抱一捆柴草。經過的路上遇到有人盤問，就回答說：「袁公擔心曹操襲擊後方輜重，派兵去加強守備。」盤問的人信以為真，毫無戒備。到達烏巢後，曹軍圍住袁軍輜重，四面放火，袁軍營中大亂。正在這時，天已漸亮，淳于瓊等看到曹軍兵少，就在營外擺開陣勢，曹操進軍猛擊，淳于瓊等抵擋不住，退守營寨，於是曹軍開始進攻。

袁紹聽到曹操襲擊淳于瓊的消息，對兒子袁譚說：「就算曹操攻破淳于瓊，仍會我去攻破他的大營，讓他無處可去。」於是，派遣大將高覽、張郃去攻打曹軍大營。張郃說：「曹操親率精兵前去襲擊，必能攻破淳于瓊等，他們一敗，輜重被毀，則大勢已去，請先去救援淳于瓊。」郭圖堅持要先攻曹操營寨。張郃說：「曹操營寨堅固，一定不能攻克。如果淳于瓊等被捉，我們都將成為俘虜。」但最終袁紹只是派輕兵去援救淳于瓊，而派重兵進攻曹軍大營，未能攻下。

袁紹增援的騎兵到達烏巢，曹操左右有人說：「敵人的騎兵逐漸靠近，請分兵抵抗。」曹操怒喝道：「敵人到了背後，再來報告！」曹軍士兵都拚死作戰，最終大破袁軍，斬殺淳于瓊等，燒毀袁軍全部糧秣。曹軍將一千餘名袁軍士兵的鼻子全都割下，將所俘獲的牛馬的嘴唇、舌頭也割下，送給袁紹軍隊看。袁軍將士看到後，大為恐懼。郭圖因自己的計策失敗，心中羞愧，就又去袁紹那裡誣告張郃，說：「張郃聽說我軍失利，幸災樂禍。」張郃聽說後，又恨又怕，就與高覽燒毀了攻營的器械，到曹營去投降。曹洪生恐中計，不敢接受他們投降。荀攸說：「張郃因為計策不為袁紹採用，一怒之下來投奔，您有什麼可懷疑的！」於是接受張郃、高覽的投降。

最後，袁軍驚恐，全面崩潰。袁紹與袁譚等戴著頭巾，騎著快馬，率領八百騎兵渡過黃河而逃。曹軍追趕不及，但繳獲了袁紹的許多輜重和珍寶。官渡之戰前，因雙方實力懸殊，當時很多人都以為曹操必敗，曹操屬下的部將以及很多大臣，都紛紛暗中給袁紹寫信，準備一旦曹操失敗以後就歸順袁紹。曹操勝利後，在清理袁紹軍營中文書材料時，發現了自己部下的那些信件。曹操為了安撫群臣，把這些信件全部燒掉了，並說：「戰事之初，我也擔心會失敗，更別說其他人。」曹操的做法，對穩定大局起了很好的作用。

官渡之戰，在曹操平定天下的過程中具有里程碑的意義。曹操根據敵強己弱的具體情況，採取後退一步，以逸待勞，後發制人的作戰方針，在防禦作戰中，能從被動中力爭主動，指揮靈活；面臨危局，堅定沉著；善於捕捉戰機，果斷施行；善於聽取部屬意見，緊緊抓住奇襲烏巢這一關鍵環節，終於取得勝利。反觀袁紹，政治上縱容豪強，兼併土地，任意搜刮，因而遭到百姓反對。袁紹內部不和，又驕傲輕敵，剛愎自用，不能採納部屬的正確建議，遲疑不決，一再喪失良機。終致糧草被燒，後路被抄，軍心動搖，內部分裂，全軍潰敗。

赤壁之戰

「赤壁之戰」是曹操和孫權、劉備在今湖北江陵與漢口間的長江沿岸的一場策略會戰，對於三國鼎立局面的確立具有決定性的意義。它使得曹操勢力不復再有南下的力量；孫權在江南的地位得到了進一步鞏固；劉備乘機獲取立足之地，勢力日益壯大，三國鼎立的形勢就此形成。

西元二〇八年，東吳將領魯肅聽說荊州劉表去世，就對孫權建議說：「荊州與我們相鄰，江山險固，沃野萬里，百姓富足，如果能占據荊州，帝王的基業就奠定了。同時勸說劉備，讓他安撫劉表的部眾，一心一意，共抗曹操，劉備一定會高興地接受的。如果能達到目的，就能平定天下。現在不趕快前去，恐怕就會讓曹操占先。」孫權立即派魯肅去荊州。

魯肅到達夏口，聽說曹操大軍已向荊州進發，便日夜兼程前往，等他到達南郡時，劉琮已經投降曹操，劉備已經向南撤退。魯肅便直接去見劉備，在當陽的長坂與他相會。劉備採納了魯肅的計策，進駐鄂縣的樊口。

曹操從江陵出發，將要順長江東下。諸葛亮對劉備說：「形勢危急，我請求奉命去向孫將軍求救。」於是，他和魯肅一起去見孫權。諸葛亮在柴桑見到孫權，對孫權說：「天下大亂，將軍在長江以東起兵，劉備在漢水以南召集部眾，與曹操共同爭奪天下。現在，曹操已經消滅北方的主要強敵，接著南下攻破荊州，威震四海。在曹操大軍面前，英雄無用武之地，所以劉備逃到這裡，希望將軍量力來加以安排。如果將軍能以江東的人馬，與占據中原的曹操相抗衡，不如及早與操斷絕關係；如果不能，為什麼不早點解除武裝，向他稱臣？現在，將軍表面上服從朝廷，而心中猶豫不決，事情已到危急關頭而不果斷處理，大禍馬上就要臨頭了。」孫權說：「假如像你說的那樣，劉備為什麼不投降曹操呢？」諸葛亮說：「田橫，不過是齊國的壯士，還堅守節義，不肯屈辱投降；何況劉備是皇室後裔，英雄才略，舉世無雙，士大夫們對他的仰慕，如同流水歸向大海。如果大事不成，這是天意，怎麼能再居於曹操之下呢？」孫權勃然大怒，說：「我不能把全部吳國故地和十萬精兵拱手奉送，去受曹操的控制。我的主意已定！除劉備以外，沒有能抵擋曹操的人，但劉備最近戰敗之後，怎麼能擔當這項重任呢？」諸葛亮說：「劉備的軍隊雖然在長坂大敗，但現在陸續回來的戰士和關羽的水軍加起來有一萬精兵，劉琦集結江夏郡的戰士，也不下一萬人。曹操的軍隊遠道而來，已經疲憊。聽說在追趕劉備時，輕騎兵一天一夜奔馳三百餘里，這正是所謂『強弩射出的箭，到了力量已盡的時候，連魯國生產的薄綢都穿不透』。而且，北方地區的人，不善於進行水戰。另外，荊州地區的民眾歸附曹操，只是在他軍隊的威逼之下，並不是心悅誠服。如今，將軍如能命令猛將統領數萬大軍，與劉備齊心協力，一定能打敗曹軍。曹操失敗後，必然退回北方，這樣荊州與東吳的勢力就強大起來，可以形成鼎足三分的局勢。成敗的關鍵，就在今天！」孫權聽後非常高興，就去與他的部屬們商議。

這時，曹操寫信給孫權說：「最近，我奉天子之命，討伐有罪的叛逆，軍旗指向南方，劉琮降服。如今，我統領水軍八十萬人，將要與將軍在吳地一道打獵。」孫權把這封書信給部屬們看，他們無不驚惶失色。長史張昭等人說：「曹操是豺狼虎豹，挾持天子以征討四方，動不動就用朝廷的名義來發布命令。今天我們如果進行抗拒，就更顯得名不正而言不順。況且將軍可以抵抗曹操的，是依靠長江天險。現在，曹操占有荊州的土地，劉表所訓練的水軍，包括數以千計的蒙衝戰船，已由曹操接管，曹操讓全部船隻沿長江而下，再加上步兵，水陸並進。這樣，長江天險已由曹操與我們共有，而雙方勢力的眾寡又不能相提並論。因此，依我們的愚見，最好是迎接曹操，投降朝廷。」只有魯肅一言不發。孫權起身上廁所，魯肅追到房檐下，孫權知道魯肅的意思，握著魯肅的手說：「你想說什麼？」魯肅說：「剛才，我觀察眾人的議論，只是想貽誤將軍，不足以與他們商議大事。現在，像我魯肅這樣的人可以迎降曹操，但將軍卻不可以。為什麼這樣說呢？現在我迎降曹操，曹操一定會把我交給鄉里父老去評議，以確定名位，也還會做一個下曹從事，能乘坐牛車，有吏卒跟隨，與士大夫們結交，步步升官，也能當上州、郡的長官。可是將軍迎接曹操，打算到哪裡去安身呢？希望將軍能早定大計，不要聽那些人的意見。」孫權嘆息說：「這些人的說法，太讓我失望了。如今，你闡明利害，正與我想的一樣。」

當時，周瑜奉命到達番陽，魯肅勸孫權把他召來。周瑜來到後，對孫權說：「曹操雖然名義上是漢朝的丞相，但實際上是漢朝的賊臣。將軍以神武英雄的才略，又憑藉父、兄的基業，割據江東，統治的地區有幾千里，精兵足夠使用，英雄樂於效力，應當橫行天下，為漢朝清除邪惡的賊臣。何況曹操自己前來送死，怎麼可以去迎降？請允許我為將軍分析：如今北方尚未完全平定，馬超、韓遂還駐兵函谷關以西，是曹操的後患。而曹操捨棄鞍馬，改用船艦，與生長在水鄉的江東人來決一勝負。現在正是嚴寒，戰馬缺乏草料。而且，驅使中原地區的士兵遠道跋涉來到江湖地區，不服水土，必然會發生疾疫。這幾方面是用兵的大患，而曹操都貿然行事。將軍抓住曹操的時機，正在今天。我請求率領精兵數萬人，進駐夏口，保證能為將軍擊破曹操。」孫權說：「曹操老賊早就想要廢掉皇帝，自己篡位，只是顧忌袁紹、袁術、呂布、劉表與我孫權。現在，那幾個英雄都已被消滅，只剩下我還在。我與老賊勢不兩立。你主張迎戰曹軍，正合我意，是上天把你授給了我！」孫權就勢拔出佩刀，砍向面前的奏案，說：「將領官吏們，有膽敢再說應當投降曹操的，就與這個奏案一樣！」於是散會。

當天夜裡，周瑜又去見孫權，說：「眾人只看到曹操信中說有水、陸軍八十萬而各自驚恐，不再去分析其中的虛實，就提出向曹操投降的意見，太不像話了。現在咱們據實計算一下，曹操所率領的中原部隊不過十五六萬人，而且長期征戰，早已疲憊；新接收的劉表的部隊，至多有七八萬人，仍然心懷猜疑。疲憊的士卒，心懷猜疑的部眾，人數雖多，其實並沒有什麼可怕的。我只要有五萬精兵，就足以制服敵軍，望將軍不要顧慮！」孫權拍著周瑜的脊背說：「公瑾，你說的正合我意。張昭、秦松等人，各顧自己的妻子兒女，懷有私心，非常令我失望。只有你與魯肅和我的看法相同，這是上天派你們兩個人來輔佐我。於是，孫權任命周瑜、程普為左、右都督，率兵與劉備合力迎戰曹操，又任命魯肅為贊軍校尉，協助籌劃戰備。

周瑜大軍繼續前進，在赤壁與曹操相遇。當時曹操的部隊中已發生疾疫。兩軍初次交戰，曹軍失利，退到長江北岸。周瑜等駐軍在長江南岸，周瑜部將黃蓋說：「如今敵眾我寡，難以長期相持。曹軍把戰船連在一起，首尾相接，可以用火攻，擊敗曹軍。」於是，選取戰船十艘，裝上乾荻和枯柴，在裡邊澆上油，外面裹上帷幕，上邊插上旌旗，預先備好快艇，繫在船尾。黃蓋先派人送信給曹操詐降。當時東南風正急，黃蓋將士的戰船排在最前面，到江心時升起船帆，其餘的船在後依次前進。曹操軍中的官兵都走出營來站著觀看，指著船，說黃蓋來投降了。等到離曹軍還有兩里多遠時，那十艘船同時點火，火烈風猛，船像箭一樣向前飛駛，把曹軍戰船全部燒光，火勢還蔓延到曹軍設在陸地上的營寨。頃刻間，濃煙烈火，遮天蔽日，曹軍人馬燒死和淹死的不計其數。周瑜等率領輕裝的精銳士兵緊隨其後，鼓聲震天，奮勇向前，曹軍大敗。曹操率軍從華容道撤退，遇到大雨，地面泥濘不堪，道路不通，天又颳起大風，曹軍損失慘重。劉備、周瑜水陸並進，追趕曹操直至南郡。這時，曹軍又累又餓，死傷大半。曹操遂留下曹仁和徐晃鎮守江陵，樂進鎮守襄陽，自己率軍返回北方。

曹操在統一北方之後，乘勢向江南進軍，一舉奪占荊州。在此關鍵時刻，本應集中力量，徹底追殲劉備，然後再圖東吳。然而，他卻驕傲輕敵，同時攻打兩個敵人，以致促成孫劉聯合抗曹，使自己處於不利地位。在這場戰爭中，處於劣勢地位的孫、劉聯軍，面對兵力眾多的曹軍，正確分析形勢，找出其弱點和不利因素，採取密切協同、以長擊短，以火佐攻，乘勝追擊的作戰方針，打得曹軍丟盔棄甲，狼狽北竄，使曹操「橫槊賦詩」、併吞寰宇的雄心就此付諸東流，赤壁之戰也因此而成為歷史上運用火攻，以弱勝強的著名戰例。

關羽大意失荊州

關羽大意失荊州，千百年來讓人為之嘆息。在關羽身上，曾有「溫酒斬華雄」、「過五關斬六將」的傳奇，那麼為什麼關羽這一次會輸得一敗塗地？這中間到底發生了什麼？孫權和曹操又在背後做了什麼，從而導致關羽大敗？

西元二一九年七月，前將軍關羽率軍向樊城的曹仁進攻。曹仁派左將軍于禁、立義將軍龐德等人到樊城以北駐紮。八月，接連下了幾場大雨，漢水泛濫，平地上水深數尺，于禁等人的七支部隊都遭到水淹。于禁等人走投無路，於是向關羽投降。龐德經過苦戰，最後被擒，但他不肯投降，被關羽殺死。關羽得到于禁等人的士兵幾萬人，糧食供應不足，便擅自取走了孫權湘關糧倉的存糧。孫權聽到這個消息，就派遣呂蒙為統帥進攻關羽。

孫權寫信給魏王曹操，請求允許他討伐關羽，為朝廷效力，並請求不要把消息泄漏出去，使關羽有所防範。曹操問群臣，群臣都說應當保密。董昭卻說：「軍事行動，注重權變，要求合乎時宜。我們應當答應孫權為他保密，但暗中將消息泄露出去。關羽知道孫權來信的內容以後，若要回兵保護自己，樊城的包圍就迅速解除，我們便可獲利。同時，還使孫權、關羽像兩匹被勒住馬銜的鬥馬一樣，相互敵對而動彈不得，我們可以坐著等待他們精疲力盡。如果保守祕密不泄露，使孫權如意，這不是上策。再者，被圍的將士不知道有救兵，計算城中糧食不足以持久，心中會惶恐不安。倘若再有其他的想法，危害不會小，還是泄露出去為好。況且關羽為人強悍，自恃江陵、公安兩城防守堅固，一定不會很快退兵。」曹操說：「很對！」立即下令徐晃將孫權的書信用箭射入圍城之內和關羽軍營中。被圍的將士得到書信後，士氣倍增，關羽果然猶豫不決，不願撤兵離去。

關羽在圍頭派有軍隊駐守，在四塚還有駐軍。徐晃於是揚言將進攻圍頭，卻祕密攻打四塚。關羽見四塚危急，便親自率領步、騎兵五千人出戰，徐晃迎擊，關羽退走。關羽在塹壕前圍有十重鹿角，徐晃追擊關羽，二人都進入關羽對樊城的包圍圈，包圍圈被打破，傅方、胡修都被殺死，於是關羽撤圍退走，然而去襄陽的路隔絕不通。

呂蒙到達尋陽，把他的精銳士兵都藏在普通的船中，讓百姓搖櫓，都穿著商人的衣服，日夜兼程。又將關羽設置的江邊據點裡的偵察人員全都捉了起來，所以關羽對呂蒙的行動一無所知。公安、南郡守將糜芳、傅士仁負責供應軍需物資，沒能全部按時送到。關羽說：「回去以後，一定要治他們的罪。」糜芳、傅士仁都非常害怕。呂蒙到達後，命令原騎都尉虞翻寫信勸說傅士仁，為他指明利害得失。傅士仁收到虞翻的書信，立刻便投降了。呂蒙將傅士仁帶至南郡。糜芳守城，呂蒙要傅士仁出來與他相見，糜芳於是開城出來投降了。

關羽得知南郡失守後，立即向南迴撤。曹仁召集將領們商議，眾人都說：「如今趁關羽身處困境，內心恐懼，可派兵追擊，將他擒獲。」趙儼說：「孫權僥倖乘關羽和我軍鏖戰之機，試圖截斷關羽後路，又顧忌關羽率軍回救，怕我軍趁其雙方疲勞時，從中取利，所以才言辭和順地請求為我效力，不過是乘時機的變化觀望勝敗罷了。如今關羽已勢單力薄，正倉促奔走，我們更應讓他繼續存在，去危害孫權。如果對戰敗的關羽窮追不捨，孫權就將由防備關羽改為給我們製造禍患了，魏王必將對此深為憂慮。」於是，曹仁下令不再窮追關羽。

關羽多次派使者與呂蒙聯繫，呂蒙每次都厚待關羽的使者，允許在城中各處遊覽，向關羽部下親屬各家表示慰問，有人親手寫信託他帶走，作為平安的證明。使者返回，關羽部屬私下向他詢問家中情況，盡知家中平安，所受安撫超過以前，因此關羽的將士都無心再戰。關羽自知孤立困窮，便向西退守麥城。孫權派人誘降，關羽偽裝投降，把幡旗做成人像立在城牆上，然後逃遁，士兵都跑散了，跟隨他的只有十餘名騎兵。孫權已事先命令朱然、潘璋切斷了關羽的去路。十二月，潘璋手下的司馬馬忠在章鄉擒獲關羽及其兒子關平，予以斬首。於是，孫權占據荊州。

荊州是三國時期各方爭奪的焦點，劉備集團失守荊州，直接導致了隆中對策略無法完成，迫使諸葛亮只能透過崎嶇的蜀道，在祁山一次一次圖勞無功地拼耗蜀漢本就疲弱的國力。而關羽作為失守荊州的第一責任人，當然難辭其咎。

陸遜火燒連營

西元二二一年，劉備不聽諸葛亮和趙雲等人的勸阻，親率西川精銳大軍數十萬，以為關羽和張飛報仇的名義，大舉向東吳進攻，大軍自巫峽至夷陵連營數百里，大有一舉踏平東吳之勢。

劉備從秭歸出兵，進攻孫權為關羽報仇。治中從事黃權進諫說：「吳人驃悍善戰，而我們的水軍順長江而下，前進容易，撤退困難。我請求當先鋒，向敵人發動進攻，陛下您在後方坐鎮。」劉備沒有聽從，反而任命黃權為鎮北將軍，讓他統領長江以北各路蜀軍，自己則率領軍隊，從長江以南翻山越嶺，駐紮在夷道縣的猇亭。

吳國將領都請求出兵迎擊，主帥陸遜說：「劉備率軍沿長江東下，銳氣正盛，而且憑據高山，堅守險要，很難向他們發起迅猛的進攻。即使攻擊成功，也不能完全將他們擊敗，如果攻擊不利，將損傷我們的主力，絕不是小小的失誤。目前，我們只有褒獎和激勵將士，多方採納和實施破敵的策略，觀察形勢的變化。如果這一帶為平原曠野，我們還要擔心有互相追逐的困擾，如今他們沿著山嶺布署軍隊，不但兵力無法展開，反而困在樹木亂石之中，自己會漸漸精疲力竭，我們要有耐心，等待他們懈怠而加以攻擊。」各位將領仍不理解，認為陸遜懼怕劉備大軍，對他強烈不滿。

蜀軍自巫峽建寨紮營，直至夷陵附近，設立數十座營盤，以馮習為總指揮，張南為前軍指揮，從正月開始與吳軍對峙，到六月仍未決戰。劉備命令吳班率數千人在平地紮營，吳軍將領都請求出擊，陸遜說：「這一定有詭詐，我們暫且觀察。」劉備見計畫無法實現，只好命令八千伏兵從山谷中出來。閏六月，陸遜向蜀軍發動進攻，戰鬥失利，將領們都說：「白白損兵折將！」陸遜說：「我已經有了破敵之策。」於是，命令士兵每人拿一束茅草，用火攻擊，得勝；陸遜又乘勢領各路軍隊全面出擊，斬殺蜀軍營壘四十餘座。蜀將杜路、劉寧走投無路，只得向吳軍請求投降。

劉備登上馬鞍山，環繞自己布置軍隊，陸遜督促各軍四面圍攻，緊縮包圍圈，蜀軍土崩瓦解，戰死一萬餘人。劉備連夜逃入白帝城。蜀軍的船隻、器械，水、陸軍的軍用物資，一下子全被奪取；屍體塞滿長江江面，順流而下。劉備既慚愧又悲憤地說：「我被陸遜羞辱，這是天意啊！」將軍義陽人傅彤掩護大軍退卻，部下全部戰死，他卻越戰越勇，吳軍勸他投降，他大罵說：「吳國賊兵，哪有漢將軍會投降的！」終於血戰而死。從事祭酒程畿逆長江乘船退卻，部下說：「後面追兵緊迫，應把兩船連結的方舟拆開，輕舟撤退。」程畿說：「我從軍以來，還未學過如何逃跑。」也戰死了。

當初，魏文帝聽蜀軍樹立木柵紮營，相連七百餘里，便對他的大臣們說：「劉備不懂軍事，哪有連營七百里能夠和敵人對峙的！在雜草叢生、地勢平坦、潮濕低窪、艱險阻塞等處安營的軍隊，一定會被敵人打敗，這是兵家大忌。孫權報捷的上奏，很快就會到來。」果然，僅過七天，吳軍攻破蜀軍的捷報就送來了。

淝水之戰

西晉末年政治腐敗，引發了社會大動亂，中國歷史進入了分裂割據的南北朝時期。在南方，晉琅邪王司馬睿於西元三一七年在建康（今江蘇南京）稱帝，建立東晉，占據了漢水、淮河以南大部分地區。在北方，各少數民族政權紛爭迭起。由氐族人建立的前秦國先後滅掉前燕、代、前梁等割據國，統一了黃河流域。後又於西元三七三年攻占了東晉的梁（今陝西漢中）、益二州，將勢力擴展到長江和漢水上游。前秦皇帝苻堅因此躊躇滿志，欲以「疾風掃秋葉」之勢，一舉蕩平偏安江南的東晉，統一南北。就在這種背景下，淝水之戰爆發了。

西元三八三年，前秦開始大舉入侵東晉。八月，前秦王苻堅從長安出發，九月到達項城，涼州的軍隊才到達咸陽，巴蜀、漢水地區的軍隊剛沿著長江東下。前秦陽平公苻融等率領的三十萬軍隊，首先到達潁口。十月，陽平公苻融等攻打壽陽。十八日，攻克了壽陽。東晉謝安派出將領胡彬率領水軍沿著淮河向壽陽進發。在路上，胡彬得知壽陽已經被前秦的前鋒苻融攻破，只好退到硤石（今安徽鳳台西南），紮下營來，等待謝石、謝玄的大軍會合。苻融占領壽陽以後，又派部將梁成率領五萬人馬進攻洛澗（今安徽淮南東），截斷了胡彬水軍的後路。苻堅到了壽陽，跟苻融商量，認為晉軍已經不堪一擊，就派了一個使者到晉軍大營去勸降。那個派出的使者不是別人，恰恰是前幾年在襄陽堅決抵抗過秦軍、後來被俘虜的朱序。朱序向謝石提供了秦軍的情報。他說：「這次苻堅發動了百萬人馬攻打晉國，如果全部人馬一集中，恐怕晉軍沒法抵擋。現在趁他們人馬還沒到齊的時候，你們趕快發起進攻，打敗他們的前鋒，挫傷他們的士氣，就可以擊潰秦軍了。」

朱序走了以後，謝石再三考慮，認為壽陽的秦軍兵力很強，沒有把握打勝，還是堅守為好。謝安的兒子謝琰勸說謝石聽從朱序的建議，盡快出兵。謝石、謝玄經過一番商議，就派北府兵的名將劉牢之率領精兵五千人，先對洛澗的秦軍發起突然襲擊。這支北府兵果然名不虛傳，他們像插了翅的猛虎一樣，強渡洛澗，個個勇猛非凡。守在洛澗的秦軍不是北府兵的對手，勉強抵擋一陣就敗了下來，秦將梁成被晉軍殺了。秦兵爭先恐後渡過淮河逃走，大部分掉在水裡淹死。

洛澗大捷，大大鼓舞了晉軍的士氣。謝石、謝玄一面命令劉牢之繼續援救硤石，一面親自指揮大軍，乘勝前進，直到淝水（今淝河，在安徽壽縣南）東岸，把人馬駐紮在八公山邊，和駐紮壽陽的秦軍隔岸對峙。

洛澗告敗後，苻堅命令秦兵嚴密防守。晉軍沒能渡過淝水，謝石、謝玄十分著急。如果拖延下去，只怕各路秦軍到齊，對晉軍不利。謝玄派人給苻堅送去一封信，說：「你們帶了大軍深入晉國的陣地，現在卻在淝水邊擺下陣勢，按兵不動，這難道是想打仗嗎？如果你們能把陣地稍稍往後撤一點，騰出一塊地方，讓我軍渡過淝水，雙方在戰場上決一雌雄，這才算有膽量呢！」苻堅一想，要是不答應後撤，不是承認我們害怕晉軍嗎？他馬上召集秦軍將領，說：「他們要我們讓出一塊陣地，我們就撤吧。等他們正在渡河的時候，我們派騎兵衝上去，將他們消滅。」謝石、謝玄得到苻堅答應後撤的回覆，迅速整頓人馬，準備渡河進攻。

約定渡河的時刻到來了，苻堅一聲令下，苻融就指揮秦軍後撤。他們本來想撤出一個陣地就回過頭來進攻。沒料到秦兵因厭惡戰爭，又害怕晉軍，一聽到後撤的命令，拔腿就跑，再也不想停下來了。謝玄率領八千多騎兵，趁勢飛快渡過淝水，向秦軍猛攻。這時候，朱序在秦軍陣後叫喊起來：「秦兵敗了！秦兵敗了！」後面的兵士不知道前面的情況，只看到前面的秦軍往後奔跑，也轉過身跟著邊叫嚷，邊逃跑。苻融氣急敗壞地揮舞著劍，想壓住陣腳，但秦兵像潮水般地往後湧來，哪裡壓得住。一群亂兵衝來，把苻融的戰馬衝倒了。苻融掙扎著想起來，晉兵已經從後面衝上來，把他一刀砍了。主將一死，秦兵更是像脫了韁的野馬一樣，四處狂奔。陣後的苻堅看到情況不妙，只好騎上一匹馬拚命逃走。不料一支流箭飛來，正好射中他的肩膀。苻堅顧不得疼痛，繼續催馬疾走，一直逃到淮北才喘了口氣。晉軍乘勝追擊，秦兵沒命地潰逃，被擠倒的、踩死的兵士，滿山遍野都是。那些逃脫的兵士，一路上聽到風聲和空中的鶴鳴聲，也當作東晉追兵的喊殺聲，嚇得不敢停下來。

淝水之戰，前秦軍被殲和逃散的共有七十多萬。唯有鮮卑慕容垂部的三萬人馬尚完整無損。此戰的勝利者東晉王朝雖無力恢復全國，但卻有效地遏制了北方少數民族的南下侵擾，為江南地區社會經濟的恢復和發展創造了條件。

同舟共濟守盱眙

春秋時吳人與越人是仇敵，可是當他們同乘一條船，遇到大風危急的時候，卻像左右手一樣互相救助。後人便以「同舟共濟」比喻不計舊怨，共渡難關。西元四五〇年，沈璞守盱眙（今江蘇盱眙），南朝將領臧質兵敗，要求入城。僚佐認為，如果讓他們進城，城裡地狹人多，且不能專功，主張閉門不納。沈璞卻認為應該同舟共濟，共同退敵，共守盱眙。魏軍前進，三旬不下，只好燒毀攻具而退。

西元四五〇年，文帝劉義隆北伐，寧朔將軍王玄謨在滑台戰敗，讓北魏軍隊深入劉宋腹地。十二月，劉義隆派輔國將軍臧質率領一萬士兵援救彭城。臧質到達盱眙時，發現北魏軍隊已繞過彭城，渡過淮河。臧質軍隊被北魏軍擊敗，臧質拋棄輜重器械，帶領七百人奔赴盱眙。當初，盱眙太守沈璞接任時，王玄謨正在圍攻滑台，長江、淮河一帶平安無事。沈璞認為盱眙郡正處在交通要道上，於是，他下令修繕城池，加固城牆，疏通並挖深環城壕溝，積蓄財力糧食，儲備利箭石頭，作城池一旦被圍時的準備。當時，他的幕僚臣屬們都認為沒有必要，朝廷也認為他做得太過分了。現在北魏軍隊向南進攻，各地太守、宰丞大多都放棄城池各自逃命。沈璞卻堅守盱眙，招集士兵，得到精銳兩千人。不久，臧質逃奔到盱眙城，眾將對沈璞說：「如果臧質的軍隊能夠擊退敵人保住城池，功勞就不都是我們的；如果我們撤退回到都城，雙方都要依靠船隻，這樣又必然會進一步相互殘殺，卻足以給我們帶來禍害。不如關閉城門不接收他們。」沈璞嘆息說：「胡虜肯定不能攻破我們的城池，我敢於向各位保證。我們乘船撤退的計畫，本來早就否定了，胡虜的凶狠殘暴卻是自古至今都沒有過的。他們屠殺掠奪的殘暴，是有目共睹的，其中最幸運的人最終也只不過是被驅趕到北魏做奴隸、婢女。臧質雖然統領的是一批烏合之眾，難道他們不怕這些嗎？所謂『乘同一條船過河，吳人、越人也會齊心』的說法，正是指的這些事情。因此，現在我們兵多，胡虜就會很快地退卻，兵少，他們退卻就慢。難道我們為了獨占這份功勞，而寧願讓胡虜留下為患嗎？」於是，打開城門，接納了臧質一行。臧質看到盱眙城內準備充實，生活富足，十分高興，手下將士都歡呼萬歲，臧質於是就與沈璞一同駐守盱眙城。

北魏軍隊南下進犯，不準備糧食用品等，只靠擄掠來維持生活。他們渡過淮河時，老百姓大多都躲了起來，因此打家劫掠時也沒有得到什麼東西，致使人馬處於饑餓睏乏之中。他們聽說盱眙有存糧，就打算把盱眙的糧食作為回國的財資用。北魏國主擊敗了胡崇之等，圍攻盱眙沒有攻克，就留下大將韓元興率領幾千人駐守在盱眙城外，自己率領大軍南下。為此，盱眙得以進一步完善防備工程。

第二年春天，北魏軍隊撤退，路過的時候，順勢進攻盱眙城。拓跋燾派人向臧質索要好酒，臧質把尿封在罈子裡送給他。拓跋燾勃然大怒，圍著盱眙城修築長牆，一夜之間就已合攏。又搬來東山的土石填平溝渠，在君山上架起浮橋，斷絕了盱眙城與外界的水陸通道。拓跋燾寫信勸降，臧質在回信中把他痛斥了一頓。拓跋燾更加憤怒，命人做了一個鐵床，在上面倒放釘耙，說：「攻下城池，捉住臧質，我一定讓他坐在這上面！」北魏軍隊用鉤車鉤住城樓，城裡的守衛就用鐵環製成的大鐵鍊拴住鉤車，拉住鐵鍊，北魏的鉤車無法後退。夜裡，守軍用桶把士兵從城上放出來，砍斷車鉤，繳獲了鉤車。第二天早晨，魏軍又用衝車攻城，城牆很牢固，每次只能摔下幾升牆土。魏軍派士兵攀登城牆，分成幾組輪流進攻，摔下來再重新攀登，沒有人後退，殺傷的士兵有幾萬人，屍體堆得和城牆一樣高。這樣進攻了三十多天，仍然沒有攻下。正趕上魏軍中很多士兵生病。有人報告說：建康派遣水軍從東海進入淮河，又命令彭城守軍切斷了北魏軍隊的退路。二月，拓跋燾命令焚毀攻城器械，全軍撤退。盱眙守軍想追擊，沈璞說：「現在我們的兵力並不多，不足以出城交戰。不過還是要整頓船隻，裝出要北渡淮河的樣子，能讓他們加快逃走。」臧質因為沈璞是盱眙城主，就讓他向朝廷通報勝利。沈璞堅決辭讓，把功勞全都歸於臧質。劉義隆聽說後，越加獎賞他。

盱眙之圍，劉宋以不足萬人的小城，頂住了北魏五十萬大軍幾個月的猛攻，迫使北魏最終北撤，保住了劉宋，可以說是南朝戰史上不多的亮點。此戰使北魏傷亡慘重，更使得魏軍視攻城為死途，三十年不敢南下。

宇文泰渭曲出奇兵

南北朝的戰爭尤以東西魏的戰爭最為激烈，雙方互相攻伐，許多戰役堪稱經典。當時高歡掌東魏大權，宇文泰掌西魏大權，兩人都有一統天下的野心，因此二虎必有一爭。

西元五三七年，西魏丞相宇文泰統率軍隊討伐東魏。九月，東魏丞相高歡率領二十萬軍隊，從壺口出發，抵達蒲津迎敵。又在蒲津渡過黃河，然後繞過馮詡城，渡過洛水，在許原的西部紮營。宇文泰抵達渭河南岸，徵集各州的兵馬，都沒有來。他想要進攻高歡，各將領都認為兵力懸殊太大，無法抵擋對方，請求等高歡繼續西進，再觀察形勢。宇文泰說：「高歡如果抵達長安，人心就會受到干擾。現在趁他剛剛遠道而來，正可以攻擊他。」他立刻下令在渭河建造浮橋，命令將士準備三天的乾糧，輕裝騎馬渡過渭河，輜重則從渭河南岸沿著渭河往西運送。

十月初一，宇文泰到達沙苑，距離東魏的軍隊只有六十里。宇文泰派須昌縣令達奚武偵察高歡的軍情，達奚武帶著三名騎兵，穿上與高歡士兵一樣的衣服。太陽下山後，他們在距離敵營幾百步的地方下馬，偷聽到對方的口令，然後上馬穿越軍營，好像是夜間警戒的士兵，發現有不守軍規的，還往往上去鞭打，詳細了解敵情之後返回。外出偵察的騎兵回來報告說高歡的部隊快要到達，宇文泰馬上召集各位將領商量對策。開府儀同三司李弼說道：「眼下敵眾我寡，所以我們不能在平坦的地方布置戰陣，此處以東十里地有一個叫渭曲的地方，可以先占據那裡等待高歡的人馬。」宇文泰根據李弼的意見，在渭曲背靠河水的東西兩面布置了戰陣，命令將士們持長兵器隱蔽在蘆葦叢中，約定聽到鼓聲響起之後再起來。

大約快到傍晚的時候，東魏的兵馬來到了渭曲，都督斛律金對高歡說道：「宇文泰差不多把全國的部隊都帶了出來，要和我們決一死戰，就好像一條瘋狗一樣，有時候也能咬人一口，況且渭曲這個地方蘆葦叢深，爛泥淤積，無法用力，我們還不如暫緩與他們相持，先祕密地派出精銳部隊徑直突襲長安，一旦他們的老窩被攻破之後，則宇文泰可以不戰而擒。」高歡問道：「放火焚燒蘆葦叢，怎麼樣？」侯景說道：「我們應當活捉宇文泰，把他帶到老百姓面前示眾，如果他被燒死在人群中，誰會相信他真的完了？」彭樂更是盛氣淩人地請求出戰，他說：「我們人多，敵軍人少，一百人抓一個人，還有什麼必要擔心打敗不了他們？」高歡接受了他的意見。東魏的士兵看到西魏的士兵人數少，便爭先恐後的衝上前去襲擊對方，原來的隊列已經亂哄哄不成樣子。等兩方的人馬剛要交戰的時候，西魏的丞相宇文泰敲響了戰鼓，戰士們都奮勇而起，東魏部隊被攔腰切斷，首尾不能相顧，於是一敗塗地。

東魏的丞相高歡準備暫且收兵再戰，於是派遣張華原帶著登記簿穿梭在各個軍營之中清點官兵人數，可是沒有答應之聲，只好回去向高歡報告：「大家都已經跑光，各處軍營全空了！」高歡還是不肯離去。斛律金勸高歡說：「眾人之心已經離散，無法再利用了，我們應該盡快趕往河東。」高歡依然坐在馬鞍上一動不動，斛律金乾脆揮鞭抽打他的馬，高歡這才迅速離開。這一仗，高歡損失了八萬名士兵，丟棄了十八萬副盔甲與兵器。西魏的丞相宇文泰追趕高歡一直到了黃河邊上，他在被打散的東魏軍中挑選留下了兩萬多名士兵，其餘的都釋放回去。都督李穆對宇文泰說：「高歡這下子嚇破膽了，我們迅速追趕的話，可以俘虜他。」宇文泰沒有聽取李穆的意見，帶領軍隊回到了渭河以南，那些被征的士兵剛到，就讓他們在交戰的地方每人栽種一棵柳樹，以紀念這場戰爭的勝利。

這次戰爭的意義在於徹底斷絕了高歡吞併西魏的可能，奠定了宇文泰的權威地位。宇文泰在戰後被封為柱國大將軍，政治威望與日俱增，此後雙方以拉鋸戰成為主要作戰方式，進入策略相持階段。

韋孝寬金城湯池守玉壁

「敕勒川，陰山下，天似穹廬，籠蓋四野。天蒼蒼，野茫茫，風吹草低見牛羊。」這首著名的《敕勒歌》大家都很熟悉，它描繪了北國草原的遼闊無垠、氣勢恢宏。但你是否知道它是高歡病中在玉壁班師晉陽後，出於兵敗後激勵將士，由驍將斛律金作的。這首傳誦千古的名篇是借玉壁之戰始進入官書而流傳下來的。

西元五四六年八月，東魏丞相高歡發動崤山以東的全部兵馬，準備討伐西魏。二十三日，高歡率軍從鄴城出發，與其他將領在晉陽會合。九月，高歡大軍抵達並州的州治玉壁，將玉壁城團團包圍。此前，西魏並州刺史王思政離任，西魏丞相宇文泰讓他推薦接替的人，王思政推薦了晉州刺史韋孝寬，被宇文泰任用。高歡軍隊向玉壁守軍挑戰，守軍不理，只在城內堅守。

高歡的軍隊白天黑夜連續不停地進攻玉壁，西魏的韋孝寬隨機應變，抵抗他們的進攻。玉壁城裡沒有水源，要從汾河取水，高歡就派人把汾河水改道，一個晚上就完成了。高歡在城南堆起一座土山，想利用它攻入城裡。玉壁城上有兩座城樓，韋教寬讓人把木頭綁在城樓上，讓它比東魏堆的土山高，以抵擋進攻。高歡派使者告訴韋孝寬說：「就算你把木頭接在城樓高到天上，我還會挖地洞攻取你。」於是，挖掘了十條道地，又採用術士李業興的「孤虛法」，聚集人馬進攻城北。城北是天險地形，韋孝寬讓人挖了一條很長的壕溝，用來阻擋高歡的道地。他挑選士兵在大溝上駐守，每當東魏軍穿過道地到達大溝，士兵都能把他們擒獲或者殺掉。他們又在溝外堆了很多柴火，一旦東魏軍進入道地，就把柴草點燃，塞進道地，用皮排鼓風，道地裡的東魏軍全都被燒得焦頭爛額。

東魏軍又用攻城戰車撞擊城牆。戰車撞到的地方都被撞壞，西魏無法抵擋。韋孝寬就用布縫製成布幔，順著戰車進攻的方向張開。布懸在空中，戰車無法撞壞。東魏軍又用松、麻等易燃物綁在車前的長竿上，在裡面灌上油點燃，用來燒毀布幔，還想焚燒城樓。韋孝寬讓人製造了長鉤，把刀刃磨利，等著火的長竿快到的時候，用長鉤遠遠地砍斷，綁在竿上的松麻全都掉到地上。東魏軍又在玉壁城四周挖了二十條道地，在道地裡用木柱撐住城牆，然後放火焚燒，木柱折斷，城牆崩塌。韋孝寬在崩塌的地方豎起木柵欄，東魏軍無法攻入。

東魏在城外已經用盡進攻的方法，韋孝寬在城裡守衛抵擋的辦法還有很多，韋孝寬又從高歡手裡奪取了那座土山。高歡無計可施，就派倉曹參軍祖珽勸說韋孝寬：「您獨自一個人守衛這座孤城，四面又沒有救兵，恐怕最終也不能保全它。為什麼不投降呢？」韋孝寬回答他說：「我的城池堅固無比，士兵和糧食都很充足，進攻的人是白白辛苦，而守城的人卻以逸待勞，哪有一個月之內就需要別人援助的。我倒是擔心你們這麼多人有回不去的危險。」祖珽又對城裡的人說：「韋孝寬享受著西魏的榮華富貴和功名利祿，倒還可以這樣做，但其餘的士兵和百姓，為什麼還要跟他一起赴湯蹈火呢？」於是，便向城裡射去懸賞捉拿韋孝寬所定的報酬數額，上面寫道：「凡是能斬殺韋孝寬而投降的人，就拜他為太尉，並且加封他為開國郡公，賞賜萬匹絹帛。」韋孝寬見此，便在它的背面提筆寫字射回城外，上寫：「能殺掉高歡的人，也能得到同樣的獎賞。」東魏的軍隊對玉壁城苦苦攻打了五十天，戰死以及病死的士兵總共達到七萬人，全都埋在一個大墳墓裡。高歡的智謀用盡了，也未攻下玉壁城，又氣又急，因此得了疾病。這時，有顆流星墜落在高歡的軍營中，東魏的士兵都很驚慌，於是東魏軍隊放棄攻城，離開了玉壁。

從西元五三四年北魏分裂為東魏和西魏，至西元五八九年隋統一的約半個世紀中，在東魏、西魏和南朝三方鼎峙中，東魏在國力軍力上均占優勢，在實戰中互有勝負。玉壁之戰後，原來最弱小的西魏，開始在三方角逐中始終占據著策略主動，在歷次重大戰役中保持不敗記錄，國力軍力後來居上，直至以其為基礎的北周又以北周為基礎的隋，終於再次取得中國古代史上的大統一。由此可以看出玉壁之戰在中國歷史上的地位。

李世民討伐劉武周

唐初，馬邑（今山西朔縣）割據勢力劉武周欲南下爭奪天下。西元六一九年八月，劉武周攻陷太原，派大將宋金剛繼續南進，先後占領晉州（今山西臨汾）、絳州（今山西絳縣）、龍門（今山西河津）等地。十一月，李世民率關中精兵，在龍門渡過黃河，屯兵柏壁，與宋金剛軍相持。唐軍占據有利地形後，用以飽待饑之策，堅守不出，養精蓄銳。宋金剛軍遠道而來，補給困難，日見饑困。次年四月，宋金剛軍中糧食吃盡，只好退走。李世民引兵追擊，大敗宋金剛軍，俘殺數萬人。後劉武周、宋金剛逃往突厥被殺。

唐高祖派遣殿內監竇誕和右衛將軍宇文歆協助並州總管齊王李元吉鎮守晉陽。隋朝末年，馬邑人劉武周趁天下大亂之機，殺死馬邑太守自代。為了立穩腳跟，他派遣使者依附於突厥。西元六一九年九月，依附突厥的劉武周派兵攻打唐朝的並州（治所晉陽），齊王李元吉欺騙司馬劉德威說：「你用老弱守城，我用強兵出戰。」十六日，李元吉夜間出兵，攜帶他的妻妾放棄並州城逃回長安。李元吉剛離開，劉武周的軍隊就已經到達城下，晉陽土豪薛深開城接納劉武周。高祖聽到這個消息，大發雷霆，對禮部尚書李綱說：「元吉年輕，不熟悉時勢大事，所以我派竇誕、宇文歆輔助他。晉陽強兵數萬，糧可支持十年，是興我王業的基礎，竟然一天就放棄了。聽說是宇文歆首先籌劃這個計策，我應當把他殺掉！」李綱說：「齊王年少驕傲逸樂，竇誕並無勸諫，又替他掩飾遮蓋，使士民憤恨，今天的失敗，是竇誕的罪過。宇文歆勸諫，齊王不悔改，過不了多久陛下就會聽到上奏，這是忠臣，難道可以殺掉嗎？」第二天，高祖召李綱入宮，登上御座說：「我有了你，才能夠不濫用刑罰。元吉自己不能好好做，不是他們二人所能制止的。」於是，連竇誕一起赦免。

唐高祖派李世民帶領軍隊去征討劉武周。李世民領兵渡過黃河後駐紮在柏壁，跟劉武周的部將宋金剛對峙，李世民採取堅守城堡的策略。將領們都要求跟宋金剛開戰，李世民說：「宋金剛孤軍深入，全部精兵猛將都在這裡。劉武周占據並州，靠宋金剛作為屏障。宋金剛的軍隊沒有儲備糧食，以搶劫來供應軍需，只希望速戰速決。我方應該養精蓄銳，挫敗他的兵鋒，分兵作戰，襲擊他的要害。等他糧食吃完，無利可圖，肯定要退走。我們到那時再趁機行事，現在不能出戰。」李世民還派部將殷開山、秦叔寶等人襲擊宋金剛手下的尉遲敬德、尋相等部隊，打了勝仗以後立即又回到柏壁來。最後宋金剛軍中糧食吃光，士氣低落，不得不北撤。李世民乘勢追擊，大敗敵軍，一晝夜行軍兩百多里，連打幾十仗。

到達高壁嶺時，劉弘基拉著李世民的馬勸說：「大王擊敗敵人，追到這裡，功勞也夠大了，再深入不止，會有危險！況且士兵又饑餓又疲勞，應該停在這裡，等軍糧送來，再前進也不遲。」李世民說：「宋金剛退兵，人心離散，士氣低落，機會難得，必須乘勝追擊，如果行動遲緩，讓他做好準備，就無法再攻打了。我盡忠為國，難道只顧自身安危嗎？」他堅持繼續追擊，將士們也不敢有什麼異議。他們在雀鼠谷追上宋金剛軍，一天連打八個勝仗，俘虜和殺死幾萬人。夜裡住宿在雀鼠谷西原，這時李世民已有兩天沒有吃飯，三天沒有解甲休息了。追到介休縣，宋金剛還有兩萬人，出城布陣迎戰，李世民派李世勣正面交鋒，自己帶騎兵衝擊敵軍陣後，大敗宋金剛。宋金剛帶少數騎兵逃走，李世民又追趕了幾十里。劉武周聽說宋金剛戰敗，非常害怕，遂放棄並州逃奔突厥。宋金剛集合剩餘人馬，還想再打，但大家都不肯跟從，最後只好帶領一百多名騎兵投奔了突厥。

在隋末群雄競起的紛亂形勢中，劉武周率先起兵，依附突厥，圖謀帝業，進而「率軍南向以爭天下」，占據了有充足糧食和庫絹的晉陽，攻陷河東大部地區，威逼關中。但是，在當時人心厭亂思定，天下統一已成為歷史發展必然趨勢的情況下，劉武周「軍無蓄積，以虜掠為資」，在並汾一帶沒有取得地主階級和人民群眾的支持，建立起鞏固的統治基礎；加之他的對手又是傑出的政治家和軍事家李世民，這就決定了他必然敗亡的定局。李世民後發制人，伺機破敵，窮追猛打，連續作戰，終獲全勝。唐軍奪回河東，對鞏固關中，進而爭奪中原具有重要意義。

李世民力克洛陽城

隋朝末年，王世充打敗了瓦崗軍後占據洛陽，自稱鄭帝，成為中原最大的割據勢力。西元六二〇年，李世民率軍攻打洛陽，王世充派人向竇建德求援，於是，唐軍與竇建德、王世充展開了一場生死決戰。

西元二一年二月，秦王李世民討伐鄭王王世充，進攻洛陽。李世民包圍了洛陽宮城，城中守衛嚴密，李世民從四面進攻，晝夜不停，過了十多天還沒有攻下。三月，夏王竇建德發兵援救洛陽，王世充的弟弟、徐州行台王世辯派手下將領郭士衡率領士兵與竇建德會合，共十幾萬人，號稱三十萬，在成皋東邊的平地上紮營，與王世充互通消息。二十六日，李世民率領五百名驍勇的騎兵，出虎牢城，到城東二十多里的地方偵察竇建德的營地。沿路分別留下隨行的騎兵，讓李世勣、程咬金、秦叔寶分別率領軍隊埋伏在路邊，只剩下四名騎兵與他一起前往。李世民故意徘徊，又稍微後退，引誘追兵到埋伏圈裡，李世勣等奮力出擊，大敗敵軍，斬首三百多人，擒獲了竇建德的將領殷秋、石瓚，返回虎牢。

唐軍的間諜報告說：「竇建德探聽到唐軍草料用盡，在黃河以北牧馬，準備襲擊虎牢。」五月初一，李世民向北渡過黃河，從南面逼進廣武，偵察敵軍的形勢，趁機留下一千多匹馬，在黃河邊放牧，以引誘竇建德。初二，竇建德果然帶領全部兵力抵達，從板諸出發，兵出牛口布陣，北邊倚著黃河，西邊接近汜水，南面連接鵲山，橫亙二十里，擂戰鼓進軍。竇建德布好軍陣，從早晨到中午，士兵饑餓疲憊得坐了下來，軍隊前後徘徊，想要撤退。

李世民命令宇文士及帶領三百名騎兵，從竇建德軍陣的西邊向南奔馳，並告誡他說：「敵人如果不動，你就帶兵返回。如果有所舉動，你就領兵向東進發。」宇文士及到了竇建德軍陣前，敵陣果然有所行動，李世民說：「可以進攻了！」李世民率領騎兵先出發，大軍緊隨其後，向東涉過汜水，徑直衝向敵陣。竇建德的群臣正在朝謁，唐軍騎兵突然抵達，群臣都聚攏到竇建德身邊。竇建德急召騎兵抵擋，因為朝臣阻擋，騎兵過不去，竇建德揮手命令朝臣退下。進退之間，唐軍已經衝到陣前，竇建德十分窘迫，撤退到東面的山坡。竇抗帶兵進攻，唐軍稍稍失利。李世民率領騎兵趕去支援，所向披靡。接著各支軍隊大戰，飛起的塵土遮住了天空。李世民率領史大奈、程咬金、秦叔寶、宇文歆等人捲起旗幟，衝進敵陣，竇建德的士兵不敵，潰敗，唐軍追擊逃兵三十里，斬首三千多人。

竇建德被長槍刺中，逃到牛口渚躲藏起來。唐車騎將軍白士讓、楊武威追擊他，竇建德掉下馬來，白士讓拿起長槍想刺，竇建德說：「別殺我，我是夏王，能讓你們富貴。」楊武威下馬捉住了竇建德，用備用馬匹馱著他去見李世民。竇建德的將士都潰敗逃走，唐軍俘虜了五萬人。李世民當天就釋放了俘虜，讓他們返回家鄉。王世充的將領王德仁放棄洛陽老城逃跑，副將趙季卿獻出城池投降唐軍。李世民押著竇建德、王琬、長孫安世、郭士衡等人到洛陽城下，讓王世充看。王世充召集將領們商議突圍，準備向南投奔襄陽，將領們都說：「我們依賴的是夏王竇建德，現在夏王已經被俘，就算突圍，最後也不能成功。」初九，王世充穿著白衣，帶領太子、群臣等兩千多人到唐軍營門前投降。李世民於是分出部分軍隊，先進入洛陽，分別把守市場，禁止侵犯搶掠，沒有一個人敢違犯。

李晟收復京師

唐王朝自安史之亂後，形成了藩鎮割據的局面，削弱了唐王朝的統治，致使唐德宗被迫外逃。後來，唐德宗之所以能回鑾長安，全依靠著名的愛國將領李晟。李晟十八歲投於河西節度使王忠嗣軍中任裨將，由於他武藝高強、作戰勇猛，被王忠嗣稱為「萬人敵」。西元七八四年，李晟指揮集聚在關中地區的官兵，與行營兵馬副元帥渾瑊東西呼應，為光復被朱泚占領的京城，同叛軍展開了一場攻防戰。

唐平安史之亂後，藩鎮割據，對抗朝廷。西元七八二年，河北四鎮的地方勢力自立為王，共勸淮西節度使李希烈稱帝。李希烈自稱天下都元帥，於次年發兵三萬圍攻襄城（今屬河南）。唐德宗李適為保東都洛陽，調涇原諸鎮兵前往援救襄城。十月初二，涇原節度使姚令言領兵五千路過長安，因未得犒賞，士兵譁變，占據京城。唐德宗倉皇逃往奉天（今陝西乾縣），經左金吾衛大將軍渾瑊等赴援，倖免被俘。叛軍擁立太尉朱泚。朱泚自稱大秦皇帝，與河北諸鎮割據勢力遙相呼應。十三日，朱泚領兵圍攻奉天。唐德宗向魏縣行營的唐軍告急。朔方節度使李懷光率軍回救，檢校右僕射李晟也沿路收兵支援。不久，李懷光也叛變，唐德宗又逃往梁州。西元七八四年五月二十日，李晟舉行閱兵儀式，向將士們宣布就要發起攻擊，收復京城。此前，姚令言等人多次派探子來刺探李晟攻城的日期，但都被李晟的巡邏兵抓獲。抓獲姚令言派來的探子後，李晟讓他們觀看所布軍陣，說：「你們回去對叛賊們說，要他們守好城池，不要做出不忠於叛賊朱泚的事情！」李晟給他們喝酒，又每人給了些錢，便放他們回去了。隨後，李晟率領軍隊到長安通化門外，耀武揚威一番後再回營來，叛軍們眼睜睜地看著，不敢出城。

李晟召集各位將領，詢問他們大軍應朝什麼方向攻入長安城，將領們都請求先攻下長安外城，占領街區鬧市，然後向北進攻皇宮。李晟說：「街區鬧市十分狹窄，如果叛軍在這裡埋伏兵馬，我們與他們搏鬥起來，就會使周圍的居民受驚擾而造成混亂，這對我軍不利。現在叛賊們的主要兵力都集中在禁苑之中，不如從北邊向宮苑進攻，先將敵人的要害部位打垮，叛賊們一定會四處逃跑。這樣一來，皇宮就不會受損失，街區鬧市也不會受到戰爭的侵擾，這才是最好的戰鬥策略啊！」各位將領都點頭稱是。於是，李晟給行營兵馬副元帥渾瑊和鎮國軍節度使駱元光、商州節度使尚可孤送去文書，約定時間，將各路軍隊調集到長安城下。過了五六天，李晟軍隊轉移駐紮到宮城東北光泰門外的米倉村，正在修築營壘時，朱泚手下的勇將張庭芝、李希倩帶領軍隊前來挑戰。李晟對將領們說：「開始我擔心叛賊躲在宮城不出來，今天，他們自己來送死，這是上天助我，機不可失！」隨即命令副元帥吳說出兵迎敵。當時北邊的營地兵力少，賊軍就全力進攻北營，李晟急忙命令牙前將李演帶領精銳部隊前去救援。叛軍被打敗往城裡逃命，李演等乘勝追擊衝進光泰門。隔了一天，李晟又出兵進攻，再次獲勝。

後來，李晟在光泰門外布下陣勢，派李演及牙前兵馬使帶領騎兵，牙前將帶領步兵一直抵達宮苑北牆。李晟事先派人在夜裡掘開苑牆二百多步寬，等到李演帶兵來時，城中叛兵已經樹起了柵欄將大缺口堵塞。他們從裡面放箭射擊官軍，官軍不能前進。李晟看到這種情況，斥責將領說：「你們不全力進攻，讓反賊如此猖狂，我先殺了你們！」牙前將史萬頃聽了這道死命令心中害怕，親自帶領眾步兵奮不顧身向前衝去，將柵欄拔掉攻入城中。接著，李演等人也帶騎兵衝進城去。城中，賊兵亂成一團，姚令言等還負隅頑抗。李晟命令決勝軍節度使唐良臣率領步騎兵發起衝鋒，十幾個回合下來，賊兵潰敗。在白華門，敵軍有數千騎兵從官軍背後襲擊，李晟急忙率領一百多名騎兵回馬抵禦。左右的人呼喊：「李相公來了！」賊兵本來都畏服李晟，聽說李晟來了，都驚慌潰退。朱泚見敗局已定，與姚令言帶著餘下部隊西逃。李晟讓軍隊駐紮在含元殿前，號令全軍，不得驚擾城中百姓，五天內不得與在城內的家人通信。李晟手下大將高明曜擅取賊軍的樂妓，尚可孤部下的軍士擅取賊軍馬匹，李晟知道後，下令把他們殺了。由於軍令森嚴，長安城公私物都秋毫無犯。當日，渾瑊所部克咸陽，聞朱泚西走，亦派兵追擊。朱泚與姚令言欲奔吐蕃，途中為部將所殺，餘眾或散或降。七月十三日，唐德宗返回長安。此戰，李晟善於團結內部，激勵將士，正確選定進攻方向，部署周密，抓住有利戰機，擊敗叛軍主力，乘勝猛攻，因而取得勝利。

高平之戰

高平之戰是後周和北漢、契丹聯軍之間進行的一次關鍵性戰役，也是五代十國時期最為重要的一次決戰，它最終以周世宗大獲全勝而告終。高平之戰直接關係到後周的存亡興衰。在右軍已經被擊潰的危急情況下，周世宗親自出陣作戰，極大地鼓舞了周軍的士氣，從而挽救了岌岌可危的戰局。

西元九六四年正月，後周太祖郭威病逝，由郭威養子、晉王郭榮（即柴榮）繼承皇位，是為後周世宗。北漢劉崇聽說郭威去世，打算大舉入侵，並派遣使者到契丹請求援兵。二月，契丹派遣武定節度使、政事令楊兗率領騎兵一萬多人到達晉陽。劉崇親自率領士兵三萬人，與契丹兵一起從團柏南下直奔潞州。柴榮聽說北漢軍隊入侵，準備親自率領軍隊抵抗。十一日，柴榮從大梁出發，十八日經過潞州，留宿在州城東北。劉崇不知道柴榮到達，所以經過潞州時沒有進攻，領兵向南。當晚，軍隊駐紮在高平城南。

十九日，後周前鋒部隊與北漢軍隊相遇，發起攻擊，北漢軍隊後退。柴榮擔心敵軍逃跑，催促各路軍隊急速前進。劉崇率領中軍在巴公原擺開陣勢，張元徽在他東邊布陣，楊兗在他西邊布陣，軍容十分嚴整。而柴榮的意志更加堅決，騎著披甲的戰馬，親臨前線督戰。楊兗驅馬向前，去觀察北周軍隊，回來後對劉崇說：「真是勁敵啊，不可輕易冒進！」劉崇揚起長鬚說：「機不可失，請你不要再說，試看我指揮戰鬥！」楊兗無話，心裡不高興。這時東北風颳得正猛，過了一會兒，忽然又轉成南風。北漢樞密副使王延嗣派司天監李義稟報劉崇：「現在可以開戰了。」劉崇聽從了他們的建議。樞密直學士王得中牽住他的馬，勸諫說：「李義應該斬首！風颳成這樣，哪裡是幫助我軍的啊！」劉崇說：「我的主意已定，老書生無須多言。」於是，指揮東面軍隊首先推進，張元徽率領一千騎兵攻擊周軍右翼。

交戰不久，後周右軍將領帶著騎兵首先逃跑，右翼軍隊潰敗，一千多步兵脫下盔甲向北漢投降。柴榮看到形勢危急，自己帶著貼身親兵上前督戰。宋太祖趙匡胤當時擔任後周負責警衛的將領，他對同伴說：「主上危險到了這個地步，我們怎麼能不拚命奮戰？」又對張永德說：「敵人驕傲輕敵，盡力作戰就可以打敗！您手下有許多能左手射箭的士兵，請領兵登上高處，作為左翼，我領兵作為右翼攻擊敵軍。國家的安危，就在此一舉了。」張永德聽從了這個建議，與他各自率領兩千人突前戰鬥。趙匡胤身先士卒，快馬衝向北漢前鋒，士兵拚死戰鬥，無不以一當百，北漢士兵敗退。

劉崇得知柴榮親臨戰場，便重重賞賜張元徽，催促他乘勝進兵。張元徽前往攻擊，坐騎摔倒，被後周士兵所殺。張元徽是北漢有名的猛將，他的陣亡使北漢軍隊士氣大傷。這時，南風越刮越大，後周士兵奮勇爭先，北漢軍隊大敗。劉崇親自高舉紅旗來約束軍隊，還是不能制止士兵潰亂。楊袞害怕後周軍隊的強大，不敢救援，而且痛恨劉崇的大話，便率領契丹軍全軍撤退。劉崇還有餘部一萬多人，後周憑藉山澗的阻隔布下陣勢，北漢軍隊又被擊敗。後周軍殺死王延嗣，一直追到高平，倒斃的屍體布滿山谷，丟棄的皇帝專用物品以及輜重、武器、牲畜不計其數。劉崇在高平騎著契丹所贈的黃騮寶馬，帶領一百多騎兵往回逃跑。因為天黑，迷了路，就抓來村民作嚮導，結果走錯方向，向晉州逃去。走了一百多里，才發現路錯了，於是殺死嚮導，日夜兼程向北奔逃。到一個地方，弄好吃的，還沒等拿筷子，有人說北周軍隊來了，便又馬上倉皇而逃，什麼都顧不上。劉崇年老體衰，伏在馬上，不分日夜地驅馬狂奔，幾乎不能支撐，最後勉強得以逃回晉陽。

此戰，劉崇驕矜輕敵，冒然興兵，幾遭敗亡；柴榮審時度勢，果斷親征，臨危不懼，身先士卒，激勵將士奮擊，一舉擊敗北漢軍，為穩定政局，進行統一戰爭奠定了基礎。

高平一戰後，周世宗提拔了一批有膽識的將領，整頓了禁軍，勵精圖治，先後南下攻取了南唐的江北之地，北上征伐契丹，接連收復了幾個州郡，增強了後周的國力，擴大了後周的國土，為以後宋的統一打下了良好的基礎。

第九章 修身齊家之方

《大學禮記》中說：「欲治其國者，先齊其家；欲齊其家者，先修其身。」要「治國」先「齊家」，要「齊家」先「修身」。「修身」當然是指每個人自身的修養、品德，只有家庭裡的每個人都養成良好的行為習慣，家庭才會和睦美滿，才能真正的「齊家」，而社會發展離不開家庭的支持。「修身齊家以治國」這個道理其實說明了創造良好的道德氛圍對家庭、社會、國家的重要作用，指明了道德建設對社會發展的基礎性作用，是國家綜合發展的重要依據和保證。

趙主父餓死沙丘

趙武靈王的第一位夫人是韓王的女兒，為趙武靈王生了公子章，被立為太子。後來，韓夫人去世，趙武靈王在得到美女吳娃後，就把吳娃立為新的夫人。吳娃最愛趙王何，死前求趙武靈王立何為太子。於是，趙武靈王廢掉公子章，改立何為太子，這就是以後的趙惠文王。西元前二九八年，雄才大略的趙武靈王傳位於少子趙惠文王，自號為主父。趙武靈王的本意是在趙國構建二元政治，自己和兒子都是國中的君主，只是自己不再使用國王的稱號，而是使用有著太上皇意思的主父稱號。但是趙武靈王的這番設想卻嚴重違背了政權構建的基本規律，最終造成了趙國的內亂。

西元前二九五年，趙主父把長子趙章封於代地，號安陽君。安陽君為人向來驕蠻，內心對弟弟趙何不服。趙主父派田不禮做他的國相。趙國權臣李兌對老臣肥義說：「公子趙章身強力壯而驕蠻，有眾多的黨羽和極大的貪慾，田不禮又殘忍好殺，十分狂妄，兩人互相勾結，必定會圖謀不軌。你身居要職，權勢很大，將成為動亂的根源，災禍也將集中在你身上。你為何不稱病不出，讓公子趙成處理國家政務，免得被禍事牽連，不也很好嗎？」肥義說：「當年趙主父把趙王託付給我，說：『不要改變你的宗旨，不要改變你的決心，要始終堅持自己的志向，至死效忠！』我再三拜謝承命並記錄在案。現在如果怕田不禮加禍於我而忘掉當年盟下的誓言，就是莫大的背叛。我要保全我的諾言，哪能只顧保全生命！你的建議是一片好心，但是我已有誓言在先，絕不敢背棄！」李兌說：「好，你努力去做吧！恐怕只有今年能見到你了。」說完流著淚出去了。

李兌幾次入見公子趙成，以防備田不禮作亂。肥義對信期說：「公子趙章與田不禮語言動聽而本質凶殘，在內討主父的歡心，在外恣意施暴。他們若想假借主父的行令，是很容易做到的。現在我憂慮此事，幾乎已廢寢忘食。強盜在身邊出入不能不防！從此以後，有人奉主父之命來召見趙王必須先見我的面，我將先親自前往，沒有變故，趙王才能前去。」信期說：「好。」一次趙主父和趙王出遊沙丘，分別住在兩個行宮。趙章、田不禮趁機率領其黨羽作亂，他們假稱趙主父之命召見趙王，肥義先進去，被殺。高信（即信期）便與趙王一同抵抗。公子趙成與李兌從國都邯鄲趕來，率領四邑的軍隊入宮平亂，擊敗趙章及田不禮，消滅其全部黨羽。公子趙成任國相，稱為安平君，李兌被任命為司寇。當時趙惠文王年幼，趙成、李兌專掌了政權。趙章敗退時，逃往趙主父那裡，趙主父開門接納了他。公子趙成、李兌於是帶兵包圍了趙主父的行宮。殺死趙章後，公子趙成、李兌計議道：「僅僅是因為趙章的緣故，竟包圍了主父的行宮，如此大罪，要是撤兵回去，會被滿門抄斬的！」於是，又下令圍住趙主父行宮，宣布：「宮中的人，晚出來的，殺！」宮中的人全都出來了，趙主父想出來卻被阻擋，又得不到食物，只好捕食幼鳥。三個多月後，趙主父餓死在沙丘行宮中。直到確認趙主父已死，趙國才向各諸侯報喪。

任何歷史人物都有自身的侷限性，趙武靈王也不例外。他側重於軍事上的改革，卻淡化了政治和經濟方面的改革；在處理王位問題上感情用事，優柔寡斷，釀成了內訌，削弱了國力。儘管如此，他仍不失為一代英才。這場政變恰恰是由於趙王何牢固地掌握著經趙武靈王改造加強的王權，才沒有演變成全國性的大叛亂，趙國才沒有因此而實力大損。

淮南王劉安謀反

淮南王劉安喜歡讀書做文章，又愛沽名釣譽，網羅四方賓客和技能之士幾千人。他的臣僚、賓客大多是江淮一帶的輕薄之人，經常用其父厲王劉長在流放途中死於非命一事來激勵劉安。西元前一二二年，劉安被人告發謀反，漢武帝命丞相和廷尉共同調查此案。劉安害怕陰謀敗露，想提前謀反，卻被身邊的謀士伍被告發，劉安最後自殺。

西元前一三五年，天空出現彗星，有人向劉安遊說：「以前，吳王劉濞起兵時，彗星出現，長幾尺，尚且屍橫遍野。如今彗星貫穿天空，恐怕天下將有大規模戰爭發生。」劉安認為說得有道理，就加緊製造武器，儲蓄金錢。西元前一二二年，劉安召來中郎伍被，與他商討有關謀反的事情，伍被說道：「大王您怎麼能有這種亡國的言論呢？您的王宮中生滿荊棘、露水打濕人衣服的悲慘情形，我猶如看見了一樣。」劉安大怒，將伍被的父母逮捕，囚禁起來。同時日夜加緊謀反準備，察看地圖，部署進兵的路線。

劉安有一個庶出的兒子劉不害，在他的兒子中年齡最大。劉安討厭他，王后不把他當兒子看待，太子劉遷也不把他看作兄長。劉不害有一個兒子劉建，才高而氣盛，經常對劉遷心懷不滿，暗中派人告發說劉遷曾企圖刺殺朝廷中尉，漢武帝將此事交給廷尉處理。劉安很恐懼，想舉兵，又一次和伍被商討，說道：「先生認為當初吳王興兵造反，是否正確呢？」伍被道：「不正確。我聽說吳王後來很後悔，希望大王不要像吳王那樣做。」劉安說道：「吳王哪裡懂得什麼叫造反，當初朝廷的將領一天中有四十多人經過成皋。現在我截斷成皋的通道，占據了三川的險要之地，再徵召崤山以東的兵馬，在這樣的情況下起事，左吳、趙賢、朱驕如等都認為有九成把握，只有你認為有禍無福，這是什麼原因呢？難道一定會像你說的那樣，不可能僥倖成功嗎？」於是，劉安假造了皇帝印璽和丞相、御史大夫等各級官員的印信，並偽造了朝廷使者的符節。又遣人前往長安城，在淮南國故意犯罪，投到大將軍衛青門下，一旦發動兵馬，立刻刺殺衛青。

劉安打算調動本國的軍隊，擔心丞相和官員們不肯依從，便與伍被商討對策，想先將丞相等高級官員殺掉，同時打算派人身穿軍士服裝，手持告急文書從東邊奔來，高喊：「南越國的軍隊就要攻入我國邊界了！」想以此為藉口起兵。恰在此時，廷尉前來逮捕淮南國太子劉遷。劉安聽到消息後，同劉遷祕密商量，召丞相和高級官員們前來，企圖殺死他們，起兵造反。傳召丞相，只有一個丞相應召前來，內史、中尉都沒有來。劉安猶豫不決，拿不定主意，劉遷要刎頸自殺，也沒死成。伍被到廷尉那裡，告知劉安圖謀反叛的過程。廷尉於是派人逮捕了淮南國太子和王后，並且包圍王宮，搜捕在淮南國內與淮安王一道謀反的賓客，取得謀反證據後，上書朝廷。漢武帝下令公卿處治劉安等人，派宗正手持皇帝符節前往淮南國處治劉安。沒等宗正到來，劉安便自殺而死。最後，太子劉遷被處死，所有參與謀反計畫的人全部誅殺九族。

我們評判歷史人物、歷史事件不能籠統地說它是對還是錯，而應該把它們放到具體的歷史環境與歷史條件下做具體的分析。對於劉安謀反的問題，也應採取這種態度。劉安與漢廷的矛盾，是當時漢王朝統治階級內部的矛盾，是維護和鞏固中央集權統治還是繼續分裂、分權的矛盾，是堅持進步與開歷史倒車的矛盾。劉安父子謀反事件對當時的漢王朝，乃至對後世歷代封建專制統治的影響都是很大的。劉安之後，接著又發生了其弟衡山王劉賜的謀反事件。這些謀反事件的發生，不僅直接影響到漢王朝內部的統一與穩定，同時也影響到對北方匈奴的防禦與用兵，影響到對南方少數民族地區的治理與開發，在一定程度上阻礙了生產力的發展和社會的進步。

飛將軍李廣

李廣為西漢名將，文帝時，因為征戰匈奴有功被封為散騎常侍。景帝、武帝時，任隴西、北地等郡太守，後任右北平太守，一生與匈奴交戰七十多次，匈奴稱之為「飛將軍」。李廣是一位十分體恤士卒的將領，他治軍簡易，對士兵從不苛刻，尤其是他與士卒同甘共苦的作風，深得將士們的好感。然而，這位戰功卓著、備受士卒愛戴的名將，卻一生坎坷，終身未得封爵。皇帝嫌他命運不好，不敢重用，貴戚也藉機對他排擠，終於導致李廣含恨自殺。

西元前一四三年六月，匈奴侵入雁門，直到武泉，攻入上郡，搶走苑中的馬匹，漢軍官兵戰死兩千人。當時李廣擔任上郡太守，他曾率領一百名騎兵出行，遇到幾千人的匈奴騎兵，匈奴人發現了李廣的小隊伍，以為是漢軍大部隊派出引誘他們進攻的，都大吃一驚，馬上占領高山，布開陣勢。李廣所帶的一百名騎兵都很害怕，想趕快打馬跑回去，李廣制止說：「我們離開大軍幾十里，如今若靠這一百人的騎兵逃跑，匈奴人追殺射擊，我們馬上都會被殺死。現在我們停留下來，匈奴一定認為我們是大軍的誘兵，就不敢攻擊我們。」李廣命令所有騎兵說：「前進。」到了離匈奴陣地約二里地時停下，下令說：「都下馬解鞍。」敵人認為我們會逃走，但我們解下馬鞍表示不逃跑，會使他們更加相信我們是誘敵的騎兵。」匈奴騎兵見此，真的不敢攻擊了。有位騎白馬的匈奴將領出陣，監護他們的軍隊。李廣上馬，和十餘騎飛奔過去，射殺白馬將領後返回，又解下馬鞍，令士兵們都放開戰馬臥地休息。這時正好已是黃昏，匈奴軍始終感到奇怪，不敢攻擊。半夜時，匈奴兵以為附近有埋伏的漢軍，準備利用夜晚襲擊，就都引兵離開了。天亮之後，李廣才回到大軍的駐地。

西元前一二九年，匈奴入侵，李廣戰敗，被匈奴活捉，後來終得逃脫，回來後被廢為庶人。次年六月，李廣被再次任用，封為右北平太守。西元前一二一年夏，衛尉張騫、郎中令李廣從右北平出發，分路攻擊匈奴。李廣率兩千騎兵先行，走了約八百里，張騫率一萬騎兵在後追隨。匈奴左賢王率四萬騎兵包圍了李廣，李廣的部卒都很害怕。李廣令其子李敢率數十名騎兵飛馬穿過胡人軍營，縱馬馳騁一番後返回，向李廣報告說：「匈奴兵很容易對付。」軍士們情緒才安定下來。李廣布下圓形戰陣，陣勢向外。匈奴向漢軍猛攻，箭如雨下，漢兵死亡過半，箭也快用完了。李廣就命令士卒拉滿了弓射擊匈奴副將，射死數人，胡人的攻勢於是被瓦解。這時已近黃昏，漢軍將士都面無血色，而李廣卻神色自如，整頓戰陣，軍士們都佩服他的勇氣。

西元前一一九年，前將軍李廣與右將軍趙食其率領的東路軍由於沒有嚮導，在沙漠中迷了路，沒能趕上與單于的交戰。衛青派長史責問二人迷路的原因，並命李廣的隨從馬上到大將軍處聽候傳訊。李廣說：「我的部下沒有罪，迷路的責任在我，我現在就去大將軍幕府請罪。」李廣對部下說：「我李廣從結髮時開始，與匈奴打了大小七十多次仗，這次有幸跟隨大將軍直接攻擊單于部隊，卻又迷失了方向，難道這不是天意嗎？況且我已經六十多歲了，實在不能再去面對那些刀筆小吏。」於是，舉刀自刎。

在李廣身上，愛兵如子、身先士卒的優點尤為突出，「寬緩不苛」使得「軍中自是服其勇」，以至他自盡後，「一軍皆哭」，連普通百姓也「皆為盡哀」。但同時，李廣在治軍上放任自流，不講求以法治軍、嚴格管理也是不爭的事實。作為一名久歷戰陣的將領，李廣長於戰鬥指揮，驍勇善射，在戰術上靈活機智，有勇有謀，敢於打硬仗，打惡仗，射術之精堪稱一絕，威震匈奴各部，被匈奴畏譽為「飛將軍」。

上官氏爭權謀反

漢昭帝時期，因各種利益衝突，上官桀父子、蓋長公主、燕王劉旦和桑弘羊共同結成反對霍光的同盟，向漢昭帝上書指責霍光有不臣之心，但昭帝未予理睬。後來這些人決定發動政變殺掉霍光，廢黜昭帝，立燕王為帝，但計畫泄漏，霍光誅殺上官桀父子和桑弘羊。蓋長公主和燕王劉旦自殺。

燕王劉旦覺得自己是漢昭帝的兄長，沒能繼承皇位，所以常常心懷不滿。御史大夫桑弘羊創立鹽、鐵、酒類專賣制度，為國興利，自認為於國有功，想為其子弟謀求一官半職，霍光沒有答應，因而對霍光更是心懷不滿。於是，燕王劉旦、蓋長公主、上官桀父子和桑弘羊串通一氣，要殺掉霍光。

西元前八〇年，劉旦派人攜帶大批金銀、珠寶、快馬等前往長安，賄賂蓋長公主、上官桀、桑弘羊等人。上官桀等又命人偽造燕王上書，稱霍光外出閱軍時如皇帝出巡，還自作主張增選校尉，獨攬大權，為所欲為。但奏章遞奏後，漢昭帝卻扣留不發。第二天早晨，霍光入朝，聽說此事，不敢貿然進殿。漢昭帝問：「大將軍來了嗎?」左將軍上官桀回答說：「因燕王控告大將軍的罪行，所以他不敢進殿。」漢昭帝下詔：「召大將軍進殿。」霍光進殿後，脫下帽子，叩頭請罪。漢昭帝說道：「將軍請戴上帽子。朕知道這道奏章不是真的，將軍何罪之有?」霍光說：「陛下是如何知道的呢?」漢昭帝說：「將軍去廣明校閱郎官，是最近的事；選調校尉後，也還不到十天，燕王如何能知道這事呢?況且將軍若謀反，也無須選調校尉。」這時漢昭帝只有十四歲，尚書及左右官員全都驚訝無比。後來上官桀的同黨中有人誹謗霍光，漢昭帝馬上怒斥道：「大將軍是忠臣，先帝託付他輔佐我，誰膽敢再誹謗大將軍，定懲不饒！」從此，上官桀等不敢再攻擊霍光。

後來，上官桀等密議由蓋長公主設酒宴邀請霍光，暗中埋伏武士將他殺死，然後趁機廢掉漢昭帝，迎立燕王劉旦為皇帝。劉旦承諾事成之後封上官桀為王，並對外聯絡了許多郡、國的豪傑之士。劉旦將此計畫告訴燕國丞相平，平說道：「大王以前與劉澤合謀，事情還沒成功，消息已經走漏。我聽說左將軍向來辦事不慎重，車騎將軍又年輕氣盛，我擔心他們同劉澤那時一樣成不了事，又擔心他們事成之後背叛大王。」劉旦說：「大將軍感到害怕，派出軍隊，為的是不讓自己受到傷害。我本是先帝長子，天下信任，還怕人反對嗎？」於是令臣下一律整裝待發。上官安又密謀要誘殺燕王劉旦，然後再廢掉漢昭帝，擁立父親上官桀做皇帝。恰好蓋長公主一位舍人的父親知道了上官桀等人的陰謀，他將這件事告訴了大司農楊敞。楊敞將此事告知諫大夫杜延年，杜延年立即將此事奏明皇上。九月，漢昭帝下詔命丞相率大臣們緝捕上官桀、上官安、桑弘羊等人，誅殺其九族。蓋長公主自盡。燕王劉旦得到消息後，向燕國丞相平徵求意見：「事情已經敗露，是否應該立即發兵造反？」平說：「左將軍已被處死，老百姓都已知道，發兵是萬萬不行的！」劉旦憂憤懊惱，擺設酒筵，與臣子們和妻妾訣別。正好漢昭帝下詔責問劉旦，劉旦便用王印的緩帶自縊而死。

霍氏專權遭滅族

霍光自青年時，侍從武帝三十多年，昭宣期間，執政又二十年，為漢室的安定和中興建立了功勛。霍光在位時，他的宗族、子弟都是高官顯貴，霍氏勢力亦已「黨親連體，根據於朝廷」，而他的宗族又多不奉公守法，為霍氏家族留下了禍根。霍光之妻名顯，她一直想讓她的女兒成為皇后，便買通御醫，在宣帝即位三年之後毒死了已經懷孕的許皇后。後來，茂陵人徐福三次上書朝廷，指陳霍氏一門的驕奢放縱。霍光去世後，霍氏驕縱反而變本加厲，甚至密謀發動政變，最終在西元前六五年被滅族。

霍光的夫人叫顯，一心想要讓她的小女兒霍成君成為皇后，卻無機會。正巧許皇后懷孕，身體不適，有一位平時與霍家關係親密的女醫生淳于衍，曾入宮侍奉許皇后。淳于衍的丈夫叫賞，擔任掖庭戶衛，他對淳于衍說道：「你可先去拜訪霍夫人，向她辭行，乘機為我請求安池監一職。」淳于衍果然按照丈夫的話去向霍夫人請求。霍夫人於是心生一計，她屏退左右，稱呼著淳于衍的表字說：「少夫有事托我，我也有事想拜託少夫，可以嗎？」淳于衍說：「夫人吩咐，有什麼事不可以呢！」霍夫人說：「霍將軍一向最愛小女兒成君，希望她成為最尊貴的人，我想把此事託付給少夫。」淳于衍說：「此話怎講？」霍夫人說：「女人生孩子是一件大事，九死一生。如今皇后即將臨盆，可以乘機下毒將她除去，成君就成為皇后了。如蒙大力相助，事成之後，當與少夫共享富貴。」淳于衍說：「皇后吃的藥，都是各位醫生一起決定的，還要命人事先嘗過，怎麼行呢？」霍夫人說：「這就在少夫所為了。霍將軍統領天下，誰敢說話！即使有什麼急事，也有霍將軍相護，只怕少夫不願幫忙罷了。」淳于衍沉吟了很久，說：「願意盡力效勞！」於是，淳于衍將毒藥附子搗碎，帶入長定宮。皇后生產後，淳于衍取出附子，摻到御醫為皇后開的丸藥之中，讓皇后服下。過了一會兒，皇后說：「我感到頭昏發悶，藥裡莫非有毒？」淳于衍說：「沒有。」皇后更加煩悶難受，終於死去。

淳于衍出宮來見霍夫人，互相道賀慰問，但霍夫人也不敢馬上重謝淳于衍。後有人上書朝廷，控告各御醫對皇后沒有盡心侍奉、診治，漢宣帝命廷尉將所有為皇后診治的御醫一律以大逆不道罪逮捕，囚禁到詔獄。霍夫人大為驚恐，便將此事的來龍去脈全部告訴霍光，並說：「既然作出如此失策之事，只能讓審案官員不要逼迫淳于衍！」霍光大驚，想自己舉發此事，可又於心不忍，猶豫不決。正好主管部門向朝廷奏報有關皇后病逝一案的處理意見，霍光便在奏章上批示，此事與淳于衍無關，應免於追究。霍光夫人乘機勸霍光將女兒送入皇宮。自此以後，霍氏一家恃憑功績和權勢，蠻橫奢侈。霍夫人大規模地興建府第，又製造同御用規格相同的人拉輦車，繪上精美的圖畫，車上的褥墊用錦繡製成，車身塗以黃金，車輪外裹上熟皮和綿絮，以減輕車身的顛簸，由侍女用五彩絲綢拉著她在府中嬉戲玩耍。霍光在從武帝到宣帝的過渡時期，確有歷史功勛，但其挾私匿奸，故遠不及伊、周的偉大。

漢宣帝沒有登基時，就聽說霍氏一家因長期地位尊貴，不能自我約束。他親掌朝政以後，命御史大夫魏相任給事中。霍夫人對霍禹、霍雲、霍山說：「你們不設法承繼大將軍的事業，如今御史大夫卻當了給事中，一旦有人在他面前說你們的壞話，你們還能救自己嗎？」霍夫人和霍禹、霍山、霍雲眼看霍家的權勢日益被削弱，多次聚在一起痛哭流涕，自怨自艾。霍山說：「如今丞相當權，受到天子的信任，將大將軍在世時的法令全部更改，還專門宣揚大將軍的過失。再者，那些儒生大都為貧賤出身，從偏遠的地方來到京中，衣食無著，卻愛說狂言，不避忌諱，大將軍一向痛恨他們，但如今皇上卻專愛和這些腐儒談話。他們每人都上書奏事，紛紛指責我們霍家。曾經有人上書說我們兄弟驕橫霸道，言詞十分激烈，被我壓下沒有呈奏。後來上書者越來越狡猾，都改成祕密奏章，皇上總是讓中書令出來取走，並不透過尚書，日益不信任我。又聽說民間紛紛傳言『霍氏毒死許皇后』，難道有這回事嗎？」霍夫人嚇壞了，便將實情告訴霍禹、霍山、霍雲。霍禹、霍山、霍雲大驚，說道：「果真如此，為什麼不早告訴我們！皇上將霍家女婿都貶斥放逐，就是為了這個緣故。這是大事，一旦事發，必遭嚴懲，怎麼辦？」於是，霍氏兄弟開始陰謀反叛朝廷。西元前六六年，霍氏兄弟密謀廢掉宣帝，改立霍禹為帝，後陰謀敗露。七月，霍雲、霍山自殺，霍夫人、霍禹等人被逮捕，霍禹被腰斬，霍夫人及霍氏兄弟姐妹被當眾處死，有幾十家官員因受霍氏牽連而遭到誅殺。八月，霍皇后被廢。

馬太后拒封親

馬太后是東漢名將馬援的女兒，明帝的皇后。章帝即位以後，被尊為皇太后，臨朝輔政。她雖貴為皇后、太后，但卻十分謙遜，在位二十三年，始終以國家為念，多次拒絕封賞馬氏兄弟，為時人所傳誦。

西元七五年八月，東漢明帝去世，章帝即位，時年十八歲，尊馬皇后為太后。西元七七年，章帝計畫賜封各位舅父，然而馬太后不同意。適逢天旱，有人上書說是由於未封外戚的原因，因此有關部門奏請依照舊制賜封。馬太后下旨說：「那些上書建議封外戚的人，全是要向我獻媚，以謀求好處。外戚富貴過盛，多會傾覆。因此先帝對他的舅父慎重安排，不在朝廷要位。我沒有才幹，日夜驚恐不安，唯恐有損先帝之法。我身為天下之母，但是身穿粗絲之服，飲食不求香甜，目的就是要親身做下面的表率。本以為娘家人看到我的行為會痛心自責，可他們只是笑著說『太后向來喜愛節儉』。前些時候，我經過濯龍門，見到那些到我娘家問候拜訪的人們，車如流水，馬如游龍，奴僕身穿綠色單衣，衣領衣袖雪白。回視我的車伕，相差極遠。我之所以對娘家人並不發怒譴責，只是裁減每年的費用，是希望他們內心暗愧，但是他們仍然懈怠放任，未有憂國忘家的覺悟。我怎可上負先帝的旨意，下損先人的德行，重蹈前朝外戚敗亡的災禍！」她堅決不同意賜封。

章帝看到馬太后的詔書後嘆息悲哀，再次請求道：「自從漢朝建立，舅父封侯，好比皇子為王，這是定製。太后既然存心謙讓，為何單單我不能賜恩給三位舅父！」太后回答說：「我反覆考慮此事，希望能對國家和馬氏皆有益，不只是想博取謙讓的名聲。從前竇太后要封王皇后的哥哥，丞相周亞夫進言：『高祖有規定，無軍功者不能封侯。』現在皇后家的祭祀由太官供給，衣食為御府的剩餘之物，難道這還不夠，一定要擁有一縣的封土嗎？我已深思熟慮，你不要再有疑問！兒女孝順，最好是讓父母安心。現在不斷發生災禍，谷價上漲數倍，我日夜惶恐憂愁，坐臥不寧，而皇帝卻打算先為外戚賜封，違慈母之心！你是皇帝，人之君主，完全可以自行其是。然而我因你尚未超過三年的服喪期，又事關家族，所以專斷裁決。倘若天地陰陽之氣調和，邊境寧靜無事，以後你便可以按照自己的意願行事，而我則只管含糖逗弄孫子，不再干預政事。」章帝這才放棄了封賜之事。

太后曾對三輔下詔：「馬氏家族所有親戚，倘若有因請託郡縣官府，干預擾亂地方行政的，就當依法處置、上報。」馬太后的母親下葬時墳堆得稍高，馬太后對此提出意見，她的哥哥衛尉馬廖等人就馬上將墳減低。在馬家親屬和親戚中，行為謙恭正直的，馬太后便溫言相待，賞賜財物和官位。倘若有人犯了微小的錯誤，馬太后便首先顯出嚴肅的神色，隨後加以譴責。對於車馬衣服華美、不守法制的家屬和親戚，就將他們從皇親名冊中取消，遣返回鄉。廣平王劉羨、鉅鹿王劉恭和樂成王劉黨，車馬樸素無華，無金銀飾物。章帝報知太后，太后便立即賞賜他們每人五百萬錢。因此，內外親屬全都接受太后的教導和影響，齊心崇尚謙遜樸素。外戚家族驚恐不安，甚於明帝時期。馬太后曾設立織室，在濯龍園中種桑養蠶，把這當成一項娛樂。她經常與章帝早晚論國家大事，教授年小的皇子讀《論語》等儒家書籍，講述平生經歷，終日和睦歡洽。

歷來後宮之貴必然使外戚權重，像呂后為了能把持朝政竟然將諸呂封侯，史稱呂氏專權；衛子夫立為皇后之後，衛氏家族曾有五人為侯，當時天下有歌謠說：「生男無喜，生女無怒，獨不視衛子夫霸天下！」馬皇后獨與他們不同。馬氏大有母儀天下之風範，乃賢德聖明的皇后，其一生嚴以律己，寬以待人。綜觀古代歷朝外戚封侯者能保全家族的寥寥無幾，呂氏家族的覆滅暫且不說，就是以軍功起家權傾朝野的衛子夫家族最後也只剩下一個襁褓中的史皇孫。馬皇后因其與世無爭，所以平平安安地度過了一生，因此，馬皇后之舉不能不說是英明的。

諸葛亮命隕五丈原

諸葛亮是三國時期著名的政治家、軍事家。諸葛亮《出師表》中「鞠躬盡瘁，死而後已」一句，已演化為成語，成為許多仁人志士的座右銘。後人對諸葛亮表示景仰崇敬之際，常常為他出師未捷而星隕五丈原感到遺憾和惋惜。

西元二三四年二月，諸葛亮動用全部兵力共十萬大軍從斜谷出發攻魏，並派遣使者前往東吳約定同時進攻。諸葛亮到達郿縣，大軍駐紮在渭水之南。司馬懿率領軍隊渡過渭水，背水立營抵禦諸葛亮，司馬懿對將領們說：「諸葛亮如果從武功出兵，依山而往東，則形勢較為危急；如果向西前往五丈原，則不會有太大的危害。」諸葛亮果然駐紮在五丈原。雍州刺史郭淮對司馬懿說：「諸葛亮肯定爭奪北原，應當先去占據它。」議論的人大多不以為然，郭淮說：「如果諸葛亮跨過渭水登上北原，和北山連兵，斷絕長安通往隴西的道路，使百姓和羌人動盪不安，這對國家是不利的。」司馬懿便命郭淮駐防在北原，營壘還沒有築成，蜀軍已經到來，郭淮奮力迎戰，擊退了蜀軍。

諸葛亮因為前幾次出兵，都是由於糧草跟不上，使自己功敗垂成，所以這次他分出部隊實行屯田，作為長期駐軍的基礎。司馬懿同諸葛亮相持了一百多天，諸葛亮多次挑戰，司馬懿就是按兵不動。諸葛亮就把婦女使用的頭巾、髮飾和衣服送給司馬懿，司馬懿惱羞成怒，上表請求出戰。明帝派遣衛尉辛毗執持符節為軍師來節制司馬懿的行動。護軍姜維對諸葛亮說：「辛毗持符節來到，魏軍不會再出戰了。」諸葛亮說：「司馬懿本來就無心作戰，所以一定要請求出戰，是向部眾表示敢於用武而已。將領在軍中，君主的命令可以不接受，如果他能戰勝我軍，難道還要遠隔千里而請求作戰嗎？」

諸葛亮派遣使節到司馬懿軍中，司馬懿向使者詢問諸葛亮的睡眠、飲食等，並不打聽軍事情況。使者答道：「諸葛公早起晚睡，凡是二十杖以上的責罰，都親自批閱，所吃的飯食不到幾升。」司馬懿告訴左右說：「諸葛孔明進食少而事務煩，他還能活多久呢！」果如司馬懿所言，不久，諸葛亮病重，當月在軍中去世，長史楊儀整頓軍隊而退。百姓跑著去報告司馬懿，司馬懿追趕漢軍。姜維命令楊儀調轉戰旗方向，擂響戰鼓，像是即將對司馬懿進攻。司馬懿收軍後退，不敢向前逼進。於是，楊儀結陣離去，進入斜谷之後才發喪。百姓為此事編了一句諺語說：「死諸葛嚇走活仲達。」司馬懿聽到後笑著說：「這是我能夠意料諸葛亮活著，不能料想諸葛亮已死的緣故。」司馬懿到諸葛亮駐軍營壘處所察看，感嘆說：「真是天下的奇才啊！」司馬懿率軍追到赤岸，沒有追上蜀軍而還。各路蜀漢軍隊返回成都，朝廷宣布大赦，賜諸葛亮謚號「忠武侯」。

當初，諸葛亮曾上表後主說：「我在成都有桑樹八百株，薄田十五頃，除供給家人衣食之外，還能有一些富餘，我也不另置產業來增加收入。我死的時候，一定不讓家裡有多餘的絹帛和錢財，從而辜負陛下對我的恩情。」最後真的就像他所說的那樣。蜀地民眾請求為諸葛亮建廟祭祀，後主沒有准許。百姓就逢時節自己在路上祭祀。

諸葛亮身為丞相，以一國之大，事無鉅細，必以躬親，人非神仙，豈能消受。手下僚屬，亦曾以治國理家之道相勸，其實，個中道理諸葛亮不是不知道，只是「唯恐他人不似我盡心」。古人云：「駿馬能歷險，犁田不如牛；堅車能載重，渡河不如舟」。領導貴在知人善任，何勞事事躬親。況且領導再高明，未必百事通，「舍長以就短，智者難為謀」，豈能事事包辦代替。

孫皓暴虐無道

孫皓是吳王朝最後一位皇帝，即位前，人們對他抱有很大的期望，但即位後，他卻殘暴無道，人心盡失。最後在晉國大軍的脅迫下投降，受封為歸命侯。

西元二六四年七月，東吳景帝孫休去世，烏程侯孫皓即位為帝。孫皓剛即位的時候，發下優撫詔書，打開倉庫，賑濟貧民，按條例放出宮女許配給沒有妻子的人，養在御苑裡的飛禽走獸也都放歸山林。當時大家交口稱讚，認為他是個明君。可是等孫皓控制大權以後，就變得粗暴驕橫，喜好醇酒美女，朝廷上下的人都大失所望。

吳國散騎常侍、廬江人王蕃品德高尚，不會看人臉色順從其意行事，孫浩對此很不高興。有一次孫浩大會群臣，王蕃喝醉了酒，趴伏在那裡起不來。孫浩疑心他是故意裝出來的，就用車子把他送出去，過了一會兒，又召他回來。王蕃容貌舉止莊嚴，行動自如，孫浩勃然大怒，喝令左右在殿堂之下把他殺了，然後讓左右親隨拋擲王蕃的首級，像虎狼那樣爭搶啃咬，使其首級碎裂。孫皓還派遣黃門走遍各個州郡，挑選將吏家的女兒，凡是俸祿為二千石的大臣家裡的女兒，每年都要申報姓名年齡，到十五六歲時要經過一次檢選，沒有被選中的才可以出嫁。後宮女子幾千人，孫皓仍然不斷地挑選新人入宮。孫皓要建昭明宮，凡是俸祿在二千石以下的官員，都要親自到山裡去督促砍伐木材。然後又大規模地開闢獵場，堆積土山，修築樓台，極盡工匠與勞工的能力，工程耗費數以億計。大臣們屢次勸諫，孫皓一概不聽。

侍中韋昭兼任左國史，孫皓想讓他為自己的父親作紀，韋昭說：「您父親文皇沒有登天子之位，應當作傳，不應當作紀。」孫皓不高興，漸漸開始對韋昭多有微詞。後來孫皓認為韋昭不執行他的命令，不忠心盡職，前後的不滿累計起來，最終把韋昭抓起來關進監獄。韋昭透過獄吏上書陳說，獻上他寫的書，希望以此求得赦免。但孫皓卻責怪他的書又髒又舊，於是殺死韋昭，把他的家人放逐到零陵。

有一次，孫皓的寵妾派人到集市上搶奪百姓的財物，一向受孫皓寵愛的司市中郎將陳聲，把搶東西的人繩之以法。寵妾向孫皓哭訴，孫皓發怒，就藉口其他事情，用燒紅的鐵鋸割斷陳聲的頭顱，把他的身軀扔到四望山下。孫皓每次宴請群臣，都讓他們喝得爛醉，又安排十個黃門郎做統計過失的人。宴會結束之後，黃門郎各自奏報大臣的過失，一個頂撞的眼神，一句說錯的話，沒有不舉報的。重者被殺，輕者按犯罪處置，或者剝人的臉皮，或者挖人的眼睛。從此大小官員人心渙散，沒有肯為孫皓盡力的。

孫皓還嫉妒能力比他強的人。侍中、中書令張尚，思維敏捷，善於辯論，談起問題來常常有出人意料的觀點，孫皓對此很不滿，怨恨越積越多。一次，孫皓問張尚：「朕喝酒可以與誰相比？」張尚說：「陛下有百觚的酒量。」相傳孔子能飲酒百觚，張尚的意思也就是拿孫皓與孔子相比。誰知孫皓聽了說：「你明知孔子沒有做君王，居然拿朕跟他相比！」於是發怒，把張尚抓了起來。有大臣一百多人到宮殿叩頭，替張尚請罪，張尚才得以免死，被送到建安去造船。不久，孫皓還是把他殺了。西元二八〇年，晉水軍兵臨建業城下，孫皓把雙手綁在前面，抬著棺材，到軍營門口投降。晉武帝封孫皓一個深含諷刺意味的爵位，叫做「歸命侯」。吳國從大帝孫權到末帝孫皓，歷經四帝，共五十九年。自東漢末年以來的分裂局面宣告終結，大地重獲統一。

能吏陶侃

陶侃既是文學家，又是政治家，他聰明敏銳，恭敬勤奮，珍惜光陰，為政清廉，是晉朝一代名臣。陶侃在東晉從縣吏一直做到荊、江二州刺史，並掌管其他六州軍事，成為當時最有實權的人物。但他戎馬生涯四十餘年，始終保持著勤儉節約的作風，他甚至經常勉勵部下珍惜一草一木，為國為民多做貢獻。至今，人們傳誦最多的是他珍惜竹頭木屑、搬磚治懶的故事。

陶侃年幼喪父，家境貧寒，曾擔任郡裡的督郵。長沙太守萬嗣路過廬江，見到陶侃，覺得他不同尋常，便讓自己的兒子與陶侃相處，使他們結為朋友後才離去。陶侃後來被舉孝康，到了洛陽，豫章國郎中令楊晫把他推薦給顧榮，陶侃因此而聞名於世。陶侃等人打敗了造反的蠻族人張昌後，他的上司、鎮南將軍劉弘對他說：「我過去擔任羊公羊祜的參軍，羊公說我一定能達到他的地位。如今看你，你也一定能繼承我啊！」後來，陶侃果然在平定蘇峻叛亂中立下大功。

陶侃威望日高，引起了王敦的妒忌，便把陶侃降了職，調任廣州做刺史。那時，廣州人口不多，生產落後。陶侃到了廣州，沒有多少公事可辦，比較清閒。為了磨練意志，增加力氣，鍛鍊身體，陶侃叫人準備了一百多塊磚碼在院子裡。天一亮，陶侃就起床，把磚搬到外面去，碼在一塊空地上。到了晚上，他又把磚搬進院子裡來，碼在原地。第二天清早，他又把磚搬出去；晚上，又把磚搬進來。他天天都是這樣搬進搬出，從不間斷。衙門裡的人看到陶侃搬磚，都感到奇怪，就問他說：「大人，為什麼要這樣把磚搬來搬去？」陶侃笑笑回答說：「我正在為恢復中原而努力，要是生活過度安逸，恐怕將來擔當不了大事，所以我用運磚來磨練意志，增加力氣，鍛鍊身體。」

西元三二五年五月，朝廷任命陶侃為征西大將軍、荊州刺史，統管荊、湘、雍、梁四州軍務，荊州的百姓都互相慶賀。陶侃聰明機敏，恭謹勤奮，整天正襟危坐，檢查督管軍府中的眾多事務，沒有一刻閒暇。他常對人說：「大禹這樣的聖人，尚且珍惜每寸光陰，那麼一般人，應當珍惜每分光陰。怎能只顧遊玩喝酒，活著的時候沒有貢獻，死後必然也默默無聞，這是自暴自棄！」將吏中有人因為飲酒賭博荒廢正事的，陶侃就命令收取他們的酒器和賭博用具，全都扔到江裡，然後鞭打那些人，說：「賭博這種事，是放豬的奴僕玩的！老子、莊子崇尚浮化，不是先王那些可以作為準則的言論，對實際事務也沒有什麼幫助。君子應當端正他的儀表，怎麼能蓬著頭、光著腳，還說自己宏放通達呢？」有人贈送他禮物，陶侃一定要問清來路。如果是靠自己的勞作獲得的，即使價值微薄，陶侃也很喜歡，並且回贈超出幾倍價值的物品。如果不是正道所得，陶侃就會嚴厲地訓斥來人，並拒絕接受禮物。有一次陶侃出遊，看見有人拿著一撮還沒熟的稻子，陶侃問他說：「你拿來做什麼？」那人說：「走路時看到的，順手摘下來玩。」陶侃很生氣，說：「你不親自勞作，卻毀壞別人種的稻子玩！」隨即命人鞭笞懲罰這個人。因此百姓都辛勤耕作，糧食衣物豐足。陶侃曾經造船，剩下的木屑和竹頭，都讓人登記並收起來，大家都不明白用來做什麼。後來群臣朝會，正逢雪後天晴，廳堂前面殘留的積雪還很濕，就用木屑鋪在地上。桓溫去蜀地討伐的時候，又用陶侃儲存的竹頭作榫釘裝配船隻。陶侃處理事務的仔細縝密，都體現在這些事情上。

陶侃在軍中四十一年，「雄毅有權，明悟善決斷」（《晉書．陶侃傳》）。作為一代名將，在東晉的建立過程中，在穩定東晉初年動盪不安的政局上，陶侃頗有建樹。他出身貧寒，又是江南的少數民族，在西晉風雲變幻的政治生活中，竟衝破門閥政治為寒門入仕設置的重重障礙，當上東晉炙手可熱的荊州刺史，而頗有政績，是個頗具傳奇色彩的人物。

石虎父子相殘

後趙國家很小，皇帝石勒卻有五個皇后，一萬多姬妾。他死了以後，兒子日夜與五個皇后淫樂，被石虎殺掉，滅絕了皇族，石虎做了後趙國國君。太子石邃謀害石虎，未遂被殺，石虎又立石宣為太子。石宣與弟石韜爭寵，殺石韜，又欲謀殺石虎。事情敗露，石虎殺石宣，又立石世為太子。西元三四九年，石虎死，諸子爭立，大臣火拚。歷史上骨肉相殘的例子有很多。但是像後趙時期石虎父子、兄弟那樣殘忍而瘋狂的，實在是少有。

西元三四八年，趙國秦公石韜得到趙王石虎的寵信。石虎打算立石韜為太子，但因太子石宣年歲稍大一些，心中猶豫，不能決斷。石宣曾違背旨意，石虎憤怒地說：「後悔沒有立石韜！」石韜因此更加驕橫。他在太尉府建造了一座殿堂，命名為宣光殿，橫梁長達九丈。石宣看到後認為冒犯了他的姓名，勃然大怒，便殺掉了工匠，截斷了橫梁，拂袖而去。石韜對此也怒不可遏，又把橫梁加長到十丈。石宣聽說後，對他的親信楊杯、牟成、趙生說：「這小子竟敢如此傲慢剛愎！你們如果能把他殺掉，我即位入主西宮後，一定把他現在占據的封國郡邑全都分封給你們。石韜死後，主上一定會親臨哀悼，到時我趁機把他也殺掉，沒有不能成功的。」楊杯等人同意了。

八月，石韜因為和他手下的同僚在東明觀夜宴，就宿於佛精舍。石宣乘機派楊杯等人爬著梯子溜進佛精舍，殺死了石韜，扔下殺人刀箭潛逃而去。第二天，石宣稟報了石韜被殺的消息，石虎聞訊後悲驚交加，頓時昏厥過去，許久才甦醒過來。當他正要前往參加喪事活動時，司空李農勸他說：「殺害秦公石韜的人現在還不知道是誰，凶手尚在京師，國王的車乘不宜輕率出動。」石虎於是取消了親臨喪事的計畫，命令士兵嚴加戒備，只在太武殿進行哀悼。石宣前往參加石韜的喪事活動，不僅不哭，還「呵呵」竊笑，又讓人揭開覆蓋屍體的被子觀看屍體，然後大笑離去。他又把大將軍記室參軍鄭清、尹武等人抓了起來，準備委罪於他們。

石虎懷疑石宣殺害了石韜，想召見他，又怕他不來，於是便謊稱他母親杜後因悲哀過度而病危。石宣沒有察覺石虎已懷疑到了自己頭上，入朝來到中宮，便被扣留了起來。建興人史科知道石宣策劃殺害石韜的計謀，告發了他們，石虎便派人去抓楊杯、牟成，但他們都逃跑了，只抓到了趙生。經過追問，他全部招供。石虎聽完後更加悲痛憤怒，於是便把石宣囚禁在儲藏坐具的倉庫中，用鐵環穿透他的下頦並上了鎖，拿來殺害石韜的刀箭讓他舔上面的血，石宣的哀鳴嚎叫聲震動宮殿。佛圖澄對石虎說：「石宣、石韜都是陛下的兒子，今天如果為了石韜被殺而再殺石宣，這便是禍上加禍了。陛下如果能對他施以仁慈寬恕，福祚的氣運尚可延長；如果一定要殺了他，石宣當化為彗星而橫掃鄴宮。」石虎沒有聽從勸說。他命令在鄴城之北堆上柴草，上面架設橫桿，橫桿的末端安置轆轤，繞上繩子，把梯子倚靠在柴堆上，將石宣押解到下邊。又讓石韜所寵愛的宦官郝稚、劉霸揪著石宣的頭髮，拽著石宣的舌頭，拉他登上梯子。郝稚把繩索套在他的脖子上，用轆轤絞上去。劉霸砍斷他的手腳，挖出他的眼睛，刺穿他的腸子，使他被傷害的程度和石韜一樣。然後又在柴堆四周點火，濃煙烈焰衝天而起。石虎則跟隨昭儀官以下數千人登上中台觀看。火滅以後，又取來灰燼分別放在通向各個城門的十字大路當中。還殺掉了石宣的妻兒九人。石宣的小兒子剛剛幾歲，石虎平素非常喜愛他，因此臨殺前抱著他哭泣，意欲赦免，但手下的大臣們卻不同意，從懷抱中要過來就給殺掉了。當時小孩拽著石虎的衣服大叫大鬧，以至於連腰帶都拽斷了，石虎也因此得了大病。石虎還黜廢了石宣的母后杜氏，貶其為庶人。又殺掉了石宣周圍的三百人，宦官五十人，全都是車裂肢解以後，拋屍於漳水河中。石宣居住的太子東宮被改作飼養豬牛的地方，東宮衛士十多萬人全都被貶謫戍衛涼州。

西元三四九年，石虎稱帝，同年四月在憂愁恐懼中生病死去。石虎一死，後趙政權陷入了混亂狀態。太子石世登基三十三天，就被他的兄長石遵所殺。石遵在位一百八十三天被弟弟石鑒殺害。石鑒做了一百零三天皇帝，被石虎的養孫冉閔殺掉，後趙至此而亡，前後僅三十一年。石虎有子十三人，其中八人自相殘殺死去，五人被冉閔殺死。如此兄弟父子之間，相互殘殺，在歷史的長河中，屢見不鮮。一個『權』字，讓人失去了理智，到頭來連命也賠了進去，但是像石虎父子這樣凶殘的還是少有的。

荒誕皇帝劉昱

西元四七二年，宋明帝死後，劉昱即帝位，史稱後廢帝，為劉宋第八任皇帝。雖然劉昱小時聰明，但是劉昱個性相當殘虐。他常常親手殺人，並常到街巷中擾民，殺人成癮，一日不殺人就悶悶不樂。而且劉昱喜怒無常，左右稍有不合心意，就拳腳相向。西元四七七年七月，荒誕暴虐的劉昱被衛士楊玉夫等人殺死，死時十五歲。

劉宋後廢帝劉昱做皇太子的時候，喜歡沿著漆帳竿往上爬，能爬到一丈多高的地方。劉昱喜怒無常，侍從官員都無法勸阻，明帝劉彧經常讓他的母親陳太妃狠狠地打他。劉昱即帝位以後，對內畏懼皇太后、皇太妃，對外害怕眾大臣，不敢放縱。但是自從舉行了冠禮，宮廷內外逐漸不能夠制約他了。劉昱經常出宮遊玩。一開始出宮，還帶著整齊的儀仗隊。過了不久，就丟下車馬，只帶幾個隨從侍衛，有時候跑到野外，有時候跑到街市上。陳太妃每次乘著青蓋牛犢車，跟在後面，監視約束劉昱。劉昱就改乘快馬，一口氣跑上一二十里，讓太妃追不上。儀仗和衛隊也害怕惹怒劉昱，不敢追隨，只好把隊伍停在別的地方，遠遠地觀望而已。

劉昱經常穿著短褲短衫，在軍營官府、大街小巷之間到處亂跑。有時晚上住在旅店，有時白天就睡在路邊，在百姓中間出沒，跟他們做買賣。有時遭到怠慢侮辱，也欣然接受，毫不在意。任何卑微的事情，像縫衣、製帽，看過就會。

西元四七五年，有人在京口反叛。反叛平定以後，劉昱更加驕縱放肆，每天都出宮，晚上出去，凌晨回來；或者凌晨出去，晚上才回來。隨從拿著短刀長矛，路上的行人，不論男女，或者狗馬牛驢，只要碰上，就被殺死。百姓驚慌恐懼，做買賣的商販都停止經營，白天也關著大門，路上行人幾乎絕跡。針椎鑿鋸這些東西，劉昱總帶在身邊，只要有人稍微觸犯他就當場殺戮剖腹。一天不殺人，就悶悶不樂。朝廷官署裡的人憂慮惶恐，吃飯睡覺都不安穩。

一天，劉昱闖入將軍府，當時天氣炎熱，蕭道成正裸身睡覺。劉昱把蕭道成叫醒，讓他站在室內，在他肚子上畫一個箭靶，自己拉緊了弓，就要發射。蕭道成說：「老臣無罪。」左右侍衛王天恩說：「蕭道成肚子大，是一個奇妙的箭靶，一箭射死，以後就再也找不到這樣的箭靶了。不如改用圓骨箭頭，多射幾次。」劉昱就改用圓骨箭頭，一箭射去，正中蕭道成的肚臍，他把弓扔到地上，得意地大笑。劉昱十分忌憚蕭道成的威名，曾經自己磨利短矛，說：「明天就殺了蕭道成。」陳太妃罵他說：「蕭道成對國家有功，如果殺了他，誰還為你盡忠？」劉昱才作罷。蕭道成憂懼不安，想廢黜劉昱，另立新帝。越騎校尉王敬則偷偷結交蕭道成，夜裡換上黑衣服，潛伏在路邊，替蕭道成偵察劉昱的行動。七月初七，劉昱乘坐沒有車篷的車駕，帶著隨從去台岡賭博，然後前往青園尼姑庵。晚上，到新安寺偷狗，找到曇度道人煮狗肉，喝醉了，回仁壽殿睡覺。弄臣楊玉夫一向受劉昱寵信，這一天，劉昱突然憎恨楊玉夫，一看見他就咬牙切齒，說：「明天就殺了這小子，挖出肝肺！」當天夜裡，王敬則出營接應。楊玉夫等到劉昱睡熟了，解下劉昱的防身佩刀殺了他，然後按照以前的慣例，稱皇帝的命令，打開承明門出宮，把首級交給王敬則。王敬則騎馬飛奔至將軍府，報告蕭道成。蕭道成將局面控制住，以皇太后的名義發布命令，列舉劉昱罪狀，追封為蒼梧王，迎立安成王劉準為皇帝。

高洋狂暴無常

西元五五〇年，高洋代魏建立北齊，定都於鄴。在位伊始，練兵甲、築長城如火如荼；征柔然、契丹，多戰捷。晚年沉湎酒色，肆行淫暴，荼毒無辜，嗜殺無度。後病卒，諡曰文宣帝，廟號威宗，後改顯祖。

北齊文宣帝高洋剛即位時，勵精圖治，一切政務力求簡便穩定。高洋知人善任，待人坦誠，所以群臣也樂意為他效力。他又能依法駕馭部下，如果有誰犯了法，即使元勛貴戚也絕不寬容，所以朝廷內外肅然整齊。至於國家軍政大計，則由他自己獨立決斷。每次作戰，他總是親臨戰場衝鋒陷陣，所到之處戰功卓著。

高洋即位幾年以後，漸漸因為建立了大功偉業而驕傲自滿，開始貪杯縱酒，淫逸無度，濫施暴虐。他有時親自參與歌舞，通宵達旦；有時披頭散髮，身穿胡服，掛紅著綠；有時又裸露身體，塗脂抹粉；有時則騎著驢子、牛、駱駝或白象，連鞍勒也不要；有時竟然要崔季舒、劉桃枝背著他走，自己挑著胡鼓用手拍打。他不分早晚地駕臨勛貴皇戚的住宅；有時招搖過市，或是坐在街上，住在巷裡；有時盛夏中午光著身子，或是深冬脫掉衣服奔跑，跟隨的人都受不了，而高洋卻處之坦然。三台的房架有二十七丈高，兩棟之間百餘尺，工匠們上去都害怕，繫著保護用的繩子，而高洋卻能登上屋脊快跑，沒有一點懼色，有時還跳著舞，輾轉合乎節拍，看見的人沒有不擔心的。

婁太后因為高洋撒酒瘋，用杖打他說：「有其父則有其子！」高洋回答說：「應該把這個老母嫁給胡人。」太后大怒，便不再說教。高洋想讓太后笑，便匍匐向前，馱起床，把太后摔在地上，受了好幾處傷。他酒醒後，很慚愧後悔，讓人堆積柴禾點燃，想投入火中。太后又驚又怕，親自去拉他，勉強對他笑了笑，說：「你剛才醉了。」高洋便在地上鋪張蓆子，讓平秦王高歸彥拿著杖，口中自責認罪，脫掉衣服受罰，對高歸彥說：「打不出血，我就殺了你。」太后上前抱住他，高洋流淚苦苦請求，高歸彥這才在他身上打了五十杖，然後穿衣著冠拜謝，悲傷不已。而後高洋便戒了酒，但十天以後，又恢復了原來的樣子。

高氏婦女，不論親疏，高洋多與她們淫亂，還百般凌辱，厭倦了就賞給左右。高洋長期寵幸薛嬪，有一天，忽然想起她過去曾與清河王高岳私通，於是，逼死了高岳，還把薛嬪斬首。高洋把薛嬪的頭顱藏在懷裡，宴飲的時候，從懷中取出頭顱扔到桌上。他又把薛嬪屍解，取髀骨製成一把琵琶，邊喝酒，邊彈唱，邊哭泣，喃喃地說：「佳人難再得！」文武大臣舉座震驚。高洋還派人製造大鐵鍋、長鋸子、大鍘刀、大石碓之類的刑具，擺在宮廷裡。每次喝醉了酒，就動手殺人，以此當作遊戲取樂。被他殺掉的人大多被下令肢解，有的被扔到火裡去，有的被扔到水裡去。大臣選了一些鄴城的死犯，作為儀仗人員，叫做「供御囚」。高洋一想殺人，就抓出來殺掉，如果三個月沒被殺掉，就得到寬大處理。

典御丞李集力諫高洋，把他比為夏桀王和商紂王。高洋令人把他捆起來放進水中，沉下去好久，又把他拉出來，對他說：「我與桀紂比起來怎麼樣？」李集說：「看來您還不如他們！」高洋又命令把他沉進水中，再拉出來問一次，這樣反覆多次，李集的回答仍然像第一次一樣。高洋大笑著說：「天下竟有這麼痴呆的人，我這才知道關龍逢、比干還算不上什麼出色人。」便釋放了他。不久，李集又被召，李集似乎又想進諫，高洋下令將他推出去腰斬了。高洋對人要殺還是要赦免，總是這樣極難推測。

北齊幾代帝王，都是凶淫荒唐的，所作所為讓人不可思議。高洋是其中最典型的暴君。但荒淫之君也往往是才智過人的一流人物，比如商紂、隋煬帝。史載高洋好文學，美容儀，能臂下挾石獅子翻宮牆，箭術精妙。普通人生活紊亂，大多一個「風流」而已，但身為一國之君就是不可饒恕的罪行。因為其作為不僅禍國，而且殃民。

隋煬帝身死江東

隋煬帝楊廣即位後，為了在政治上加強對全國的控制，並且使江南地區的物資能夠更方便地運到北方來，加上他個人追求享樂，一開始就辦了兩件事：一是在洛陽建造一座新的都城，叫東都；二是開一條貫通南北的大運河。楊廣對人民奴役徵斂十分苛重，使生產遭到嚴重破壞。在農民大起義的打擊下，部下宇文化及等發動兵變，將他縊死於江都（今江蘇揚州）。

隋煬帝不顧中原亂兵四起，巡幸江都，歷時一年多。煬帝在江都，更加荒淫無道，宮裡有一百多間房，每間的擺設都極度奢侈，裡面都住著美女。煬帝與蕭后以及寵幸的美女到處宴飲，酒杯不離口，隨從的一千多美女也經常喝醉。隋煬帝看到天下危亂，經常憂慮不安，退朝後戴著幅巾，穿著短衣，拄杖步行，走遍宮裡的台館，不到夜深就不停止，唯恐看不夠。煬帝曾經自己照著鏡子，回頭對蕭后說：「大好頭顱，該由誰來砍呢？」蕭后吃驚地問原因，煬帝笑著說：「貴賤苦樂，循環更迭，又有什麼可傷心的呢？」

西元六一八年，煬帝見中原已經混亂不堪，不想再回北方，想把國都遷到丹陽，據守江東。當時江都的糧食吃完了，跟隨煬帝來的驍果（隋煬帝建立的新軍的名稱）大多是關中人，長期在外地，思念故鄉，見煬帝不想回去，很多人都謀劃叛逃回鄉。虎賁郎將司馬德戡一向很得煬帝的信任，煬帝派他率領驍果，駐紮在東城。司馬德戡與平時交好的虎賁郎將元禮、直閣裴虔通謀劃，擔心驍果們逃跑，他們也要獲罪，遂打算一起逃跑。於是相互聯絡，公開商量叛逃的事情，沒有顧忌。少監宇文智及也參與謀劃，認為逃跑也難逃一死，還不如趁機造反。於是，推宇文智及的哥哥、右屯衛將軍宇文化及為首領。三月初十，司馬德戡召集全體驍果官兵，把計畫告訴他們，大家都說：「唯將軍之命是從！」司馬德戡等人串通城門守衛，各城門都不上鎖。三更時分，司馬德戡在東城集合了幾萬人。十一日凌晨，司馬德戡等人率領士兵從玄武門入宮。煬帝聽說發生了變亂，匆忙逃到西閣。

裴虔通和元禮讓士兵撞開左閣門，校尉令孤行達拔出刀，直接衝了進去。煬帝躲在窗戶後面對令孤行達說：「你想殺我嗎？」令孤行達回答說：「臣不敢，臣只想侍奉陛下西還長安而已。」於是扶煬帝下閣。等到天亮，鷹揚郎將孟秉派武裝騎兵迎接宇文化及。宇文化及到達城門，司馬德戡迎接他進入朝堂，稱他為丞相。裴虔通對煬帝說：「百官都在朝堂，陛下應當親自出去慰勞。」送上自己隨從的坐騎，逼煬帝上馬。煬帝嫌馬鞍籠頭破舊，換了新的才騎上去。裴虔通牽著韁繩，提著刀，走出宮門。叛亂的士兵歡呼，聲音震天動地。宇文化及揚言說：「何必讓這傢伙出來，趕快拉出去結果了。」煬帝問：「虞世基在哪？」虞世基是內史侍郎。亂黨馬文舉說：「已經斬首了。」煬帝說：「我的確辜負了百姓，至於你們這些人，享盡榮華富貴，為什麼還這樣？今天的事情，誰是首領？」司馬德戡說：「普天同怨，何止一人！」宇文化及又派封德彝列數煬帝的罪過。煬帝說：「你是士人，怎麼也這樣做？」封德彝十分羞愧，退了下去。煬帝喜愛的兒子趙王楊杲，當時十二歲，在煬帝身邊不停地啼哭。裴虔通殺了他，血濺到煬帝的衣服上。這些人要殺煬帝，煬帝說：「天子有天子的死法，怎麼能動刀？拿毒酒來！」馬文舉等不答應，讓令孤行達按著煬帝坐下。煬帝自己解下練巾交給令孤行達，令孤行達絞死了他。蕭后和宮女撤下漆床板，做成小棺材，把煬帝和趙王楊杲一起收斂在西院流珠堂。

隋煬帝楊廣是中國歷史上名聲最差的皇帝之一，這和後來編寫史書的人的觀點有關，加上對他的謚號「煬」是最貶義的一種，所以，後來的人們都認為楊廣和秦二世胡亥一樣，是最殘暴的皇帝。其實，楊廣時期開鑿的大運河至今還在起作用，這是他的功績，應該肯定。

太平公主受誅

太平公主是歷史上赫赫有名的人物，這不僅因為她是中國歷史上第一個女皇武則天的女兒，而且幾乎真的成了「武則天第二」。太平公主雖不乏心機和才幹，也曾縱橫捭闔得意於一時，但終未能承傳母志，位列九五，只是在史書上留下許多五顏六色的斑痕而已。

太平公主冷靜沉著，聰明而有謀略，武則天認為她很像自己，所以在眾多的子女之中特別喜愛她，經常讓她參與機密謀劃。太平公主也畏懼武則天的威嚴，不敢招攬權勢。張柬之等人誅殺張易之、張昌宗兄弟的時候，太平公主功勞很大。唐中宗時，韋后和安樂公主都畏懼她，她又和太子李隆基一起誅滅了韋氏。太平公主幾次建立大功，地位更加尊崇，唐睿宗經常與她商量朝政大事，每次她入朝奏事，都談很久。有時候沒去上朝，睿宗動輒詢問大臣：「與太平公主商量過嗎？」又問：「與三郎商量過嗎？」然後才會批准。三郎是指皇太子李隆基。太平公主想做的事，睿宗沒有不同意的。朝中群臣自宰相以下，升官還是貶職，都由她一句話決定，由她舉薦而擔任要職的士人更是不計其數。她的權勢甚至超過了睿宗皇帝，無數人到她府邸拜訪，門庭若市。太平公主忌憚太子李隆基，經常在睿宗面前挑撥，讓他廢掉太子。睿宗生性淡泊，又喜好道術，他汲取以往宮廷變亂的教訓，聽了太平公主的話之後，反而打算讓出帝位，以避免災禍。

西元七一二年七月，睿宗頒下詔書，要將帝位傳給李隆基。八月初三，李隆基即位，是為唐玄宗。玄宗尊奉睿宗為太上皇，凡三品以上官員的任命，以及重大的刑獄政務由太上皇決定，其他事務都取決於皇帝。此後，太平公主倚仗太上皇的勢力，繼續專擅朝政，與玄宗發生衝突。朝中七位宰相之中，有五位出自她門下，超過一半的文臣武將依附於她。太平公主與同黨們一起謀劃，要廢掉玄宗；又與宮女元氏合謀，想用毒藥害死玄宗。

西元七一三年七月，侍中魏知古告發太平公主準備在本月四日作亂，她命令左右羽林大將軍常元楷、李慈率領羽林軍衝進武德殿，派尚書左僕射竇懷貞、中書令蕭至忠、侍中岑羲等人在南牙舉兵響應。玄宗於是與岐王李範、薛王李業、郭元振等人商定計策，準備搶先誅殺太平公主。初三，玄宗派王毛仲調集閒廄中馬匹與禁兵三百多人，從武德殿進虔化門，召見常元楷和李慈二人，先斬殺了他們，在內客省逮捕了賈膺福，又在朝堂上逮捕了蕭至忠和岑羲，全都斬首。竇懷貞逃進壕溝裡自殺，於是斬戮他的屍首。太上皇聽說發生變亂，登上承天門的門樓。郭元振上奏說：「皇帝奉太上皇命令，誅殺竇懷貞等人，沒有其他的事情。」玄宗尋找太上皇，到了門樓，太上皇就頒發詔命，列數竇懷貞等人的罪狀，並因此大赦天下，只有逆臣的親戚黨羽不被赦免。初四，太上皇唐睿宗頒布詔命：「從現在開始，軍政國事、刑賞教化，都由皇帝決定。朕好清靜無為，修心養性，以遂平素的心願。」當天，太上皇移居百福殿。太平公主逃進山寺，過了三天才出來。唐玄宗下詔，賜她在家中自盡，她的兒子與黨羽幾十人也被處死。

歷史上的太平公主是個名副其實的「政治女人」，她也想效法母后和韋后，但是她無法達到目的。這是歷史的必然。因為自從武則天稱帝、韋后當權後，當時的朝野上下對女性干政有一種本能的警惕。在太平公主與李隆基的較量中，除了李隆基本人的雄才大略外，朝野上下這種本能的警惕是一個重要的原因。太平公主在當時的政治環境下，滋長了瘋狂的政治權力慾，只能落得個身敗名裂的可悲下場。太平公主死後，唐王朝再也沒有出現過「女性干政」的現象。

武三思跋扈引禍端

武三思是唐高宗皇后武則天的姪子，武則天臨朝聽政時，武三思作為心腹先後擔任夏官尚書、春官尚書，封為梁王，食邑千戶。唐中宗李顯即位後，武三思為了參與國政，要次子武崇訓透過安樂公主誣陷敬暉等人致死。他與兵部尚書宗楚宮、將作大匠宗晉卿等五人勾結，迫害賢臣，時人稱為「三思五狗」。他忌妒太子李重俊，透過安樂公主密謀廢之。他的兒子崇訓娶安樂公主，排斥張柬之、桓彥範等大臣，時人怨聲載道。西元七〇七年，李重俊與羽林大將軍李多祚包圍武氏住宅，殺武三思父子。

唐中宗李顯即皇帝位前，韋后與他共歷艱辛，所以中宗對韋后非常寵愛。中宗即位後，韋后開始效仿武后干預朝政。唐中宗的女兒安樂公主嫁給了武三思的兒子武崇訓。上官婉兒是上官儀的孫女，上官儀被殺後，她被收入後宮。上官婉兒聰明伶俐，能言善辯，寫得一手好文章，又熟悉官府事務。武則天十分喜歡她，自聖歷年間以後，經常讓她參與對各衙門所上表章奏疏的處理。唐中宗即位後，更加信任她，封她為婕妤，讓她專門負責草擬皇帝的命令，執掌宮中事務。上官婉兒與武三思私通，所以偏袒武氏。她向韋后推薦武三思，將武三思領進宮中，唐中宗於是開始與武三思商議政事，中書令張柬之等人從此都受到了武三思的遏制。唐中宗讓韋后與武三思一起玩一種叫做雙陸的遊戲，自己則坐在一旁為他們數籌碼，對他們毫無戒心。武三思於是又開始與韋后私通，武氏的勢力因此又強大起來。

張柬之、敬暉等人屢次勸告唐中宗誅滅武氏集團，唐中宗都不聽。張柬之等人說：「武則天改唐為周的時候，李唐宗室被誅殺殆盡。現在多虧天地神靈的庇佑，陛下才得以重登帝位，但武氏卻像以往一樣安穩地把持著他們所竊取的官爵職位，這種情形難道是朝野之士所希望看到的嗎？希望陛下減少他們的俸祿，削奪他們的官爵，以告慰天下之人！」但中宗仍然沒有採納他們的建議。張柬之等人有的拍著几案嘆息，有的彈擊手指以致出血，紛紛說：「皇上過去做藩王時，在人們眼裡是一個勇武剛烈的人，我們之所以沒有誅滅武氏集團，是為了讓皇上能親自誅殺他們以擴大天子的聲威。現在皇上卻反過頭來重用武氏集團成員，看來大勢已去，誰知以後又會怎麼樣呢？」

武三思與韋后天天在唐中宗面前誣陷敬暉等人，說他們「倚仗功勞專擅朝政，將對大唐的江山社稷不利」。中宗聽信了他們兩人的讒言。武三思等人趁機為中宗出謀劃策：「不如封敬暉等人為王，同時罷免他們所擔任的職務，這樣的話，表面不失為尊寵功臣，而實際上又能剝奪他們的權力。」唐中宗認為這樣做很好，於是就免去敬暉、桓彥範、張柬之、袁恕己、崔玄暐等人的宰相職務，全部封王，只要求他們於每月初一、十五朝見天子。隨後，武三思便下令文武百官重新恢復執行武則天時期的政策，凡是拒絕趨附武氏集團的人都被排斥，那些被張柬之、桓彥範等人貶逐的人又重新得到任用，朝政大權全部落入武三思之手。西元七〇五年，武三思設計陷害敬暉等五王，最後將他們折磨至死。武三思殺死五王后，權勢蓋過中宗，常常說：「我不知道世上什麼人是好人，什麼人是壞人。我只知道，對我好的人就是好人，對我壞的人就是壞人。」

韋后因為太子李重俊不是自己親生的，所以十分討厭他，武三思尤其忌恨李重俊。上官婕妤每次起草詔書敕令，也都尊奉武氏。武崇訓還教唆安樂公主向皇帝建議廢除太子，太子心中鬱悶不平，怒氣無法平息。西元七〇七年七月初六，太子李重俊偽造皇帝詔書調動騎兵三百餘人，在武三思家中殺死武三思、武崇訓父子及其親族黨徒十餘人。接著，又指派左金吾大將軍成王李千里和他的兒子天水王李禧分別率兵把守宮城各門，太子和李多祚統領兵馬從肅章門奪關攻進禁宮，敲打內殿大門索取上官婕妤。上官婕妤大聲說：「看起來他們的意思是想先索取我上官婉兒，其次再索取皇后，最後是要索取皇帝。」中宗便與韋后、安樂公主、上官婕妤一起登上玄武門樓躲避兵戈鋒刃，派遣右羽林大將軍劉景仁帶領侍衛皇帝的一百多名騎兵駐紮在門樓之下來保護自己。中宗倚著玄武樓的欄杆，俯身對城樓下面李多祚所率領的騎兵們說道：「你們這些人都是我的宿衛士兵，為什麼要跟隨李多祚造反呢？假如你們能殺掉謀反的人，不必擔心得不到富貴。」於是，騎兵們將李多祚等斬首，其餘的人都四散潰逃。成王李千里、天水王李禧父子攻打太極宮右延明門，想要殺死宗楚客和紀處訥，但是卻沒有成功自己反倒丟了性命。太子李重俊帶領騎兵逃往終南山，途中休息時被手下的人殺死。中宗把太子李重俊的首級進獻於太廟並用它祭奠武三思和武崇訓的靈柩，然後又懸掛在朝堂上示眾。後來睿宗立，下令將死去的武三思、武崇訓斬棺、暴屍，平其墳墓。

魚朝恩居功自傲

魚朝恩狡黠聰慧，又通達文字與籌算，西元七五六年，在李光進的軍中任監軍。唐肅宗收復兩京後，魚朝恩任三官檢責使，並以左監門衛將軍主管內侍省，從此成為宦官中的顯赫人物。魚朝恩是唐朝有功之臣，頗受代宗恩寵，但其居功自傲，時常譏諷宰相，偶爾也慢視代宗，最終咎由自取，命喪黃泉。

宦官魚朝恩專門掌管禁軍，代宗對他無比寵幸，朝廷內外，他的權勢最大。魚朝恩喜歡在大臣聚集的場所放肆地談論時政，侮辱宰相元載。元載雖然能言善辯，但也只能拱手沉默，不敢應對。神策都虞侯劉希暹、都知兵馬使王駕鶴都受到魚朝恩的寵愛。劉希暹勸說魚朝恩在北軍中設置監獄，讓坊市的無賴少年控告富豪人家，誣告他們犯了罪，逮捕關進地牢，用嚴刑逼供，使他們屈服，沒收他們的家產歸北軍所有。監獄處於宮內隱密處，人們都不敢說。

魚朝恩一貫驕橫，自以為功高權重，朝廷政事稍不如他的意，就發怒道：「天下事還能有離得了我的嗎？」代宗聽後不悅。魚朝恩有一個養子名叫令徽，年紀還小，在內侍省當內給使，因官品較低，只能穿綠色的官服。有一次，令徽不知為了何事與同僚發生激烈爭吵吃了虧，回家後便將此事告訴了魚朝恩。第二天，魚朝恩就帶養子面見代宗，說：「臣的犬子官品卑下，經常被同僚凌辱，請陛下賜以紫衣。」公開向皇帝要官。代宗還沒來得及開口表態，就有人早將高級品官所穿的紫衣抱到了面前，令徽趕緊將紫衣穿上跪拜謝恩。這時代宗也不便說什麼，只好順水推舟做個人情，勉強笑著說：「這孩子穿了紫衣，比原來好看多了。」口雖這麼說，心實憤憤不樂。

西元七七〇年正月，宰相元載窺見代宗對魚朝恩已生惡感，便奏請將其除掉。代宗猶豫不決，魚朝恩軍權在握，黨羽眾多，恐事難成。元載忙說：「只要陛下將此事全權交給為臣辦理，必能辦妥。」代宗囑其小心。元載先收買魚朝恩的心腹，以掌握他的動靜。魚朝恩每次上朝都讓周皓率領一百多人護衛，又以陝州節度使皇甫溫握兵在外為援，元載千方百計地把二人收買了過來。因此，魚朝恩私下的活動，代宗都能知曉，而魚朝恩並未發覺。劉希暹對代宗的意圖有所察覺，提醒魚朝恩，魚朝恩才感到疑忌。但是，代宗每次召見他，依然加倍禮遇，他又安心了。一天，皇甫溫來到京城，元載將他留住，與周皓共同密謀誅殺魚朝恩。

西元七七〇年寒食節，代宗依慣例置酒設宴與貴幸近臣歡度節日。散宴後，魚朝恩接聖旨，代宗破例要他留下議事。魚朝恩很胖，每次上朝都坐四輪小車。代宗聽到車聲，便沉下臉來，剛見面，劈頭就問他為什麼大膽圖謀不軌。魚朝恩驚呆了，但馬上冷靜下來，為自己辯解，態度強硬，滿不在乎的樣子。代宗一聲令下，早就埋伏好了的周皓等人一擁而上，將魚朝恩捆住，並當場勒死在地。

魚朝恩在宮中被祕密處死一事，除少數參與密謀的人，外面一無所知。為防不測，代宗暫時隱瞞真相，下詔罷免他的觀軍容使等職，增實封六百戶，以前共一千戶，保留內侍監如故。接著詐言魚朝恩受詔而自縊，傳出風聲後，才將他的屍體送回家，賜錢六百萬作安葬費。魚朝恩弄權多年，結黨營私，形成了自己一股強有力的勢力，所以代宗仍擔心他的黨羽鬧事。於是，下令對其黨羽免於追究，許多人提升官銜，以防狗急跳牆。代宗還下詔宣稱：「你們均為朕之屬下，禁軍今後由朕統帥，勿有顧慮。」經過安撫，基本上沒出現大的變故。魚朝恩死後尚且讓代宗煞費苦心，可見其生前是何等的猖狂。

敗家逆子劉守光

劉守光是五代時期燕國建立者，為盧龍節度使劉仁恭之子。後來囚父殺兄，兼有兩鎮，被後梁太祖朱全忠封為燕王。劉守光本性平庸愚昧，驕傲自滿，其荒淫和暴虐的程度與日俱增，有稱帝之意。西元九一一年，劉守光不顧眾臣的反對，登極稱帝，國號大燕。桀燕建立後，即不斷受到晉王李存勖的攻擊。西元九一三年，晉軍攻陷幽州，俘獲劉仁恭和劉守光，李存勖將他們獻於晉國太廟處死。

西元九〇七年，李思安率兵攻入盧龍節度使劉仁恭的境內，經過的地方被焚燒掠奪一空。軍隊攻到幽州城下，劉仁恭還住在大安山的別館中，城中沒有防備，幾乎失守，因與父親劉仁恭之妾私通而被趕走的劉守光在外面帶兵與李思安作戰，李思安敗走。劉守光於是自稱節度使，命令部將率軍攻打大安山。劉仁恭派出軍隊抵抗，戰敗被俘，被帶回幽州。

劉守光曾經穿著唐代皇帝的赭紅色的袍子，對將吏們說：「現在天下大亂，英雄們以武力競爭，我兵強馬壯，地勢險要，也想稱帝，怎麼樣？」劉守光派人勸說鎮州的趙王王鎔和定州的義武節度使王處直，請求他們尊奉自己為「尚父」。趙王王鎔把這件事告訴了晉王李存勖，晉王勃然大怒，想討伐劉守光，手下的眾將領都說：「劉守光這樣是作惡到極點了，可以誅滅全族，我們不如假裝推舉他為尚父，讓他多行不義。」於是，晉王李存勖與王鎔、王處直、昭義節度使李嗣昭、振武節度使周德威、天德節度使宋瑤等六鎮節度使一起奉冊推舉劉守光為尚書令、尚父。

劉守光以為六鎮節度使是真的畏懼自己，更加驕縱蠻橫，於是上表給後梁太祖，說：「晉王等人推舉我，我受陛下的厚恩，沒有接受。不如陛下任命我為河北都統，那麼並州、鎮州就用不著去平定了。」後梁太祖也深知劉守光狂妄愚蠢，於是任命他為河北道採訪使，派遣閣門使王瞳等人前去冊封他。劉守光命令屬官草擬尚父、採訪使接受冊封的禮儀。西元九一一年六月初三，下屬官員拿來唐代冊封太尉的禮儀進獻。劉守光看完後，問：「怎麼能沒有南郊祀天、更改年號等事宜？」下屬官員回答說：「尚父雖然尊貴，也只是天子的臣屬，哪能有南郊祀天、更改年號的事呢？」劉守光勃然大怒，把冊儀扔在地上，說：「我的領地方圓二千里，披盔戴甲的將士有三十萬，就算直接做河北的天子，又有誰能阻止我！尚父有什麼值得做的？」於是，命令部下立即準備即皇帝位的禮儀。八月十三日，劉守光即皇帝位，國號大燕，改年號為應天。受冊命的這天，契丹攻下平州，燕人驚慌恐懼。

西元九一三年十一月，晉王李存勖攻破幽州城，俘虜了劉仁恭與他的妻妾。劉守光帶著妻子兒女逃走，想去滄州投奔劉守奇，途中被俘。十二月初六，李存勖正要舉行宴會，將吏押著劉守光到達。李存勖諷刺他說：「主人為什麼要這樣躲避客人？」於是，將劉仁恭和劉守光一起安置在客房，並賜給他們衣食用具。隨後，晉王又命令掌管書記的官員王緘起草露布，王緘不知道露布是一種文體，竟然把內容寫在一塊布上，派人拉著。十三日，晉王從幽州出發，劉仁恭父子都戴著枷鎖站在露布下面。劉守光的父母把唾沫唾到他的臉上，罵他說：「逆賊，把我們家敗壞到這種地步！」劉守光只是低著頭。次年正月十五，晉王用白絹捆著劉仁恭父子，高奏凱歌進入了晉陽城。十九日，晉王將俘虜劉仁恭父子獻於太廟，並親臨刑場，斬殺劉守光。臨刑前，劉守光求饒說：「我劉守光善於騎馬射箭，大王要成就霸業，為什麼不留下我，讓我為您效勞呢？」劉守光的兩個妻子李氏和祝氏在一旁責備他說：「皇上，事已至此，活著又有什麼用處呢？」然後就伸出脖子受死。而劉守光至死都在不停地哭泣求饒。

第十章 養性慎獨之術

人是道德現象、道德活動的主體，道德的本質意義是主體自願，而不是外力強制。因而，人應該充分發揮自己的主觀能動性，努力發展自己的自控意志，以修養成良好的道德品行。修養的關鍵是誠意而慎獨，不斷堅定自己為善的意向，特別是在獨處時尤要謹慎，不得放鬆意志，不自欺，達到以德自慊（滿足）的自由境界。修身養性、誠意慎獨的倫理思想，對於今天的人生教育和人性修養來說，仍然具有深刻的啟示，閃爍著智慧的光芒。

蘇武持節牧羊

西元前一〇〇年，蘇武奉命以中郎將之職持節出使匈奴，被扣留。匈奴貴族多次威逼利誘，欲使其投降；後將他遷到北海（今貝加爾湖）邊牧羊，揚言要公羊生子方可釋放他回國。蘇武歷盡艱辛，留居匈奴十九年持節不屈。這期間，投降匈奴的李陵也多次勸說其投降，都遭到蘇武拒絕。昭帝時，匈奴與漢和親。西元前八一年，蘇武獲釋回漢，官至典屬國。蘇武死後，漢宣帝將其列為麒麟閣十一功臣之一，以彰顯其節操。

西元前一〇一年，匈奴且鞮侯單于剛即位，擔心漢軍襲擊他，便對漢天子自稱子輩，並送回漢使，又派使者來漢朝進貢。漢武帝嘉許匈奴單于的義舉，派中郎將蘇武將留在漢朝的匈奴使臣送回匈奴，順便攜帶厚禮，答謝匈奴單于的好意。但在匈奴期間，蘇武因同行者的劫持行動暴露被扣留。單于希望蘇武投降，蘇武嚴詞拒絕。

後來，蘇武被匈奴放逐到北海邊。他得不到糧食供應，便挖掘野鼠，吃鼠洞中的草籽。他手持漢朝的符節牧羊，無論睡臥還是起身都帶著它，以致節杖上的毛纓全都脫落了。蘇武在漢朝時，與李陵同為侍中，李陵投降匈奴後，不敢求見蘇武。過了很長時間，單于派李陵來到北海邊，為蘇武擺下酒筵，並以樂隊助興。李陵對蘇武說：「單于聽說我與你一向情誼深厚，所以派我來勸你，單于願意對你虛心相待。你終究不能再回漢朝，自己白白在這荒蕪人煙的地方受苦，你的信義節操又有誰看到呢？你的兩個兄弟，先前已都因罪自殺；我來此時，你母親也已不幸去世；你的夫人年輕，聽說已經改嫁他人了；只剩下兩個妹妹、兩個女兒、一個兒子，如今又過了十幾年，是否還在人世，不得而知。人的一生，就像早晨的露水一般短暫，你又何必長久地如此自苦！我剛投降匈奴時，精神恍惚，像要發瘋，恨自己辜負漢朝，還連累老母被拘禁牢獄。你不願歸降匈奴的心情，怎麼會超過我！況且皇上年事已高，法令變化無常，大臣無罪而被抄殺滿門的達數十家，安危不可知，你還要為誰這樣做呢？」蘇武說：「我父子本無才德功績，全靠皇上栽培，才得以身居高位，與列侯、將軍並列，且使我們兄弟得以親近皇上，所以我常常希望能夠肝腦塗地，報答皇上的大恩。如今得以殺身報效皇上，既使是斧鉞加身，湯鍋烹煮，我也心甘情願！為臣的侍奉君王，就如同兒子侍奉父親一般，兒子為父親而死，沒有遺憾。希望你不要再說了。」李陵與蘇武一連飲酒數日，又勸道：「子卿你再聽我一句話。」蘇武說：「我自己料想必死已經很久了，如果你一定要我蘇武投降，就請結束今日的歡聚，讓我死在你的面前！」李陵見蘇武一片赤誠，不覺淚濕衣衿，遂與蘇武告別而去，賜給蘇武牛羊數十頭。

後來，李陵又來到北海邊，告訴蘇武漢武帝已經去世。蘇武一連數月，每天早晚面對南方號啕痛哭，甚至吐血。壺衍單于即位後，其母閼氏行為不正，國內分崩離析，常常害怕漢軍前來襲擊，於是主動要求與漢朝和親。漢使來到匈奴，要求放蘇武等人回國，匈奴假稱蘇武已死。後來漢使又來到匈奴，常惠暗中面見漢使，教使者對單于說：「漢天子在上林苑射獵，射下一隻大雁，雁腳上繫著一塊寫字的綢緞，上面說蘇武等人在某湖澤之地。」使者大喜，按常惠之言責問單于。單于環視左右侍從，大吃一驚，然後向漢使道歉說：「蘇武確實還活著。」這才將蘇武等人放還。西元前八一年，單于召集當年隨蘇武前來的漢朝官員和隨從，有九人與蘇武一同回到漢朝。蘇武一行來到長安後，漢昭帝以最隆重的儀式祭拜漢武帝的陵廟，封蘇武為典屬國，品秩為中二千石，並賞賜蘇武錢二百萬、公田二頃、住宅一所。蘇武被扣留匈奴共十九年，去時正當壯年，歸來時頭髮、鬍鬚全都白了。

說到英雄，在人們心目中，都是那種金戈鐵馬馳騁疆場雄霸一方開天闢地的人物。其實，真正的英雄就在生活中，而英雄所做的事情卻是普通人做不到的，比如歷史上的蘇武就是漢以來民族史上最具氣節的人，體現了孟子所說的「富貴不能淫，威武不能屈」。蘇武忠貞不渝的故事，千百年來一直喚起人們心中的激情。

田橫五百壯士

秦末漢初，劉邦的大將韓信帶兵攻打齊國，殺死齊王田廣。當時任齊國宰相的田橫率領五百名誓死不降的將士退守到黃海中的一個荒島上，以備東山再起。西元前二〇二年，劉邦在洛陽稱帝。劉邦恐田橫為亂，便派遣使臣召田橫赴洛陽。為了保全部屬，田橫毅然應詔。途中，田橫因羞於向劉邦稱臣而自刎。噩耗傳來，部屬五百人集體揮刀殉節。

西元前二〇五年，舊齊相田榮的弟弟田橫招收潰散的士卒，收得幾萬人，在城陽起兵。四月，立田榮的兒子田廣為齊王，以抵抗楚軍。項王因此留駐下來，連戰多次，也沒能攻下齊國。西元前二〇三年，韓信打敗齊軍，俘虜了齊王田廣。田橫自立為齊王，被漢將軍灌嬰打敗。田橫逃到梁地，依附了魏相國彭越。第二年正月，漢王封彭越為梁王。田橫怕被殺掉，與他的部下五百多人逃入大海，居住在島上。高祖劉邦認為田橫兄弟幾人本來曾平定了齊地，齊地賢能的人大都歸附了他，今流亡在海島中，如不加以招撫，以後恐怕會作亂。於是，就派使者去赦免田橫的罪過，召他前來。田橫推辭說：「我曾煮殺了陛下的使臣酈食其，現在聽說他的弟弟酈商是漢的將領，我很害怕，不敢奉詔前往，只請求做個平民百姓，留在海島中。」使者回報，高祖便詔令衛尉酈商說：「齊王田橫即將到來，有敢動他的隨從人馬的人，即誅滅三族！」隨即再派使者拿著符節把高祖詔令酈商的情況對田橫一一講明，並說道：「田橫若能前來，高可以封王，低也是個侯爵。如果不來，便要發兵加以誅除。」

田橫便和他的兩個賓客乘坐驛站的傳車去往洛陽。離洛陽還有三十里，到達屍鄉驛站。田橫向使者道歉說：「為人臣子的人覲見天子時，應當沐浴。」隨即住下來，對他的賓客說：「我起初與漢王一道面朝南稱王，而今漢王做了天子，我卻是作為敗亡的臣虜，面北稱臣伺候他，這恥辱本來已經非常大了。何況我還煮死了人家的使臣，又同被煮人的弟弟並肩侍奉他們的君主。即便這位弟弟畏懼天子的詔令不敢傷害我，我難道內心就不感到慚愧嗎？況且陛下想要見我的原因，不過是想看一看我的容貌罷了。現在斬下我的頭顱，奔馳三十里地送去，神態容貌還不會改變。」於是就自刎而死，並讓賓客帶著他的頭顱，隨同使者疾馳洛陽奏報。高祖說：「從平民百姓起家，兄弟三人相繼為王，這難道不是很賢能嗎？」為田橫流下了眼淚。接著授給田橫的兩個賓客都尉的官職，調撥士兵兩千人，按侯王的禮儀安葬了田橫。下葬以後，那兩位賓客在田橫的墳墓旁挖了個坑，都自刎而死，倒進坑裡陪葬田橫。高祖聽說了這件事後，大為震驚，認為田橫的賓客都很賢能，餘下的五百人還在海島上，便派使者前去招撫他們。使者抵達海島，這五百人聽說田橫已死，也都自殺了。

田橫臨死前的一番話至為悲壯，堪與伍子胥的「此頭須向國門懸」相提並論。不管是什麼理由促使田橫做出了最後的抉擇，他的這種決心代表了那個時代人們推崇的一種生命價值取向。那時人們也會認為生命誠可貴，但比生命價值更高的，不是愛情，也不是自由，而是義。孟軻曾經提出，當生與死、義與利二者不可兼得的時候，仁人志士的選擇應該是捨生取義。然而真正的捨生取義，歷史上又有幾人能夠做到？

文帝簡樸治國

漢文帝劉恆是中國歷史上幾個為數不多的真正提倡節儉的皇帝之一。他在位期間，實行休養生息政策，恢復和發展農業生產，國力逐漸增強，奠定了漢朝繁榮的基礎。

漢文帝為人寬厚，憐老惜貧，即位當年便下詔，救濟那些鰥、寡、孤、獨和窮困的人。文帝還下令：「年齡八十歲以上者，每月賜給米、肉、酒若干；年齡九十歲以上的老人，另外再賜給帛和絮。凡是應當賜給米的，各縣的縣令要親自檢查，由縣丞或縣尉送米上門；賜給不滿九十歲的老人的東西，由嗇夫、令史給他們送去；郡國二千石長官要派出負責監察的都吏，循環監察所屬各縣，發現不按詔書辦理者給以責罰督促。」

文帝即位的第二年，發生日食。文帝下詔書說：「群臣都要認真思考朕的過失和朕所未知、未見的問題，並請大家告知朕。還請大家向朝廷薦舉賢良、方正、能直言極諫的人，以便幫助朕彌補不足之處。」

於是，又下令文武百官各盡職責，減少賦稅勞役，以便利於百姓；去掉多餘的侍衛；將現有馬匹留下夠朝廷使用的就行了，其餘的馬就撥給驛站使用。

一次，漢文帝從霸陵上山，想要向西縱馬奔馳下山。中郎將袁盎騎馬上前，與文帝車駕並行伸手挽住馬轡繩。文帝說：「將軍膽怯了嗎？」袁盎回答：「我聽說『家有千金資財的人，不能坐在堂屋的邊緣』。聖明的君主不能冒險，不求僥倖。現在陛下想要放縱駕車的六匹駿馬，奔馳下險峻的高山，如果馬匹受驚，車輛被撞毀，陛下縱然是看輕自身安危，可又怎麼對得起高祖的基業和太后的撫育之恩呢？」文帝這才停止冒險。

文帝所寵幸的慎夫人經常在宮中與皇后同席而坐。等到她們一造成郎官府衙就坐時，袁盎把慎夫人的座席排在下位。慎夫人惱怒，不肯入坐，文帝也大怒，站起身來，返回宮中。袁盎借此機會上前規勸文帝說：「我聽說『尊卑次序嚴明，就能上下和睦』。現在，陛下既然已冊立了皇后，慎夫人只是妾，妾怎麼能與主人同席而坐呢？況且如果陛下真的寵愛慎夫人，就給她豐厚的賞賜；而陛下現在寵愛慎夫人的做法，恰恰會給慎夫人帶來禍害。陛下難道不見『人彘』的悲劇嗎？」文帝這才醒悟，轉怒為喜，召來慎夫人，把袁盎的話告訴了她。慎夫人賜給袁盎黃金五十斤以示感謝。

文帝在位二十三年，宮室、苑囿、車騎、服飾都沒有增加，有不合適的法令就廢除以造福百姓。曾經有一次，文帝想建造露台，召來工匠計算所需經費，要花費百斤黃金。文帝說：「一百斤黃金是中等人家十家財產的總和。我奉守先帝的宮室，常常害怕做錯事會使先帝蒙羞，又何必做什麼露台呢？」文帝身穿黑色的綈袍，所寵愛的慎夫人衣服長度不拖地，所用的帷帳也不用文彩錦繡，以表示敦厚樸素，做天下官吏百姓的模範。建造霸陵的墓園時，都用土瓦器具，而不用金、銀、銅、錫做裝飾，保留山川原有的形狀，不再聚土為墳。吳王劉濞稱病不朝，文帝就賜給他几案手杖。大臣袁盎等所勸說的有時雖嫌急切，文帝也常常藉機採納應用。張武等人接受金錢賄賂，事情被發覺了，文帝就加倍賞賜他，使他內心感到羞愧。文帝專心用道德來感化人。所以四海之內安定寧靜，百姓家家富足，後代很少有能夠超過他的成就的。

一代賢士郭泰

東漢郭泰，字林宗，名噪一時。郭泰一生博學多才，不慕高爵，安於退讓，淡於仕途，視利祿如浮雲，禮賢下士，樂與常人為伍，被稱為東漢第一名士。有人曾問汝南太守范滂：「郭林宗何許人？」范滂說：「隱不違親，貞不絕俗，天子不得臣，諸侯不得友，吾不知其他。」

太原人郭泰學識廣博，善於談論。初遊洛陽時，時人都不認識他，陳留人苻融一見到他便很驚異，就把他推薦給河南尹李膺。李膺與他相見後說：「郭林宗有聰慧的識見，高雅博通，在當今之世，還很難遇見能與他匹敵的。」於是，李膺與郭泰交為朋友，郭泰由此名震京師。郭泰曾被推舉為有道，他卻不肯接受，有人勸他去做官。郭泰說：「我夜觀天象，晝察人事，上天要廢棄這個朝代，不是人力所能挽救的，我只想悠閒自在地生活。」但是他仍然在京師廣為交遊，不斷地勸誨誘導別人。

郭泰善於識別人的賢愚善惡，喜歡獎勵和教導讀書人，足跡遍布四方。茅容已經四十餘歲，在田野中耕作時和一群同伴到樹底下避雨，大家都隨便地坐在地上，只有茅容正襟危坐，非常恭敬。郭泰路過那裡，見此情況，大為驚異，因而向茅容請求借宿。第二天，茅容殺雞作食，郭泰以為是為自己準備的，誰知茅容分了半隻雞侍奉母親，將剩餘半隻雞收藏在閣櫥裡，自己用粗劣的蔬菜和客人一同吃飯。郭泰說：「你的賢良大大地超過了普通人。我自己尚且減少對父母親的供養來款待客人，而你卻是這樣，真是我的好友。」於是，郭泰站起身來，向他作揖，勸他讀書學習。茅容最終成為很有德行的人。陳留人申屠蟠家境貧困，受僱於人做漆工，鄢陵人庚乘年少時在縣府擔任門卒，郭泰見到他們，對他們另眼相待，後來他們都成為知名的人士。其他人有的是屠戶出身，有的是賣酒出身，有的是士卒出身，因受到郭泰的獎勵和引進而成名的很多。

陳國少年魏昭向郭泰請示說：「教授經書的老師容易遇到，但傳授做人道理的老師卻難遇到。我願意跟隨在您的身邊，給您打掃房屋和庭院。」郭泰答應了。後來，郭泰曾因身體不適，命魏昭給他煮稀飯。稀飯煮好以後，魏昭端給郭泰，郭泰大聲喝斥魏昭說：「你給長輩煮稀飯，不存敬意，使我不能進食。」將杯子扔到地上。魏昭又重新煮好稀飯，再次端給郭泰，郭泰又喝斥他。這樣一連三次，魏昭的態度和臉色始終沒有改變。於是，郭泰說：「我開始只看到你的表面，從今以後，我知道你的內心了！」從此把魏昭當做好友，善意對待。

郭泰極富同情心，重視提攜和幫助後進人士，即使是那些所謂的「不仁之人」，也能盡其所能，給予幫助。陳留人左原因為與郡學生作對，犯法被斥。郭泰在路上遇到他，為他備了酒菜，寬慰他說：「從前，顏涿聚是梁甫山上的一個大盜，段干木是晉國的一個大市儈，最後卻做了齊國的忠臣、魏國的名賢。遽瑗、顏回尚且不能無過，何況是其餘的常人呢？你千萬不要懷恨在心，而應反躬自責才是啊！」左原聽了他的勸告而後離去。因而有人譏評郭泰連壞人都不拒絕，郭泰說：「一個沒有仁德的人，若是再對他表示痛惡的話，會使他越來越壞而做出暴亂的事來。」左原後來突然又燃起恨意，約了一批朋友，想要去報復郡學生。當天，郭泰正好在郡學中，左原羞愧辜負了郭泰先前的一番勸導，因而沒鬧事就離開了。後來這事被人發覺，大家都感激郭泰，對他更加敬佩。

郭泰教授弟子的最大特點是發展了孔子「有教無類」的思想。孔子雖說「有教無類」，但學生卻以貴族子弟為多，而郭泰的學生真可以用「蕪雜」來形容，販夫走卒乃至囚徒巨盜，郭泰都不以為忤，盡心培養。

雖然郭泰這種不計出身、獎掖後輩的精神，歷史沒有給予應有的位置，但在人們心中，郭泰的名字卻是光輝而長久的。

楊震清白遺子孫

中國古代的「清官」，有以勤政愛民著稱，也有以公廉正直著稱，而在公廉正直方面，楊震是最具有代表性的人物之一。楊震字伯起，少時因父早逝，自幼與母相依為命，雖家境困苦，卻勤奮好學，世人讚其「時經博覽，無不窮究」，譽之為「關西孔子」。直到五十歲時，楊震才走上仕途。其一生憂國憂民、清正廉潔，從不接受別人的饋贈，後遭佞臣誣陷被罷官，自殺身亡。

東漢安帝在位時，品學兼優的楊震被當時掌握朝政大權的大將軍鄧騭所看重，誠邀其入仕，為國效力。楊震從政後，為官清廉，政績卓著，多次得到提拔升遷。在任荊州刺史期間，楊震推薦了頗有才華的王密做昌邑知縣。幾年之後，楊震去東萊赴任時，途經昌邑，王密得知，執意前來拜見。為了避免引起不必要的麻煩，他特意在夜深人靜時來見楊震，並奉上黃金十斤，以答謝其知遇之恩。楊震見狀，勃然大怒：「以前我深知你的為人，認為你德才兼備，才薦你為縣令，可是現在你為什麼不了解我做人的準則呢？」王密低聲說：「我感謝大人惜才用才的恩德，只是無以為報。現在正是夜幕時分，黑夜中絕對不會有人知道，大人儘管放心收下。」「怎會沒有人知道？天知，神知，你知，我知。」楊震正色說道，「為官一任，造福一方，應以清廉為本。如果認為沒有人知道就可以收受賄賂，這不是傷天害理、欺世盜名，還能是什麼？！你不該辜負我對你的期望，請你把這些東西拿回去吧！」一席話說得王密滿面羞慚，無地自容，只好收起黃金，悄悄地退了出來。楊震公正廉直，不是表現在口頭上，而是表現在實際行動上，不是表現在一件偶然的事情上，而是貫穿著他的一生。

由於他秉性正直，為政清廉，後來又升為太尉，位列「三公」。此時安帝的舅舅大鴻臚耿寶私薦中常侍李閏之兄給楊震，楊震不從。耿寶就親自來見楊震，並說：「李常侍乃『國家所重』，想請您為他的兄長安排個官職，你看著辦。我只不過是來轉達上邊的意圖罷了。」楊震回答道：「如果朝廷想讓『三府』（由太尉、司徒、司空建立的官署）辟召，那就應該由主管人事的尚書省正式行文，而不應直接來找我。」耿寶碰了一鼻子灰，乃「大恨而去」。同時，皇后兄執金吾閻顯也來向楊震舉薦自己的親友，都同樣遭到楊震的拒絕。

西元一二三年，漢安帝下詔書為王聖（安帝的乳母）興建私宅，土木工程十分浩大。楊震見安帝昏庸任性，便上書進行勸諫，說當今朝廷用人遍是「海內貪汙之人」，他們大肆受賄，搜刮民脂，全國上下怨聲載道。朝廷如不改弦更張，仍然如此勞民傷財的話，勢必造成「財盡則怨，力盡則叛」的大亂局面。他的清正廉潔之言自然遭到一些人的嫉恨。宦官佞臣樊豐、周廣等乘皇帝外出東巡泰山之際，造假詔書，大興土木，爭相擴建自己豪華的房屋，被楊震察覺。他拿到假詔書，準備在皇帝回京時告發。樊豐等人得知後，驚慌不安，於是就謀劃陷害楊震，誣告他對皇帝不滿，有怨恨之心。昏君安帝也不辨清濁善惡，下詔罷免了楊震的官職，遣歸鄉里。消息傳出後，京師為之震動。以前的同僚、部下門生及親朋好友為其送行，群情激憤。楊震慷慨悲憤地對眾人說：「人都有一死，我不在乎。但我痛恨的是，對那些狡詐奸猾的貪官汙吏卻不能加以誅殺清除；我厭惡的是，對禍國亂政的淫蕩女人卻不能加以禁止杜絕。我死後，要用下等雜木做棺材埋葬，只要裁一塊能蓋住屍體的布單就行了，不要運回祖宗墳墓，不要祭祀。」一代忠臣，恨不能為國誅除奸臣，竟懷著滿腔憂憤飲鴆而死。楊震一生清貧廉潔，其高風亮節，足以光耀千秋。

竹林七賢

三國後期，一些對社會政治不滿的知識分子，採用各種形式對社會進行消積反抗，他們縱情山水，隱居竹林，蔑視禮法，不問政事。其中以阮籍、嵇康、阮咸、劉伶、山濤、向秀、王戎七人最為知名，被稱為「竹林七賢」。

譙郡人嵇康，文章寫得雄壯清麗，喜好談論《老子》、《莊子》，高節奇行，行俠仗義。鐘會正受到司馬昭的寵愛，聽到嵇康的名聲就去拜訪他。嵇康伸腿坐在那裡毫不在乎地打鐵，很不禮貌地對待鐘會。鐘會將要離去，嵇康問他說：「你聽到了什麼而來，見到了什麼而去？」鐘會說：「聽我所聽到的而來，見我所見到的而去！」從此對嵇康懷恨在心。

山濤任吏部侍郎，推薦嵇康代替自己。嵇康給山濤寫信，說自己不堪忍受流俗，又菲薄商湯、周武王，司馬昭聽到後十分生氣。嵇康與東平的呂安是好友，呂安之兄呂巽誣陷呂安不孝，嵇康為他作證說並非不孝。鐘會借此事誣告說：「嵇康曾經想幫助丘儉，而且呂安、嵇康在世上享有盛名，但他們的言論放蕩不羈，為害時俗，擾亂政教，應該乘此機會把他們除掉。」於是，司馬昭就殺了呂安和嵇康。嵇康曾去拜訪隱士汲郡人孫登，孫登說：「你才氣多見識少，在當今之世難免被殺！」

阮籍任步兵校尉，其母去世時，他正在與別人下圍棋，對方要求停止，但阮籍卻要他留下一決勝負。下完棋後，阮藉喝了兩斗酒，高聲一喊，吐血數升，極度哀痛而消瘦得只剩皮包骨了。居喪期間，也和平日一樣飲酒無度。司隸校尉何曾很討厭他，就在司馬昭座位前當面指責阮籍說：「你是個縱情無度、違背禮儀、敗壞風俗的人，如今忠賢之人執掌朝政，要綜合考察人事的名與實，而像你這類人，史不可助長你的惡習！」於是，就對司馬昭說：「您正在以孝道治理天下，卻聽任阮籍居喪期間在您的座前飲酒吃肉，以後還怎麼教訓別人？應該把他流放到四方荒遠之地，不讓他汙染我們華夏的風氣。」但司馬昭喜愛阮籍之才，常常扶助保護他。

阮咸喜歡姑姑的婢女，姑姑把婢女領走時，阮咸正在陪客，得知後趕快借了客人的馬去追，然後兩人騎一匹馬回來了。

劉伶喜好飲酒，常常乘一輛小車，帶著一壺酒出遊，又讓人扛著鍬跟著，說：「死了就把我埋掉。」當時士大夫都認為他賢明，爭相仿效他的做法，稱作放達。

西晉統一中國以後，王戎擔任了高官。他隨著時勢變化而升降，卻不做任何積極的努力。他把事務都交給手下人去辦，自己則出去遊玩。

竹林七賢是魏晉時期頗有影響的文士。他們在文學、哲學、藝術等方面的成就和造詣，他們的人生態度和處世方式，他們的個性精神和人生追求等，對當時的社會和世風，對魏晉文化的形成，對其後的文士階層，乃至對整個中國文化，都產生了深遠的影響。他們崇尚自然，反對虛偽繁瑣的俗禮，反對嚴酷的刑罰，不喜空談仁義禮法，而誠心濟世愛民，不貪戀富貴，不賤視百姓，雖逍遙處世，實為真正的君子俊傑。

張說受激作公證

唐朝有一大臣名叫張說，既耿直又富於智慧。武則天寵著兩個男姬張昌宗、張易之兄弟，此二張心狠手辣，要陷害宰相魏元忠，說他反對女皇，要張說作偽證，張說口頭上答應了，因為他知道若口頭不答應，就無法去武則天面前對質。所以，雖然有直臣罵他攀附小人，他也只是付之一笑，仍然按計畫去女皇面前對質，暗中保護魏元忠。

當初，張昌宗誣陷魏元忠和高戩私下商議輔佐太子之事。張昌宗暗地裡找來鳳閣舍人張說，用高官厚祿收買他，要他出面證明魏元忠確實說過反對女皇的話，張說答應為他作偽證。武則天召來太子李顯、相王李旦以及諸位宰相，讓魏元忠與張昌宗當著大家的面互相對質。在張說即將進入朝堂的時候，鳳閣舍人宋璟對他說：「名譽和道義對一個人來說最為重要，任何人都難以欺騙鬼神，切不可偏袒邪惡之徒，陷害忠良方正之士，用不正當的手段以求免於禍難！如果因此獲罪遭受流放，那麼值得榮耀的地方就太多了。倘若有意外的災禍，我將上殿力爭，與您一同為忠義而死。努力去做吧，能否萬古流芳，就在此一舉了。」殿中侍御中張廷珪對他說：「孔子說過，『早上得知真理，當晚死去都行。』」左史劉知幾也對他說：「不要讓您的行為玷汙了青史，而讓自己成為子孫後代的恥辱！」

張說進入朝堂，武則天問他，他沒有馬上次答。魏元忠害怕了，對張說說：「你也要與張昌宗一起羅織罪名陷害我魏元忠嗎？」張說大聲喝斥他說：「你魏元忠身為宰相，為什麼竟說出了這種陋巷小人的話呢？」張昌宗在一旁急忙催促張說，讓他趕快作證。張說說：「陛下都看到了，張昌宗在陛下面前，尚且這樣威逼，何況在朝外呢？臣現在當著諸位朝臣的面，不敢不把真實情況告訴陛下。臣實在是沒有聽到過魏元忠說過那樣的話，是張昌宗威逼我，讓我為他作虛假的證詞罷了！」張易之和張昌宗急忙大聲說：「張說與魏元忠是共同謀反！」

武則天追問詳情，張易之和張昌宗回答說：「張說曾經說魏元忠是當今的伊尹和周公。伊尹流放了太甲，周公做了周朝的攝政王，這不是想謀反又是什麼？」張說說：「張易之兄弟是孤陋寡聞的小人，只是聽說過有關伊尹、周公的隻言片語，又哪裡懂得伊尹、周公的德行？那時魏元忠剛剛穿上紫色朝服，做了宰相，我以郎官的身分前往祝賀。魏元忠對前去祝賀的客人說：『無功受寵，不勝慚愧，不勝惶恐。』我確實是對他說過『您承擔伊尹、周公的職責，拿三品的俸祿，有什麼可慚愧的呢？』那伊尹和周公都是做臣子的人中最為忠誠的，從古至今一直受到人們的仰慕。陛下任用宰相，不讓他們效法伊尹和周公，那要讓他們效法誰呢？況且今天我又哪能不明白依附張昌宗就能立刻獲取宰相高位、靠近魏元忠就會馬上被滿門抄斬的道理呢？只是我害怕日後魏元忠的冤魂向我索命，因而不敢誣陷他罷了。」武則天說：「張說是個無常的小人，應當與魏元忠一同下獄治罪。」後來，武則天又一次召見張說追問此事，張說的回答與上一次一樣。武則天大怒，指派宰相審訊他，張說的說法仍然與最初一樣。

張巡死守睢陽

安史之亂時，叛將尹子奇率兵十三萬圍攻睢陽，鎮守寧陵的張巡率兵增援。張巡受命於危難之際，與士兵同仇敵愾，與敵人進行了殊死拚殺。他用兵如神，屢戰屢勝，使敵軍遭受重創。可惜最終因沒有後援，城破殉國。張巡死守睢陽，為平息叛亂，保護江淮黎民立下了不朽功勛。

西元七五七年正月，安慶緒派尹子奇率領十三萬大軍進攻睢陽。睢陽太守許遠向寧陵的張巡求援，張巡隨即率領軍隊從寧陵進入睢陽。張巡的兵力有三千人，與許遠聯合起來，共有六千八百人。叛軍發動全部兵力進攻睢陽，張巡親自督戰，勉勵將士，晝夜苦戰，一共打了十六天，俘虜叛軍將領六十多人，殺死叛軍士兵兩萬多。叛軍攻城不下，乘夜撤退離去。三月，尹子奇再次率領大軍前來進攻。張巡殺牛設宴，犒勞士兵，出動全部兵力作戰。張巡舉著戰旗，率領眾將領徑直衝進叛軍軍陣，叛軍潰敗，斬殺敵將三十多人，殺死士兵三千多人，追擊敵軍幾十里。

七月，尹子奇又徵召幾萬名士兵，圍攻睢陽。不久，睢陽城裡的糧食吃光，將士每人每日供給米一合，夾雜著野菜、樹皮吃。叛軍糧道暢通，士兵戰死了就再徵集；睢陽守城的將士戰死，得不到補充，也沒有糧食救援。士兵只剩下一千六百人，都因為饑餓疾病不堪戰鬥，於是被叛軍包圍。張巡準備守城的器具抵抗敵人。叛軍做了雲梯，裝上二百名精兵推到城牆下，想讓士兵跳進城裡。張巡事先在城牆上鑿了三個孔洞，等雲梯靠近的時候，從一個洞裡伸出一根大木頭，頂端安置鐵鉤，鉤住雲梯，讓它不能退後。又從一個孔洞裡伸一根木頭，頂住雲梯，讓它不能前進。剩下一個孔洞中伸出一根木頭，頂端安置鐵籠，裝著燃燒物焚燒雲梯，雲梯從中間折斷，上面的士兵全被燒死。叛軍又用鉤車鉤城頭上的閣樓，鉤到的地方，全都崩陷。張巡在大木頭的末端安置連鎖，鎖頭安置大鐵環，套住叛軍的鉤車頭，拔進城裡，截斷車上的鉤頭，然後把車放回去。叛軍又製作木驢攻城，張巡熔化鐵水灌進去，木驢立刻被燒化。叛軍又在城西北角用土袋和木柴堆成台階，想以此登城。張巡每天夜裡派人偷偷地把松明與乾草投進去，過了十幾天，叛軍都沒有發覺。張巡趁機派軍隊出戰，順著風勢縱火焚燒，叛軍無法救火，過了二十多天，火才熄滅。叛軍不敢再來進攻，於是在城外挖了三道壕溝，立木柵圍城，張巡也在城內挖掘壕溝拒敵。堅守睢陽的士兵死傷很多，只剩下六百人。張巡、許遠與士兵一起吃野菜樹皮，日夜苦戰，不下城樓。

到了十月，城中糧食已經吃完，野菜樹皮也沒有了，就殺馬吃。馬殺完以後，又捕捉鳥雀，挖掘地鼠。城裡的人都知道不能免死，沒有一個人叛變，最後只剩下四百人。初九，叛軍登上城頭，將士疲憊，不能戰鬥，城池被攻陷，張巡與許遠都被俘虜。尹子奇問張巡說：「聽說將軍每次作戰，都眼角撐裂，牙齒咬碎，為什麼？」張巡說：「我想吞掉叛賊，只是力不從心。」尹子奇用刀撬開張巡的嘴巴看，裡面只剩下三四顆牙齒。尹子奇認為張巡十分忠義，不想殺掉他。他的部下說：「這樣守節的人，終究不會為我們所用。再說他深得軍心，不殺了他，一定會有後患。」於是，尹子奇將張巡與其部下全部殺害。

安史之亂後，唐肅宗下詔褒贈張巡為揚州大都督，詔封為鄧國公。因他在被尹子奇殺害時，被詔封為御史中丞，故史稱「張中丞」。後人為紀念張巡，在睢陽、杞縣、南陽等地為他建立祠廟。張巡血戰睢陽，寧死不屈，使叛軍失去時機，不能南下江淮，因而護衛了東南半壁河山。至今，許多地方仍供奉著張巡像，尊稱他為「唐代岳飛」。

顏真卿寧死不屈

顏真卿，琅琊臨沂（今山東省臨沂市）人，唐代傑出的書法家。他秉性正直，篤實純厚，有正義感，從不阿諛權貴，屈意媚上，以義烈名於時，曾高舉義旗，抗擊安、史叛軍。德宗時，李希烈叛亂，他以社稷為重，親赴敵營，曉以大義，但終為李希烈縊殺，終年七十七歲。德宗詔文曰：「器質天資，公忠傑出，出入四朝，堅貞一志。」

西元七八三年，叛將李希烈十分囂張，德宗向盧杞詢問計策，盧杞說：「李希烈自恃軍功，驕橫簡慢，將佐無人敢規勸。若能選出一位儒雅的朝廷重臣，奉旨前去宣示聖上的恩澤，向李希烈講清逆為禍、順為福的道理，李希烈一定能幡然悔過。顏真卿是四朝才臣，為人忠厚耿直，為海內所推崇，正是出使的最好人選！」德宗認為有理。正月十七日，德宗令顏真卿到許州安撫李希烈，詔書頒下後，舉朝皆大驚失色。

顏真卿乘驛車到東都洛陽，留守鄭叔則說：「您若是前往李希烈處，一定難保性命。最好能稍作逗留，以待後命。」顏真卿說：「這是皇上的命令啊，我能躲避到哪裡去呢？」於是就出發了。來到許州，顏真卿準備宣布詔旨，李希烈讓他的養子千餘人環繞著他謾罵，還拔出刀劍向他比劃，做出要將他切割吞食的架勢。顏真卿泰然自若。李希烈嘆服顏真卿的為人，便揮手命令眾人退下，將顏真卿安置在館舍，禮貌地對待他。這時，叛將朱滔、王武俊、田悅、李納各自派遣使者到李希烈那裡上表稱臣，勸他做皇帝。李希烈召顏真卿來，把上表給他看，得意地說：「今天四王派使者來，把推心置腹的話對我講了。他們的話跟我想的一樣。太師您看這種情形，難道我被朝廷猜忌，就走投無路了嗎？」顏真卿回答說：「這四個人只能說是四凶，怎麼叫四王呢？相公你不自己保住功業，做唐朝的忠臣，卻要與亂臣賊子在一起，想與他們一起滅亡嗎？」李希烈聽了心中十分不快。過了一天，李希烈又讓顏真卿與派來的四個使者一同赴宴。四個使者說：「很早就聽說顏太師負有重望，現在都統要稱皇帝而太師恰巧來到，這不是上天賜給都統一個宰相嗎？」顏真卿聽後大聲罵道：「哪個做你們的宰相？你們知道有個因罵安祿山而死的，叫顏杲卿的嗎？他就是我的哥哥。我年近八十，寧願守節而死，也不會受你們的引誘威脅！」

四個使者聽了，不敢再說什麼。於是，李希烈叫來十個武裝整齊的士兵守在顏真卿居住的館屋前，並派人在庭院中挖了一個坑，說要活埋顏真卿。顏真卿神色自若地去見李希烈，對他說：「死生之事是早就已經定下的，何必玩這種花招？快拿一把劍來將我刺死，你心中不是更快活嗎？」李希烈向他謝罪。

西元七八四年正月，王武俊、田悅、李納得知朝廷的大赦令，都去掉王號，上表向朝廷請罪。只有李希烈自以為兵強糧足，圖謀稱帝。他派人向顏真卿詢問稱帝的儀式，顏真卿回答說：「老夫曾做過朝廷禮官，所記得的只是諸侯朝拜天子的儀式。」後來，李希烈僭皇帝，國號大楚，改元武成。他派將領辛景臻去對顏真卿說：「你不願意屈節，應當自焚。」辛景臻讓士兵在顏真卿住的庭院中堆上柴禾澆上油，顏真卿面無懼色，大步走向火堆。辛景臻見狀，趕快上前攔住他。又過了些日子，李希烈決定處死顏真卿。當李希烈的使者去見顏真卿，向他說有敕賜死時，顏真卿問使者何時從長安來的，使者說：「從大梁來，不是從長安來。」顏真卿說：「原來是賊人之命，怎麼能稱敕令？」使者不讓他再說，用繩子將他勒死。

顏真卿這位傑出的書法家和政治家為了維護國家的統一，寧死不屈。他為我們留下了寶貴的書法遺產，也留下了高尚的人格遺產。他的書法剛勁雄渾，他的品德堅貞不屈，千百年來一直受到人們的敬佩。

段秀實捨生取義

西元七八三年，涇原兵在長安擁朱泚為大秦皇帝，朱泚想拉攏被剝奪兵權的段秀實一起謀反，但被段秀實嚴詞拒絕，二人扭打起來，段秀實以笏板擊朱泚，旋被殺。段秀實捨生取義，連朱泚都為之所動，以高官的禮節將其厚葬。皇帝李適聽說後，深恨自己當初沒有重用他。朝野則讚歎：「自古殁身以衛社稷者，無有如秀實之賢。」

朱泚因司農卿段秀實長期失去兵權，猜想他必定會鬱鬱不樂，便派遣數十騎傳召他。段秀實閉門拒絕來使，騎兵跳牆而入，用兵器劫持了他。段秀實估計自己不能倖免，便對子弟說：「國家蒙受災難，我能夠躲到何處去？理當為國殉難，你們應去自求生路。」於是，段秀實去見朱泚。朱泚高興地說：「段公一來，我的大事便可望成功了。」朱泚請段秀實入坐，向他詢問計謀，段秀實勸說道：「你本來以忠義著稱於天下，現在涇原軍因犒勞賞賜不豐厚，驟然猖獗而起，致使聖上流離失所。若說犒勞賞賜不夠豐厚，那是有關部門的過錯，聖上哪裡能夠知道此事？你最好用這個道理開導將士，講清禍福，迎接聖上返回宮中，沒有比這更大的功勞了！」朱泚默不作聲，心中不快，但是認為段秀實與自己都是被朝廷所罷黜的，所以還是真心想委任他。左曉衛將軍劉海賓、還原都虞侯何明禮、孔目官岐靈岳，都是段秀實平素所厚待的人，段秀實暗中與他們計議誅殺朱泚，迎接德宗。

朱泚派遣還原兵馬使韓旻率三千精銳兵士，揚言說要去迎接聖上，實際上是準備襲擊奉天。當時奉天防備空虛，段秀實對岐靈岳說：「事情緊急，得趕快行動！」他讓岐靈岳假稱是姚令言的命令，要韓旻暫且率部隊回來，與大隊人馬同時出發。由於未拿到姚令言的印符，段秀實就盜用司農印符。同時，他們積極謀劃殺朱泚。韓旻軍隊回來了，朱泚、姚令言大吃一驚，追問緣故，岐靈岳一人把責任承擔下來，被處以死刑。當天，朱泚召來李忠臣、源休、姚令言和段秀實等幾人商議稱帝事宜。段秀實勃然大怒，站起身來奪過源休手中的象牙笏，把唾沫吐在朱泚臉上，大聲罵道：「狂賊！我恨不得把你碎屍萬段，怎麼會跟從你謀反呢？」說著，他用手中的象牙笏向朱泚頭上打去。朱泚急忙用手來擋，象牙笏還是打中朱泚的前額，鮮血直流。朱泚與段秀實扭打起來，左右的人一時都愣住了，不知道該怎麼辦。劉海賓不敢上前幫助段秀實，趁亂逃走。李忠臣向前幫助朱泚，朱泚才得以從地上爬起來跑開。段秀實知道事情不能成功，對朱泚一夥人說道：「我不願同你們謀反，為什麼不殺掉我？」手下人爭著上前殺段秀實。朱泚一手捂住出血的額頭，一手制止他們說：「真是個義士，不要殺他！」話剛說完，段秀實已經被殺死了。朱泚十分悲痛，命令手下人用三品官的禮儀厚葬段秀實。德宗皇帝聽到段秀實去世的消息，悔恨當初沒有重用段秀實，悔恨不已。

第十一章 實現自我之途

自我實現，是現代社會一個時髦的詞彙，被很多人作為一種價值觀來推崇。而要想實現自我，必須先正確認識自我。事實上，如果一個人不能正確地評價自己，認識自己，不能全面地了解自己所處的環境、條件，那麼，他就不會在人生之路上走得順暢，甚至有可能摔跟頭，吃大的苦頭，因而一蹶不振，以失敗而告終。認識自我，包括對我們自身的條件、能力、知識結構、性格等方面的認識，也包括對所處的環境、外部的條件、社會的大氛圍，以及對所做事物本身的認識。

蘇秦佩六國相印

蘇秦最初遊說秦國沒有得到重用，便更加發憤學習，讀書到欲睡時，就用鐵錐刺股。一年後，終於學有所成，於是周遊列國。西元前三三三年，燕、趙、韓、魏、齊、楚六國合縱抗秦，以蘇秦為縱約長，兼任六國的相國。

當初，蘇秦本想將兼併天下之術獻給秦王，但秦王不用他。於是，蘇秦到了燕國，對燕文公說：「燕國之所以不受兵禍，是因為趙國在燕國的南邊，像屏障一樣擋住了各國的進攻。秦國如果要攻打燕國，就要戰於千里之外；而趙國要攻打燕國，僅戰於百里之外。如果不擔憂百里之內的戰禍，而擔憂千里之外的戰禍，那就大錯特錯了。大王若與趙國聯合，燕國就不用擔心戰禍了。」文公很贊同他的說法，當下給他車馬，讓他去說服趙國。蘇秦到了趙國，對趙肅侯說：「如今，秦國之所以不敢攻打趙國，是因為怕韓、魏兩國從後面襲擊它。秦國如果攻打韓、魏兩國，由於沒有山河阻隔，可以一直攻到都城。韓、魏如果向秦國稱臣，趙國就孤立無援了。六國之地五倍於秦國，將士十倍於秦國，如果六國聯合起來攻打秦國，秦國必亡無疑。我認為六國應該聯合起來，派出將相在洹水之濱訂盟。秦國進攻任何一國時，各國一齊出兵，如不遵此盟者，五國共伐之。這樣，秦兵必然不敢再出函谷關，為害崤山之東了。」趙肅侯聽了極為高興，厚待蘇秦，重賞了他，讓他去約請其他諸侯。

蘇秦又去遊說韓宣惠王道：「韓國方圓九百多里，披甲的士兵有數十萬，天下的強弓勁弩利劍都產在韓國。如果大王臣服秦國，秦國必然索取土地。今年給它了，明年還會要。秦國的慾望永無休止，而韓國的土地卻有割盡的時候。到那時，無地可割，不割又會受禍。俗話說得好：『寧為雞口，勿為牛後。』以大王之賢，韓兵之強，而有『牛後』之名，我都為大王感到羞恥。」韓王聽了，表示願意參加合縱。蘇秦又遊說魏王道：「大王之地方圓千里，士兵有武士二十萬，蒼頭二十萬，奮擊二十萬，廝徒十萬，戰車六百乘，戰騎五千匹。如此兵強馬壯，卻要臣服秦國。因此，趙王派我前來獻計，請大王參加合縱。」魏王同意了。蘇秦又遊說齊王道：「齊國方圓二千餘里，披甲的士兵有數十萬，糧如山積。臨淄有居民七萬戶，每戶不下三個男子。不用到遠縣去徵兵，僅臨淄一地就可徵兵二十一萬。臨淄城內的路上，車輪多得互軋碰撞，人多得肩挨著肩，真是衣襟相連可以組成帷幕，揮下汗水就是一陣急雨。秦國若要攻齊，要千里遠征，跋山涉水，還要擔心韓、魏兩國襲擊它的後方。所以，它只能恫嚇齊國而已，而齊國卻要臣服秦國。齊國這麼強大，請大王不要臣服秦國。」齊王同意了。接著，蘇秦又到楚國遊說楚威王道：「楚國方圓六千多里，披甲的士兵有一百萬，戰車千輛，戰馬萬匹，國家儲糧可用十年。這都是霸業的基礎啊。如果楚國參加合縱，我可以讓五國諸侯聽從大王指揮。合縱則諸侯臣服楚國，連橫則楚國臣服秦國。這兩條計策截然不同，大王選用哪一個呢？」楚王聽了蘇秦之言，同意參加合縱。於是，蘇秦做了縱約長，擔任了六國的相國。當他北上次趙國時，車馬儀仗十分豪華，像君王一樣。

戰國時期諸侯林立，爾虞我詐，一批謀臣策士周旋其間，縱橫馳騁，朝秦暮楚，以逞其智，獲取功名。蘇秦是戰國時期縱橫家的主要代表，史載其治學刻苦，以錐刺骨夜以繼日，最終身佩六國相印，可謂功名顯赫。從歷史的作用平心而論，他的「合縱」確實對推遲戰亂造成了積極的作用，使秦國自此之後，竟有十五年之久不敢越函谷關「雷池」一步。

脫死難范雎相秦

范雎是戰國時魏國人，早年家境貧寒，後出使齊國為魏中大夫須賈所誣，歷經磨難後輾轉入秦。西元前二六六年，范雎出任秦相，輔佐秦昭王。他上承孝公、商鞅變法圖強之志，下開秦皇、李斯統一帝業之先河，是秦國歷史上繼往開來的一代名相，也是中國古代在政治、外交等方面極有建樹的謀略家。李斯在《諫逐客書》中曾高度評價范雎對秦國的貢獻：「昭王得范雎，強公室，杜私門，蠶食諸侯，使秦成帝業。」

魏國人范雎隨從中大夫須賈出使齊國，齊襄王聽說他能言善辯，私下贈給他金子和酒食。須賈以為范雎把國家大事偷偷告訴了齊國，回國後便向魏國宰相魏齊告發。魏齊震怒，下令鞭打范雎，打得他肋骨折斷，牙齒脫落。范雎只好裝死，被捲進竹蓆，抛入廁所。范雎被扔進廁所後，趁四下無人，悄悄對看守說：「你若有辦法讓我出去，我必有重謝。」看守於是去請示把席中死人扔掉，魏齊喝醉了酒，說：「可以。」范雎於是得以脫身。事後魏齊後悔，又派人去搜尋范雎。魏國人鄭安平把范雎藏匿起來，讓他改名換姓，稱其張祿。

那時候，正好秦國有個使者到魏國去，范雎偷偷地去見使者。使者便把他帶到秦國。范雎到了秦國，給秦昭襄王上了道奏章，秦昭襄王在離宮接見他。到那天，范雎到離宮去，在宮內的半道上，碰見秦昭襄王坐著車子來了。范雎故意裝作不知道是秦王，也不躲避。秦王的侍從大聲吆喝：「大王來了。」范雎冷淡地說：「什麼?秦國還有大王嗎?」正在爭吵的時候，秦昭襄王到了，只聽見范雎還在那裡嘟囔：「只聽說秦國有太后、穰侯，哪裡有什麼大王?」這句話正說到秦王的心坎上。原來自昭王即位後，以宣太后為中心，形成了穰侯、華陽君、涇陽君和高陵君等宗親貴室勢力，他們專權專利，其私家富有甚至超過了王室，使昭王如芒刺在背，有苦難言。此次攻打齊國，也並非出自昭王之心，范雎抓住這個時機，基於對昭王內心世界的分析判斷，向昭王上書，直刺宗室專權，緊緊抓住了昭王的心病，同時又信誓旦旦地保證自己有治國的良策，這樣使秦王不得不召見他。范雎考慮到自己初涉秦廷，羽翼未豐，不敢言內，便先談外事，藉以觀察秦王的態度。他說：「夫穰侯越韓、魏而攻齊，非計也。少出師則不足以傷齊，多出師則傷秦。」為了加強說服力，范雎還舉出齊緡王遠征楚國，導致內部空虛，因而被韓、魏襲擊的史實。這裡，范雎提出了自己的看法：「王不如遠交而近攻，得寸則王之寸也，得尺亦王之尺也。」這就是歷史上著名的「遠交近攻」的策略思想，為秦逐個吞併六國最後統一中國奠定了基礎，對後世影響相當深遠，為中國政治、外交思想史增添了重要的一頁。

范雎的一系列功績使他日益得到昭王的寵信，在秦國的政治地位也大大提高。范雎認為，是該向內政沉積已久的弊病開刀的時候了，於是向秦昭王進言說：「我聽說善於治理國家的君主，就是對內鞏固自己的威信，對外重視自己的權力。穰侯派出的使者竊取大王的權威，對各國發號施令，在天下結盟立約，征伐敵國，沒有誰不聽從。我聽說『果實太多會壓折椏枝，折斷椏技會傷害樹心；屬國大了會危害宗主國，尊崇臣子會使君主卑微』。現在我聽說秦國太后和穰侯當權，高陵君、華陽君、涇陽君輔佐他們，終究會要取締秦王。我私下替大王害怕，百年之後，統治秦國的不是大王的子孫了。」昭王聽了果然十分恐懼，說道：「好。」於是廢黜了太后，將穰侯、高陵君、華陽君、涇陽君驅逐回他們的領地，任命范雎為國相，封以應城，號為應侯。

魏王受到秦國的威脅，十分驚慌。相國魏齊聽說秦國的丞相是魏國人，就打發須賈到秦國去求和。范雎利用此機，要魏王殺了魏齊，才允許魏國割地求和。須賈回國，把這番話告訴魏齊，魏齊只好逃奔趙國，藏在平原君趙勝家裡。秦王一心想要為應侯范雎報仇，聽說魏齊逃到了趙國平原君趙勝家，使巧言誘騙趙勝到秦國，扣留了他，並且派出使臣告訴趙王：「如果得不到魏齊的人頭，我絕不會讓趙勝出關。」魏齊走投無路，去找虞卿，虞卿捨棄了相印，與魏齊一起逃走。到了魏國，他們想借助信陵君魏無忌的力量，逃到楚國。信陵君感到為難，沒有立即與他們會面。魏齊悲憤自殺。趙王於是得到他的人頭並把它獻給秦王，秦王才下令放回平原君。

綜觀范雎，他能夠在自己九死一生的危急關頭清醒地判斷形勢，從而逃離魏國，這確實是不容易的。到了秦國之後，他又靠著自己的聰明睿智和伶俐的口才征服了想有一番作為的秦昭王，從而不僅使秦國從此走上了真正的軍事強國之路，而且找到了可以盡情發揮自己卓越才華的政治舞台，使自己名垂青史。

脫穎而出毛遂自薦

毛遂，戰國末年大梁人，身為趙公子平原君趙勝的門客，居平原君處三年未得展露才華。西元前二五七年，他自薦出使楚國，促成楚、趙合縱，聲威大振，並獲得了「三寸之舌，強於百萬之師」的美譽。

毛遂在平原君門下已經三年了，一直默默無聞，總得不到施展才華的機會。一次，碰上秦國大舉進攻趙國，秦軍將趙國都城邯鄲團團圍住，情況十分危急，趙王只好派平原君快速出使楚國，向楚國求救。

平原君到楚國去之前，召集他所有的門客，決定從這千餘名門客中挑選出二十名能文善武足智多謀的人隨同前往。他們挑來挑去最終只有十九人合乎條件，還差一人卻怎麼挑也覺得不滿意。這時，只見毛遂主動站了出來說：「我願隨平原君前往楚國，哪怕只是湊個數！」平原君一看，是平常不曾注意的毛遂，便不以為然，只是婉轉地說：「你到我門下已經三年了，卻從未聽到有人在我面前稱讚過你，可見你並無什麼過人之處。一個有才能的人在世上，就好像錐子裝在口袋裡，錐尖子很快就會穿破口袋鑽出來，人們很快就能發現他。而你一直未能出頭露面顯示你的本事，我怎麼能夠帶上沒有本事的人跟我去楚國行使如此重大的使命呢？」毛遂並不生氣，他心平氣和地據理力爭說：「您說的並不全對。我之所以沒有像錐子從口袋裡鑽出錐尖，是因為我從來就沒有像錐子一樣放進您的口袋裡呀。如果您早將我這把錐子放進口袋，我敢說，這不僅是錐尖子鑽出口袋的問題，我會連整個錐子像麥穗子一樣全部露出來。」平原君覺得毛遂說得很有道理且氣度不凡，便答應毛遂作為自己的隨從，連夜趕往楚國。

到了楚國，已是早晨。平原君立即拜見楚王，跟他商討出兵救趙的事情。可是這次商談很不順利，從早上一直談到了中午，還沒有一點進展。面對這種情況，隨同前往的二十個人中的十九個只知道乾著急，在台下直跺腳、搖頭、埋怨。唯有毛遂，眼看時間不等人，機會不可錯過，只見他一手提劍，大踏步跨到台上，走到楚王面前。面對盛氣凌人的楚王，毛遂毫不膽怯。他兩眼逼視著楚王，慷慨陳詞，申明大義，他從趙楚兩國的關係談到這次救援趙國的意義，對楚王曉之以理動之以情。他的凜然正氣使楚王驚嘆佩服；他對兩國利害關係的分析深深打動了楚王。透過毛遂的勸說，楚王終於答應出兵援趙，當天下午便與平原君締結盟約。很快，楚王派軍隊支援趙國，趙國於是解圍。事後，平原君深感愧疚地說：「毛遂原來真是了不起的人啊！他的三寸不爛之舌，真抵得過百萬大軍呀！可是以前我竟沒發現他。若不是毛先生挺身而出，我可要埋沒一個人才呢！」

毛遂自薦的故事告訴我們，不要總是等著別人去推薦，只要有才幹，不妨自己主動站出來，做出自己應有的貢獻。毛遂自薦一方面說明人才鑑別有一定的難度，難免失誤；一方面說明習慣勢力、傳統觀念往往使一些「大人物」看不起「小人物」，看不起沒有名聲和地位的潛在人才。所以，對於那些毛遂自薦的「小人物」，我們應盡力幫助他們，有意地發現這些樸實的不知名的人才，當他們初露頭角時就要高度重視；不要等他們做出成績，人人都來誇獎時才予以注意。應該說，真正善於發現人才的人，是在人才未出名時，就能慧眼識才，哪怕他還未表現出來。

王侯將相寧有種乎

西元前二〇九年，陳勝、吳廣等九百餘人被征發去漁陽戍邊，途中在蘄縣大澤鄉遇大雨誤期，根據秦朝法律，戍卒誤期到達目的地的一律處死。情急之下，陳勝吳廣領導戍捽發動反秦起義，史稱「大澤鄉起義」。起義軍推舉陳勝為王，並在陳縣（今河南淮陽）建立張楚政權，各地紛紛響應。

西元前二〇九年七月，秦王朝徵召閭左貧民百姓前往漁陽屯戍守邊，九百餘人途中屯駐在大澤鄉，陳勝、吳廣均被指派為屯長。恰巧遇上天降大雨，道路不通，推測時間已無法按規定期限到達漁陽防地。而按秦法規定，延誤戍期，一律處斬。於是，陳勝、吳廣便趁著天下百姓生計愁苦和對秦的怨恨，殺掉押送他們的將尉，召集戍卒號令說：「你們都已經延誤了戍期，當被殺頭。即使不被斬首，因長久在外戍邊而死去的也要占到十之六七。何況壯士不死則已，要死就要死得轟轟烈烈！王侯將相難道是天生的嗎？」眾人全都響應。陳勝、吳廣便詐以已死的扶蘇和楚國的大將項燕為名，培土築壇，登到上面宣布誓約，號稱「大楚」。陳勝自立為將軍，吳廣為都尉。起義軍隨即攻陷大澤鄉，接著招收義兵擴軍，進攻蘄。奪取蘄後，又令符離人葛嬰率軍攻掠蘄以東地區，相繼攻打杮、譙等地，全都攻下了。義軍沿路招收人馬，等到抵達陳地時，已有戰車六七百輛，騎兵千餘，步兵數萬人。當攻打陳城時，郡守和郡尉都不在，只有留守的郡丞在譙樓下的城門中抵抗義軍，不能取勝，郡丞被打死。陳勝於是領兵入城，占據了陳地。

當初，大梁人張耳、陳餘結為同生死、共患難的朋友。秦國滅魏時，聽說兩個人是魏國的名士，便懸重賞徵求他們。張耳、陳餘於是改名換姓，一起逃到了陳地，充任裡門看守來餬口。管理裡巷的官吏曾經因陳餘出了小過失而鞭笞他，陳餘想要與那官吏抗爭，張耳踩他的腳，讓他接受鞭笞。待那小官離開後，張耳將陳餘拉到桑樹下，數落他說：「當初我是怎麼對你說的？現在遇上一點小的侮辱，就想跟一個小官吏拚命啊！」陳餘為此道了歉。及至陳勝率義軍已進入陳地，張耳、陳餘便前往陳勝的駐地通名求見。陳勝一向聽說他們很賢能，故而非常高興。恰逢陳地中有聲望的地方人士和鄉官請求立陳勝為楚王，陳勝就拿這件事來詢問張耳、陳餘的意見。二人回答說：「秦王朝暴亂無道，兼滅他國，殘害百姓。而今您冒萬死的危險起兵反抗的目的，就是要為天下百姓除害啊！現在您才到達陳地即要稱王，是向天下人顯露您的私心。因此希望您不要稱王，而是火速率軍向西，派人去扶立六國國君的後裔，替自己培植黨羽，以此為秦王朝增樹敵人。秦的敵人多了，兵力就勢必分散，大楚聯合的國家多了，兵力就必然強大。這樣一來，在野外軍隊不必交鋒，遇到縣城沒有兵為秦守城。剷除殘暴的秦政權，占據咸陽，以號令各諸侯國。滅亡的諸侯國得到復興，您施德政使它們服從，您的帝王大業就完成了！如今只在一個陳縣就稱王，恐怕會使天下人鬥志鬆懈了。」陳勝沒有聽從這一意見，仍自立為楚王，號稱「張楚」。

陳勝吳廣領導的起義堅持了六個月，終告失敗。但它沉重地打擊了秦王朝的腐朽統治，為推翻秦朝奠定了基礎。其後，各地農民起義軍繼續堅持反秦鬥爭，終於推翻了秦朝。陳勝吳廣起義所表現出的革命首創精神和英雄氣概，鼓舞了後世千千萬萬農民反抗封建統治的鬥爭。

懷大志劉邦、項羽起義

劉邦和項羽從小就有大志向，劉邦見了秦始皇的浩蕩車駕，不由自主地說出：「嗟乎，大丈夫當如是也！」秦始皇巡遊到會稽，項羽見了卻毫無畏懼地說：「彼可取而代也。」

劉邦，字季，對人友愛寬厚，喜歡施捨財物於人，心胸開闊，素來有遠大的志向，不安於從事平民百姓的日常耕作。起初，劉邦擔任泗水亭長，單父縣人呂公，喜愛給人相面，看見劉邦的身形容貌，認為很不尋常，便將女兒嫁給了他。不久，劉邦以亭長身分遣送被罰服營建勞作的伕役到驪山去，途中許多伕役逃亡。劉邦據此推測待到驪山時人都已經跑光了，於是行至豐鄉西面的澤中亭後，停下來休息飲酒，到了晚上即釋放所送的伕役們說：「你們都走吧，我也就此逃命去了！」伕役中年輕力壯的漢子願意跟隨他的有十餘人。劉邦隨後逃亡，隱藏在芒、碭的山澤中。沛縣的年輕人聞訊後，大都想要去歸附他。

及至陳勝起兵，沛縣縣令打算舉城響應，主吏蕭何、獄掾曹參說：「您身為秦朝官吏，現在想要背叛朝廷，以此率領沛縣的青年，恐怕他們不會聽從您的號令。望您把那些逃亡在外的人召集起來，可得數百人，借此威脅大眾，眾人便不敢不服從了。」縣令於是命樊噲去召劉邦來見，這時劉邦的部眾已有百十來人了。縣令事後很懊悔，擔心召劉邦等人來會發生變故，就下令關閉城門，防守城池，並要誅殺蕭何、曹參。蕭、曹二人大為驚恐，逃出城去投奔劉邦以求自保。劉邦便在綢絹上草就一書，用箭射到城上，送給沛縣的父老，陳說利害關係。父老們便率領年輕一輩一起殺掉了縣令，敞開城門迎接劉邦，擁立他為「沛公」。蕭何、曹參為劉邦召集沛縣青年，得三千人，以此響應諸侯反秦。

項梁是故楚國大將項燕之子，因曾經殺過人，與他哥哥的兒子項羽逃到吳中躲避仇家。吳中有聲望的士人才都在項梁之下，不及他。項羽少年時學習識字和寫字，未學成即拋開了，去習練劍法擊刺之術，又未學成。項梁為此非常生氣，項羽說：「識字寫字，記名姓就行了！學劍也不過只能抵擋一人，不值得去學。要學就要學可以抵抗萬人的本事！」項梁因此便教授項羽兵法，項羽喜不自勝，但是在略知兵法大意之後，又不肯學下去。

項羽身長八尺多，力能獨自舉鼎，才幹、器度超過了一般人。會稽郡郡守殷通聽到陳勝起兵抗秦的消息後，想要發兵響應陳勝，便令項梁和桓楚指揮所發動的兵馬。這時，桓楚正在逃亡之中。項梁說：「桓楚在逃亡中，沒有人知道他在什麼地方，只有項羽知道他的行蹤。」項梁就囑咐項羽持劍候在外面，自己又進去與郡守同坐，說：「請您召見項羽，讓他接受命令去召回桓楚。」殷通說：「好吧。」項梁喚項羽入內受命。不一會兒，項梁向項羽使了個動手的眼色，項羽隨即拔劍斬下了殷通的頭。項梁手提郡守的頭顱，佩帶上郡守的官印。郡守的侍從護衛們見狀驚慌失措，混亂不堪，被項羽所擊殺的有百十來人，一府之人都嚇得趴在地上，沒有一個敢起身的。項梁隨後便召集他從前熟悉的有勢力的強幹官吏，把所以要起事反秦的道理告訴他們，然後立即徵集吳中的兵員，命人收取郡下所屬各縣丁壯，得精兵八千人。項梁自己做了會稽郡郡守，以項羽為副將，鎮撫郡屬各縣。項羽此時年方二十四歲。

社稷之臣汲黯

汲黯，字長孺，西漢濮陽人。武帝時，任東海太守，繼為主爵都尉，他為政只抓大事，喜愛清靜無為，好黃老之術，常直言勸諫，曾指責漢武帝為「內多欲而外施仁義」。

汲黯擔任謁者時，因他為人威嚴而被大家敬畏。東越部族相互攻擊，武帝派汲黯前去巡視，他沒有到達東越，僅走到吳地就回來了。他向武帝報告說：「越人自相攻擊，本來他們的習俗就是如此，不值得為此折辱天子的使臣。」河內郡失火，火勢蔓延燒毀了一千多家民房，武帝派汲黯前去視察，汲黯返回之後，報告說：「平民百姓不慎失火，因為房屋毗連而蔓延燃燒起來，不值得陛下憂慮。我經過河南郡時，見河南郡的貧民遭受洪水乾旱災害的有一萬多家，有的甚至於到了父子相食的悲慘境地，我謹借出使的機會，用陛下的符節，命令發放河南官倉積糧以救濟貧民。我請求歸還符節，甘願領受假托天子命令的懲罰。」武帝很賞識他，就赦免了他的罪。他在東海郡時，整肅官吏，治理百姓，喜好清靜無為，謹慎地選擇郡丞和各曹掾史，然後放手任用，他只關注大事，不苛求細枝末節。汲黯身體多病，躺在內室中不出門，過了一年多，東海郡治理得很好，百姓交口稱讚汲黯。武帝聽到了，召汲黯入朝，擔任主爵都尉，地位與九卿相同。他處理政務，從大的方向引導，不拘泥法令條文。

汲黯為人性情倨傲，缺少禮數，當面使人難堪，不能容忍別人的過失。當時武帝正招攬文學之士和儒家學者，武帝說：「我想要以仁義治國。」汲黯應聲回答說：「陛下心中藏著許多慾望，而表面上卻做出施行仁義的樣子，怎麼可能效法湯堯禹舜那樣的治績呢！」武帝沉默不語，接著勃然大怒，臉色很難看地宣布結束朝會，公卿大臣都替汲黯擔憂。武帝退朝回到內宮，對左右侍從說：「汲黯的愚笨剛直也太過分了！」群臣中有人批評汲黯，汲黯說：「天子設立公卿等輔佐大臣，難道是讓他們阿諛奉承，使君主陷入不仁不義的境地嗎？況且，我既然已經處在公卿的位置上，如果只想顧全自身性命，那就會使朝廷蒙受恥辱，那怎麼得了！」汲黯身體多病，病假將要接近三個月的限期了，武帝多次特許延長他休病假的時間，還是沒有痊癒。最後病重時，莊助替他告假。武帝說：「汲黯這個人怎麼樣呢？」莊助說：「讓汲黯任職當官，沒有什麼超越常人的才能；但要說到讓他輔佐年幼的君主，會堅定不移地維護祖先基業，有人以利祿引誘他，他不會前去投靠，君主嚴辭苛責地驅趕他，他也不會離去，即使有人認為像孟賁、夏育那樣勇猛無敵，也無法改變他的耿耿忠心！」武帝說：「說得對。古時有所謂的社稷之臣，說到汲黯，就很接近了！」

當時，將軍衛青由於破匈奴有功得到尊崇寵信，沒有哪位朝廷大臣能與他相比。三公、九卿及以下官員都對衛青卑身奉承，只有汲黯用平等的禮節對待衛青。有人勸汲黯說：「皇上想讓群臣全都居於大將軍之下，大將軍地位顯赫，您應當下拜。」汲黯說：「以大將軍的身分而有長揖不拜的平輩客人，大將軍難道就不尊貴了嗎？」衛青得知，越發覺得汲黯賢能，多次向汲黯請教國家大事，因此他比平時更受尊重。衛青雖然地位尊貴，但有時入宮，漢武帝就坐在床邊接見他；丞相公孫弘在漢武帝空閒時晉見，漢武帝有時不戴帽子；而汲黯晉見時，漢武帝沒戴上帽子就不接見。有一次，漢武帝正坐在陳列兵器的帳中，汲黯前來奏事，漢武帝沒戴帽子，遠遠看見汲黯，急忙躲入後帳，派人傳話，批准汲黯所奏之事。汲黯受到的尊重和禮敬由此可見一斑。

哀帝斷袖寵董賢

董賢是西漢御史董恭之子，是一個美男子。董賢初任太子舍人，漢哀帝即位後改任他職。兩年後，哀帝有一天在宮中望見董賢，被他的儀貌吸引，拜他為黃門郎，由是「寵愛日甚」。不久又擢升附馬都尉，成為哀帝近臣。哀帝因外戚爭權，政局動盪，又身患痼疾而經常恐懼不安，得董賢朝夕侍奉陪伴，感其親近可以信賴，由是寵幸備加，甚至想把皇位讓給董賢。哀帝為了樹立董賢在文武群臣中的威望，提攜董賢，可以稱得上煞費心機，極盡上提下推之能事。

駙馬都尉、侍中、雲陽人董賢很得哀帝的寵愛，出則陪同乘車，入則隨侍左右，賞賜累積無數，他的顯貴震動了朝廷。董賢常與哀帝睡在一張床上，有一次睡午覺，董賢斜身壓住了哀帝的袖子，哀帝想起床，但董賢還沒睡醒，哀帝不願驚動他，於是就把袖子割斷了再起床。哀帝又詔命董賢的妻子可以向門使通報姓名記錄在案後進入皇宮，住在董賢在宮中的住所。又召董賢的妹妹入宮，封為昭儀，地位僅次於皇后。

昭儀與董賢夫妻日夜侍奉哀帝，一同跟隨左右。哀帝還任命董賢的父親董恭為少府，賜爵關內侯。哀帝又下詔，為董賢在北宮門外建築宏大的宅邸，裡面有前後大殿，殿門寬闊，工程浩大，豪華精巧絕倫。又賜給他武器庫裡宮中專用的兵器和皇宮的珍寶，宮中珍寶物品上等的，全都被挑選送進了董賢的家裡，而皇帝所用的不過是次一等的。甚至連皇家喪葬用的棺木、珍珠連綴製成的壽衣、玉璧製成的壽褲，都預先賜給了董賢，無不齊備。又下令在哀帝的陵墓義陵旁為董賢建築墓園，內修別室，還用堅實的柏木，大頭朝內排疊在棺外。墓園外修築巡察道路，圍牆有數里之長。

西元前二年十二月，哀帝任命侍中、駙馬都尉董賢為大司馬、衛將軍。任命策書上說：「封立你為三公，作為漢朝的輔佐。我一向知道你的忠誠，能匡正眾事，忠誠地堅持中庸之道。」當時董賢二十二歲，雖列為三公，但常在宮中服侍，主管尚書事務，百官必須透過董賢才可奏事。哀帝又因為董賢的父親衛尉董恭不宜居卿位，就把他調升為光祿大夫，俸祿為二千石。董賢的弟弟董寬信，接替董賢為附馬都尉。董氏親屬都成為侍中、諸曹，可定期朝見皇帝。

當初，丞相孔光為御史大夫時，董賢的父親董恭為御史，要侍奉孔光。等到董賢當上大司馬，與孔光同為三公，哀帝故意讓董賢私下去孔光家拜訪。孔光素來恭謹小心，知道皇上要尊寵董賢。一聽說董賢要到了，孔光布置警戒，穿上官服、戴上官帽，出大門等候。望見董賢的車隊，才退入大門。董賢到達中門，孔光進入客廳，等董賢下車後，孔光才出來，拜見、迎送之禮非常恭敬謹慎，不敢用接待同等地位賓客的禮節來接待董賢。哀帝聽說後，非常高興，立即授孔光的兩個姪子為諫大夫、常侍。從此，董賢的權勢與皇帝相等了。

西元前一年六月二十六日，哀帝在未央宮逝世。太皇太后得到哀帝駕崩的消息，當天就親臨未央宮，收取皇帝的玉璽、綬帶，派使者騎馬速召新都侯王莽，並下詔給尚書：所有徵集軍隊的符節、百官奏事、中黃門和期門武士等，全由王莽掌管。王莽遵照皇太后旨令，命尚書彈劾董賢，說他在哀帝病重時不親自侍奉醫藥，因此禁止董賢入宮。二十七日，王莽派使者持太后詔書革除了董賢的官職，說：「董賢年輕，未經歷過事理，當大司馬不合民意。立即收回大司馬印信、綬帶，革官回府。」當天，董賢與妻子都自盡了。其家人惶恐萬分，趁夜將他偷偷埋葬。王莽懷疑他詐死，於是主管官員奏請發掘董賢棺柩，把棺柩抬到監獄驗屍，隨後就將他埋葬在獄中。

春秋時代的衛懿公曾經因為愛鶴而亡國，愛鶴愛到眾叛親離的地步，堪稱「玩物喪國」。漢哀帝獨愛董賢，雖未到亡國的地步，卻引來「千人所指，無病而終」，下場亦十分悲慘。寵於一人一事容易導致一葉障目，只見樹木，不見森林，這是最大的弊端。從統治者的角度看，手下文臣武將只要有真才實幹，越多越好，靠一個人很難支撐起天下。人們常說，人心齊，泰山移，這是再簡單不過的道理。

苦苛稅綠林赤眉起義

王莽改制後，法令煩苛，徭役繁重，加上天災相困，民不得耕桑，階級矛盾非常尖銳。西元一七年，荊州一帶發生饑荒，饑民數百人共推新市（今湖北京山）人王匡、王鳳為領袖，發動起義。起義軍以綠林山（今湖北大洪山）為根據地，稱「綠林軍」。次年，琅邪（今山東諸城）人樊崇率領一百多人在莒縣（今山東莒縣）起義，不久轉入泰山。起義軍用赤色染眉，以與敵軍區別，因而稱之為「赤眉軍」。

西元一七年，王莽設置義和命士，督促實行管理財政的五均、六管制度。每郡有幾個名額，都由富豪、臣商擔任。這些官員乘坐驛車，謀求私利，往來全國，乘機與郡縣官吏勾結，設立假帳，國庫未能充實，而百姓更加窮苦。王莽每一項管理制度下達，總要為它設置條規禁令，違犯的人罪重的甚至處死，奸猾之徒與貪官汙吏同時侵害百姓，百姓不得安寧。此外，上公及以下有奴婢的人一律交稅金，每一奴婢要繳納三千六百錢，天下越愁苦。新朝的法令，瑣碎苛刻，百姓動輒觸犯，農民沒有時間耕田種桑，徭役繁重，而旱災、蝗蟲災接連發生，訴訟和監獄中在押的囚犯長久不能結案。官吏用殘暴的手段建立威嚴，利用王莽的禁令侵占百姓財產，富人不能保護自己的財產，窮人不能活命。於是，無論貧富都當起強盜，他們依靠高山大澤的險阻，官吏無法制服，只好矇蔽上級，以致盜賊越來越多。

西元一七年，南方荊州鬧饑荒，百姓不得不到沼澤地區挖野荸薺充饑。人多野荸薺少，引起了爭奪。新市有兩個有名望的人，一個叫王匡，一個叫王鳳，出來給農民調解，受到農民的擁護。大家就公推他們當首領。王匡、王鳳就把這批饑民組織起來起義，一下子就聚集了好幾百人，還有一些逃亡的犯人也來投奔他們。他們占領了綠林山作為根據地，攻占附近的鄉村。不到幾個月工夫，這支起義軍就發展到七八千人。王莽派了兩萬官兵去圍剿綠林軍，被綠林軍打得大敗而逃。綠林軍趁勢攻下了幾座縣城，打開監獄，放出囚犯；把官家糧倉裡的糧食，一部分分給當地窮人，剩餘的搬到綠林山。投奔綠林山的窮人越來越多，起義軍增加到五萬多人。第二年，綠林山上不幸發生了疫病，五萬人差不多死了一半。剩下的一半只好離開綠林山，後來分作三路人馬，即新市兵、平林（今湖北隨縣東北）兵和下江（長江在湖北西部以下的部分）兵，這三路人馬各自占領一塊地盤，隊伍又強大起來了。

當南方的綠林軍在荊州一帶打擊官兵的時候，東方的起義軍也壯大起來。琅琊海曲（今山東日照縣）有個姓呂的老大娘，兒子是縣裡的一個公差，因為不肯依縣官的命令毒打沒錢付稅的窮人，被縣令殺害了。由此激起了公憤，有上百個窮苦農民起來替呂母的兒子報仇，殺了縣令，跟著呂母逃到黃海，一有機會就上岸攻打官兵。這時候，另一個起義領袖樊崇帶領幾百個人占領了泰山。呂母死後，她手下的人投奔樊崇起義軍。不到一年工夫，就發展到一萬多人，在青州和徐州之間來往打擊官府、地主。樊崇的起義軍紀律嚴明，規定誰殺死老百姓就要被處死，誰傷害老百姓就要受罰，所以百姓很擁護他們。西元二二年，王莽派太師王匡（非綠林軍中的王匡）和將軍廉丹率領十萬大軍去鎮壓樊崇起義軍。樊崇做好準備，與官兵大戰。為了避免起義兵士跟王莽的兵士混雜，樊崇命他的部下在眉毛上塗上紅顏色，作為識別的記號。這樣，樊崇的起義軍又稱「赤眉軍」。兩軍交戰，結果，官兵打了敗仗，逃散了一大半。太師王匡的大腿被樊崇紮了一槍，逃了回去；將軍廉丹在亂軍之中被殺。赤眉軍不斷壯大，不久就發展到十多萬人。

赤眉綠林起義推翻了新莽政權，給地主階級以沉重的打擊，使得西漢後期嚴重的社會危機得到暫時的緩解。但是，在新的封建統治者布下的陷阱裡，這一轟轟烈烈的農民大起義最終失敗了。光武帝劉秀經過十年時間，先後剷平了地主割據勢力，重建了統一的東漢王朝。

馬援擇君

馬援是東漢著名的軍事家，因功累官至伏波將軍，封新息侯。早年他曾經投奔隗囂，隗囂很器重他，事無鉅細都和他商量。那時天下大亂，群雄並起，劉秀在洛陽稱帝，公孫述在四川稱帝。隗囂派馬援前去試探，去看看這兩位皇帝到底怎麼樣。

西元二三年，一度割據天水的軍閥隗囂回到天水，又召集部眾，重整舊時功業，自稱西州上將軍。逃避戰亂的三輔士大夫大都歸附隗囂，隗囂熱誠接待，像平民似地相互結交。他任命平陵人范逡為師友，前涼州刺史河內人鄭興為祭酒，茂陵人申屠剛、杜林為治書，馬援為綏德將軍。一時威名震動西方州郡，聞名於崤山以東。

馬援年輕時，由於家庭貧困，辭別哥哥馬況，到北地種田放牧。他常對人說：「大丈夫立志，窮困的時候應該更堅定，年老的時候應當更雄壯。」後來，他擁有數千頭牲畜，數萬斛糧食。不久，他又感嘆說：

「增加財富，可貴之處在於能夠賑濟施捨，否則，不過是守財奴罷了！」於是，他把全部家產分送給親友故舊。馬援得知隗囂禮賢下士，就去投奔他。隗囂十分敬重馬援，和他一起籌劃決策。

西元二八年，隗囂派馬援前往成都觀察公孫述的情況。馬援和公孫述是同鄉，關係很好，他以為到達之後，公孫述一定會像平時那樣和他握手言歡。但公孫述卻命許多衛士排列在殿階下，戒備森嚴，然後請馬援進入。行過交拜禮節之後，公孫述讓馬援到賓館休息。公孫述在宗廟中召集百官，用繡著鸞鳥的旗幟、披頭散髮的騎士作前導，開路清道，實行警戒，禮儀祭品及百官的陣容十分盛大。公孫述準備封馬援侯爵，任命大將軍。馬援帶領的賓客們都樂意留下來。馬援向他們解釋說：「天下勝負未定，公孫述不懂得吐出口中的飯，奔走迎接有才幹的人，與他共同圖謀成敗的大事，他反而注重繁瑣的小節，就像一個木偶人，這種人怎麼能夠長久留住天下有志之士呢？」因此告辭返回，對隗囂說：「公孫述不過是井底之蛙罷了，卻妄自尊大！我們不如一心與東方的劉秀往來。」

後來，隗囂又派馬援帶著給劉秀的信到洛陽去。馬援初到，等了很久，中黃門引進。劉秀在宣德殿南面的廊屋裡，只戴著頭巾，坐在那裡，笑迎馬援。劉秀對馬援說：「您在兩個皇帝之間遊歷，今天見到您，令人非常慚愧。」馬援叩頭辭謝，說：「當今的天下，不但君主選擇臣子，臣子也選擇君主。我和公孫述同是一縣之人，自幼關係很好。我前些時候到成都，公孫述讓武士持戟立在殿階下，然後才接見我。我今天遠道而來，您怎麼知道我不是刺客或奸惡的人，而這樣平易地接見我？」劉秀又笑著說：「您不是刺客，不過是說客罷了。」馬援說：「天下大局，反覆未定，盜用帝王稱號的人不計其數。今天我看見您恢宏大度，和高祖一樣，才知道您才是真正的天子啊！」劉秀派人持符節送馬援回到隴西。

回去以後，隗囂向馬援詢問東方的情況。馬援說：「先前到朝廷，劉秀接見我有數十次。每次接見，都在一起閒談，從晚上一直到天亮。他的聰明才智，勇氣謀略，不是他人所能匹敵的。並且他心胸開闊，坦率真誠，無所隱藏，豁達而注重大節，和漢高祖很相像。他還博讀經書，政事處理得條理清楚，前世的帝王沒人能夠和他相比。」隗囂說：「你認為他和漢高祖相比，怎樣？」馬援說：「不如。高祖沒有什麼可以不可以，而當今皇上喜好處理政務，行動符合規矩，又不喜歡喝酒。」隗囂感到不高興，說：「要像你說的那樣，皇上反而比高祖更高明了！」

馬援是一位傳奇式的人物，也是當之無愧的智者。當時最有勢力的三股力量中，割據隴西的隗囂是他的同鄉，對他無比信任，言聽計從，而占據蜀中的公孫述則是他的同學，待他也是殷勤無比，許以封侯。可他偏偏投向了素不相識的劉秀。馬援曾說：「當今之時，並不只是君選擇臣，而臣也要選擇君。」從中我們可以看到，真正有才華的人信奉的是「良禽擇木而棲，良臣擇主而侍」。

黃巾起義

東漢末年，漢王朝外戚、宦官爭權，買賣官爵，朝政日漸腐敗，東漢與西羌的戰爭歷時數十年耗資無數。加上地方豪強大量兼併土地，致使民不聊生，多次爆發小規模的起義，但均遭到東漢王朝的無情鎮壓。在這樣的背景下，張角發動了黃巾起義。

鉅鹿人張角信奉黃帝、老子，以法術和咒語等傳授門徒，號稱「太平道」。他用唸過咒語的符水治病，先讓病人下跪，說出自己所犯的錯誤，然後喝下符水，有些病人竟然就此痊癒，於是，人們將他奉若神明。張角派他的弟子遊走四方，不斷誑騙引誘，十餘年的時間，信徒多達數十萬，青州、徐州、幽州、冀州、荊州、揚州、兗州和豫州等八州之人，無不響應。有的信徒賣掉自己的家產，前往投奔張角，他們塞滿道路，尚未到達而死在途中的也數以萬計。郡、縣的官員不了解張角的真實意圖，反而認為張角教民向善，因而為百姓所擁戴。

太尉楊賜當時正擔任司徒，他上書說：「張角欺騙百姓，雖受到免除罪責的赦令，仍不思悔改，反而逐漸蔓延擴張。現在，如果命州、郡進行鎮壓，恐怕會加重局勢的混亂，促使其提前叛亂。應該命令刺史、郡守清查流民，將他們分別護送回本郡，以削弱張角黨徒的力量，然後再誅殺那些首領。這樣，不必勞師動眾，就可以平息事態。」恰在此時，楊賜去職，他的奏章遂留在皇宮，未能實行。馬徒掾劉陶再次上書，重提楊賜的這項建議。靈帝對這件事很不在意，反而下詔讓劉陶整理《春秋條例》。

張角設置三十六個方，方猶如將軍，大方統率一萬餘人，小方統率六七千人，各立首領。他宣稱：「蒼天已死，黃天當立，歲在甲子，天下大吉。」並用白土在京城洛陽各官署及各州、郡官府的大門上都寫上「甲子」二字。他們計畫，由大方馬元義等先集結荊州、揚州的黨徒數萬人，按期會合，在鄴城起事。馬元義多次前往京城洛陽，以中常侍徐奉等人為內應，約定於次年三月五日在京城內外同時起義。

西元一八四年春，張角的弟子濟南人唐周上書告密。於是，朝廷逮捕了馬元義，在洛陽用車裂的酷刑將他處死。靈帝下詔，命令三公和司隸校尉調查皇宮及朝廷官員、禁軍將士和普通百姓中信奉張角的「太平教」者，處死了一千餘人。同時還下令冀州的官員捉拿張角等人。張角等得知計畫已經泄露，便派人晝夜兼程趕往各地，通知各方首領，一時間各方全都起兵，他們個個頭戴黃巾作為標誌，因此當時人稱他們為「黃巾賊」。二月，張角自稱天公將軍，其弟張寶稱地公將軍，張梁稱人公將軍。他們焚燒當地官府，劫掠城鎮。州郡官員無力抵抗，大多棄職逃跑。不到一個月的時間，天下紛紛響應，京城洛陽為之震動。安平國和甘陵國的百姓分別生擒了安平王和甘陵王，響應黃巾軍。

靈帝召集群臣商議對策。北地郡太守皇甫嵩認為，應該解除禁止黨人作官的禁令，並拿出皇帝私人所有的中藏府錢財以及西園驥廄中的良馬，賞賜給出征的將士。靈帝詢問中常侍呂強的意見，呂強說：「對黨人的禁令時間已經很長了，人心怨恨憤怒，若不予以赦免，他們將輕舉妄動，與張角聯合起來，叛亂之勢便會更趨擴大，到那時，後悔就來不及了。現在，請先將陛下左右貪贓枉法的官員處死，大赦所有的黨人，並考察各地刺史、郡守的能力。如果這樣做，叛亂就會平息了。」靈帝對黃巾軍的勢力感到害怕，接受了呂強的建議。大赦天下黨人，已經被流放到邊疆地區的黨人及其家屬都可以重返故鄉，唯有張角不在赦免範圍之內。與此同時，靈帝徵調全國各地的精兵，派遣北中郎將盧植征討張角，左中郎將皇甫嵩、右中郎將朱儁征討在潁川地區活動的黃巾軍。

黃巾起義給了腐朽的東漢王朝沉重的一擊，東漢朝廷雖然成功的鎮壓了起義，但力量被嚴重削弱。為了鎮壓義軍，朝廷不得不給予地方守牧更多的軍事權力，為以後東漢的衰落及軍閥割據戰爭的出現創造了條件，促使了東漢末年軍閥勢力的壯大，可以說在一定程度上導致了三國亂世的出現，開啟了亂世之門。

曹操挾天子以令諸侯

曹操事業之成功，其酷虐、機變的個性及表現，在掃蕩政敵、誅除異已、樹威秉勢、以猛藥治亂世上，固然發揮了特殊的作用。然而，單憑樹威秉勢還不足以成大業，還需具有審時度勢、多謀善斷、知人善任、施恩盡能的特殊才能、智謀和魄力才行。在這方面，曹操顯露了政治家、軍事家非凡的雄才大略。

西元一九六年，漢獻帝逃出長安後，在韓暹、楊奉等人的護送下，回到東都洛陽。當時曹操在許縣，計畫迎接獻帝。部眾都認為：「崤山以東尚未平定，而且韓暹、楊奉等人自認為護駕有功，驕橫凶暴，不能迅速制服。」荀彧說：「以前，晉文公重耳迎納周襄王，各國一致推舉他為霸主；漢高祖為義帝發喪，身穿孝服，使得天下百姓誠心歸附。自從天子流離在外，將軍首先倡導興起義軍，只因崤山以東局勢混亂，來不及遠行迎駕。如今獻帝返回舊京，但洛陽荒廢，忠義之士希望能保全根本，黎民百姓也懷念舊的王室，為之悲傷。借此時機，奉迎天子以順從民心，是最合乎時勢的行為；用大公無私的態度使天下人心悅誠服，是最正確的策略；堅守君臣大義，輔佐朝廷，召攬天下英才，是最大的德行。這樣，儘管四方還有不遵從朝廷的叛逆，但他們能有什麼作為？韓暹、楊奉之輩，又有什麼值得顧慮！如果不及時決定，使別的豪傑生出奉迎的念頭，以後儘管再去努力，也來不及了。」於是，曹操派遣揚武中郎將曹洪率兵向西，到洛陽迎接獻帝。董承等據守險要阻攔，曹洪不能前進。

議郎董昭認為楊奉的兵馬最強，但缺少外援，就用曹操的名義給楊奉寫信說：「我與將軍相互傾慕，只聽到名聲，便已推心置腹。如今，將軍在艱難之中救出天子，護送他回到舊都洛陽，衛護輔佐的功勛，蓋世無雙，是何等的偉業！現在，各地不法之徒擾亂中原，天下不寧，君主的平安至關重要。所有的賢明之士必須一起努力，才能肅清君王道路上的障礙，這絕不是一個人的力量所能辦得到的。將軍應當在朝廷主持事務，我則作為外援，如今我有糧草，將軍有兵馬，互通有無，足以相輔相成，我們生死與共，禍福同當。」楊奉接到信後十分高興，對其他將領說：「兗州的軍隊，近在許縣，有兵有糧，朝廷正可以倚靠他們。」於是，諸將聯名上表推薦曹操擔任鎮東將軍，並承襲他父親曹嵩的爵位費亭侯。

韓暹倚仗護駕有功，專橫霸道，董承對他十分厭恨，就私下派人召請曹操。於是，曹操親率大軍到達洛陽，向獻帝奏報韓暹、張楊的不法行為。韓暹害怕被殺，單人匹馬投奔楊奉。獻帝認為韓暹、張楊護駕有功，下詔一切不予追究。西元一九六年八月十八日，獻帝命曹操兼任司隸校尉，主持尚書事務。

曹操請董昭與自己並坐在一起，問他：「現在我已到洛陽，應當採取什麼策略？」董昭說：「將軍興起義兵，討伐暴亂，入京朝見天子，輔佐王室，這是春秋時期五霸的功業。現在洛陽的各位將領，各有打算，未必聽從將軍的指揮。如今留在洛陽控制朝政，有許多不利因素，只有請天子移駕到許縣才好。」曹操說：「我本來的計畫就是這樣的。只是楊奉近在梁縣，聽說他兵強馬壯，不會阻撓我嗎？」董昭說：「楊奉缺少外援黨羽，所以他願與將軍結交。任命您為鎮東將軍、封費亭侯的事情，都是楊奉的建議，應該及時派遣使者帶去重禮表示感謝，使他安心。楊奉這個人有勇無謀，一定不會疑心。」曹操說：「很好！」立即派使者去拜見楊奉。二十七日，獻帝車駕向東行進，遷都於許縣，改稱許縣為許都，任命曹操為大將軍，封武平侯。

曹操「挾天子以令諸侯」，在當時引起強烈的社會迴響，尤其是袁紹得知漢獻帝被曹操奉迎到許都，後悔不迭，於是窮思竭慮，又想出了補救辦法：以他盟主身分，藉口「許下埤濕，洛陽殘破，宜徙都鄄城」，令曹操把漢獻帝遷到鄄城以自密近，便於得機將其控制在自己手上。曹操當然不同意，他轉請獻帝發下一道詔書責備袁紹：「地廣兵多，而專自樹黨，不聞勤王之師，但擅相討伐。」這正是曹操「奉天子以令天下」策略的妙用。從此以後，曹操掌握了天下大權，在群雄中脫穎而出。

李特率流民起義

當初曹操攻克漢中時，李氏率領五百多戶人家歸附，被封為將軍。李氏的孫子李特、李流等人，都有才能通武藝，擅長騎射，性格豪爽，為人仗義，同州有很多人歸附於他們。李特到了劍閣，嘆息說：「劉禪擁有這樣的地方，居然要投降他人，真是個庸才啊！」聽到的人都覺得他不同尋常。西元三〇一年，天水等六郡饑民起義，推李特為首領，率眾兩萬餘人，與晉軍作戰，先後南攻廣漢、成都。西元三〇三年，攻取成都少城建國，年號建初。

西晉的腐朽統治和混戰，給百姓帶來無窮無盡的災難，加上接連不斷的天災，許多地方的農民沒有糧吃，被迫離開自己的故鄉，成群結隊到別的地方逃荒。這種逃荒的農民叫做「流民」。

西元二九八年，關中地區鬧了一場大饑荒，略陽（今甘肅天水東北）、天水等六郡十幾萬流民逃荒到蜀地。有一個氐族人李特和他兄弟李庠、李流，也跟著流民一起逃荒。一路上，李特兄弟常常盡自己所能幫助其他流民，流民都很感激、敬重他們。

蜀地離中原地區較遠，百姓生活比較安定。流民進入蜀地後，就分散在各地，靠給富戶人家打長工過活。益州刺史羅尚，卻要把這批流民趕回關中去。他們還在要道上設立關卡，準備搶奪流民的財物。流民們聽到官府要逼他們離開蜀地，想到家鄉正在鬧饑荒，回去也沒法過日子，人人都憂愁叫苦。流民們向李特訴苦，李特幾次向官府請求放寬遣送流民的限期。流民聽到這個消息，感激李特，紛紛投奔他。李特在綿竹地方設了一個大營，收容流民。不到一個月，流民越聚越多，約有兩萬人。他的弟弟李流也設營收容了幾千流民。

李特收容流民之後，派使者閻彧去見羅尚，再次請求緩期遣送流民。閻彧來到羅尚的刺史府，看到那裡正在修築營寨，調動兵馬，知道他們不懷好意。他見了羅尚，說明了來意。羅尚對閻彧說：「我已經准許流民緩期遣送了，你回去告訴他們吧！」閻彧直爽地對他說：「羅公聽了別人的壞話，看樣子恐怕不會饒過他們。不過我倒要勸您，不要小看了老百姓。百姓看起來是軟弱的，您若逼得他們無路可走，眾怒難犯，只怕對您沒有好處。」羅尚假惺惺地說：「我不會騙你，你就這樣去說吧！」

閻彧回到綿竹，把羅尚那裡的情況一五一十告訴了李特，並且對李特說：「羅尚雖然這樣說，但是我們不能輕信他，要防備他偷襲。」李特也懷疑羅尚的話不可靠，立刻把流民組織起來，準備好武器，布置陣勢，準備抵抗晉兵的進攻。到了晚上，羅尚果然派部將帶了步兵、騎兵三萬人，偷襲綿竹大營。晉軍進入李特的營地，李特故意鎮靜自若躺在大營裡。晉將自以為得計，一聲號令，叫兵士猛攻李特大營。三萬晉軍剛進入營地，只聽得四面八方響起了一陣震耳的鑼鼓聲。大營裡預先埋伏好的流民，手拿長矛大刀，一起殺了出來。流民們英勇無比，以一抵十。晉軍沒有料到流民早有準備，心裡一慌，已經沒了鬥志，被流民殺得丟盔棄甲，四散逃竄。

流民殺散晉軍，知道晉朝統治者不會罷休，就請求李特替他們作主，領導他們抗擊官府。李特和六郡流民首領一商量，一致推舉李特為鎮北大將軍，李流為鎮東將軍，幾個流民首領都被推舉為將領。他們整頓兵馬，軍威大振。沒過幾天，就攻下了附近的廣漢，趕走了那裡的太守。李特進了廣漢，學漢高祖劉邦的樣子，宣布約法三章，打開了官府的糧倉，救濟當地的貧苦百姓。流民組成的軍隊在李特的領導下，紀律嚴明。蜀地的百姓平時受盡晉朝官府的壓迫，現在李特來了，生活倒安定起來，因此非常高興。民間編了一個歌謠說：「李特尚可，羅尚殺我。」

羅尚表面上派使者向李特求和，暗地裡勾結當地豪強勢力，圍攻李特。李特在奮勇抵抗之後，戰敗犧牲。他的兒子李雄繼續率領流民戰鬥。西元三〇四年，李雄自立為成都王。過了兩年，又自稱皇帝，國號大成。後來到李雄之姪李壽在位時，改國號為漢。所以歷史上又稱「成漢」。

祖逖北伐

東晉時的祖逖是一位仗義豪俠、憂國憂民的志士。魏晉時期，天下大亂。祖逖看到自己國家失去了北方大片領土，無數同胞處於侵略者的鐵蹄之下，非常痛心。他決心收復失地，重振國威。

范陽人祖逖，年輕時就立下大志。據《晉書．祖逖傳》記載：祖逖和劉琨一起擔任司州主薄，與劉琨共被同寢，半夜時聽到雞叫，就把劉琨叫醒，說：「多好的聲音啊！」於是起床舞劍。逢亂渡江以後，左丞相司馬睿讓祖逖擔任軍諮祭酒。祖逖住在京口，招募驍勇強壯的勇士。祖逖勸說司馬睿派軍光復中原，司馬睿一直沒有北伐的志向，聽了祖逖的話後，就任命祖逖為奮威將軍、豫州刺史，但只撥給他一千人的口糧，三千匹布，不供給兵器，讓祖逖自己想辦法募集。祖逖帶領自己的部屬共一百多戶人家渡過長江，到江心的時候，斬槳發誓，說：「我如果不能廓清中原，就不再渡江回來，就像大江一樣有去無回！」祖逖率兵渡過長江後駐紮在淮陰，建造熔爐冶煉兵器，又招募了兩千多人繼續前進。流民張平和樊雅在譙地各自聚集了幾千人，自任堡塢堡主。祖逖進攻他們，一年多也沒能攻克。祖逖於是誘降張平的部將謝浮，讓他殺掉張平，然後進軍占據太丘。樊雅還占據著譙城，抵抗祖逖。祖逖久攻不下，於是向南中郎將王含請求援兵。桓宣當時擔任王含的參軍，王含派桓宣勸降樊雅，樊雅歸降。祖逖進入譙城以後，石勒派遣石虎圍困譙城，王含又派桓宣求援，石虎撤圍而去。祖逖上表請求任命桓宣為譙國內史。

西元三二〇年，祖逖的部將韓潛和後趙的將軍桃豹分別割據陳川老城，桃豹占據西台，出入經由南門，韓潛占據東台，出入經由東門，雙方相持堅守達四十天。祖逖用布袋盛土，好像盛滿糧米的樣子，派一千多人輸運到台上。又讓一些人擔挑真米，在路邊休息。桃豹的士兵追來，祖逖的部下丟下擔子逃走。桃豹的士卒挨餓已有很長時間，得到糧米，便以為祖逖的部眾生活豐飽，心中更為恐懼。後趙將領劉夜堂用一千頭驢子為桃豹運來軍糧，祖逖派遣韓潛和別將馮鐵在汴水截擊，全數劫獲。桃豹因此連夜遁逃，駐屯於東燕城。祖逖讓韓潛進軍駐紮在封丘，威逼桃豹。馮鐵占據了陳川老城的東、西二台，祖逖則鎮守雍丘，經常派遣士兵截擊後趙軍隊，後趙國鎮戍的士卒歸降祖逖的很多，國土也日漸縮小。七月，元帝下詔授予祖逖鎮西將軍。

祖逖在軍中，與將士們同甘共苦，嚴於律己，寬以待人，鼓勵、督促農業生產，撫慰安置最近歸附的兵民，即使是關係疏遠、地位低賤的人也施恩禮遇去結交他們。黃河流域的許多堡塢，只要是此前有人質被扣留在後趙的，都聽任他們同時聽命後趙和東晉，並且不時派遣流動作戰的軍隊佯裝抄掠，以表明他們並未歸附自己。塢主們都感恩戴德，只要後趙有什麼特殊舉動，便祕密傳告祖逖，因此戰事常勝，俘獲良多。黃河以南士民大多背叛後趙而歸附東晉。祖逖訓練士兵，積蓄糧食，為收復黃河以北的失地做準備。

西元三二一年七月，司馬睿任命尚書僕射戴淵為征西將軍，統管包括豫州在內的六州各項軍務。豫州刺史祖逖認為戴淵是吳人，雖然有才能和名望，但沒有遠大的抱負和高明的見識。而且祖逖披荊斬棘，收復河南失地，戴淵卻毫無軍功，一下子來管轄自己，所以心中鬱鬱不樂。又聽說朝廷內部不和，國家將有內亂，知道統一北方的大業難以成功，受到很大刺激，因此臥病不起。

九月，祖逖在雍丘去世，豫州百姓就像失去親生父母一樣悲痛，譙、梁兩地的人們都為祖逖建立祠堂。晉南遷後的北伐，幾乎無一不被軍事將領作為擴張勢力的手段，敗不必論，倘有小勝，則必然是內亂的前奏。唯有聞雞起舞的祖逖抱收復舊土的初衷，卻遭皇帝的疑忌，終不得志，憂鬱而死，使人嘆息。

趁兵亂劉淵建漢

自從西漢末年起，有一部分匈奴人分散居住在北方邊遠郡縣，他們和漢族人相處久了，接受了漢族的文化。匈奴貴族認為上代多次跟漢朝和親，是漢朝皇室的親戚，後來就改用漢皇帝的劉姓。曹操統一北方後，把匈奴部落分為五個部，每個部都設部帥，匈奴貴族劉豹是其中一部的部帥。劉淵是劉豹的兒子，劉豹死後，劉淵繼承父親的職位，後來在西晉成都王司馬穎（八王之一）部下當將軍，留在鄴城，專管五部匈奴軍隊。

晉自「八王之亂」開始，中原混戰。劉淵堂祖父右賢王劉宣對他的族人說：「自從漢朝滅亡以來，我們的單于都是徒有虛名，不再擁有一寸土地。其餘的王侯，地位也降到百姓一樣。現在我們部族雖然衰落，但也在兩萬人以上，怎麼能伏首貼耳地充當役夫，這樣匆匆地度過百年！左賢王英俊威武超凡絕倫，上天如果不想使匈奴興盛，也就一定不會白白生出這個人。現在司馬氏骨肉親人互相殘殺，四海動亂如同鼎中沸騰的開水，光復呼韓邪的事業，正當此時！」於是互相謀劃，推舉劉淵為大單于，並派他的黨羽呼延攸到鄴城去告知他。

劉淵向司馬穎請求回鄉參加葬禮，司馬穎不允。劉淵讓呼延攸先回去，通知劉宣等人讓他們召集五部匈奴以及各小民族，聲稱援助司馬穎，實際打算背叛他。等到王浚、東嬴公司馬騰起兵，劉淵對司馬穎說：「現在幽、並二州的鎮將猖獗，率眾十多萬人，恐怕不是禁衛軍和附近郡縣的軍隊可以抵禦的，我請求為殿下回去召集五部匈奴人馬赴救國難。」司馬穎說：「五部匈奴的人馬，真能夠發動嗎？即使能發動他們，鮮卑、烏桓，也不是輕易能阻擋的。我想侍奉皇帝歸還洛陽，避開他們的鋒芒，再向天下發布檄文，用正義制服邪惡的道理說服他們。您認為怎麼樣？」劉淵說：「殿下是武帝的兒子，又對王室建立了大功勳，威嚴恩德遠近聞名，四海之內，有誰不願意為殿下拚死盡力呢？有什麼難以發動的！王浚是小人，東嬴公是關係疏遠的皇親，怎能與殿下爭比高低呢？殿下如果離開鄴城宮殿，那就是向人示弱，洛陽也不能進去了，即使到了洛陽，殿下也不會再有威勢權力了。希望殿下撫慰勉勵部眾，使他們安定鎮靜，我請求為殿下用兩部匈奴摧毀東嬴公，三部匈奴去殺王浚，高懸兩個小人的頭顱，指日可待。」司馬穎非常高興，任命劉淵擔任北單于、參丞相軍事等職。西元三〇四年，劉淵回到左國城。劉宣等人奉上大單于稱號，二十天之內，召集了五萬人，在離石縣建都，封劉聰為鹿蠡王。

王浚與鮮卑、烏桓等族軍隊攻打鄴城，司馬穎離開鄴城，侍奉惠帝返回洛陽。劉淵聽說皇太弟司馬穎離開鄴城，感嘆說：「不採納我的計策，反倒自行奔逃潰散，真是奴才！但我與他有言在先，不能不救他。」遂打算發兵攻打鮮卑、烏桓，劉宣等人勸諫說：「晉朝人像奴隸一樣役使我們，現在他們之間互相殘殺，是上天拋棄他們而讓我們光復呼韓邪的事業。鮮卑、烏桓是我們的同類，可以作為後援，怎麼能攻打他們呢？」劉淵說：「好！大丈夫應當做漢高祖、魏武帝，呼韓邪哪裡值得效仿呢？」劉宣等人叩頭行禮說：「我們是想不到啊！」劉淵將都城遷到左國城。胡人、晉朝人歸附他的更加多了。劉淵對臣下們說：「過去漢能長久地擁有天下，是因為用恩德維繫百姓。我作為漢朝劉氏的外甥，相約為兄弟，哥哥亡故而弟弟繼承，不也可以嗎？」於是，建立國號稱漢。劉宣等人請求給劉淵上一個尊號，劉淵說：「現在四方各地都沒有平定，暫且按照漢高祖那樣稱漢王。」於是，劉淵登上漢王王位，建立了十六國時期的第一個少數族政權。

劉淵是漢化的匈奴貴族後裔，他在西晉日趨衰敗、各地流民紛紛起義反晉的浪潮中，趁勢在中原建立了第一個少數民族政權。漢朝政權的建立進一步把中原推向了戰爭和動亂，同時改變了曹操以來匈奴五部統治結構，重新恢復了匈奴傳統舊制。

李淵太原起兵

隋朝末年，唐朝開國皇帝李淵任太原留守。當時，隋末農民起義遍布全國。李淵自知無力鎮壓農民起義，又深知煬帝猜忌嗜殺，政局動亂，難於自保，便與次子李世民於西元六一七年五月起事，並從河東（今山西永濟西）召回長子李建成和四子李元吉。李淵起兵後，一面遣劉文靜出使突厥，請求始畢可汗派兵相助，一面召募軍隊，並於七月率師南下。此時瓦崗軍在李密的領導下與困守洛陽的王世充激戰方酣，李淵乘隙攻下長安。西元六一八年，李淵即位稱帝，改國號為唐。

李淵本來是隋王朝的貴族，靠繼承祖上的爵位當上了唐國公。西元六一七年，隋煬帝派他到太原去當留守，鎮壓農民起義，開始他也打過幾個勝仗，後來看到起義軍越打越強，越打越多，他也感到危急起來。李淵有四個兒子。第二個兒子李世民那時候剛十八歲，是個很有膽識的青年，平時喜歡結交有才能的人。人們也覺得他慷慨好客，喜歡跟他打交道。他看準隋朝的統治長不了，心裡早有了自己的打算。

李世民在劉文靜的建議下，想說服父親李淵趁亂起兵。當時，除農民起義烽起外，太原北面的突厥也騷動不安，他們趁亂進攻馬邑。李淵派兵抵抗，接連失敗。李淵怕這件事讓隋煬帝知道了，要追究他的責任，急得不知道該怎麼辦。李世民抓住這個機會，勸說李淵反隋。李淵一聽，十分震驚，說：「你怎麼說出這種大逆不道的話來！要是我去報官，肯定會把你抓起來。」李世民並不害怕，說：「父親要告就去告吧，兒才不怕死呢！」李淵當然不會真的去告發，只是叮囑他以後別說這樣的話。第二天，李世民又找李淵說：「父親受皇上的委派，到這裡討伐反叛的人。可是眼看造反的人越來越多，您能討伐得了嗎？再說，皇上猜忌心很重，就算您立了功，您的處境更加危險。只有照我昨天說的辦，才是唯一的出路。」李淵猶豫了很長時間，才長嘆一口氣說：「昨天夜裡，我想想你說的話，也有道理。我也拿不定主意。從現在起，是家破人亡，還是能化家為國，就憑你啦！」

劉文靜幫助李世民，分頭招兵買馬。李淵又派人把正在河東征戰的兩個兒子李建成和李元吉召了回來。太原的兩個副留守看到李淵父子舉動反常，想出來阻撓。李淵藉口他們勾結突厥，把他們抓起來殺了。李淵又聽從劉文靜的建議，派人備了一份厚禮，到突厥可汗那裡講和，約他一起反隋。突厥可汗覺得這樣做對他們大有好處，就答應幫助李淵。李淵穩住突厥，就正式起兵反隋。李淵自稱大將軍，派李建成和李世民分別做左右領軍大都督，劉文靜做司馬，又把兵士都稱為「義士」。他們帶領三萬人馬離開晉陽，向長安進軍。一路上繼續招募人馬，並且學農民起義軍的做法，打開官倉發糧給貧民。這樣一來，應募的百姓就越來越多了。

唐軍到了霍邑（今山西霍縣），遭到隋朝將軍宋老生的攔擊。霍邑一帶道路狹隘，又正趕上接連幾天大雨，唐軍的軍糧運輸中斷了。兵士中還紛紛謠傳突厥兵正準備偷襲晉陽。李淵動搖起來，想撤兵回晉陽去。李世民對李淵說：「現在正是秋收季節，田野裡有的是糧食，不怕缺糧！宋老生也沒有什麼可怕的。我們用義兵的名義號召天下，如果還沒打仗就後撤，豈不叫人失望。回到晉陽，只有死路一條。」李建成也支持弟弟的主張。李淵這才改變了主意，取消了撤兵的打算。

八月的一天，剛剛放晴。唐軍一早沿著山邊小路，急行軍來到霍邑城邊。李淵先派李建成率領幾十個騎兵在城下挑戰。宋老生一看唐軍人少，親自帶了三萬人馬出城。李世民帶兵居高臨下從南面山頭衝殺下來，把宋老生的人馬衝得七零八落。宋老生急忙回頭想逃回城去。但李淵的兵士已經占了城池，把城門關得緊緊的。宋老生走投無路，被唐軍殺死。唐軍攻下霍邑以後，繼續向西進軍，在關中農民軍的配合下，渡過黃河。留在長安的李淵的女兒也招募了一萬多人馬，號稱「娘子軍」，響應唐軍進關。李淵集中了二十多萬大軍攻打長安。沒過多久，李淵便攻下了長安。

李淵攻下長安以後，為了爭取民心，宣布約法十二條，把隋王朝的苛刻法令一概廢除，並且暫時讓隋煬帝的孫子楊侑做個掛名的皇帝。西元六一八年夏，從江都傳來了隋煬帝被殺的消息，李淵便把楊侑廢除，自己稱帝，改國號為唐。

武則天玩弄權術得后位

武則天是唐高宗李治的皇后，後為周則天皇帝，中國歷史上唯一的女皇。武則天十四歲時，唐太宗李世民召她入宮為才人。太宗死後，武則天入感業寺為尼。唐高宗即位，復召入宮，拜昭儀，進號宸妃，與王皇后、蕭淑妃爭寵，互相譭毀。西元六五五年，唐高宗立武氏為皇后。王皇后被廢不久，即與蕭淑妃同被武則天害死。

西元六四九年五月，唐太宗李世民去世，太子李治即位為帝，是為高宗。高宗立太子妃王氏為皇后。王皇后沒有兒子，蕭淑妃被高宗寵幸，王皇后十分忌妒。高宗做太子的時候，入宮侍奉太宗，看見才人武氏，對她十分喜歡。太宗駕崩後，武氏跟隨眾嬪妃到感業寺出家為尼。高宗在太宗的忌日到感業寺上香，看見了武氏，兩人相對而泣。王皇后聽說後，暗中讓武氏蓄發，勸說高宗納武氏入後宮，想用她來隔斷高宗對蕭淑妃的寵愛。入宮後，武則天很感激王皇后的照顧。她對王皇后非常尊敬，侍奉得也很周到，這使高宗非常高興。不久，武則天的嬪妃地位也就升到了昭儀，這是正二品的級別，超過了其他八個嬪妃，是九嬪之首，在她的上面，只有皇后和四妃了。

武則天進宮之後，高宗只寵愛她一人。武則天前後生了四男二女，而高宗總共才有十二個子女。後邊的六個都是武則天生的，可見武則天的受寵程度是其他嬪妃無法相比的，這連主張讓他進宮的王皇后也沒有料到。武則天的性格決定了她不甘於居人之下，她的目標是皇后。等她的地位穩固之後，便開始有心計地活動了。她在後宮想方設法籠絡太監、宮女，特別是與皇后、蕭淑妃關係不好的人，她總要設法接近拉攏，給予一些小恩小惠，讓她們注意監視皇后和淑妃的行為。第一步，武則天聯合王皇后打擊蕭淑妃，等高宗把蕭淑妃廢成庶人後，武則天便開始對皇后下手了。

武則天生下的第二胎是個女孩兒，非常可愛，王皇后也很喜歡，經常去看望，等高宗快來的時候便知趣地先走了。武則天為了皇后之位，利用這種機會對親生女兒下了毒手。武則天等皇后剛走，便將女兒掐死，然後蓋好被子，偽裝好。高宗來了，假裝笑臉相迎。等再看到女兒時，武則天悲傷慟哭。高宗聽說剛才王皇后來過時，不由大怒，而王皇后也一直沒有生育，所以高宗便下決心要廢掉她。

在封建社會，皇后的廢與立都是國家大事，必須由大臣們共同商議。這方面的阻力主要來自重臣、國舅長孫無忌、宰相褚遂良。朝廷的大臣們分成了兩派，除了長孫無忌和褚遂良等人以外，李義府、許敬宗等人為了在高宗和武則天面前爭功邀寵，就站到了長孫無忌的對立面，支持武則天做皇后。高宗把長孫無忌等反對的人召到一起，商量皇后的廢立問題。武則天坐在簾子後面監聽。長孫無忌極力反對，為王皇后辯解，說她出身高貴，忠厚賢惠，沒有什麼大過失，不該廢皇后之位。而武則天卻出身貧寒，還曾經侍奉過先帝太宗，再立為皇后違背了禮制。褚遂良也在一旁反對，而且還磕頭磕得流血，一氣之下提出辭官回家。武則天見了，怒火頓生，大聲喊道：「怎麼不把這種臣僚亂棍打死！」其他人見狀，趕忙替褚遂良求情，才得以保住性命，但終被貶官，去了譚州（現在湖南長沙）任都督。後來，還是開國功臣李勣給高宗出了個主意，他說皇后的廢立是皇上的家務事，沒有必要和大臣們商量。同時，李義府和許敬宗等人也在朝廷大臣們中間大造輿論，支持武則天。終於，西元六五四年十月十三日，高宗正式下詔書廢王皇后、蕭淑妃為庶人，六天後，即十九日，正式立武則天為皇后。

原皇后王氏和原淑妃蕭氏，一起被囚禁在別院。高宗掛念她們，私下去看她們，看到屋子封閉得很嚴密，只留牆上的小洞送食物。高宗十分感傷，大喊說：「皇后、淑妃在哪裡？」王氏哭泣著回答說：「我們犯下罪過，已經是奴婢，哪裡還有尊稱！」又說：「皇上如果掛念從前的情分，讓我們重見天日，請將這個院子賜名為回心院。」高宗說：「朕會安排的。」武后聽說了，大怒，派人把王氏和蕭氏各杖打一百，砍去手足，扔到酒罈子裡，說：「讓這兩個人連骨頭都醉掉！」後將二人斬首。王氏聽到宣布命令的時候，拜了兩拜說：「祝皇帝萬歲！武昭儀承受皇恩，死是我的本分。」蕭淑妃大罵說：「阿武邪惡狡猾，竟至如此！願來生為貓，阿武為鼠，活生生地扼住她的喉嚨。」從此宮中便不養貓。過了不久，又改王氏姓蟒氏，蕭氏姓梟氏。武后多次看見王氏和蕭氏的鬼魂作祟，披散頭髮，渾身滴血，和死的時候一樣。後來移居蓬萊宮，還是能看見。所以她經常住在洛陽，不回長安。

楊貴妃受寵終喪命

武惠妃死後，唐玄宗一直鬱鬱寡歡。後來，他聽說其子李瑁的妃子楊玉環豔麗無比，就設法把她接到宮中，冊為貴妃，對她恩寵有加，楊家的姐妹兄弟也都因此封官受爵。西元七五五年，重臣安祿山以反楊國忠為名起兵叛亂，兵鋒直指長安。次年，唐玄宗帶著楊貴妃與楊國忠逃往蜀中，途經馬嵬驛時，將士一致要求處死楊貴妃和楊國忠。唐玄宗言國忠當誅，然貴妃無罪，本欲赦免楊玉環，無奈六軍皆認為貴妃乃禍國紅顏，安史之亂乃因貴妃而起，不誅之難慰軍心，難振士氣。不得已，唐玄宗為了國家社稷，賜死楊貴妃。

唐玄宗寵愛的武惠妃死後，玄宗心裡懷念不已。後宮女子幾千人，沒有一個合他心意的。有人對玄宗說，壽王李瑁的妃子楊氏的美貌舉世無雙，玄宗見了以後，十分喜歡。唐玄宗讓楊妃假稱是皇帝的意思，請求做女道士，號「太真」，然後偷偷把她接到宮中。楊妃體態豐滿，容貌嬌豔，通曉音律，生性機警，善於逢迎玄宗的心意。不到一年，寵愛就如武惠妃一樣，宮中都稱她為「娘子」，對待她的禮儀與皇后相同。

西元七四五年八月，玄宗冊封楊太真為貴妃，賜她父兄很高的官職。楊貴妃的三個姐姐，也都賜予京師的宅第，待遇非常。民間有歌謠傳唱：「生男勿喜女勿悲，君今看女作門楣。」楊貴妃深受玄宗的寵愛，每次騎馬，高力士都為她拿馬鞭牽轡頭，專門為楊貴妃織繡衣服的工匠有七百人，朝廷內外爭著進獻器物、衣服和珍寶。嶺南經略使張九章與廣陵長史王翼因為進獻的物品精美，張九章加封三品，王翼入朝任戶部侍郎，天下人都紛紛效仿。楊貴妃喜歡吃新鮮荔枝，玄宗就命令嶺南每年都用驛馬飛奔送來，到了長安，荔枝顏色味道都還沒有改變。

西元七四六年，楊貴妃因為嫉妒潑悍，對玄宗無禮，玄宗非常惱怒，就下令把她送回她哥哥家裡。結果一整天，玄宗都很不高興，到了中午還不吃飯，左右侍從總是不合心意，屢屢被鞭撻懲打。高力士想試探玄宗的心意，就請求把貴妃院中儲備的器物送給貴妃，總共裝了一百多車，玄宗又把自己吃的食物賜給貴妃。到了晚上，高力士跪下上奏，請求迎接貴妃回來，於是打開宮門讓貴妃入宮。從此楊貴妃所受的寵愛更深，後宮沒有人能比得上。西元七五〇年二月，楊貴妃又違背了玄宗的心意，被送回楊家。戶部郎中吉溫讓宦官對玄宗說：「婦道人家見識短淺，違背聖上的心意，陛下何必吝惜宮中一席之地，不讓她死在宮裡，而忍心讓她在宮外受辱呢？」玄宗也後悔了，就派宦官把自己吃的食物賜給貴妃。楊貴妃哭著對宦官說：「我罪該萬死，陛下不殺我，讓我回家。現在要永遠離開宮闈，金玉珍寶玩物，都是陛下賞賜的，不值得獻給陛下。只有頭髮是父母給我的，獻給陛下，表達我的真誠。」於是，剪下一束頭髮獻給玄宗。玄宗立刻派高力士把她接回宮中，從此更加寵愛她。

西元七五六年六月，漁關失守，通往京師長安的門戶被打開。玄宗得知後，驚慌失措，與楊貴妃等逃往蜀中。十四日，到達馬嵬驛，將士們饑餓疲勞，都很憤怒。陳玄禮認為災禍是由楊國忠造成的，想殺了他，於是讓東宮宦官李輔國告訴太子李亨，太子猶豫不決。恰好有吐蕃的二十幾名使者攔住楊國忠的馬，對他抱怨沒有吃的。楊國忠還沒來得及回答，士兵們都大聲喊道：「楊國忠與胡人謀反！」有人用箭射他，射中了馬鞍。楊國忠逃到馬嵬驛西門裡，士兵追上他，把他殺了，將屍體肢解，把首級掛在矛上，懸在西門外示眾。又殺了他的兒子戶部侍郎楊暄與韓國夫人、秦國夫人。御史大夫魏方進說：「你們怎麼敢殺宰相？」士兵們把他也殺了。韋見素聽到外面混亂，跑出去看，被亂兵捶打，頭破血流。有人喊：「不要傷了韋相公。」把他救下才免去一死。

士兵們又包圍驛站。玄宗聽到喧譁聲，問外面出了什麼事，左右侍從回答說楊國忠謀反。玄宗走出驛門，慰勞士兵，讓他們撤走，士兵們不聽。玄宗讓高力士問他們，陳玄禮回答說：「楊國忠謀反，楊貴妃不應當再侍奉陛下，希望陛下割愛，把貴妃正法。」玄宗說：「我自會處理。」旋即走入驛門，拄著拐杖，低著頭站在那裡。過了很久，京兆司錄參軍韋諤上前說：「現在眾怒難犯，安危在頃刻之間，希望陛下趕快決斷！」於是跪下叩頭，血流滿面。玄宗說：「楊貴妃一直住在禁宮裡，怎麼知道楊國忠謀反呢？」高力士說：「貴妃確實無罪，但將士們已經殺了楊國忠，楊貴妃還在陛下左右侍奉，他們怎麼能安心？希望陛下慎重考慮，將士們安心，則陛下安全。」於是，玄宗命令高力士把楊貴妃帶到佛堂裡，用繩子把她勒死，把屍體抬到驛站的庭院裡，叫陳玄禮等人進來察看。陳玄禮等人脫下鎧甲，叩頭謝罪。

鄭注巧言令色得升遷

鄭注出身微賤，年輕時，他行醫賣藥，浪跡江湖。因為他本姓魚，後改姓鄭，人們都取外號譏笑他，叫他「魚鄭」、「水族」。西元八一八年，他投奔襄陽節度使李愬，李愬十分賞識他的醫術，與他很親近，讓他當了節度衙推。李愬換防到徐州後，鄭注便逐步參與軍中大事的決策。當時，朝廷宦官、徐州監軍王守澄見鄭注縱論天下，機智善辯，也很器重他，又讓他當了軍中的巡官。王守澄入朝任樞密使，深得唐穆宗寵信，鄭注也隨著發跡，從衛佐、評事、御史、檢校庫部郎中，一直做到昭義節度副使。唐文宗即位後，鄭注參與了宦官王守澄對宰相宋中錫的陷害，鑄成冤獄。

翼城人鄭注身材矮小，總是低眉垂眼，但卻很會說話，討人喜歡。他靠行醫雲遊四方，十分窮困。鄭注曾經為徐州牙將治過病，牙將十分高興，就把他推薦給節度使李愬。李愬吃了他的藥以後，效果很好，於是十分寵愛他。鄭注倚仗受寵，逐漸干預軍政，恣意妄為，節度使府的官員都十分憂慮。監軍王守澄把大家的意見告訴了李愬，請求把他除去。李愬說：「鄭注雖然的確像他們說的那樣，但他是個奇才。你如果不相信，請試著和他見一面，如果一無是處，再除去他也不遲。」於是，讓鄭注前去拜見王守澄。王守澄起初還很為難，不得已接見鄭注，坐下來談話。沒談多久，王守澄竟也非常高興，並把鄭注帶到中堂，促膝交談，歡聲笑語，只恨沒有早些相見。第二天，王守澄對李愬說：「鄭注的確像你說的那樣。」從此，鄭注又受到王守澄的寵愛，權勢更大。李愬任命他為巡官，把他當作自己的幕僚。

王守澄被穆宗召入朝廷，任命為知樞密以後，就把鄭注帶到京城，給他修建住宅，供給他財物。又向穆宗推薦，穆宗也很厚待鄭注。穆宗晚年得病，王守澄專擅朝政，權傾朝廷內外，鄭注日夜出入王守澄家，與他商議謀劃，一談就是一通宵。二人巧設關節，收取賄賂，外人看不出其中的痕跡。穆宗去世後，敬宗即位。沒過幾年，敬宗被身邊的宦官殺死，王守澄等人立江王李涵為帝。李涵即位後，改名李昂，是為文宗。文宗因為鄭注依附王守澄，權勢熏天，對他非常痛恨。西元八三三年九月，侍御史李款上奏彈劾鄭注，不到十天，連續彈劾了幾十次，王守澄把鄭注藏在右神策軍中。

左神策中尉韋元素、樞密使楊承和、王踐言都很憎惡鄭注，左神策軍將領李弘楚勸韋元素說：「鄭注奸邪狡詐，無人能比。如不趁他羽翼未豐之時將他除去，等到羽毛豐滿之後，一定會成為國家的禍患。現在鄭注因為被侍御史李款彈劾，藏在右神策軍中。我請求以你的名義，假稱你生病，召他來診斷。來了之後，你請他坐下，我在旁邊侍候，等你用眼睛向我示意，我就把他抓出去殺掉。然後你再面見皇上，叩頭請罪，詳細陳說他的罪行。況且樞密使楊承和、王踐言也一定會幫你說話，聖上怎麼會因為除去奸人而降罪於你呢？」韋元素認為有道理，就派李弘楚去召鄭注。鄭注來了以後，非常恭敬謙卑，諂媚的話像泉水一樣源源不斷。韋元素不知不覺拉著他的手，聽得聚精會神，也不覺得疲倦。李弘楚在旁邊多次暗示，韋元素不理他，最後又送給鄭注很多金銀絹帛，送他回去。李弘楚大怒，說：「你失去了今天除掉他的機會，將來一定會遭到他的陷害。」

當初，王涯升任宰相的時候，鄭注為他出過力。而且王涯畏懼王守澄，因此把李款彈劾鄭注的奏章壓了下來。王守澄上奏請求任命鄭注為侍御史，充任右神策軍判官，朝野都為之驚駭感嘆。十二月，文宗中風，不能說話。王守澄向文宗推薦鄭注，說他擅長醫術。文宗召鄭注來看病，吃了鄭注開的藥，很有效果，從此開始寵幸鄭注。

王仙芝黃巢起義

唐朝末年，經過藩鎮混戰、宦官專權和朝廷官員中的朋黨之爭，朝政越來越混亂。唐宣宗雖是一個比較精明的皇帝，也沒能改變這種局面。唐宣宗死後，先後接替皇位的唐懿宗李漼、僖宗李儇，一味尋歡作樂，追求奢侈糜爛的生活，更是腐朽到了極點。皇室、官僚和地主加緊對農民進行剝削，稅收越來越重；加上連年不斷的天災，農民紛紛破產，到處逃亡。有的忍受不了苦難，只有走上反抗這條路了。

西元八七四年，唐僖宗即位，濮州（今河南范縣）地方有個鹽販首領王仙芝，聚集了幾千農民，在長垣起義。王仙芝自稱天補平均大將軍，發出文告，揭露朝廷官吏造成貧富不均的罪惡。這個號召很快得到貧苦農民的響應。不久，冤句（今山東曹縣北）地方的鹽販黃巢也起兵響應。

黃巢和王仙芝兩支起義隊伍會合之後，轉戰山東、河南一帶，接連攻下許多州縣，聲勢越來越大。唐王朝非常恐慌，命令各地將領鎮壓起義軍。但是各地藩鎮都害怕跟義軍交鋒，互相觀望，使唐王朝束手無策。唐王朝硬的一套不行，就採用軟的手法。在起義軍攻下蘄州的時候，他們派宦官到蘄州見王仙芝，封他「左神策軍押牙兼監察御史」的官銜。王仙芝聽到有官做，迷了心竅，表示願意接受任命。黃巢得知這個消息，十分氣憤。他帶了一群起義將士，到王仙芝那裡，狠狠地責備王仙芝，說：「當初大家起過誓，要同心協力，平定天下，現在你想去當官，叫我們弟兄往哪裡去？」王仙芝還想搪塞，黃巢掄起拳頭，朝王仙芝劈頭蓋腦地打了過去，打得王仙芝滿臉是血。旁邊起義將士也你一言，我一語罵王仙芝。王仙芝自知理虧，只好認錯，把唐朝派來的宦官趕跑。經過這番波折，黃巢決定跟王仙芝分兩路進軍。王仙芝向西，黃巢向東。不久，王仙芝率領的起義軍在黃梅（在今湖北）被唐軍打敗，王仙芝被殺。

王仙芝失敗後，起義軍重新會合，大家推黃巢為王，又稱衝天大將軍。當時，官軍在中原地區力量比較強，起義軍進攻河南的時候，唐王朝在洛陽附近集中大批兵力準備圍攻。黃巢看出敵人企圖，決定選擇官軍兵力薄弱的地區，帶兵南下。他們順利渡過長江，進入浙東。起義軍一路上勢如破竹，接連攻下越州、衢州（今浙江衢縣）；接著，又劈山開路，打通了從衢州到建州（今福建建甌）的七百里山路。經過一年多的長征，一直打到廣州。起義軍在廣州休整以後，嶺南地區發生瘟疫。黃巢決定帶兵北上。唐王朝命令荊南節度使王鐸、淮南節度使高駢集合大批官軍沿路攔擊，被黃巢起義軍一個個擊破。起義大軍順利地渡過長江，嚇得高駢推說得了中風症，躲進揚州城不敢應戰。起義軍渡過淮河，向官軍將領發出檄文，說：「我們進攻京城，只向皇帝問罪，不干眾人的事。你們各守各的地界，不要觸犯我們的鋒芒！」各地將領接到檄文，害怕起義軍，都想保存實力，不願為唐王朝賣命。消息傳到長安，唐僖宗嚇得朝著大臣哭哭啼啼。

西元八八〇年，黃巢帶領六十萬大軍，浩浩蕩蕩開進潼關。潼關周圍漫山遍野，飄揚著起義軍潔白的大旗，一眼望不到邊。守潼關的官軍還想頑抗。黃巢親自到陣前督戰，將士們見了，一齊歡呼，聲音在山谷間迴響，震天動地。官軍將士聽了心驚膽顫，哪敢抵抗，紛紛燒掉營寨，四下逃命。起義軍攻下潼關，唐王朝驚慌失措，唐僖宗和宦官頭子田令孜帶著妃子逃到成都去了，來不及逃走的唐朝官員全部出城投降。當天下午，黃巢坐著金色轎子，在將士的簇擁下，進入長安城。長安百姓扶老攜幼，夾道歡迎。

但是，黃巢起義軍長期流動作戰，占領過的地方，都沒留兵駐守。幾十萬起義軍進入長安以後，四周還是官軍勢力。沒過多久，唐王朝調集各路兵馬，包圍長安。長安城裡的糧食供應發生了嚴重困難。黃巢派出大將朱溫駐守同州（今陝西大荔）。就在起義軍最困難的時候，朱溫投降了唐朝。唐王朝又召來了沙陀（古代西北少數民族）貴族、雁門節度使李克用，率領四萬騎兵進攻長安。起義軍十五萬迎戰，遭到大敗，只好撤出長安。黃巢帶領起義軍撤退到河南，又遭到朱溫、李克用的圍攻。西元八八四年，黃巢在攻打陳州（今河南淮陽）失敗之後，受到官軍緊緊追趕，最後退到泰山狼虎谷，兵敗被殺。

黃巢領導的農民戰爭，堅持十多年，席捲了大半個中國，最後雖以悲劇而告終，但卻給了唐王朝以毀滅性的打擊，加速了唐朝腐朽政權的滅亡。它沉重打擊了地主階級，推動了歷史的進步。起義軍打出的「均平」旗號，是農民革命思想的重大發展，對以後的農民起義有著深遠的影響。

第十二章 處世交友之經

處世交友是一件很微妙的事，它有點像戲劇中旦角甩水袖，外行人看來甩得很瀟灑，也很隨意，以為是興之所至。內行人則清楚要想甩得一手好水袖，需要下很多功夫。為人處世，講究誠信；結交朋友，注重知己。一年三百六十五天，與我們擦肩而過的人很多，但能夠長期交往下去，達到敞開心扉與其細論者可就少之又少了。這就是人們常說的：千金易得，知己難求。俗話說：路遙知馬力，日久見人心。要想結交知己朋友，就要做到想吃果子先栽果樹一樣，誠心誠意的對待別人，贏得別人的信任，這才是處世交友的正確之道。

豫讓漆身吞炭酬知己

豫讓是晉卿智瑤的家臣。西元前四五三年，趙、韓、魏共滅智氏。豫讓用漆塗身，吞炭使啞，暗伏橋下，謀刺趙襄子未遂，後為趙襄子所捕。臨死時，求得趙襄子衣服，拔劍擊斬其衣，以示為主復仇，然後拔劍自殺。

春秋後期，有個叫豫讓的人，在晉國的大夫范氏和中行氏那裡做家臣，由於得不到主人的賞識，又轉投到另一個大夫智伯的門下。智伯非常高興，尊豫讓為上賓，賓主朝夕相處，竟親如手足。凡遇有要事，智伯皆請教豫讓，與之商討，豫讓十分感激智伯的知遇之恩。

韓、趙、魏打敗智氏，瓜分了智伯的土地。趙襄子殺了智伯，仍不解心頭之恨，又把智伯的顱骨用漆漆好，做成飲酒用的酒器。智伯的家臣豫讓一心想為主公報仇。不久，豫讓聽說趙襄子正大興土木，修建宮殿，於是他身藏匕首，改名換姓，裝扮成被判刑而服苦役的囚犯，混入趙襄子內宮中去修建廁所，準備刺殺趙襄子。一日，趙襄子到廁所內方便，見有生人，便警覺起來，令手下抓住了豫讓。趙襄子左右的人極為憤怒，紛紛拔劍揚刀要殺掉豫讓，趙襄子說道：「豫讓乃義士，我只需小心避開就是了。智伯已死，沒有後代，家臣要替他報仇，這是忠烈之舉。」於是，就把豫讓放了。

豫讓並不感激趙襄子不殺之情，相反更加堅定刺殺趙襄子為智伯報仇的決心。過了一段時間，豫讓把漆塗抹在臉上身上。使人看上去像是患有嚴重皮膚病，又吞下炭去，使聲音變得嘶啞。他沿街乞討，他的妻子迎面走過，也沒認出他來。一位最知心的朋友認出了他，流著眼淚對他說：「以你的才幹，去給趙襄子辦事，一定會得到他的尊寵和信任，那時你要報仇還不容易嗎？何苦一定要把自己作踐成這副模樣！」豫讓說：「在人手下為臣，心裡卻想著殺他，這是懷二心以服侍其君。我之所以要漆身吞炭，就是要讓天下以及後世懷二心服侍其君的人感到羞愧！」

豫讓躲在趙襄子必定要經過的一座橋下。趙襄子來到橋頭，馬忽然受驚。趙襄子說：「這一定是豫讓！」左右立即把躲在橋下的豫讓揪了出來。趙襄子見豫讓這副模樣，不禁嘆息流淚道：「豫讓，您為智伯已經成就了美名，而寡人饒恕過您一次，也已足夠了，寡人不再放您走了。」趙襄子手下立即將豫讓圍了起來。豫讓要求趙襄子脫下衣服，讓他用劍砍衣，以表示已經為智伯報仇。趙襄子答應了。豫讓達到目的後拔劍自殺。

豫讓行刺趙襄子，捨死忘生，備嘗艱辛，雖未成功，卻用生命報答了智伯的知遇之恩。他為知己獻身的精神令人敬佩。他為智伯報仇，是因為智伯重視他，尊重他，給了他尊嚴，所以，他要捨命為智伯復仇，用生命捍衛智伯的尊嚴。他是一個未能成功的刺客，但這個失敗的過程卻成就了他的人格，使他雖死猶生，雖敗猶榮。

信陵君竊符救趙

西元前二六〇年，秦趙長平之戰中，秦將白起大破趙軍。第二年，秦軍進攻邯鄲。趙國如果滅亡，接下去就會輪到魏國，魏國不救趙，無疑是加速自己的滅亡；魏若救趙，也就是挽救自己的危亡。但在秦強大兵力的威脅下，魏王表面上派大將晉鄙率領十萬兵馬救趙，實際上是「持兩端以觀望」。信陵君為了保全自己的國家，盡一切努力抗秦救趙。

信陵君，名魏無忌，戰國時代魏國人，是魏昭王的兒子。公子無忌仁厚待人，禮賢下士，其門下招納的食客有三千人。魏國有位隱士叫做侯嬴，已經七十歲，是魏都的一個守門官吏。一天，無忌擺下酒席大宴賓客，賓客們入座之後，公子駕車空出左邊的位置親自去迎接侯嬴，侯嬴毫不推讓地坐在左邊的位置上，公子手拉著御馬的轡繩，態度十分恭敬。侯嬴對公子說：「我有一位友人在市裡屠戶中，希望您能繞道讓我去拜訪他。」公子便駕車進入市中。侯嬴下車去見他的朋友朱亥，故意同他的朋友談了很久，而公子的態度更加和藹。侯嬴辭謝友人上了車，到了公子的家宅。公子引領著侯嬴坐在上席，向所有賓客介紹侯嬴，賓客們都很驚奇。

不久，秦國圍攻趙國邯鄲，趙國平原君的夫人是魏公子無忌的姐姐，平原君派出去求救的使者接連不斷地先後到了魏國。平原君要使者責備公子無忌說：「我趙勝所以與你結成姻親，是因為公子你道義高，能夠為別人排憂解難啊！現在邯鄲很快就要投降秦國了，而魏國的救兵卻遲遲不來。即使公子你對我趙勝嫌棄不顧，難道也不憐憫你的姐姐嗎？」公子很憂慮，屢次請求魏王令晉鄙率兵援救趙國，他派賓客辯士百般勸說，但魏王就是不答應。公子無忌於是集合賓客配備車騎一百多乘，想開赴到趙國前線搏鬥而死。車騎經過夷門時，公子去見侯嬴。侯嬴說：「你們這樣上趙國去打秦兵，就像把一塊肥肉扔到餓虎嘴邊，不是白白去送死嗎？」信陵君嘆息著說：「我也知道沒有什麼用處，可是又有什麼辦法呢？」侯嬴說：「聽說兵符藏在大王的臥室裡，只有如姬能把它拿到手。當初如姬的父親被人害死，她要求大王給她尋找那個仇人，找了三年都沒有找到。後來還是公子叫門客找到那仇人，替如姬報了仇。如姬為了這件事非常感激公子。如果公子請如姬把兵符盜出來，如姬一定會答應。公子拿到了兵符，去接管晉鄙的兵權，就能帶兵和秦國作戰。這比空手去送死不是強得多嗎？」公子照侯嬴說的那樣做，果然得到了兵符。

公子就要出發了，侯嬴說：「將軍在外地，君王的命令有的可以不接受。假使晉鄙合了兵符而不給你兵眾，他再請示魏王，那麼事態就危險了。我的朋友朱亥是位大力士，可以與你一同去。晉鄙如果答應調兵，那最好；如果不答應調兵，你就讓朱亥擊殺晉鄙！」於是，公子請朱亥一同前去。到了鄴縣，晉鄙合了兵符，懷疑這事，舉起手對著公子說：「我擁有十萬的兵眾駐屯在魏國邊境上，而現在你只單騎獨車來代替我，這是怎麼回事？」朱亥見此，抖出袖藏四十斤的鐵椎，奮力擊殺了晉鄙。公子集合兵眾，下令給全軍說：「父子兩人都在軍中的，父親回家去；兄弟兩人都在軍中的，兄長回家去；獨生子沒有兄弟的，回去供養父母。」經過選拔後得到精壯兵眾八萬人，公子帶領這些軍隊向邯鄲前進。魏公子無忌的軍隊在邯鄲城下大敗秦軍，解除了對邯鄲的包圍。秦將鄭安平被趙軍圍困，率領兩萬人投降趙國。公子無忌援救並保全了趙國以後，不敢再回魏國，便與賓客們留在趙國居住，並派遣將領率領魏國的軍隊回到魏國。趙王同平原君商議後，把五座城邑封給公子無忌。

信陵君不顧個人安危救趙於危難之中，體現了他急人之困的義勇。魏王畏秦而不敢出兵救趙，信陵君則「欲以客往赴秦軍」，就算是自不量力，他的精神也令人讚嘆不已，況且他還有那些真正願意也能夠幫助他的賢士們。作為流傳千古的歷史人物，信陵君是成功的，而他的成功無不來自平時的累積，禮賢下士的謙遜作風是他成功的基礎。

藺相如對敵如虎，對友如羊

戰國時趙國宰相藺相如是位難得的人才，「完璧歸趙」和「澠池之會」兩次交鋒，奠定了藺相如在趙國的地位，官職比攻城野戰、聲名顯赫的廉頗還高。廉頗不服，百般相辱，而藺相如卻一退再退，極盡忍讓。廉頗聽聞藺相如忍讓之因，負荊請罪，二人遂成刎頸之交，這就是「將相和」。藺相如深明大義，顧全大局，感動了廉頗，名傳天下。

趙王得到楚國寶玉和氏璧，秦昭王想要，說願意用十五座城池來交換。趙王不想給他，但畏懼秦國的強大；給他，又怕被秦王欺騙。趙王便徵求藺相如的意見。藺相如回答說：「秦國用城來換寶玉而大王不允許，是我們理屈。而我們給他寶玉，他不給我們城池，是秦國理屈。衡量兩種方案，我看寧可讓秦國在道義上有負於我們。我願意持寶玉前去，假如秦國不交出城來，我一定將寶玉完好地帶回趙國。」趙王便派他前往。藺相如到了秦國，看出秦王並無誠意拿城池來換趙國的寶玉，便哄騙秦王，取回和氏璧，派隨從藏在懷中，從小道返回趙國，而他自己則留在秦國聽候秦王的處罰。秦王無奈，只好稱讚藺相如的賢能，不但不殺他，反而以禮相待，送他回國。藺相如回到趙國，趙王便封他為上大夫。藺相如在趙國危難之時，群臣無策之際挺身而出，面對強大的敵人毫無懼色，由被動變主動與秦王進行了針鋒相對的鬥爭，從中可以看出他機智勇敢、做事果斷、不畏強權的性格。

後來，秦王派使者通知趙王，願意在黃河邊的澠池友好相會。趙王不想赴會，廉頗、藺相如建議說：「大王若是不去，就顯得趙國懦弱而又膽怯。」趙王於是決定前往，由藺相如隨行。廉頗送到邊境，與趙王告別時說：「大王此行，估計加上路上的時間到會議儀式全部結束，不超過三十天就會回來。如果超過三十天您還沒有回來，請允許我們立太子為王，以斷絕秦國的念頭。」趙王同意。澠池相會，秦王與趙王飲酒。酒興之間，秦王請趙王表演鼓瑟，趙王欣然演奏。藺相如也請秦王敲擊瓦盆來助興，秦王卻不肯。藺相如厲聲說道：「在五步之內，請讓我刎頸以血濺大王！」秦王左右侍從想上前殺死藺相如，藺相如怒目喝斥，左右侍從都不敢行動。秦王只好極不情願地敲了一下瓦盆。直到酒宴結束，秦國始終不能對趙國提出非分要求，再加上趙國人也早有大軍戒備，秦國終於不敢輕舉妄動。

秦、趙澠池之會以後，趙王回到趙國，因為藺相如功勞大，任命他為上卿，地位在廉頗之上。廉頗很不服氣，說道：「我作為趙國的大將，有攻城野戰的大功，藺相如只不過是耍嘴皮子的功勞，地位反而比我高。我感到羞恥，不甘心處在他下面。」並揚言道：「我要碰見藺相如，一定要好好羞辱他一番。」藺相如聽到這話以後，不願與廉頗會面。藺相如每次上朝的時候，常常說自己有病，不願與廉頗爭位次的先後。藺相如的門客下屬都感到十分羞恥。藺相如對他們說：「諸位認為廉將軍與秦王相比，哪一個厲害？」家臣們回答說：「不及秦王。」藺相如接著說：「像秦王那樣威嚴，也聽憑我在朝堂上大聲喝斥，侮辱他的大臣們，我即使愚笨無能，難道會害怕廉將軍嗎？但我考慮到，強大的秦國之所以不敢侵犯趙國，只不過因為我們兩人在趙國的緣故。現在兩虎相鬥，勢必不能共存。我之所以這樣做，是把國家危難放在首位，而把私人的仇怨放在後面。」家臣聽罷，都非常欽佩。廉頗聽到這番話，十分慚愧，便赤裸著上身綁上荊條到藺相如府上去請罪，兩人從此結為生死之交。

冤馬援，朱勃鳴不平

馬援一生可謂光輝燦爛，人稱「謀如泉湧，勢如轉規，兵動有功，師進則克」，更有「男兒要當死於邊野，以馬革裹屍還葬耳，何能臥床在兒女手中邪」這樣的豪言壯語，讓後世英雄為之激奮不已。然而，這樣一位大英雄死後卻受小人讒毀，妻子不敢以喪還舊塋，草草埋在城西。

馬援，東漢著名軍事家。西元四九年，伏波將軍馬援征伐武陵蠻人，大軍到達下雋。有兩路可入蠻界：一是從壺頭，這條路近而水勢深險；一是從充縣，是平路，但運輸線太長。中郎將耿舒力主走充縣，馬援卻認為那樣會消耗時日和軍糧，應當進軍壺頭，扼住蠻人咽喉。兩種意見上報朝廷，光武帝批准馬援的策略，於是漢軍進兵壺頭。蠻賊登高，把守險要，水流湍急，漢軍艦船不能上行。適逢酷暑，很多士兵患瘟疫而死，馬援也被傳染，於是在河岸鑿窟棲身以避暑熱。每當蠻賊爬到高處擂鼓吶喊，馬援便蹣跚跛行著察看敵情，左右隨從無不為他的行為感動。耿舒在給他哥哥耿弇的信中寫道：「當初我曾上書建議先打充縣，儘管糧草運輸困難，但兵馬前進無阻，大軍數萬，人人奮勇爭先。而如今竟在壺頭滯留，官兵憂愁抑鬱，行將病死，實在令人痛惜！馬援所到之處，處處停留，這就是失利的原因。現在遇到了瘟疫，完全跟我預言的一樣。」耿弇收到信後上奏朝廷，於是光武帝派梁松乘驛車前去責問馬援，並就此代理監軍事務。

正當此時，馬援去世，梁松乘機誣陷馬援。光武帝大怒，下令收回馬援的印信。當初，馬援在交趾時經常服食薏仁，因為此物可使身體輕健，抵禦瘴氣。班師時，曾載回了一車。等到馬援死後，卻有人上書誣告他當初用車載的全是上好的珍珠和犀角。於是，光武帝越發憤怒。馬援的妻子兒女又慌又怕，不敢將馬援的棺柩運回祖墳，便草草葬在城西。他門下的賓客舊友，沒有人來祭弔。馬援的兒子和妻子把自己用草繩捆綁起來，連在一起，到皇宮門口請罪。

前任雲陽縣令、扶風人朱勃前往皇宮門闕上書說：「我看見已故的伏波將軍馬援，從西州崛起，欽仰慕皇上聖明仁義，歷經艱險，萬死一生，在隴、冀兩地征戰。他用兵戰無不勝，出師攻無不克。剿伐先零時，飛箭曾射穿他的小腿；出征交趾時，以為此行必死，曾與妻兒訣別。軍官士兵雖然遭受瘟疫，而馬援也沒有獨自生還。戰爭有以持久而取勝的，也有因速戰而敗亡的；深入敵境未必就正確，不深入也未必為不對。論人之常情，難道有樂意久駐危險之地不生還的嗎？馬援得以為朝廷效力二十二年，在北方出塞到大漠，在南方渡江漂海。他觸冒瘟疫，死在軍中，名聲被毀，失去爵位，封國失傳。天下不知他所犯的過錯，百姓不知對他的指控。他的家屬緊閉門戶，遺體不能歸葬祖墳。對馬援的怨恨和嫌隙一時並起，馬氏家族震恐顫慄。已死的人，不能自己剖白；活著的人，不能為他分辯，我為此感到痛心！聖明的君王重於獎賞，輕於刑罰。請將馬援一案交付公卿議論，評判他的功罪，決定是否恢復爵位，以滿足天下人的願望。」光武帝之怒稍有消解。

起初，朱勃十二歲時就能背誦《詩經》、《書經》，經常拜望馬援之兄馬況，言辭溫文爾雅。當時馬援才開始讀書，看到朱勃，自愧不如，若有所失。馬況覺出了馬援的心情，就親自斟酒安慰他說：「朱勃是小器，早成，聰明才智盡此而已，他最終將從學於你，不要怕他。」朱勃還不到十二歲，右扶風便試用他代理渭城縣宰。而等到馬援做了將軍並封侯的時候，朱勃的官位還不過是個縣令。馬援後來雖然身居顯貴，仍然常常以舊恩照顧朱勃，但又輕視和怠慢他，而朱勃本人的態度卻越發親近。及至馬援受到誣陷，唯有朱勃能夠為其辯說。

我們交友，一定要交像朱勃這樣的人，雖清淡如水，卻能在關鍵時候挺身而出，而千萬不要交像梁松這樣的人。總之，交友要交益友，遠離損友。

文武失和魏延屈死

魏延是蜀漢名將，他跟隨劉備入川後表現突出，得到劉備器重，屢次被委以重任。諸葛亮北伐時期，魏延作為諸葛亮的左膀右臂，為蜀漢立下了汗馬功勞。魏延為人孤高，善養兵卒，勇猛過人，但是和蜀漢重臣楊儀不和。諸葛亮死後，魏延率軍欲殺楊儀，反被楊儀派馬岱殺死，後魏延一門被誅滅三族。

丞相府主簿楊儀為人幹練機敏，諸葛亮每次出兵，楊儀常常規劃調遣各個機構，預算糧草，用不著怎麼思索，一會兒就安排妥當。軍馬的節制調度，都依靠楊儀辦理。魏延性格驕矜高傲，當時大家都避而讓之，只有楊儀對他不加忍讓。魏延認為他十分可恨，二人如同水火互不相容。諸葛亮非常愛惜二人之才，不想因為偏袒一方而使另一方遭到埋沒。有一次費禕出使到吳國，吳王酒醉，問費禕說：「楊儀、魏延是像牧童一樣的小人，雖然曾經以雞鳴狗盜的本事有益於時務，但是既已任用他二人，情勢不能輕視。一旦諸葛亮不在了，必定發生禍亂，你們不知道對此要用心防備，難道這就是所謂謀及子孫嗎？」費禕答道：「楊儀、魏延的不和是起因於私忿，並沒有英布、韓信的叛逆之心。如今正在掃除強敵，統一華夏，功勞依靠人才來成就，業績需要人才來擴展，如果捨棄他們而不任用，防備他們造成後患，就如同防備發生風波反倒棄舟楫一樣，不是最好的辦法。」

諸葛亮病危之時，與楊儀和司馬費禕等安排死後退軍的調度，命令魏延斷後阻擊追敵；如果魏延不服從命令，軍隊便自行出發。諸葛亮去世，楊儀祕而不發喪，讓費禕去魏延處揣度他的意向。魏延說：「丞相雖然去世，還有我在。相府親信和官屬便可將遺體送還歸葬，我當親自統率各路大軍攻擊賊軍，怎麼能因一人死去而廢棄天下的大事呢？何況我魏延是何等人，就應當被楊儀約束，作斷後的將軍嗎？」他就私自和費禕共同作出撤退和留下的安排，讓費禕親筆寫信連同自己簽名，傳告下面將領。費禕欺騙魏延說：

「我當為您回去向楊儀解釋，楊儀是個文官，很少經歷軍事，一定不會違抗。」費禕出來，策馬奔馳而去。魏延旋即後悔，但已追不到費禕了。

魏延派人窺探到楊儀等人打算按照諸葛亮既定的計畫，各軍營依次帶領部隊撤還。魏延勃然大怒，搶在楊儀沒有發兵之前率領所屬部隊徑先南歸，所過之處燒絕棧道。魏延、楊儀各自上表說對方叛逆，一天之內，羽書一併送到都城。漢後主以此事詢問侍中董允、留府長史蔣琬，董允、蔣琬都擔保楊儀而懷疑魏延。楊儀等人命令砍伐山林打通道路，日夜兼程行進，緊隨在魏延之後。魏延先到，占據南谷口派兵迎擊楊儀等人，楊儀等命將軍何平在前面抵禦魏延。何平斥責先登上南谷口的士兵說：「諸葛公死，屍骨未寒，你們怎如此！」魏延的部眾知道魏延理虧，不願為他賣命，都四散逃走。魏延獨自和他的兒子幾個人逃奔漢中，楊儀派遣將領馬岱追殺了他們，最終誅滅魏延三族。

一直以來，魏延是一位身上承載著太多爭議的名將，尤其是對於他的人品更在千年以後充滿了無數的爭論。魏延個性強，優點和缺點都很明顯。但綜觀其人，耿介直率，不諳世故，恃才傲物，言行無忌，因此為世人所不容。最初，魏延想殺楊儀等人，希望輿論讓自己代替諸葛亮輔政，確實沒有叛逆之心。筆者認為，魏延者，軍事奇才也，只是被諸葛亮壓抑得太久，以致難以「功蓋三分國」。倘劉備有壽，又或諸葛亮能善用之，本可成為蜀國柱石之臣，終成悲劇人物，實在可惜！

陸機冤死念華亭

西元三〇三年，鄴城發生了一起慘禍，成都王司馬穎無情地殘害了求仕中原的南人代表陸機、陸雲、陸耽兄弟，同時遇害的還有陸機之子陸蔚、陸夏等，南士孫拯等也受牽連而死，漢晉之際江東大族「首望」的陸氏家族因此遭受了沉重的打擊。

陸機、陸雲兄弟，是西晉著名的文學家，人稱「二陸」。西元三〇三年，大將軍、成都王司馬穎與河間王司馬顒一起討伐太尉、長沙王司馬乂。司馬穎率領軍隊在朝歌駐紮，任命平原內史陸機為前將軍、前鋒都督，統領中郎將王粹、冠軍將軍牽秀、中護軍石超等人的軍隊共二十多萬，向南進軍，進逼洛陽。陸機本來在司馬穎門下當幕僚，這次一下位居眾將領之上，讓王粹等人心裡十分不滿。十月初九，司馬乂與陸機在建春門展開激戰，最後陸機的軍隊慘敗。

當初，宦官孟玖很受大將軍司馬穎的寵愛，孟玖想讓他父親做邯鄲的縣令，左長史盧志等人都不敢反對，只有右司馬陸雲堅決不同意，他說：「邯鄲的縣令，歷來都是由公府椽屬資格的人擔仕的，怎麼能讓宦官的父親做呢？」孟玖因此十分怨恨陸雲。孟玖的弟弟孟超是統領萬餘人的小督，戰鬥還未開始，就放縱他的部下到處搶掠。陸機拘捕了帶頭的人，孟超帶了一百多全副武裝的騎兵一直衝到陸機麾下，奪走犯人，並對陸機說：「狗奴才，你會做都督嗎？」陸機的司馬孫拯勸陸機殺掉他，陸機沒有聽從。孟超向大家揚言說：「陸機想要叛變。」又寫信給孟玖，說陸機有叛變之心，所以軍隊不能迅速取勝。戰鬥開始後，孟超不聽陸機的指揮，自己輕率地領兵深入，結果大敗，全軍覆沒。孟玖懷疑是陸機殺了孟超，就對司馬穎進讒言說：「陸機懷有二心，與長沙王勾結。」牽秀一向奉承孟玖，將軍王闡、赤卜昌、帳下督公師藩等人也都是由孟玖引薦而被任用的，這些人一起證實孟玖的話是真的。司馬穎大怒，派牽秀帶兵去拘捕陸機。陸機聽說牽秀到了，就脫下軍服，戴著便帽，與牽秀相見，又給司馬穎寫信辭別。然後嘆說：「故鄉華亭的鶴鳴聲，還能再聽到嗎？」於是，牽秀就把他殺了。司馬穎又拘捕了陸機的弟弟清河內史陸雲、平東祭酒陸耽以及孫拯，把他們都關進監獄。

記室江統、陳留人蔡克、潁川人棗篙等人共同上書，認為：「陸機因計謀不周密而導致失敗，可以處死。至於說他反叛，眾人都知道是不可能的。應該先審核陸機謀反的情況，如能證實，再殺陸雲等人也不遲。」江統等人不停地懇求，司馬穎猶豫了三天。蔡克進入王府，到司馬穎面前，叩頭叩到流血，說：「孟玖怨恨陸雲，是遠近都知道的。現在如果陸雲真的被殺，我為您感到惋惜！」跟隨蔡克進去的幾十個手下，也都流著淚請求。司馬穎很傷心，神色中頗有寬恕的意思。但是，孟玖屢進讒言，催司馬穎下令殺掉陸雲、陸耽，誅滅陸機三族。獄吏拷打孫拯數百下，打得兩腳的踝骨都露出來了，但孫拯始終說陸機是冤枉的。獄吏知道孫拯正直剛烈，就對孫拯說：「二陸的冤枉誰不知道呢？難道你就不愛惜自己嗎？」孫拯仰天長嘆，說：「陸機兩兄弟，是天下無雙的名士，我承蒙他們知遇和厚愛，現在既然不能相救，又怎麼忍心再誣陷陸雲呢？」孟玖等人知道不能使孫拯屈服，就命令獄吏偽造孫拯的供詞。司馬穎殺了陸機後，心裡常常感到後悔，等看見孫拯的供詞後，非常高興，對孟玖等人說：「要不是你的忠誠，就不能夠查清反叛的情況。」於是，誅滅孫拯三族。

「二陸」之死是由於成都王司馬穎幕中南北人士的地域歧視及士人與佞小之爭交互影響的結果。作為南人，他們素受歧視，頓居北人之上，必然成為眾矢之的。作為正派的士人，他們必然要與佞小鬥爭，並取得了一些北方士人的同情和支持。但他們畢竟與北方世族沒有婚宦諸方面的關聯，勢單力薄，唯一的支撐便來自司馬穎的信任。因此，一旦孟玖、盧志等人汙陷他們不盡忠於主，失去司馬穎的信任後，他們的悲劇便難以避免了。

伯仁由我而死

「我不殺伯仁，伯仁由我而死」，這句話是東晉晉元帝時期的王導的名言。王導時任司空，而「伯仁」是另一個人，姓周名凱，字伯仁，周伯仁時任尚書。王敦不了解周伯仁，便問王導這個人如何，王導也不太清楚，沒給王敦肯定答案，最後王敦把他殺了。後來當王導知道周凱曾救過他的命時，大哭說：「我雖不殺伯仁，伯仁由我而死！」

大將軍王敦起兵反叛以後，其堂弟丞相王導帶領堂弟中領軍王邃、左衛將軍王廙、侍中王侃、王彬以及各宗族子弟二十多人，每天清晨到上朝的地方等候定罪。周凱將要入朝，王導呼喚他說：「伯仁，我把王氏宗族一百多人的性命託付給您了！」周凱連頭也不回，直入朝堂。等到見了元帝，周凱闡說王導忠誠不二，極力為他辯白，元帝聽從了他的意見。周凱心中歡喜，以至喝醉了酒。周凱走出宮門，王導還在門外等候，又呼喚周凱，周凱不與他交談，環顧左右說：「今年殺掉一干亂臣賊子後，能得到斗大的金印，繫掛在臂肘之後。」出來以後，又奏上表章，辨明王導無罪，言辭十分妥帖、有力。王導不知道這些事，對周凱深為怨恨。

西元三二二年三月，王敦攻克建康，司馬睿命令公卿百官前去拜見。王敦對周凱說：「伯仁，你對不起我。」周凱說：「你憑藉武力行忤逆之事，我親自統率六軍，結果沒有成功，讓君王的軍隊潰敗，這就是我對不起你的地方。」王敦的參軍呂猗曾經做過台郎，為人奸詐諂諛。戴淵擔任尚書，非常討厭他。呂猗勸王敦說：「周凱、戴淵的名望都很高，足以蠱惑眾人，近來他們的言談又毫無愧意，您現在不除去他們，將來恐怕還會再有需要舉兵的時候。」王敦素來忌憚他們二人的才能，心裡覺得呂猗說得很有道理，於是不動聲色地問王導說：「周凱、戴淵是南北方人們共同仰望的，應該讓他們擔任三公，大概是沒有問題的。」王導沒有回答。王敦又說：「如果不讓他們擔任三公，難道只讓他們擔任縣令或僕射嗎？」王導又不回答。王敦說：「如果不這樣，就只能殺了他們！」王導還是沒有回答。王敦於是派部將逮捕了周凱和戴淵。周凱被捕，經過太廟的時候，大聲說：「賊臣王敦，顛覆社稷，亂殺忠臣，神靈有知，就當趕快殺掉他！」

捕卒用鐵戟刺傷周凱的嘴，鮮血一直流到腳後跟，但他容顏舉止泰然自若，旁觀的人都哭泣流淚。周凱和戴淵都在石頭城南門外被殺。

元帝派侍中王彬犒勞王敦，王彬素來與周凱交好，先去哭吊周凱，然後去見王敦。王敦見他容顏悽慘，心中奇怪，便加以詢問。王彬說：「我剛才去哭吊周伯仁，情不自禁。」王敦發怒說：「周伯仁自找刑戮，再說他把你當作一般人看待，你為什麼悲哀並去哭吊他？」王彬說：「周伯仁是長者，也是兄長你的親友。他在朝時雖算不上正直，也並不結黨營私，卻在大赦天下後遭受極刑，我因此悲痛惋惜。」爾後勃然發怒，數落王敦說：「兄長違抗君命，有違順德，殺戮忠良，圖謀不軌，災禍將要降臨到門戶了！」言辭情感激揚慷慨，聲淚俱下。王敦大怒，厲聲說：「你狂妄悖亂以至於此！以為我不敢殺你嗎？」當時王導在坐，為王彬擔心，勸王彬起來謝罪。王彬說：「我腳痛不能跪拜，再說這又有什麼可謝罪的！」王敦說：「腳痛與頸痛比起來怎樣？」王彬毫無懼色，最終不肯下拜。王導後來清理中書省的舊有檔案，才見到周凱救護自己的上表，王導流著淚說：「我雖沒殺伯仁，伯仁是因我而死，我有負於冥間這樣的好友！」

慕容垂避禍投前秦

慕容垂是十六國時期後燕的創建者，前燕主慕容皝第五子。在西元三四四年擊潰鮮卑宇文部和西元三五〇年攻克後趙薊城的戰爭中，都曾立大功。西元三五二年，慕容儁稱帝，兩年後封慕容垂為吳王。西元三六九年，晉桓溫率軍攻前燕，受挫後撤退，慕容垂追到襄邑（今河南睢縣），大敗晉軍，從此威名大振。太傅慕容評忌妒排擠慕容垂，密謀殺害，慕容垂被迫攜妻子投奔苻堅，任冠軍將軍等職。西元三七〇年苻堅滅前燕，西元三八三年淝水之戰前秦軍大敗後，慕容垂聯合鮮卑、烏桓、丁零等各族兵力，建元立國，史稱後燕。

西元三六九年，前燕吳王慕容垂在襄邑追殺桓溫軍，大獲全勝後回到鄴城，威名更高，太傅慕容評越發嫉妒他。太后可足渾氏一向厭惡慕容垂，誹謗他的戰功，於是太傅慕容評借此暗中策劃誅殺他。有人勸慕容垂搶先動手，慕容垂說：「骨肉之間互相殘殺，在國家中領頭犯亂，我寧可去死，也不會這麼做。」慕容垂內心十分憂慮，又沒敢告訴兒子們。長子慕容令恭敬地問道：「您近來好像面有憂色，是因為主上年幼，太傅妒忌賢能，您功高望重，越來越被猜忌嗎？」慕容垂說：「是這樣的。我竭盡全力，不惜生命打敗了強敵，本來是想保全宗族與國家，豈知功業成就以後，反而使得自己無容身之處。你既然了解我的心思，將怎樣為我謀劃？」慕容令說：「主上昏庸而懦弱，將重任交給太傅，一旦災禍發生，就會猝不及防。如今想要保全宗族與自身，又不失大義，不如逃到龍城，以恭順的言辭謝罪，等待主上的明察，就像當年周公居東一樣。也許主上能夠有所感而覺悟，使您得以返還，如能這樣，則是大幸。如果主上不這樣做，您則可以對內安撫燕、代之地，對外懷柔群夷部族，堅守城池以自我保全，這也是等而次之的辦法。」慕容垂說：「好！」

十一月，慕容垂請求出去打獵，因此換上便裝出了鄴城，準備到龍城去。到達邯鄲後，小兒子慕容麟因為慕容垂平時不喜歡他，跑回去告發了，慕容垂周圍的人大多都逃跑背叛。太傅慕容評把此事告訴了前燕國主，並派西平公慕容強率領精銳騎兵追趕，到范陽後追到慕容垂。長子慕容令在慕容垂後面掩護，所以慕容強也不敢逼近。這時正好太陽落山，慕容令對慕容垂說：「本來想守住東都龍城以自我保全，如今事情已經泄露，計謀來不及實施了。前秦國主正在廣招英傑，不如前去歸附他。」慕容垂說：「如今來謀劃，舍此還能去哪裡呢？」長子慕容令向慕容垂進言說：「太傅嫉賢妒能，自從謀劃殺掉您以來，人們對他尤其憤恨。如今鄴城裡的民眾，沒有人知道您的去向，他們想念您就像嬰兒想念母親一樣，夷、夏百姓全都心有此情。如果能順應民心，趁慕容評毫無防備對他進行襲擊，擒獲他易如反掌。事情成功以後，革除弊害，選拔賢能，大力整頓朝政，用以輔佐主上，安定國家，保全宗族，這是大功大德。如今這樣的有利時機，實在不可喪失。只要您調給我騎兵數人，就足以辦成此事。」慕容垂說：「像你這樣的計謀，事情如能成功，確實是大福，如果不成，後悔怎麼來得及？不如向西逃奔，可以萬無一失。」慕容垂兒子的馬伕暗中謀劃要逃回去，慕容垂殺掉了他們開始西行。慕容垂和段夫人、長子慕容令、哥哥的兒子慕容楷、郎中令高弼等人從洛陽逃奔至前秦。

當初，前秦王苻堅聽說太宰慕容恪去世，暗中懷有圖謀前燕的想法，只是因為懼怕慕容垂的威名，才沒敢發兵。等到聽說慕容垂來到後，十分高興，親自到郊外迎接，拉著慕容垂的手說：「上天降於人世的賢傑，一定會相互攜手共同成就大的功業，這是上天的安排。眼下最重要的是與您共同平定天下，在泰山上告慰上天，然後把您的故國歸還給您，世代封居幽州，使您離開故國不失掉作為兒子的孝順，歸依朕後也不失掉事奉君主的忠誠，不也是很好的事情嗎？」慕容垂謝罪說：「寄居他人的臣下，能被免罪就是大幸，世居故國的殊榮，不是我所敢企望的！」苻堅又愛惜其長子慕容令以及慕容楷的才能，全都給他們以厚重的禮遇，賞賜數萬。苻堅任命慕容垂為冠軍將軍，封為賓徒侯，任命慕容楷為積弩將軍。

陳霸先居功篡梁

南朝陳開國皇帝陳霸先，初仕梁，曾輔佐王僧辯討平侯景之亂。西元五五五年，殺僧辯，立敬帝，自為相國，封陳王。後敗北齊，排僧辯餘黨，受百姓擁戴，後受禪為帝，國號陳，都建業，在位三年，諡武，廟號高祖。

梁將王僧辯和陳霸先一起消滅了侯景，兩人的感情很好。王僧辯為兒子迎娶陳霸先的女兒，正逢上王僧辯的母親去世，沒能成婚。王僧辯居住在石頭城，陳霸先居住在京口，王僧辯對他十分信任，王僧辯的哥哥王凱屢次勸說提防陳霸先，王僧辯都不以為然。

西元五五五年，王僧辯受北齊脅迫，迎立投降北齊的貞陽侯蕭淵明為帝。陳霸先派使者苦苦勸阻，往返數次，王僧辯不聽。陳霸先私下感嘆，對他的親信說：「武帝的子孫很多，只有孝元帝蕭繹能為祖宗報仇雪恨。他的兒子有什麼罪過，突然就廢了他？我和王僧辯一起接受先帝託孤，然而王僧辯突然改變了主意，對外依附戎狄，不按次序立天子，他到底想做什麼呢？」八月，有報告說，北齊大軍已經抵達壽春，準備進犯。王僧辯派記室江旰通知陳霸先，讓他布置防備。陳霸先於是把江旰扣留在京口，舉兵進攻王僧辯。九月二十五日，陳霸先召集部將侯安都等人密謀，定下計策，當天夜裡率領各軍出發。知道此行目的的人只有侯安都等四位將領，其他人都以為江旰來徵調兵馬抵禦北齊，所以對軍隊出發絲毫不感到奇怪。二十七日，侯安都指揮戰船準備進軍石頭城，陳霸先拉住馬不向前走。侯安都大為驚恐，追上陳霸先，罵他說：「現在造反，已成定局，生死必須作個決斷，你還留在後面想什麼？如果失敗，我們都得死，留在後面就能免遭砍頭嗎？」陳霸先於是進發。侯安都到了石頭城北，棄舟上岸。石頭城北邊接著山丘高陵，不算太險峻。侯安都身穿鎧甲，手拿長刀，讓士兵把他抬起來扔到城牆裡，部眾跟隨著湧進去，一直闖進王僧辯的臥室。這時，陳霸先的部隊也從南門攻了進來。王僧辯正在處理公事，外面報告說有士兵。過了一會兒，裡面也有士兵出來。王僧辯急忙逃走，遇到他的兒子，一起跑出去王僧辯帶領左右侍衛幾十人在議事廳前苦戰，抵擋不住，遂逃到南門樓上，跪拜請求哀憐。陳霸先要放火燒掉南門樓，王僧辯和兒子只好下樓受俘。陳霸先說：「我有什麼過失，致使你和北齊軍隊討伐我？」又問：「你為什麼一點也不布置防備？」王僧辯爭辯說：「派你駐守北門，怎麼說沒防備？」當天夜裡，陳霸先絞殺了王僧辯父子。二十八日，陳霸先寫了檄文，布告天下，列數王僧辯的罪狀，還說：「我要討伐的只是王僧辯父子兄弟，其餘的親戚黨羽，全都不加追問。」二十九日，蕭淵明退位，出宮返回自己的府邸。百官上表晉安王蕭方智，勸他即位。十月初二，蕭方智即皇帝位，是為梁敬帝。

西元五五七年十月初三，梁朝冊封陳公陳霸先的爵位為陳王。初六，陳霸先想讓梁敬帝蕭方智將皇位禪讓給他，就先派中書舍人劉師知帶領宣猛將軍沈恪，率領士兵入宮，護送蕭方智到別宮居住。沈恪推開大門，晉見陳王，叩頭謝罪說：「我曾經侍奉蕭氏，今天不忍心見此情形，情願受死，也絕不接受命令！」陳霸先嘉許他，沒有再逼他，另外派王僧志代替他。初十，陳霸先在南郊即皇帝位，是為陳武帝。

用我們今天的眼光來看，陳霸先在抵禦落後勢力摧殘，維護社會穩定，保護中國傳統文化等方面，立下了不可磨滅的功勛，是中國古代傑出的政治家和軍事家。沒有陳霸先，中國南方勢必分崩離析受到更大的摧殘。中國眾多的封建皇帝，賢明君主不多，陳霸先卻屬其中的一代英主。

生嫌隙李密殺翟讓

瓦崗軍是隋末農民起義軍中戰鬥力最強的隊伍。早在西元六一一年，翟讓因罪逃亡到瓦崗寨，繼而聚眾起事。不久，同郡的王伯當、單雄信、徐世勣紛紛加入，勢力漸強。西元六一六年，王伯當引薦曾參加楊玄感起兵反隋的李密加入瓦崗軍。李密有膽略，多智謀，在他的策劃下，瓦崗軍很快就壯大起來，成為中原地區起義軍的主力。但後來，瓦崗軍發生了嚴重的內訌，李密殺了翟讓，並堅持在東都城外與隋軍相峙的錯誤策略。西元六一八年九月，李密西走，降於唐朝，瓦崗起義軍最終潰散。

西元六一一年，東郡法曹翟讓因犯罪而被下獄，獄吏黃君漢私自釋放了他。翟讓出獄後，逃亡瓦崗（今河南滑縣東南）聚眾起義，同郡的單雄信、徐世勣也都前往參加。他們在永濟渠沿岸劫奪來往船隻，以致「資用豐給，附者益眾」，起義隊伍逐步擴大起來。西元六一六年，貴族出身的李密在參加楊玄感起兵失敗後，投奔瓦崗軍。李密較有政治眼光，他建議翟讓積極發展勢力，擴大影響。翟讓重視李密的建議，首先攻取了滎陽。

西元六一七年二月，瓦崗軍攻取洛口倉，開倉濟貧。貧苦農民大量參加起義軍。

正當瓦崗軍日益強大的時候，領導集團內部的矛盾激化了。當初翟讓在瓦崗寨起兵，李密前來投靠，立下大功。翟讓認為自己的才能功勞都不及李密，就推舉他為盟主，號稱魏公。翟讓的司馬王儒信勸翟讓自己總管各項事務，奪取李密的權力，翟讓不聽。翟讓的哥哥滎陽公翟弘，是個粗魯愚昧的人，見翟讓推舉李密為盟主，十分不滿，對翟讓說：「天子應該自己做，為什麼要讓給別人？你不做天子，讓我來做！」翟讓只是大笑，沒有在意。但是這些話傳到李密那裡，李密很不高興。

崔世樞從鄢陵依附李密，翟讓把崔世樞囚禁在自己的府邸裡，索取錢財。崔世樞正在籌集，還沒有籌到，翟讓就要給他加刑。翟讓召元帥府記室邢義期和他賭博，邢義期猶豫沒有來，翟讓就打了他八十杖。翟讓對左長史房彥藻說：「你從前攻破汝南的時候，獲得很多財寶，只給魏公，卻沒給我！魏公是我擁立的，將來還不知道會怎樣呢！」房彥藻很害怕，就告訴了李密，因此與左司馬鄭頲一起勸李密說：「翟讓貪婪、剛愎、沒有仁義，心中沒有君長，應該早點謀取。」李密說：「現在還沒有安定下來，就互相殘殺，怎麼給遠方的人做榜樣呢？」鄭頲說：「毒蛇咬在手上，壯士就砍斷手腕，是為了保全更重要的。如果他先得志，後悔也來不及了。」李密於是聽從了他們的建議，設宴召見翟讓。翟讓與他的哥哥翟弘以及姪子司徒府長史翟摩侯，一起拜見李密。李密和翟讓、翟弘、裴仁基、郝孝德坐在一起，單雄信等人都站在一旁侍奉，房彥藻、鄭頲往來查看。李密說：「今天和各位飲酒，不用很多人，左右只留服侍的就行了。」李密身邊的人都退下，翟讓身邊的人還在。房彥藻對李密說：「今天正好作樂，天氣很冷，請給司徒左右酒食。」李密說：「聽司徒的安排。」翟讓說：「很好。」於是，就把翟讓的左右侍從都帶了出去，只留李密手下的壯士蔡建德持著刀站在一旁侍奉。

即將宴飲時，李密拿出良弓，與翟讓練習射箭。翟讓剛拉滿弓，蔡建德便從後面砍殺他，翟讓摔倒在坐床前，聲音像牛吼一般。翟弘、翟摩侯、王儒信也一併被殺。徐世勣逃出門，守門的衛兵砍傷了他的脖子，王伯當遠遠地喝斥阻止。單雄信叩頭求饒，李密把他放了。左右的人都十分驚恐，不知道該怎麼辦。李密大聲說：「我和大家一同起兵，本來是要剷除暴亂，司徒翟讓專斷暴虐，凌辱群臣，不分上下尊卑。今天誅殺的只是翟讓一家，與其他人沒有關係。」說完讓人扶起徐世勣，安置在帳幕下，親自為他敷藥。翟讓的部眾正要逃散，李密派單雄信前往安慰。李密後來又獨自騎馬到翟讓的軍營裡，對他的部下備加安撫，命令徐世勣、單雄信、王伯當分別率領翟讓的部下。於是，內外形勢逐漸安定。翟讓殘忍，翟摩侯好猜忌，王儒信貪婪放縱，所以死的時候，他們的部下都沒有人傷心，然而李密的將佐卻開始對李密有猜疑之心了。

瓦崗軍內部的分裂，削弱了自己的力量。西元六一八年六月，宇文化及率江都隋軍北上，瓦崗軍雖然對宇文化及作戰取得勝利，但也損失慘重。九月，東都隋軍乘機發動進攻，瓦崗軍全面失敗，李密走投無路，於十月奔赴長安，向新建的唐朝投降。瓦崗軍是當時最強大的一支農民軍隊伍，在中原消滅了大量的隋軍，割斷了江都與洛陽的聯繫，迫使隋煬帝陷入江都孤島，不能控制全國。最後雖然也走向失敗，但僅有的洛陽隋軍殘餘勢力也已面臨末日了。

降唐反唐李密命喪熊耳

李密本隋朝名門之後，初為皇宮侍衛，只因楊廣看著不順眼而被逐出宮門，被迫投奔綠林，走上起義反隋之路。待入夥瓦崗義軍以後，李密以其大智大勇、多謀善斷使瓦崗軍迅速發展到頂峰。但由於其固有的弱點，終導致瓦崗軍失敗。最後，李密投降唐朝，隨即又背叛唐朝，最終慘死在逃亡的路上，演出了隋末唐初農民起義領袖的典型悲劇。

西元六一八年，魏公李密打敗了宇文化及，於是全力進攻東都洛陽。隋煬帝死後，越王楊侗被東都留守擁立為帝。王世充發動政變，清除政敵，掌握東都大權。鄭國公王世充專權後，重賞將士，修繕武器，暗中打算謀取李密。一天夜裡，王世充派遣二百多名騎兵偷偷進入北邙山，埋伏在山谷裡。天色微亮，王世充率領士兵逼近李密。李密出兵應戰，還沒來得及布好軍陣，王世充已進軍攻擊。王世充的士兵都是長江、淮河一帶的人，剽悍驍勇。王世充命令埋伏的騎兵出擊，從高處衝下來，直奔李密的軍營，放火燒毀了營舍。李密的軍隊潰敗，與一萬多士兵逃奔洛口。守衛洛口倉的長史邴元真反叛李密，獻出洛口城，向王世充投降。

李密走投無路，準備自殺向大家謝罪。手下大將王伯當抱著李密嚎啕大哭，昏了過去，大家全都傷心哭泣。府椽柳燮說：「明公和唐公李淵是同族，過去又曾經交好。雖然沒有跟隨唐公起兵，但隔開東都，截斷隋軍的退路，讓唐公不用出戰就占據了長安，也是您的功勞啊！」李密於是率部入關投唐。李密到長安後，唐對他們的供給很差，部下士兵接連幾天沒飯吃，大家都有怨言。李密原以為李淵會讓他擔任要職，結果只讓自己擔任光祿卿、上柱國，賜爵邢國公，沒有實權。朝中大臣多數看不起他，有些掌權的人還來索取賄賂，李密心裡很不平衡。李密向李淵獻計，要求派自己去崤山以東，去收降王世充軍中自己的舊部。李淵同意了，還派王伯當做他的副手，一起去收降。

十二月下旬，李淵讓李密分出一半兵馬留在華州，率領另一半軍隊出關。行軍途中，長史張寶德擔心李密逃走，自己被牽連獲罪，於是祕密上奏，說李密一定會叛變。李淵信以為真，又擔心李密受到驚動，就頒下敕書犒勞，讓李密留下軍隊慢慢前進，自己單獨騎馬入朝，接受新的調度。李密抵達稠桑，接到敕書，知道朝中的流言起了作用，李淵已對自己產生猜疑，於是打算攻下桃林，起兵反叛。三十日清晨，李密騙桃林縣官說：「我奉皇上詔命，暫且返回京城，請讓我的家人寄居在縣舍。」於是，挑選幾十名驍勇的士兵，穿上女人的衣服，戴上面罩，把刀藏在裙子下面，假稱是自己的妻妾，親自帶著他們進入縣舍。沒過多久，這些士兵換了裝束突然衝出來，趁機占據縣城。李密攻下桃林後，一面劫持百姓，驅趕著他們，徑直奔向南山，憑藉險要地勢向東進發，並派人騎馬告訴以前的將領伊州刺史張善相，讓他派兵接應。

右翊衛將軍史萬寶鎮守熊州，對行軍總管盛彥師說：「李密驍勇，又有王伯當輔助，現在決定反叛，幾乎不可抵擋。」盛顏師不以為然地笑著說：「只用幾千人攔截，就能斬得李密的人頭。」於是立刻率領士兵，翻過熊耳山，據守要道，讓弓弩手埋伏在路兩旁的高處，拿著刀盾的士兵埋伏在溪谷裡。李密已經過了陝州，果然翻過熊耳山，盛彥師攻擊他們，李密部隊首尾被切斷，不能相互援救。盛彥師斬殺了李密和王伯當，把首級傳送到長安。

張承業諫晉王稱帝

張承業是唐末五代時宦官，昭宗時，被派往晉王李克用處任河東監軍。李克用死後，他盡力輔助其子李存勖，李存勖與梁夾河交戰十餘年，軍國之事多以委之。後聞李存勖欲自立，苦諫不從，不食而卒。

李克用曾對晉王李存勖說：「從前天子巡視石門時，我派兵去誅滅了亂臣賊子，威震天下。如果我在那時挾持天子，占據關中，自己起草禪讓的文告，誰能阻止我？但是我家世代效忠皇帝，常為朝廷立功，我誓死不能這樣做。你以後應當全心全意恢復唐朝社稷，千萬不要效法別人反叛稱帝。」前蜀主、吳主曾多次寫信勸晉王稱帝，晉王把這些書信讓他的僚屬們看，並說：「從前王太師也曾給先王書信，勸先王說唐室已經滅亡，應該自己稱帝，占據一方，但先王說不能這麼做。先王對我講的話好像還在耳邊，所以他們的這種建議我聽都不敢聽。」

不久，將領幕僚和各路藩王們又不停地勸晉王稱帝，晉王無奈，於是下令主管部門購買玉石製作傳國的寶物。黃巢當年攻破長安的時候，魏州和尚傳真的師傅獲得了一塊傳國之寶，收藏了四十年，準備賣掉，有人認出這塊寶玉來，就對他說：「這是傳國之寶啊！」於是，傳真就到行台把傳國之寶獻給了晉王，將領幕僚們都舉杯向晉王祝賀。唐朝宦官張承業在晉陽聽說這件事後，到魏州勸晉王說：「大王世世代代效忠唐朝，解救了唐朝的不少患難，所以老奴我三十多年來為大王收集財物，招兵買馬，誓死助大王消滅叛逆之人，恢復唐朝的宗廟社稷。現在黃河以北剛剛安定下來，朱氏還存在，大王就急急忙忙想要稱帝，和你當初奮力作戰的初衷大不一樣，這樣天下的人心怎麼能不離散呢？大王何不先滅掉朱氏，報了各位先王的深仇，然後再訪求唐宗室的後裔擁立為帝，向南攻取吳國，向西攻取蜀國，掃清海內，統一九州，到那個時候，就是高祖、太宗起死回生，又有誰的地位能在大王之上呢？謙讓的時間越久，那麼將來所得到的也就越牢固。老奴我沒有別的意思，只是因為我曾經受過先王的大恩大德，想為大王建立萬年不朽的基業啊！」晉王回答說：「這樣做本來也不是我的本意，但是群臣們的意願我也不好拒絕。」張承業知道說服不了晉王，痛哭著說：「諸侯們浴血奮戰，本來都是為了恢復唐朝天下，現在倒好，大王自己就攫取了帝位，簡直是欺騙了老奴我啊！」隨即動身回到晉陽，一病之下再也沒有起來。

晉王決定稱帝後，就開始訪求唐朝舊臣，打算任命朝廷百官。朱友謙派前禮部尚書蘇循到行台，蘇循到了魏州，進入牙城，看到官府就下拜，這叫做拜殿。見了晉王就高呼萬歲，手舞足蹈，邊哭邊自稱臣下。第二天，蘇循又獻給晉王三十支大筆，叫做「畫日筆」。晉王十分高興，馬上就恢復蘇循的原職，任命他為河東節度副使。張承業對蘇循極為厭惡。西元九二二年十一月，張承業逝世。曹太夫人親自到張府致哀，並身穿子姪輩的喪服恭行喪禮，李存勖聽到這個噩耗後，幾天不吃東西，心情十分沉痛。

國家圖書館出版品預行編目（CIP）資料

翻轉資治通鑑 / 歐陽翰，劉燁 編著 . -- 第一版 .
-- 臺北市 : 崧燁文化 , 2020.03
面 ;　公分
POD 版

ISBN 978-986-516-337-2(平裝)

1. 資治通鑑 2. 歷史故事

610.23　　108022346

書　名：翻轉資治通鑑
作　者：歐陽翰，劉燁 著
發 行 人：黃振庭
出 版 者：崧燁文化事業有限公司
發 行 者：崧燁文化事業有限公司
E-mail：sonbookservice@gmail.com
粉 絲 頁：　網 址：
地　址：台北市中正區重慶南路一段六十一號八樓 815 室
8F.-815, No.61, Sec. 1, Chongqing S. Rd., Zhongzheng Dist., Taipei City 100, Taiwan (R.O.C.)
電　話：(02)2370-3310 傳　真：(02) 2388-1990
總 經 銷：紅螞蟻圖書有限公司
地　址: 台北市內湖區舊宗路二段 121 巷 19 號
電　話:02-2795-3656 傳真 :02-2795-4100　網址：
印　刷：京峯彩色印刷有限公司（京峰數位）

定　價：450 元
發行日期：2020 年 03 月第一版
◎ 本書以 POD 印製發行